EL AYER PERDIDO

RAMÓN HERNÁNDEZ

El ayer perdido

SEIX BARRAL

Cubierta: Amand Domènech

Primera edición: febrero 1986

© 1986: Ramón Hernández

Derechos exclusivos de edición en castellano
reservados para todo el mundo:
© 1986: Editorial Seix Barral, S. A.
Córcega, 270 – 08008 Barcelona

ISBN: 84-322-4568-2

Depósito legal: B. 793-1986

Impreso en España

A Mario Lacruz
A María Jesús González Álvarez
A Ramón Sánchez Bayton
A Miguel Picazo

Esta historia del ayer perdido es absolutamente real y ninguno de los personajes que la pueblan son imaginarios. Si alguien cree identificarse con alguno de ellos no será una coincidencia, sino la confirmación de una realidad. Yo no soy su protagonista principal, sino su autor omnisciente, que todo lo ve y todo lo sabe. Porque solamente cuando morimos se adquiere esa trascendental lucidez de la que sólo los dioses participan.

VICENTE ANASTASIO
GARRIDO DE TINAJAS
Y SANDOVAL

I

1

—«¿Por qué volvéis a la memoria mía, tristes recuerdos del placer perdido...?»

Sumergido en el útero de mamá Leontina escucho su voz de plata. Está leyendo el *Canto a Teresa*, de Espronceda. A intervalos alza la mirada y se queda absorta, observando los mustios jardines de la plaza del Ayuntamiento. La pequeña habitación costurero está en penumbra, sumergida en una tenue atmósfera de terciopelo escarlata. Paredes empapeladas con góndolas venecianas, puentes góticos y remeros. Siendo tan romántica, cuánto le hubiera gustado a mamá conocer Venecia, los canales, la gran plaza de San Marcos. Miradores, celosías, sombras de espectros que se llevó el aire para siempre. Emponzoñadas aguas del Adriático, crepúsculos de sangre. Una pálida luz de invierno se filtra a través de los visillos que cubren los cristales del balcón. El gato *Bernabé* ronronea sobre el cojín del sillón de mimbre y mi abuela Mercedes, todavía hermosa a sus sesenta años, sentada al otro lado de la redonda mesa de camilla, lee en un libro de oraciones mientras, como un eco lejano, oye la voz argentina de su hija.

—«¿Dónde volaron, ¡ay!, aquellas horas de juventud, de amor y de ventura...?»

—¿Qué día es hoy, Leontina?

—Veintidós de enero, mamá.

Santos Vicente y Anastasio, mártires. Ornamentos en semidoble y color rojo. Misa primera del Común de los Mártires, salvo en la oración que sigue: «Atended, Señor, a nuestros ruegos, y pues nos reconocemos culpables por nuestra maldad, seamos libertados por la intercesión de vuestros bienaventurados mártires Vicente y Anastasio.» Mamá tiene el pelo de color caoba, la tez sonrosada, los labios gordezuelos y sensuales, las manos de bizcocho y el busto firme y generoso. Es una mujer de estatura media y tiene los ojos azules, con vestigios de un verde oscuro. Embarazada de nueve meses, está a punto de darme a luz. Ya ha sentido varias veces un dolor agudo y la sensación de un desgarramiento interior. Le duele por dentro como cuando el mar brama en la borrasca y las profundidades emergen y las olas zarandean los barcos veleros, los trasatlánticos, los náufragos. Soy yo el que me muevo, soy yo el que me agito aterrado ya ante la inminencia del parto que mis vísceras y mi cerebro intuyen. Presiento que muy pronto experimentaré ese vértigo helador de la vida, cuando la comadrona, aplicando con firmeza los fórceps, consiga sacarme a esta tiniebla. Sobre un aparador una imagen del Sagrado Corazón me mira compasiva. Siento su mirada tibia en mi rostro, todavía con expresión embrionaria. Aquí, en este placentero seno materno.

—Creo que deberíamos llamar ya a la comadrona.

—¿Te encuentras mal, hijita?

Una hora más tarde llegó papá del cuartel de Globos y Aerostación. Sobre la mesa del cuarto de estar, frente al balcón, quedaron el misal de la abuela y el libro de Espronceda, abierto por la página donde el poeta había dejado a la posteridad su lamento:

> Yo, desterrado en extranjera playa
> con los ojos estáticos seguía
> la nave audaz que en argentada raya
> volaba al puerto de la patria mía...

Mi padre, avisado con urgencia, había abandonado una reunión castrense y llegaba apresurado y anhelante. Le oí subir las escaleras, tirar con fuerza de la campanilla de la puerta de nuestra casa, en el segundo piso, bajo las buhardillas. Traía las botas altas, relucientes, el grueso capote puesto, los guantes de piel que se quitaba con nerviosismo. Su enjuto continente, su mirada grave y solemne, ahora inquieta deambulando de un lugar a otro del vestíbulo, mientras se quitaba el abrigo y colgaba la gorra en el perchero. Cojeaba un poco al andar por el corredor a causa de su herida de guerra en la cadera izquierda, resonaban sus espuelas pues, aunque pertenecía al Arma de Ingenieros, era gran aficionado a la hípica y todos los días montaba a caballo. Alargó el brazo hacia el pomo de la puerta y la luz ya encendida de la lámpara del pasillo iluminó su oval calavera, de negro pelo brillante peinado hacia atrás, muy pegado al cráneo. Refulgían las tres estrellas bordadas de ocho puntas en la bocamanga, que le acreditaban como coronel del Ejército, los pequeños gemelos de perla con los que sujetaba el puño de la camisa, los rombos metálicos del cuello de la guerrera en los que podía verse la torre de un castillo.

—¿Cómo estás, querida? —preguntó a mamá procurando disimular su inquietud.

—Estoy bien, no te preocupes, cariño —murmuró ella, casi en un imperceptible susurro.

Papá se inclinó sobre su pálido y demacrado rostro y

besó suavemente su frente perlada de sudor. Todo irá bien, dijo entre dientes, no van a venir las cosas tan mal como la vez anterior. Se refería al segundo parto de mamá, hacía tres años, cuando tuvo un aborto y corrió grave riesgo de perder la vida. Fue en abril del año 1938, en plena guerra civil. Aquel bombardeo brutal, aquel permanente estallido y el mortal silbido de la metralla, los muros desplomándose, el pánico y los gritos de los heridos, hicieron que todo su ser se conmocionara y el hijo que llevaba en las entrañas nació prematuramente, cárdeno, con el cordón umbilical alrededor del cuello.

—Sálgase, don Hugo —le dijo la comadrona, la señora Modesta, ajetreada en la habitación preparándolo todo para el parto.

—Sí, es mejor —corroboró mi abuela, sentada a la cabecera del lecho.

Olía a agua caliente, a vaho, a noche invernal. Todavía quedaban en los tejados blancas manchas de nieve helada. Mi única hermana, Carla, de seis años, asomó su rostro un instante por el quicio de la puerta entreabierta y paseó su curiosa mirada verdeazul por la alcoba de matrimonio. La cama de hierro forjado artísticamente, las bolas de cobre brillantes, el gran cuadro sobre la cabecera representando a la Virgen del Carmen con su Hijo en brazos, sentada sobre un infierno en llamas, en el que ardían los condenados al fuego eterno. Muchos años tardé en poder mirar aquellos rostros horrorizados sin sentir pánico, del mismo modo que experimentaba un miedo indecible cuando mis ojos se posaban en los del Sagrado Corazón que había sobre el aparador del cuarto de estar.

—Llévate a la niña, Hugo —dijo mi abuela a papá—. Es intolerable que esté espiando. Anda, Carla, vete con papi y verás qué pronto viene la cigüeña trayendo en su pico a tu hermanito. Porque tú prefieres un niño, ¿verdad, Carlín?

—A mí me da lo mismo, abuela, lo que quiero es que no le pase nada a mamá.

Se cerró la puerta y en seguida volvió a abrirse. Era Toñi, la criada, que traía una palangana de agua caliente. Delgada y pálida, silenciosa, con su delantal a rayas estrechas, azules y blancas, las zapatillas de borla y las gruesas medias de lana, era un poco encorvada y fea de cara. Recuerdo que tenía una cierta expresión de payaso y el pelo muy lacio, recogido en un moño. Más tarde, cuando yo tenía quince años, me enseñó a bailar para la boda de mi hermana. Recuerdo que aprendí en el salón, escuchando los tangos de Carlos Gardel en un viejo gramófono La Voz de Su Amo. Yo, todavía un poco más bajo que Toñi, la llevaba cogida de la cintura, mientras oía aquel chirriante sonido de acordeones, aquel lamento de Gardel, que parecía empujado por el viento. Sobre el suelo de madera del salón mis pies tropezaban con los de la criada, que tenía ya treinta y tres años y se mantenía soltera, experimentando una excitante sensación al sentir sus senos en mi pecho, aquel olor a legumbres cocidas que emanaba de su cuerpo y la pasión turbia que llameaba en sus pupilas negras. Fue en mayo y hacía ya calor, la puerta estaba cerrada y Toñi cada vez se estrechaba más contra mí, jadeando al bailar. Veo su semblante cetrino, su frente sudorosa y, sobre todo, parece que fuera ayer cuando sus muslos se estrechaban con los míos, y su vientre blando y caliente, y ante mis ojos su mano derecha alzada, cogida por la mía. Sus estropeados dedos de fregona, sus uñas romas y sin pintar, las agrietadas palmas de las manos. Era la «criada para todo» y, a partir de aquel primer día en que bailamos, entre nosotros dos hubo una especie de idilio absurdo y cruel. Pues ella me miraba con sus ojos absortos, muy redondos y grandes, como espantados, mientras nos servía en la gran mesa rectangular del salón, pues papá siempre rehusó almorzar o cenar en el cuarto de estar. En la penumbra de aquella estancia oscura, casi tétrica por los pesados cortinajes que habían pertenecido al antiguo caserón de los padres de papá, los Garrido de Tinajas, en la provincia de Cuenca, nuestras miradas se encontraban cómplices, implorándome ella que fuera a su pequeña alcoba durante la siesta o que, en el silencio de la noche, dejara la puerta de mi dormitorio abierta para que sus pies descalzos, cautelosos, fríos, penetrasen y llegaran hasta mi lecho. Toñi me enseñó a hacer el amor o, tal vez fuera yo su maestro en aquel torbellino de respiraciones, besos furtivos, caricias y ropas quitadas que nos asaltó durante más de un año, justo hasta el momento en que yo tuve el accidente y ella, reclamada por su anciana madre enferma, marchara amargada y rota, fantasmal y estúpidamente resignada a su pueblo natal, una aldea perdida en la sierra de Ayllón.

—¡Agárrate fuerte! —exclamó mi abuela, sujetando las piernas de mamá a la cama.

Mi progenitora, jadeante como una bestia herida a la que un invisible matarife quisiera abrir en canal, se aferraba a los barrotes del lecho, mordía con rabia un pañuelo, mientras la abuela Mercedes y la comadrona la instaban a que me empujara desesperadamente fuera de sí, echándome de aquel Edén imposible que era su útero.

—¡Encomiéndate a San Ramón Nonato! —le decía mi abuela.

En medio de aquella borrasca de mi parto, oigo las campanadas de las nueve de la noche y a cada golpe de campana mi corazón se sobresalta y lloro prisionero en el interior del útero materno y siento que me cogen unas manos por los hombros y cierro los ojos cuando sé que salgo ya de ese imposible Paraíso que es mamá interior, mamá jadeante y a veces incapaz de contener un pequeño grito, como si estuviera haciendo el amor.

—¡Es un niño! —exclamó mi abuela Mercedes, mientras la comadrona me sostenía boca abajo, cogido por los pies pequeños y escurridizos, grasiento todo yo y sucio, como salido de un lodazal inmundo. Recuerdo que braceaba desesperadamente, asiéndome con mis manos crispadas por el vértigo a la nada del aire frío de la alcoba y que entonces entró papá pálido, seguido de mi hermana Carla a la que nadie podía retener.

—¿Qué es? —preguntó papá Hugo.

—Un niño —respondió la abuela.

—Un hermoso bebé —dijo la comadrona.

Mamá estaba allí detrás, exhausta y abandonada de todos durante unos instantes, y yo no dejaba de llorar con rabia terrible, como debió llorar el pobre Adán a las puertas del Jardín del Edén cuando el ángel le expulsó con su espada de fuego. Ignoraba yo que acababa de llegar a un mundo en guerra, a una esfera perdida en el Universo, que llevaba encima a millones de seres humanos enloquecidos que se mataban unos a otros con odio indecible, en tanto en aquella cálida alcoba me fueron quitando el horror de vivir manos femeninas, palabras dulces y susurros de ultratumba. Eran mis antepasados quizá comentando el suceso de mi nacimiento o tal vez entraron otras personas al dormitorio ya perfumado y en penumbra, al día siguiente, cuando el sol de enero penetraba por los cristales del balcón y la abuela entornó las contraventanas para que nos durmiéramos mamá y yo.

2

Vivíamos en una casa de tres plantas, frente al edificio del Ayuntamiento, con su torre y con sus arcos y sus campanas y el reloj y la sirena que atronaba la ciudad cuando había fuego. Abajo estaban los soportales, la perfumería La Higiénica, las máquinas Singer, la pescadería de El Chato y tantas y tantas sombras deambulando, yendo y viniendo bajo la lluvia o refugiándose en aquellos rincones de penumbra cuando el sol quemaba la tierra y todo surgía de un espejismo paralizante y angustioso. Nuestro piso era el tercero, bajo las buhardillas donde cada vecino teníamos nuestro cuarto trastero y en el que yo, con mi hermana

Carla o mis amigos, tantas veces me refugié en mundos de fantasía o a veces solo, fumando a escondidas o imaginando que era un príncipe de Arabia o un valiente *sheriff* del Oeste Americano, jinete en una desvencijada silla de enea, polvorienta y rota, cuya verdadera naturaleza era ser caballo que me llevaba tras las huellas de abigeos o bandidos hacia la infernal ciudad de Wichita. La casa era grande, con seis dormitorios, una sala de estar y el comedor-salón. Justo al final del pasillo, frente a la puerta del cuarto de baño, dormía Toñi, la criada, en un pequeño dormitorio oscuro, iluminado tan sólo por un ventanuco alto, que daba al patio interior.

—Este cuarto es más que suficiente para la criada —dijo mamá cuando la familia se posesionó del piso en 1939, unos meses después de finalizada la guerra civil—. Para ella es mejor esa habitación por estar junto a la cocina.

—Antes fue despensa —dijo la portera, la señora Zósima, gruesa y solterona, nativa de Humanes, que vivía con su madre la señora *Cómo Dice*, pues era sorda como un muro y los chicos siempre nos estábamos burlando de ella hablándole en voz baja y ella, que a todo el mundo llamaba de usted, nos preguntaba con cara de asombro cómo dice y así se le quedó el mote entre el vecindario de la plaza del Ayuntamiento, pues su verdadero nombre era el de señora María.

La plaza del Ayuntamiento se conserva prácticamente igual que entonces, con sus jardines, y en el lado de la torre la calle que llaman Cuesta del Reloj, que también tiene otro nombre y era por donde bajaban los entierros al cementerio. Y, como era una calle muy pendiente, se escurrían las mulas fúnebres o los caballos, pues ahora no recuerdo si eran mulas o caballos, pero lo cierto y verdad era que se caían y el coche mortuorio se inclinaba y el ataúd corría peligro de ir a parar a los adoquines y muchas veces, al ver el accidente desde los soportales, imaginaba que se abría el féretro y que íbamos a ver el muerto. En resumen, que aquella Cuesta del Reloj tenía otro nombre, como la madre de la portera y como tantas cosas en España, que se las bautiza oficialmente de una manera y luego el pueblo las llama de otra. Inclusive las personas como la señora María o mi amigo Domingo, que se llamaba de ese modo y al que, sin embargo, su padre le decía siempre Perico y así se murió, llamándose Perico para todo el mundo.

—Sin embargo, esa manía de cambiarle el nombre a la gente a mí no me gusta nada. Como no me gusta en absoluto que llamándome Leontina te obstines en llamarme Tina —le decía en tono de reproche mamá a papá—. Es como si yo te llamara Go, en lugar de Hugo. ·

Todo era idéntico a sí mismo y, no obstante, a veces

diferente. Así le sucedía a la ciudad, que cambiaba y le ponían otras casas y otros árboles y otros jardines y otras fuentes y, sobre todo, otras personas distintas. De modo que cuando treinta años más tarde, cuando ya mi familia se hubo desintegrado como un castillo de arena, regresé a mi ciudad, tuve que hacer un gran esfuerzo para reconocer ciertos lugares, aunque otros permanecían igual que en los tiempos de mi niñez y mi adolescencia. Muchas cosas se habían petrificado en el tiempo y se habían convertido en museo y así pude distinguir rostros conocidos esculpidos en el aire y ojos y miradas pétreas, asomadas a las ventanas como cuando yo era un niño. En encrucijadas y nuevas calles, en los barrios nuevos, me perdí; sin embargo, en los que eran de mi época caminaba a ciegas, respirando el mismo aire de antaño, reconociendo mis propias huellas y mi tacto en las paredes donde habían escrito grandes letreros que decían «Falange no pide, exige» o «Franco sí, comunismo no». Incluso, ebrio de mi ayer perdido, creía ver siluetas de mis amigos de entonces, sombras de mí mismo recortándose en los muros de aquellos soportales de la plaza del Ayuntamiento o en la desfigurada plaza de San Gil, detrás de mi casa, donde antaño estaba instalado el mercadillo de puestos con chucherías, castañas asadas y tabaco. En uno de sus portales, que todavía hoy existe, me fumé mi primer cigarrillo liado con papel de fumar Bambú.

—El tabaco es un veneno de un poder fatal —solía decir mi padre que, naturalmente, no fumaba.

En la casa de la plaza vivíamos la abuela Mercedes, viuda del abuelo Bartolomé, muerto un año antes de nacer yo, papá y mamá, mi hermana Carla, la criada Toñi y el gato *Bernabé*. Periódicamente nos visitaban algunos tíos y tías, primos carnales y segundos, inclusive primos lejanos de los que ni siquiera sabíamos el nombre y que, al llegar, permanecían en el descansillo de la escalera varios minutos, explicándole a mamá, que salía a la llamada de Toñi con su bata larga y su gran melena rubia ondulada y su gran busto firme y hermoso y su voz argentina preguntando dígame en qué puedo servirle. La puerta entreabierta y el visitante, generalmente un mozo que se iba al Servicio Militar o una monjita a veces, se mostraban desconcertados al tener que explicar su ascendencia familiar. Luego venían las exclamaciones de mamá, y la abuela Mercedes, no menos opulenta que su hija, con aquel empaque de Dama Noble, salía también del cuartito de estar o costurero pase usted joven o jovencita, o señor o señora, o señorita o militar o, inclusive, ancianos que estaban a punto de morirse y entonces yo, desde el fondo del corredor, saliendo de la galería de cristales que daba al patio, asomaba mi rostro pálido, mis ojos negros y redondos, grandes y asombrados, mientras el gato ronroneaba rozándose contra el zócalo del corredor y la criada volvía a la cocina cantando una canción de entonces, tal vez aquella que decía:

> *Vengo del templo de Salomón,*
> *traigo las llaves del faraón...*

Y papá era militar y se llamaba don Hugo Garrido de Tinajas y había sido héroe en la guerra civil para siempre. Pertenecía al arma de Ingenieros y era el coronel del cuartel que llamábamos de Globos, por haber sido antes de la guerra el lugar donde se construían globos y dirigibles. Papá era el clásico militar rígido y severo, flaco y cojo, pues le habían herido en la batalla de Brunete y constantemente estaba elogiando al Caudillo y arengándonos, pues tenía la guerra y la milicia en la sangre y mi madre creía que estaba muy enamorada de él, pero le tenía miedo. Se conocieron en Madrid, cuando mamá estaba estudiando piano en el Conservatorio y papá cruzó la plaza de Isabel II y la vio señorita, perdone que la moleste, ¿podría decirme qué camino he de tomar para ir a Capitanía?

—Discúlpeme, teniente —dijo mamá sin azoramiento alguno, pues siendo hija de militar (su padre fue brigadier) estaba acostumbrada a los uniformes y a saber distinguir las graduaciones, por eso le llamó «teniente»—, pero no sé dónde está Capitanía.

Se refería papá a Capitanía General y, según confesó más tarde, aquel mismo día, sabía perfectamente ir a ese lugar, pero no pudo resistir aquella mirada verdeazulada que tenía mamá y aquel cutis que tenía mi Leontina cuando Hugo la pretendió. Mi abuela Mercedes nos lo contaba a veces a Carla y a mí, cuando ya éramos ella una adolescente de catorce años v yo un niño de ocho: vuestra madre tenía un cutis exactamente igual que el de vuestra abuela (se refería a ella misma) y aunque me está mal el decirlo mi corte de cara y mi belleza, pues siempre fue agraciada de rostro y de tipo, ya que así como otras lo son de algo en particular, las mujeres de nuestra familia lo somos en general y no puede decirse esto sí lo tiene bonito y esto otro, sin embargo, no. Se ponía hueca la abuela Mercedes con sus gafas sobre la punta de la nariz, mirándonos por encima de los cristales hijos míos, vosotros sois guapos y no tenéis que tener complejos. Tú, Carla, eres la niña más guapa de Guadalajara y tú, Vicente Anastasio, vas a ser un real mozo. Nosotros nos reíamos y yo preguntaba qué era un real mozo y la abuela dejaba la costura sobre la mesa y me cogía en brazos y me besaba, ay qué nieto tengo, Virgen Santa.

—Qué joya de niño —decía una y otra vez, estrechándome contra su voluminoso, caliente y mullido pecho.

Pero después de aquel idilio vino la guerra y los bombardeos y la muerte. Mis padres tenían que separarse y mamá lloraba en las diferentes casas donde se veía con papá, que había regresado del frente y miraba a mi hermana dormida en su cama y le decía hijita mía, Dios quiera que tú y mamá logréis salvaros de esta catástrofe en la que han hundido a España los comunistas y los masones. Porque Carla había nacido unos meses antes de que estallara la guerra y luego nació el aborto, quiero decir mi hermano muerto, al que iban a poner Francisco en homenaje a Franco, ya en plena guerra civil, en 1938, cuando papá logró reunirse en una ciudad con mamá y aquella noche le engendraron febriles, él todavía oliendo a ese aroma agrio que tienen los capotes de campaña o el cuero de las botas y el interior del gorro de militar con borla de soldadito y ella le decía amor mío, mientras Carla, que tenía ya casi tres años, dormía en una cuna metálica a los pies de la cama, junto a los correajes de papá y la enorme pistola con la que, según me confesó más tarde, cuando un día la limpiaba en mi presencia en su despacho, jamás había matado a nadie.

—Yo hice la guerra construyendo puentes, limpiando los campos de minas o abasteciendo a nuestras vanguardias de armas y municiones —me dijo.

Recuerdo su mirada fría en la que yo, un adolescente de trece años, quería ver paternal autoridad, sabiduría pedagógica, honestidad y fe católica y en la que, según supe más tarde, también se hallaba grabado el horror de la guerra civil de España. Inclusive aquel bombardeo que sorprendió a mamá en Madrid, sola y sin poder ir a reunirse con la familia de mi padre que estaba, en expresión de entonces, en «zona nacional». Fue espantoso, hijito: aquel estruendo y el silbido de las bombas cayendo sobre el paseo de la Reina Victoria y la gente horrorizada, huyendo a refugiarse en los túneles del Metro y la vecina abrazándola no se aflija, tenga fe en Nuestro Señor. Jamás debí volver a Madrid, sollozaba mamá mientras sentía agitarse dentro de su vientre el cuerpo de mi hermano, el que tenía que llamarse Francisco en honor del Caudillo y al que el bombardeo le volvió loco allí dentro, y comenzó a agitarse y a gritar sáquenme de aquí y al día siguiente mamá abortó y él nació muerto, asfixiado con el cordón umbilical alrededor de su cuello.

—¡Maldita guerra, maldita guerra! —sollozaba mamá.

Y lloraba amargamente, sola en aquel piso de la calle de Bravo Murillo, asistida por una vecina que se llamaba Marciala, que era franquista como mamá y que tenía un padre fusilado por los rojos y un hermano en la cárcel y la mirada ausente, mientras le pasaba a mamá un paño húmedo por la cara y le preguntaba doña Leontina, ¿qué vamos a hacer con el niño muerto?

—No lo sé —murmuraba mamá exhausta—, no lo sé.

Y sonó otra vez la alarma y en seguida se oyeron de nuevo los motores de los aviones de Franco que bombardeaban Madrid. Qué triste destino el mío, gemía mamá, venirme a morir a esta ciudad roja, a exponerme a la muerte de manos de los nacionales.

—¿Por qué vino, entonces, doña Leontina?

—Porque creía que aquí estarían mis padres, porque ésta es nuestra casa. Pero ellos están ahora en Salamanca y yo aquí sola.

Y lloraba bajo el estruendo de las bombas y mi hermano continuaba muerto y en los ojos de mi padre, muchos años después, yo sabía que brillaba algo más que su fe católica, su fanatismo castrense y su severidad de carácter. Refulgían en sus pupilas los horrores de una guerra civil que una alta jerarquía de la Iglesia católica había bautizado como cruzada de liberación y no era otra cosa que masacre y muerte, odio y venganza, miseria e injusticia. Y a nuestro horror español sucedió el otro horror de la guerra mundial, su estallido frenético, el inmenso río de sangre derramada y el holocausto atómico de Hiroshima y Nagasaki. Fusilamientos, cámaras de gas, hombres congelados en las estepas y abrasados en los desiertos. Tobruk y Brunete, el Ebro y el Volga, el Rhin y el Danubio, Guernika y Dunkerque. Banderas y edificios en llamas, mítines y atentados, hambre, desolación, miseria. Niños como mi hermano muerto antes de nacer, víctimas en los muros de Roma, prostituidos y vendidos como carne de placer a las tropas invasoras, dominantes, salvadoras, asesinas. Y el cielo cubierto de reflectores y de crímenes, mientras bajo la gran cúpula de la Basílica de San Pedro la paloma de la paz se hallaba perdida, prisionera en un nido de predicaciones en el desierto y en la cruel paradoja de un amor universal hecho astillas, bombas, metralla, fuego devastador. Pero yo nací sordo a esa hecatombe, pues Guadalajara en el año 1941 estaba lejos de los escenarios de la guerra mundial. Y aunque las cárceles estaban llenas de presos, los muros eran sólidos, anchos como el olvido, y la voz de los hombres cautivos no llegaba hasta mí aquella mañana soleada de enero, cuando papá, al regresar del cuartel para el almuerzo, cogiéndome en brazos, dijo:

—Este niño se llamará como yo, Hugo.

—No por cierto —dijo mamá.

—¿Y por qué razón no ha de llamarse como yo? —protestó papá.

—Porque los hijos no deben llevar el nombre de sus padres —intervino mi abuela—. Yo tuve solamente una hija y pude ponerle mi nombre, que es un nombre hermoso, creo yo, aunque me esté mal el decirlo. Sin embargo, le puse Leontina primero porque es original, y en segundo lugar para que se distinguiera de mí. Así es que le dije a mi marido, Bartolomé, ¿te parece bien que bauticemos a la niña con el nombre de Leontina? Es un capricho que tengo y un homenaje al Papa León XIII. Y él me dijo escuetamente esto: lo que tú hagas está bien hecho. Yo se lo agradecí mucho, sobre todo porque, siendo como era militar, él hubiera querido que su hija se llamara Victoria. Pero me cedió a mí ese derecho por ser la madre y yo, lógicamente, accedí a que te llamaras Leontina Victoria Eva Julia y, por último, Mercedes como yo, pues él, como era tan bueno, me suplicó que también llevaras mi nombre al final y el de Julia por su madre que en paz descanse.

—¿Entonces? —preguntó tímidamente mi padre.

Mientras tanto, yo estaba acurrucado en el pecho de mamá, bien tapado en la gran cama de matrimonio, perfumado con agua de colonia y jabón de olor, mamando con frenesí de su gran pecho de diosa del Olimpo.

—Nuestro hijo se llamará Vicente Anastasio —respondió mi madre—, los santos del día.

—¿Y cómo le llamaremos? —dijo papá, acercándose al lecho y poniendo levemente uno de sus flacos dedos sobre mi frente, sin dejar de observarme—. Son dos nombres de aúpa.

—Podéis llamarle Tasio —sugirió la abuela.

—No me hace mucha gracia —objetó mamá—. Ya sabéis que no me gustan los diminutivos ni los apócopes o como se llame gramaticalmente esa manía de acortar los nombres. Pero reconozco que Tasio suena bien. Tasio. Sí, le llamaremos Tasio.

3

Un mes más tarde fue mi bautizo en la capilla de Santa Bárbara del cuartel de Globos en el que papá era coronel jefe. Nuestra casa pertenecía a la parroquia de San Nicolás, frente a la plaza del Banco de España, hoy pavimentada y con una fuente de surtidor. En el centro han instalado la figura del dios Neptuno y veladores del bar Minaya. Matrimonios con niños y ancianos tomando el sol y jóvenes bebiendo cerveza y masticando aperitivos y niños en cochecito. Entonces, cuando yo era un muchacho, el suelo era de tierra y allí jugábamos al cortaterrenos, lanzando un clavo al suelo e hincándolo para después hacer una raya en la tierra y trazar una línea para cortarle al enemigo su territorio y aislarle.

—Ríndete —decía una voz a la espalda del vencido.

El vencido era un niño como todos nosotros, cetrino y pálido, tal vez desnutrido, con sandalias y botas claveteadas de las que daban en el Frente de Juventudes de Falange, otros llevaban alpargatas de cáñamo o zapatos de suela agujereada, tapada con un cartón me rindo.

—¿Te rindes?

—Sí, me rindo.

El vencido no podía sostenerse con la punta de los pies en su isla de tierra húmeda y se rendía. Después se borraban todas las huellas en el suelo y otra vez empezábamos a jugar al cortaterrenos o al marro o a guardias y a ladrones. Y detrás de nosotros se alzaba la mole blanca y pétrea del edificio del Banco de España, con la placa que a mí me fascinaba:

PLAZA
DEL
TENIENTE BOIXAREU RIVERA

Un perfil de militar en bajorrelieve y una media luna alusiva al ejército de África que a mí, hijo de militar, me sugería heroicas hazañas allá en los desiertos. Tropas del Tercio de Regulares y de la Legión Extranjera, legionarios barbudos entrando a sangre y fuego en las ciudades de «la España roja», tal y como le oía a papá cuando nos contaba las hazañas bélicas del ejército de Franco Franco Franco. En aquella pared estaba en relieve aquel rostro joven, de héroe, y muchas veces me quedaba absorto mirando la placa y viendo la media luna mientras esperaba que algún compañero me rescatase de la cárcel donde me habían encerrado los guardias del bando contrario o hurgándome la nariz con el dedo índice o atándome los cordones de las botas que papá me proporcionaba en el cuartel y que eran de suela de gruesa goma y de buen cuero. Con ellas jamás se me enfriaban los pies y, sin embargo, a otros, por ejemplo al Antonino, que era hijo de un republicano fusilado por los nacionales después de la guerra, se le helaban los pies de frío porque no usaba sino alpargatas de suela de goma, de tela rota y pestilente en el verano, pero terrible en el invierno cuando nevaba y nos íbamos en panda al parque de la Concordia y a San Roque, a hacer muñecos de nieve con sombrero de verdad, pues alguno de nosotros iba a su casa y buscaba un sombrero roto y viejo y se lo poníamos y también le hacíamos al muñeco una pipa de madera y le poníamos una bufanda como en las películas americanas el día de Papá Noel. Qué bonito era el mundo con aquella niñez tan inocente y aquella adolescencia en ebullición. Éramos como volcanes y estábamos despiertos a la vida y al aire puro e invernal, viendo nevar, nevar, nevar como entonces lo hacía, es decir en cantidad, en silencio, inadvertidamente. Recuerdo que nos acostábamos diciendo esta noche parece que ha templado el frío y que ha cesado el viento y mamá cerraba las contraventanas de mi alcoba y Toñi venía a taparme y a darme el beso que me daba a veces en los labios cuando yo tenía seis o siete años y me decía tal vez esta noche nieve, Vicente Anastasio. Y papá, cuando la oía llamarme Tasio o Vicentín se enfadaba y le regañaba haga usted el favor de venir, Toñi.

—Sí, dígame, don Hugo.

—Pase usted.

Y la pobre criada, la fea Toñi, que luego me enseñaría a hacer eso que hacen los hombres y las mujeres o que tal vez fuera yo el que se lo enseñara, entraba la pobre asustada al despacho de papá donde estaba yo estudiando en mi enciclopedia de Dalmáu Carlés la lección de los romanos, sentado enfrente de papá don Hugo, el señor coronel, con mis piernas delgadas colgando de la silla alta, sentado con un cojín escarlata y a la luz de un flexo con mis botas y mis calcetines de lana hasta la rodilla, moviendo siempre las piernas. Hijo mío, cómo no vas a estar delgado si no dejas reposar el cuerpo. Era mamá que me regañaba siempre que me veía mover las piernas mientras estudiaba y la abuela decía son los nervios, qué vas a esperar de un niño de ocho años. Entonces mi hermana Carla tenía catorce años, seis más que yo, y era ya muy guapa. Estudiaba quinto de bachiller y tenía unas amigas preciosas, que iban a mi casa a encerrarse con ella en su cuarto para hablar de Gary Cooper y de Carl Gable y de Rita Haywoorth y de Spencer Tracy y de Mickey Rooney y de películas y de canciones que se oían por Radio Andorra y que ellas se dedicaban unas a otras. Una noche nos lo dijo Carla: Mamen y Chon me han dedicado una canción en Radio Andorra y yo les he dedicado otra. Todo el mundo se quedó despierto hasta muy tarde, inclusive la abuela, que ya tenía casi setenta años y mamá decía pobre abuela, hay que ver qué bajón ha dado desde el último catarro que tuvo. Y, en resumen, que nos quedamos todos a escuchar a la locutora que decía con una vocecita muy finústica y con acento entre catalán y francés, para Carla, de sus amigas Chon y Mamen, en Guadalajara, con mucho cariño. Y entonces oímos el disco titulado *Mirando al mar soñé* que estaba junto a ti, mirando al mar yo no sé qué sentí, que acordándome de ti lloré. Y luego, oímos la canción que ella les dedicaba a sus amigas Mamen y Chon, de Carla, y para una persona que ellas saben les ofrecemos *Verdad Amarga*. Y fue cuando papá, que estaba sentado a la cabecera de la gran mesa del salón en penumbra, bajo el resplandor de la lámpara de chupones de cristal y de flecos, frente a mamá y en compañía de la abuela, de Carla y de Toñi, que estaba escuchando con un paño de cocina en la mano apoyada en el quicio de la puerta, entonces fue cuando le dijo a mi hermana luego me vas a explicar quién es esa persona a la que dedicas también el disco y a la que sospecho del sexo masculino, ¿me equivoco?

—Cállate, Hugo, deja a la chica escuchar la canción —dijo mamá, tratando de ayudar a mi hermana.

La canción era un bolero y lo cantaba Antonio Machín, un negro cubano que tuvo mucho éxito y que una vez vino a Guadalajara al Teatro Liceo con su espectáculo y fuimos todos a verle, porque el Gobierno Militar le había proporcionado a los coroneles y tenientes coroneles y comandantes de la guarnición invitaciones gratuitas y, como digo, fuimos y me gustó mucho oírle cantar *Angelitos Negros* y también aquella canción que luego se conoce que se le quedó a mi hermana clavada en el alma cuando se enamoró de Minito, el hijo de los de la tahona, uno al que decíamos que era millonario. Tenía quince o dieciséis años y había dejado de estudiar porque tenía dinero y trabajaba con su padre en la tahona. Recuerdo que iba siempre muy bien vestido con otros que se llamaban Pedro Abascal, y Tomasín Mialdea. Minito no era muy alto, pero sí fuerte y limpio, iba siempre muy acicalado y olía a perfume y fumaba cigarrillos Pall-Mall. Tenía los labios gruesos y se afeitaba. A mí me decía hola chaval, ¿por qué no me dejas un rato a solas con tu hermana Carla? Y yo le decía que a cambio me tenía que dejar cien tebeos del Guerrero del Antifaz y me decía de acuerdo. Muchas veces les dejé solos en el rincón de los soportales, cerca del portal, hablando, mientras yo me iba a la plazuela de San Gil a comprarme pipas y, en fin, que aquella noche oímos la canción *Verdad Amarga* y yo en seguida me imaginé que esa otra persona a la que le dedicaba mi hermana el disco era Minito y entonces me daba rabia y le decía presumida cuando se acicalaba para salir de paseo o cuando se iba al Instituto con sus libros y sus ricitos rubios y esa piel aterciopelada y sonrosada que tenía mi hermana. Ahora, cuando ya todo se lo ha llevado el viento, es cuando reconozco lo guapa que eras Carla, ahora que estás ya vieja y vives en Barcelona y apenas si nos vemos y todo se fue como si no hubiera sucedido nunca.

—No digas eso —me dijo la última Navidad, cuando me invitó a pasar unos días en su casa de la Vía Layetana. Yo me emborraché como de costumbre y, como suelo hacer cuando estoy ebrio, comencé a evocar los tiempos de nuestra adolescencia y nuestra juventud y mi cuñado, el pulido Casamitjana, industrial del vidrio en fino en Cornellá de Llobregat, me miraba displicente con su copa de champán en la mano, obsesionado con que brindáramos y yo entonces fue cuando bruscamente cambié de conversación y le dije a Carla, ¿recuerdas cómo era papá de odioso y de intolerante?

—Sí, era terrible —reconoció mi hermana.

Y le recordé la escena con Toñi, el día en que yo estaba estudiando los romanos y papá la mandó llamar mire, Toñi:

—Le ordeno que a mis hijos les hable de usted, aunque sean pequeños como sucede con Vicente Anastasio. Quiero que les llame señorito o señorita tal y cual, ¿entendido?

—Sí, señor —respondió Toñi.

Todavía no había yo cumplido los quince años, pues tenía ocho nada más y mi hermana tenía catorce y todavía lógicamente ella no había conocido a Carlos Casamitjana, que sería luego su esposo y era una niña. Carla y yo éramos el señorito Vicente Anastasio y la señorita Carla, según quería papá que nos llamara Toñi, cuyo nombre era Antonia. Todavía no habíamos la criada y yo tenido la intimidad carnal que luego fue una locura durante un año, cuando ella me enseñó a bailar para la boda de Carla y entonces, a mis ocho años, ella me besaba tan sólo como a una criatura, como si hubiera sido su hijo y me ayudaba a vestirme cuando me levantaba tarde y aquel día salió con lágrimas en los ojos y se lo dijo a mamá, señorita, no es por falta de respeto ni por desobedecer las órdenes de don Hugo, pero es que no me hago a la idea de llamarle al niño señorito, aunque créame que lo intento. A la señorita Carla sí se lo digo porque ya es una mocita y qué guapa es, ¿verdad doña Leontina? Mamá supongo que se mostraría con ella muy tolerante, pues lo era con todo el mundo y le diría delante de mi esposo haga un esfuerzo pues ya sabe lo riguroso y anticuado que es para estas cosas y a los niños nos daba risa que nos llamara señorito y señorita y mis amigos me pusieron por culpa de mi padre el mote de *el Señorito* y con él me quedé, del mismo modo que otros se quedaron con el de *Caratanque, la Liebre, el Cebra* o *Cabezabuque.* En resumen, que a mí me dio mucha vergüenza cuando papá, que estaba frente a mí en la mesa del despacho, le dijo a la criada aquello y yo dejé de estudiar la lección de los romanos y cuando se cerró la puerta volví a la enciclopedia Dalmáu Carlés y me aprendí de memoria, como con rabia, aquello de que Roma dividió a España en Hispania Citerior y Ulterior y que el emperador Augusto estableció tres provincias cuyos nombres eran Lusitania, Bética y Tarraconense. Repetía la lección una y otra vez con los ojos cerrados o con los ojos abiertos mirando al techo del despacho de papá don Hugo. Muebles Imperio y bajorrelieves de guerreros y panoplias con espadas. Me impresionaban mucho el águila bicéfala y el tapiz y la bandera nacional y el retrato de Franco dedicado a papá en diagonal y enmarcado: «Al teniente coronel Garrido de Tinajas» y la firma y la rúbrica y la vitrina con las copas de plata que eran los trofeos hípicos de papá y otra vez Caracalla: Caracalla separó el noroeste y creó la. Me resistía a mirar el texto de la enciclopedia, escribía monigotes con el lapicero Johann Sindell negro y la goma Milán y el bloc de anillas Centauro sobre el tablero con cristal de la mesa del despacho, mientras papá miraba el álbum de sellos de correos con una lupa, pues era también filatélico. Tenía las gafas puestas y el rostro seco, enjuto, con el uniforme caqui y los rombos en el cuello con sus castillos del Arma de Ingenieros y las tiras multicolores sobre el bolsillo derecho que indicaban las diferentes condecoraciones que guardaba en una caja fuerte, metálica, en un cajón del despacho. Un día me enseñó un mechón de pelo de mamá que conservaba en la caja fuerte. Este mechón de pelo, me dijo, es de mamá. Me lo dio cuando nos separamos el día que yo me iba al frente, ya casados. Cuando estalló la guerra y ella le dijo Hugo, amor mío, tengo el presentimiento de que voy a perderte. Pero papá regresó de aquel infierno, aunque le hirieron en una cadera y, sin embargo, todavía podía montar a caballo, pero no podía competir en los concursos hípicos como antes de la guerra civil. Y por esa razón yo creo que estaba como amargado y miraba sus trofeos y las fotografías de los caballos que había tenido en la Remonta de Cádiz, cuando era muy joven y tenía aquel mostacho de las fotografías y ahora, sin embargo, llevaba un bigotito que mi amigo Chomin, que era republicano en el fondo, me decía tu padre lleva un bigote fascista. Y yo sentí rabia cuando Toñi salió del despacho y creo que fue aquel día cuando comencé a odiar a mi padre. Tenía en la punta de la lengua lo que hizo Caracalla y papá me miró y me dijo:

—Creo que no te sabes bien la lección.

Yo bajé la mirada al libro que tenía forrado con un papel azul oscuro que compré en la papelería Gutenberg y leí Caracalla creó la Gallecia. Y le pregunté a papá qué era la Gallecia y él me dijo que Galicia y después, mientras se limpiaba los lentes de ovalados cristales con un pañuelo muy blanco, me dijo que la mayoría de los puentes que había en España eran de origen romano y que Viriato fue un héroe. Y se levantó y fue a la estantería grande y regresó con un grueso volumen de Historia de España y me leyó la página donde el autor había escrito la historia del caudillo Viriato. Papá se emocionaba al leer cómo el cónsul Cepión compró a tres oficiales del héroe, de nombre Audas,

Ditalcón y Minuros, los cuales asesinaron a Viriato mientras dormía. Y me mostró un cuadro que venía reproducido en el libro y me dijo fíjate en el horror de la traición, hijo mío. Vi entonces al caudillo lusitano tendido en el lecho de la muerte y a sus oficiales leales llorándole y clamando venganza. Y se me quedaron en la mente para siempre aquellos tres nombres Audas, Ditalcón y Minuros, del mismo modo que siempre recordé los nombres de los tres mosqueteros de la novela de Dumas: Athos, Porthos y Aramis. O como mi hermana, que se sabía de memoria los títulos de los tebeos del Guerrero del Antifaz, aquellos cien tebeos que Minito me prestó para que le dejara hablar a solas con mi hermana Carla, cuando estaban los dos enamorados con ese amor terrible de los quince y dieciséis años. La más maravillosa aventura que pueden vivir un hombre y una mujer. Se miraban apasionados por la calle Mayor, cuando se cruzaban con sus amigos y amigas al salir de misa. O en los bailes del Casino Nuevo, cuando ya Carla comenzó a ir a bailar y bailaban el *Vals del Emperador* o como cuando, aquella noche, estando todos reunidos en el comedor, nos dijo Carla que sus amigas Mamen y Chon iban a dedicarle un disco y ella después les dedicó otro y la locutora añadió «y para otra persona» cuyo nombre era un misterio y que yo sabía que era Minito el de la tahona y la canción se oía muy mal y mamá le dijo a papá cállate, Hugo, por favor, deja que escuchemos el disco de la niña y luego te dirá quién es esa otra persona anónima cuyo nombre tiene todo el derecho la niña de mantener en secreto, pues no estamos ya en los tiempos de Maricastaña, cuando las chicas no podíamos ni abrir la boca y nos tenían nuestros padres encerradas en un puño. Carla arrugó el ceño y la abuela Mercedes le hizo un gesto para que no se preocupara, pues estando ella presente papá no se atrevería a regañarla. Ella bajó la vista y de soslayo miraba la radio Philips gótica y recuerdo que al fondo del salón comedor teníamos instalada una estufa de serrín y en la semioscuridad del fondo distinguía yo las llamas a través de un cristal, como esas llamas del Infierno que había en el cuadro de la Virgen del Carmen del dormitorio de mis padres y la canción decía textualmente así:

> Yo sé que es imposible nuestro amor
> porque el destino manda
> y tú sabrás un día comprender
> esta verdad amarga.

Papá tenía una expresión como de asco, mirando a mi hermana, la cual se había levantado de la mesa y estaba oyendo la radio apoyada en el aparador, con la cara muy pegada al aparato, que tenía la forma de un arco gótico y en el centro una ventanita con números que eran las emisoras de radio. Y al fondo, en el quicio de la puerta, como un mendigo que espera una limosna, estaba Toñi, la criada fea y desgreñada, que a esas horas de la noche olía a guisos y a tufo de la cocina de carbón y a lejía y a tronchos de berza que cocíamos a veces en una gran olla para un marrano que nos criaban en el cuartel, berzas que nos traía el asistente, un joven de Hiendelaencina, de nombre Hilario, pelirrojo y fornido que nos hacía también la compra yendo detrás de mamá a las tiendas vacías, pues eran los tiempos del racionamiento y nosotros casi todo lo que comíamos lo traían del cuartel. Pero a mamá le gustaba ir de compras imaginarias y se llevaba siempre a Hilario el cual, a veces, incluso barría la casa y empapelaba. Era como una especie de mayordomo con uniforme de ingenieros y siempre llevaba por la casa el gorrito de borla sujeto en la hombrera de la guerrera. Llegaba por la mañana y encendía la estufa, traía una cántara de leche del cuartel y todo el día estaba yendo y viniendo y conmigo jugaba al parchís en algunos momentos de esos como tétricos y paralizantes que suelen producirse en las ciudades pequeñas como Guadalajara. Una tarde gris de lluvia o esos crepúsculos de noviembre, cuando desciende la niebla y todavía no han encendido las luces de la plaza del Ayuntamiento y a intervalos pasa alguna camioneta desvencijada con su gasógeno espantoso instalado entre la cabina y la caja, estrambótica y ruidosa, echando un humo negro y tambaleándose sobre los adoquines de la calle Mayor, que es la que estaba delante de nuestra casa, entre los soportales y la plaza del Ayuntamiento y cuyo nombre no recuerdo si era calle de Miguel Fluiters o del Generalísimo. Por la noche Hilario se marchaba y siempre me asaltó la duda en esos años que estuvo en casa de asistente de mi padre si realmente había tenido algún tipo de relación carnal con Toñi, pues era tanta la indiferencia con la que se trataban y eran tan pocas las palabras que cruzaban entre sí, que daba la impresión de que aquella actitud era parte de un plan. Pero nunca les sorprendí a solas en actitudes sospechosas y tampoco mi madre, que era muy moral y se preocupaba mucho de que nunca estuviera solo en casa Hilario con mi hermana o con la criada. Lo cierto y verdad era que el asistente tenía un buen carácter y a mí muchas veces me decía vamos Tasio, déjame que te dé el vértigo. Y me cogía con fuerza del suelo y me sentaba sobre sus hombros, como si fuera a caballo y entonces me bajaba de prisa por las escaleras de la casa y yo le gritaba que me daba vértigo y él entonces cuando quería que me diera el vértigo me lo decía siempre vamos Tasio, súbete en mis hombros y ya verás qué vértigo. Era como un tobogán y así pasaban los días y las noches, bajo el cielo estrellado y gélido, limpio de nubes o encapotado y también las asfixiantes noches del verano con todas las ventanas abiertas y los chinches devorándonos las carnes a pesar del zotal y de que mi casa era limpia y nosotros éramos señoritos, pero es que las paredes eran antiguas y empapeladas y allí se criaban las grandes masas de aquellas bestias a las que muchas veces soñé gigantescas y que inundaban la ciudad y eran como tanques alemanes de esos que tenía papá en unas revistas militares que se traía del cuartel y que tenían un papel muy bueno y muy brillante con fotografías de las batallas de la segunda guerra mundial. El día que habíamos estado escuchando el bolero *Verdad Amarga*, yo tenía ocho años y estábamos en el 49 y la guerra mundial había terminado hacía cuatro años y aquellas revistas entusiasmaban a papá, aunque se ponía de pésimo humor al recordar la derrota de las fuerzas del Eje, pues él siempre se refería a Alemania e Italia como si fueran una misma cosa y se llamaran el Eje y era un entusiasta de Benito Mussolini y muchas veces se encerraba en el despacho y pasaba largas horas haciendo croquis y planos de batallas famosas que habían perdido los alemanes y que, según él, podían haberlas ganado con unas tácticas que se inventaba y me decía:

—Cuando seas militar has de pertenecer al Estado Mayor del Ejército.

Y yo le preguntaba qué cosa era el Estado Mayor y él me decía que era el cerebro donde se gestaban las victorias y que los militares del Estado Mayor eran la élite. Yo no sabía entonces lo que significaba la palabra élite y muchas otras cosas que sucedían a mi alrededor, pues realmente era un niño inocente y pasaba muchos instantes distraído con nimiedades. Por ejemplo, era capaz de construirme una pistola con un alfiler de la ropa y disparaba con ella huesos de acerola o garbanzos que sacaba de unos sacos muy grandes que teníamos almacenados en la despensa y que a papá le traían los soldados en el camión del Economato Militar, pues aunque en España la gente pasaba muchas calamidades nosotros nunca las pasamos gracias a Dios, como decía mi abuela Mercedes suspirando. Y yo entonces me decía que Dios y nuestra familia éramos una misma cosa. Y la familia de mis amigos cuyos padres eran también militares y el gobernador civil y el delegado de Hacienda y el cura párroco de San Nicolás, don Teodoro, y los ricos terratenientes que se apellidaban Mohernando y otras personas bien vestidas creía yo que éramos algo especial para Dios Nuestro Señor, como decía el párroco don Teodoro cuando los jueves por la tarde venía a casa y la abuela y mamá le invitaban a chocolate con bizcochos. A veces también mi padre estaba en la mesa y el cura aquel enorme, altísimo, flaco como una guadaña, me alargaba la mano nervuda y macabra, como garfio,

y me aproximaba a él y me miraba con sus ojos grises y yo
sentía un terror inmenso al verle tan cerca aquellas facciones de calavera y de muerte y aquella respiración que tenía
como si fuera asmático. Y, en efecto, algunos años más tarde
se murió de asma una noche estando solo en su casa de la
parroquia, sin que nadie le pudiera ayudar. Y fue entonces
cuando desesperado al verse morir, quiso tirar de un cordón
que comunicaba con el timbre de la casa del sacristán y no
logró alcanzarlo y entonces arrastró al suelo el tapete de la
mesilla de noche y se cayó un vaso con unas lamparillas que
tenía encendidas a las Ánimas del Purgatorio y se incendió
la colcha de la cama y ardió vivo. Me imagino que cuando
agonizara ni siquiera se daría cuenta de que estaba murién-
dose de asma, pues el dolor de las llamas sería más grande
que el de la respiración.

—Hijo, por favor, deja de mover las piernas.

Era la voz de mamá aquella noche de 1949, cuando todos
juntos escuchábamos la *Verdad Amarga* y la canción, que
era un bolero que cantaba Antonio Machín, decía te juro por
los dos que me cuesta la vida, que sangrará la herida, por una
eternidad. Y se hacía una pausa y mi hermana Carla suspiraba y después papá la sometió al clásico interrogatorio
vamos a ver, hijita:

—¿Puedo saber quién es esa persona a la que has dedicado también el disco de Radio Andorra?

Y Carla, que era muy fría y que no se asustaba como yo
al verle a papá los ojos de hielo, levantó la mirada tranquilamente y le dijo que esa persona era una amiga que estaba
en la Inclusa y que se llamaba Palmira, que era huérfana
y que sabía que el disco estaba dedicado a ella, pero que no
decían su nombre de Palmira para que las otras chicas huér-
fanas o abandonadas de la guerra civil y de la miseria no
tuvieran envidia y lloraran al sentirse solas en el mundo.
Y papá se lo creyó totalmente y entonces, antes de irme a
mi cuarto, entré en el de Carla y le dije que yo sabía quién
era Palmira realmente y ella, muy altiva, me dijo que era un
mocoso, que me ocupara de mis asuntos y que, además, estaba segura de que yo estaba pensando en Minito y que no
era el de la tahona el chico al que le había dedicado *Verdad
Amarga*.

—¿No? —pregunté yo desconcertado.

—No —mintió ella en el mismo tono de altivez.

Y se encerró en su cuarto, que era uno de los más grandes de la casa, y desde mi habitación del otro lado del corredor veía su luz encendida y su sombra por las paredes
según se movía y muchas noches apagaba yo la luz y me
agazapaba tras los visillos, a oscuras, para ver si la veía desnudarse. Muchas veces la vi y me gustaba mi hermana desnuda, admirándose ella misma en el espejo del armario y

a través de las cortinas caladas aquellas veía las imágenes de su cuerpo desnudo que me excitaban, como cuando mamá me daba el pecho siendo niño de teta. Igual que aquel día del mes de febrero del año 1941, cuando me bautizaron en la capilla del cuartel de Globos y Aerostación, pues aunque nuestra parroquia era la de San Nicolás papá quiso que se me bautizara en una iglesia militar y allí me llevaron aquella mañana de febrero, tan rutilante y tan fría, con el cielo azul espeso y sin nubes y los dos automóviles Ford modelo Balilla a la puerta de la casa. Mi tía Hermiona, hermana de mamá, me llevaba en brazos envuelto en una gran mantilla. Era voluminosa y perfumada, frescachona y jacarandosa, y aquella mañana iba vestida con un traje negro de chaqueta y zapatos de charol de tacón alto con mantilla española y la peineta que solía ponerse en las procesiones del día del Corpus Christi. Me sacó a cristianar persignándose antes de poner el pie en la calle y miró al cielo y suspiró y dijo qué hermoso día le ha amanecido a mi sobrinito para su bautismo. Detrás de ella iban mis padres, papá de uniforme de gala, con fajín de borlas y todas sus condecoraciones puestas y sus guantes de piel y el bigotito fascista muy recortado y mamá siempre tan hermosa y tan bella, cuyo olor buscaba yo en el aire, ávido de sus grandes pechos dulces en los que me hundía tibio, atormentado por aquel placentero anhelo de beber el dulce néctar de la vida, con mis guantecitos de lana, y mis zapatitos de lana y mi toquilla de lana con tiras bordadas y mi gorrito azul celeste porque era niño y los niños llevamos todo azul celeste y las niñas rosa y mamá se quejaba siempre de lo mismo: que había tenido que desperdiciar todo el ajuar de Carla, pues yo era niño y, por lo tanto, azul. Y después de mis padres aparecieron en el portal mi abuela y mi tío Armando, el marido de tía Hermiona, un tipo muy pintoresco que vivía con su mujer en un caserón en Cuenca y no tenían hijos porque tía Hermiona era estéril según decía mi tío. Ella, sin embargo, le replicaba y le reprochaba siempre que la culpa era de él, pues tenía el vicio de beber mucho y la tía decía que había leído un artículo en la revista *Fotos* y que allí una eminencia médica norteamericana decía que el alcohol y el tabaco hacían estériles a los hombres y que la culpa era de su marido Armando, por fumar tanto puro habano y por beber ese *whisky* que le traía de contrabando un amigo escocés que se llamaba Oates y que era el agregado cultural de la embajada de Escocia en París. Camarada de borracheras a pesar de ser, según papá, un marxista que jamás pisaría nuestra casa, pues había formado parte de las Brigadas Internacionales de la guerra civil para siempre. Y mi tío Armando se reía de mi padre, al que llamaba siempre *facha*, y le ofrecía una copa de aquel *whisky* cuando estaban en su casa y mi padre lo rechazaba, primero porque era alcohol y segundo porque procedía de Oates. Le decía esa bebida está manchada con la sangre de nuestros héroes de la Cruzada de Liberación y mi tío se reía a carcajadas. Era un tipo de mediana estatura, hijo menor de una familia de terratenientes de la provincia de Cuenca, de donde eran los padres de papá y por esa razón conoció allí mi tía Hermiona al tío Armando, cuando siendo mamá novia de mi progenitor, fue con su hermana a la ciudad de las Casas Colgadas y en el baile del Círculo de la Amistad papá le presentó a tío Armando y los dos se enamoraron, pues mi tía Hermiona siempre fue atrevida y libidinosa y aquel joven extraño, que declaraba a los cuatro vientos que no creía sino en los placeres de la existencia, sin duda la embriagó aquel crepúsculo de primavera del año 1933, cuando papá y mamá estaban tan enamorados, porque antes los hombres y las mujeres se enamoraban todos y se casaban con las manos entrelazadas en fotografías magenta o en fotos de álbum donde se les ve amarillos y embobados, amor mío, cariño mío. Sin embargo, ahora, todo es tan diferente. Véanme a mí solitario, deambulando por los bulevares vacíos de la vida y de la muerte, evocando aquella mañana de febrero de mi bautismo, cuando en los dos coches Balilla con gasógeno, matrícula del Ejército, bajamos hasta Santa Clara y luego pasamos por la plaza de los Caídos en la que, a la izquierda, se alzaban las ruinas del Palacio del Infantado, bombardeado por los nacionales cuando, en plena guerra civil para siempre, los republicanos lo habían convertido en hospital de sangre y allí hubo muchos muertos y luego o quizás antes, a causa de o motivado por, los republicanos, como represalia, fusilaron a doscientos presos en la cárcel provincial. Dicen que eran tantos los muertos que se desangraban cerca de los muros de la prisión, que la cuesta de la calle de la Amparo, donde estaba la cárcel, bajaba como un río de sangre. Yo tuve un amigo del Bachillerato que se llamaba Busons y su padre estuvo en aquella cárcel cuando los fusilamientos y dicen que era el único que se había escapado de la muerte porque tuvo el valor de esconderse entre los haces de leña de los sótanos y allí casi se muere de sed y de hambre. Luego pudo escapar de aquel horror y escribió un libro y Busons, le recuerdo muy bien, estudió Derecho y tenía la cabeza grande y era uno de los mejores alumnos de la clase de latín o quizá me confunda con otro, pues éramos tantos y todos teníamos la misma expresión absorta de aquella interminable posguerra y en nuestras pupilas iba dibujado el mismo horror que habíamos heredado de nuestros padres, los vencedores y los vencidos de una batalla que todos perdieron. Y al fin llegamos al cuartel de Globos y entramos en el patio del Regimiento y los soldados se cuadraron saludando a mi padre. Allí estaban el gobernador militar de gala y el gobernador civil con su camisa de falange no pide, exige, y el yugo y las flechas en la solapa del uniforme de jefe provincial del Movimiento y otras personas, tales como nuestros vecinos los Salazar, y Toñi también estaba allí, con su abrigo de paño y un envoltorio con otro mantón para mí, un poco alejada del grupo principal, modesta y sonriente, con su rostro de *clown* y las piernas juntas y las manos enrojecidas y cubiertas de sabañones. Ni siquiera se acercó a mi tía para verme, pues no se atrevía a hacer movimientos impropios o inadecuados en presencia de papá, al que todo el mundo temía, a pesar de que, según me dijo varias veces cuando luego fui mayor, jamás había matado a nadie en la guerra civil aunque, desde luego, se reconocía un hombre de carácter, al que le gustaba ser respetado y respetar.

—Otra cosa es no tener dignidad, ni ser serio —decía, ejercitando ese tic de encogimiento de hombros, estirando el cuello flaco, en el que se le marcaban los rígidos tendones.

Olía en el patio del cuartel de Globos a excremento de caballo, pues allí se hallaban instaladas provisionalmente las caballerías de la Academia de Infantería que estaba por aquel tiempo en la parte alta de la ciudad, en el gran Colegio de las Monjas Adoratrices, palacio que fue de la marquesa de la Vega del Pozo y cuyo panteón, enfrente, fue años después lugar de mis juegos. Y aquel olor a caballo era el mismo que a veces tenía mi padre impregnado en su uniforme y yo, en brazos de la tía Hermiona, tuve como una especie de presentimiento, como si ya en mi estado de bebé absurdo e inútil fuera capaz de adivinar mi trágico porvenir en el que un caballo negro y brioso, espumeante y terrible, que se parecía a papá don Hugo, me conduciría a la tristeza y a la amargura. Pero, naturalmente, nadie aquella mañana pudo adivinarlo, como tampoco nadie estaba pensando que al amanecer de aquel día de febrero, veinte presos de la cárcel habían sido fusilados en el patio, yendo a incrementar la inmensa multitud de las víctimas de la victoria, ensangrentando el cielo azul y las montañas nevadas y las banderas al viento que los jóvenes falangistas iban cantando por sendas y caminos, con la mochila al hombro, la camisa azul, las boinas rojas y aquellas botas claveteadas que llevaban puestas, mientras los hijos de los vencidos iban descalzos y en los pueblos las gentes iban también descalzas al campo, a recoger las mieses, y rebuznaban los burros desesperadamente y los estraperlistas se hacían millonarios con el contrabando masivo de alimentos y la segunda guerra mundial ardía e Inglaterra resistía cada vez con más ahínco los ataques aéreos de la Luftwaffe y papá leía el diario *ABC* murmurando entre dientes que Adolfo Hitler no era un estratega, sino un advenedizo en cuestiones militares y que, en su opinión, la guerra había que ganarla en el mar y por esa razón había que temer a los ingleses, a los que odiaba con todas las fuerzas de su corazón. Italia, mientras a mí me llevaba la tía Hermiona a bautizar, había perdido la Cirenaica y varios oficiales lo comentaban como una tragedia en el atrio de la capilla mientras papá ejercitaba sus tics nerviosos, y tío Armando fumaba y paseaba por el patio esperando que llegase el capellán castrense, don Perpetuo, y piaban estridentes los vencejos y a las doce en punto sonó la sirena del reloj del Ayuntamiento y en seguida apareció con su manteo el capellán, grueso y tambaleante, con la cara enrojecida por el alcohol como la de mi tío, pero más fofa y con un misal en la mano. Buenos días nos dé Dios, dijo. Y todos le saludaron respetuosos. Las damas besándole la mano y los caballeros también inclinándose. Los militares, rígidos, le saludaron llevándose la mano derecha al borde de la visera de la gorra de plato y alguno llevaba gorro de soldadito con borla roja y gualda hecha con hilos dorados y rojos, que relucían al sol. Y aquella mañana, en España, se castigaban los delitos de traición con la pena de muerte y los fusilamientos atronaban el aire y el hambre devoraba los sentimientos y, sin embargo, una inmensa sed de vivir se alzaba de la niebla de los pantanos. Precisamente el día anterior a mi bautizo Franco y el duce de Italia, Benito Mussolini, se habían entrevistado en Bordighera y a mí aquella entrevista me resultaba indiferente y, en cierto modo, absurda, pues siempre supe que el poder y sus rostros, las manos tendidas de los gobernantes, entrañaban trampas mortales para los corazones solitarios como el mío y aquella entrevista «histórica», como comentaba papá con el gobernador militar a la puerta de la capilla, no iba a ser una excepción.

—Buenos días tengan todos ustedes —dijo una señora que había llegado en ese momento.

—A sus órdenes, mi coronel —se cuadró un capitán, ante mi padre.

—Qué niña tan linda —dijo doña Clotilde, esposa de nuestro vecino, don Práxedes Salazar, jefe provincial del Auxilio Social.

Se refería a mi hermana Carla, a la que preguntó si era cierto que ella también sabía tocar el piano.

—Sí señora —respondió Carla inclinándose en un gesto de damisela antigua, vestida con su traje de organdí y su capelina escarlata y su sombrerito y sus guantes.

—Qué primor —dijo doña Clotilde Salazar.

Mi abuela Mercedes, vestida como una reina faraónica, con su abrigo de astrakán, adquirido a bajo precio en una subasta del Ejército, se esponjó al ver tan guapa a su nieta Carla y dijo entre aspavientos de pavo real que Carlín le había salido en todo a su hija Leontina allí presente, inclusive en el oído.

—Ahora están aprendiendo las dos a tocar el piano a cuatro manos y el otro día, mire usted, cuando se pusieron a interpretar *Sonata de Primavera*, de verdad, me emocioné y rompí a llorar al verlas a las dos sentadas juntas en el taburete, ante el piano del salón.

La vecina doña Clotilde, que odiaba el piano de nuestra casa, fingió una sonrisa y mintió exclamando que ella siempre había tenido el secreto anhelo de saber tocar algún instrumento. Entonces alguien dijo que eso era un don de Dios y comenzó a tocar la campana de la capilla y penetraron todos en la pequeña iglesia dedicada a santa Bárbara Bendita patrona de la Artillería y cuya imagen estaba allí, en el altar mayor, con la mirada fija en el techo de vigas agrietadas y viejas donde había varios nidos de golondrinas. Don Perpetuo, el capellán castrense, antes de proceder al ritual de mi bautismo alzó los ojos al cielo y, con su gran voz aguardentosa, recitó una oración que decía: «Oh, Señor, Tú me llamaste por mi nombre desde el vientre de mi madre y me diste lengua y el don de la palabra como aguda espada. Bajo la sombra de tu mano me cobijaste e hiciste de mí una saeta escogida.» Poco después sentí sobre mi cabeza el frío del agua bendita y, boca abajo como estaba, escuché aquella voz de trueno que me decía te llamarás Vicente Anastasio Hugo Bartolomé y sentía salada la boca y me dolía el vientre mientras no cesaba de llorar.

4

Después de mi bautizo en la capilla de Santa Bárbara los convidados pasaron al comedor de oficiales del cuartel de Globos y allí tuvo lugar un festín gastronómico, con camareros soldados que llevaban trajes de frac negro y corbatas de pajarita, como si en lugar de ser aquello un cuartel que olía a excremento de caballo fuera un gran hotel de la Riviera y papá un potentado. A mí me habían dejado en una cuna portátil y me cuidaba Toñi, en una habitación contigua, a la que Hilario, nuestro asistente, le había pasado una bandeja con varios platos. Pollo en pepitoria, berenjenas rellenas, trufas, pan candeal y salsas para la merluza. Vinos de Rioja y un gran pastel de manzana que el cocinero del cuartel, un tipo orondo y sudoroso, con alto gorro blanco de cocina y mostachos de ex legionario, trajo personalmente con gran empaque, colocándolo en el centro de la larga mesa a la que los comensales se hallaban sentados, todos unánimes en elogiar el banquete y en silenciar la miseria que se padecía en España. Hambre y frío, perros famélicos que deambulaban buscando algo que comer en las basuras y que ahora se agrupaban como muchedumbre fantasmal a las puertas del cuartel esperando las sobras. Eran perros flacos, galgos de mirada triste, ancianos encorvados y nauseabundos, madres con niños en los brazos, inmóviles en la solana del muro exterior, mientras el centinela les amenazaba con el fusil para que se alejasen de la puerta y el sol comenzaba ya a inclinarse en el cielo azul y sin nubes. Las señoras se levantaron de la mesa y pasaron a una sala contigua que era el Cuarto de Banderas, en tanto los caballeros hablaban de la guerra mundial. Mi tío Armando, completamente borracho, lanzaba a la nada que se reflejaba en la acuosa mirada del capellán castrense, en los ojos glaucos de don Perpetuo, toda una nebulosa argumentación sobre la literatura de Gabriel d'Anunzio, mientras un comandante muy moreno, que tenía sobre la mesa una fusta y que se sentaba de medio lado, con las piernas cruzadas y las botas altas muy brillantes, se dirigía constantemente a papá diciéndole mi coronel, no ignoro que Rommel, al frente del África Korps, será capaz de reconquistar en breve Benghasi. Sin embargo, añadió, el pacto ruso yugoslavo será decisivo en Cirenaica y el Peloponeso ya no será una fruta madura para los alemanes.

—¿Me equivoco?

Papá divagaba sobre las verdaderas causas de la guerra y se mostraba eufórico, a pesar de no creer en el genio militar del Führer. Para España el triunfo de Hitler representaría la reconquista de parte de nuestro Imperio, la recuperación de Gibraltar y la conquista del norte de África. Por lo que, según él, deberíamos entrar en guerra de inmediato.

—¿Empobrecidos y en ruinas como estamos? —preguntó mi tío Armando desde su extremo de la mesa, haciéndole muecas al capellán castrense y lanzándose a una dialéctica condenatoria de la violencia y del militarismo, causa en su opinión de todas las calamidades de la Humanidad y acicate para que Dios, avergonzado de la estirpe humana, nos enviase un nuevo Apocalipsis.

Tomaban café los caballeros y fumaban gruesos habanos llenando el comedor de oficiales de un humo espeso, mientras mi padre, abstemio y sin vicios, mantenía su hierática expresión severa y lúgubre. En el Cuarto de Banderas, sentadas en divanes o de pie bebiéndose una copita de licor dulce, las damas parloteaban sobre vestidos y encajes, comités de caridad y Auxilio Social. Doña Clotilde, la esposa de nuestro vecino Salazar, quería fundar allí mismo una Mesa Petitoria Permanente, presidida por la señora del gobernador civil, doña Luzdivina, la cual, al verse aludida, enrojeció como una amapola y dijo que ella delegaba con mucho gusto la presidencia en doña Nicomedes, a la que todos llamaban Nico, esposa del gobernador militar. Ésta, agradeciendo la deferencia, dijo que la persona indicada era mamá.

—¿Yo?

—Usted, Leontina, es la persona idónea —dijo doña Cecilia, esposa del delegado de Hacienda, apoyada por el aparatoso gesto afirmativo de doña Bernabea, la esposa del presidente de la Diputación.

—Nos reuniremos en la sala de juntas de la Acción Católica Provincial —dijo doña María, esposa del interventor de la Diputación, allí tengo yo a don Custodio, que es el consiliario, y confesor mío particular. Muchas veces me lo ha dicho, pueden ustedes reunirse en nuestros locales.

Mi abuela Mercedes, inquieta por mí, salió del Cuarto de Banderas y fue a la cuna a cogerme en brazos. Ea, ea, duerme mi niño, me paseaba por la habitación desde donde se veía, a través de un ventanal, el desolado campo castellano, invernal y remoto, ya casi sumido en el crepúsculo, teñido de rojos atardeceres y en cuyos celajes de luz y de sombra recortábase a lo lejos el Pico de la Casa y los barbechos frente al barrio de El Alamín. Era la época siniestra de enterrar a los muertos, de pedir limosna, de someterse a juicios severísimos para ser condenado a prisión perpetua, o a muerte. Cárceles, cartillas del racionamiento, procesiones y sacerdotes que llevaban puesta la camisa azul del Partido Único, mientras el Caudillo se erigía en las paredes de las iglesias en Salvador de la Patria, en Viva Franco y Arriba España, como exclamación estentórea y manos en alto, cara al sol los rostros curtidos por la muerte, el miedo, la incomprensión, el fanatismo, el sentimiento vergonzante de haberlo perdido todo, menos el honor.

—¿Menos el honor? —se extrañó papá, al oír aquella afirmación de mi tío Armando.

—Eso he dicho —replicó con su lengua de trapo el marido de tía Hermiona—. No sólo de pan vive el hombre, querido cuñado. Y no pienses que en el bando republicano todos eran o son horda roja, y chusma sin Dios, como os complacéis en pregonar a los cuatro vientos.

—Esas palabras son altamente comprometedoras —dijo en tono de alarma el gobernador civil—. Sobre todo en mi presencia.

—Armando está ebrio —dijo papá en tono conciliador yendo hacia mi tío—. Vamos, Armando, seamos sensatos y no divaguemos. Con gusto olvidaremos esas incoherentes palabras tuyas, de por sí subversivas. No bebas más.

Alguien, en los múltiples ecos de aquel cuartel, cantaba una canción. Era el crepúsculo frío a mi alrededor, cuando, bien envuelto en toquillas, mantos, gorritos, guantes, regresé a nuestra casa de la plaza del Ayuntamiento y mamá, en la cocina de carbón de piedra que crepitaba, bien cerrada la puerta, ayudada por la abuela Mercedes y por Toñi, me lavó en un barreño. Ay mi cielo de niño, ay mi prenda. Mira, mamá, cómo mueve sus manecitas y qué fuerza tiene y qué ojos tan grandes y tan negros.

—¡Hola! —me saludaba mi progenitora.

—¿Dónde está mi rey? —me preguntaba la abuela—. ¿Verdad que te estamos poniendo muy limpito y muy calentito y muy de todo?

Era una bendición verme y Toñi, incluso, lo dijo:

—Es una bendición de niño.

—¡Y qué bien se me cría! —exclamó mamá.

—Es que, ojo, Dios te ha dado una teta como la mía, y una leche que resucita a un muerto —se enorgulleció mi abuela.

Ya vestido, mamá se sentó de espaldas al fogón y me dio el pecho. Y allí me acomodé ronroneando como un gatito y mamé, mamé, mamé justo tres años y medio. Hasta el 10 de julio del año 1943, precisamente el día del desembarco aliado en Sicilia.

—Este niño ya te come de todo —dijo mi abuela.

Y mamá me destetó y durante todo aquel tiempo mi hermana tuvo envidia de mí y, según me confesó el día de su boda, cuando nos despedíamos, durante aquellos años de la lactancia me odiaba. Creo que llegaba a mi cuna y tenía tentaciones de sacarme los ojos o de estrangularme.

—A veces te cogía las manitas y te las apretaba hasta hacerte llorar o te asustaba poniéndote cara de ogro —me dijo.

Atrás habían quedado las imágenes estridentes y triunfalistas de la primera expedición de voluntarios españoles de la División Azul. Fue a mediados de julio de 1941 y los jóvenes falangistas, asomando sus rostros alegres a las ventanillas de aquel convoy ferroviario, decían adiós a sus padres, a sus novias, y echaban besos al aire y papá lo leyó emocionado en el periódico al día siguiente, sentado en el sillón Imperio de su mesa de despacho tallada con bajorrelieves de guerreros y patas de león, mientras mamá Leontina me tenía en la cuna, semidesnudo por el calor, agitando mis piernecitas al aire y a veces haciendo sonar un sonajero que pendía del baldaquino y que yo golpeaba al azar, mientras ella me miraba arrobada. A intervalos entraba mi hermana a verme y me sonreía y me cogía una manita con cariño y me la besaba Vicentín, hola, nene. Pero, como ya he dicho, realmente deseaba mi muerte y me odiaba y nadie se dio cuenta excepto yo, como dijo mi abuela Mercedes cuando se lo conté, después de que Carla se hubo casado y se fue de casa con su marido Carlos Casamitjana.

—Las abuelas nos damos cuenta de todo —dijo mi abuela—. Carla por esas fechas tenía celos de ti y era lógico y natural, pues todos los niños hemos tenido envidia de nuestros hermanos mayores o menores, según los casos y las circunstancias.

Yo no dije nada, pues nunca pensé en odiar a mi hermana ni en sacarle los ojos ni en estrangularla poniéndola en una cuna. Y mamá aquel verano del 41 estaba haciéndome unos pololos de croché para que fuera fresco y papá leía en el *ABC* la crónica del día anterior, cuando los primeros voluntarios de la División Azul partían para los frentes de Rusia.

—¡Ojalá pudiera irme con ellos! —exclamó mi padre.

A pesar de su rostro enjuto y afilado, de su mirada de frío acero tras los pequeños y ovalados cristales de sus lentes de plata, una cálida emoción se dibujó en su semblante y yo creo que hubiera querido levantarse y ponerse en su despacho, saludando militarmente a aquellos jóvenes exaltados que todavía irían viajando por Europa con sus camisas azules y sus deseos de morir luchando contra el comunismo. Y el calor de aquella tarde de julio entraba por las ventanas cubiertas con verdes persianas de madera y mamá tenía un pájaro en una jaula al que llamaba *Liliput* y era un jilguero que silbaba mi jaca, galopa y corta el viento caminito de Jerez.

—Es imposible —decía siempre doña Clotilde, nuestra vecina, la esposa de Salazar—. Los jilgueros no cantan canciones como los loros o los papagayos.

—Le digo a usted que sí —decía mamá, casi a punto de ofenderse—. Yo no digo que cante la letra, pero la música sí.

Y es que mamá, siendo como era castellana y nacida en Madrid, era también una enamorada de nuestro folclore nacional, especialmente del de Andalucía y le gustaba mucho poner aquella canción en nuestro viejo gramófono de trompetón, para escuchar al cantante Angelillo interpretando *Mi jaca* o aquellas habaneras tan lindas que mamá, mientras se peinaba en su tocador del dormitorio, a solas, teniéndome a mí a su espalda, gustaba de seguirles el ritmo con su cuerpo de mujer ebúrnea, desnuda o vestida tan sólo con la combinación de seda. Mamá cerraba la puerta y como yo estaba dormidito y nadie la veía se contoneaba ante el espejo del armario bailando la habanera. Entonces estaba guapísima, con sus ojos verdeazulados y su piel blanca y rosada y su pelo rubio como el trigo. Desde mi cuna, si me despertaba por azar, yo la miraba y me sonreía inconsciente, sin comprender todo aquel universo de pasión contenida que había en el cuerpo de mi madre y toda la soledad de sus labios ante la fría pasión de papá don Hugo y su puritanismo clerical y su fanatismo y su lema invariable de «primero el honor» que había hecho grabar en el escudo heráldico de su apellido Garrido de Tinajas. Un campo de gules y allí la cabeza de un león rampante y una espada entrelazada con una guadaña y mamá bailando la habanera y canturreando la canción que

le gustaba escuchar en el viejo gramófono de La Voz de
Su Amo y que decía así:

> *A mí me gusta por la mañana*
> *después del café bebío*
> *pasearme por La Habana*
> *con mi cigarro encendío...*

Se contorsionaba sensual a solas y, sin embargo, cuando
estaba delante de papá, adoptaba esa postura de señora mo-
dosa que jamás había tenido pensamientos frívolos, ni anhelos carnales que hubiera deseado satisfacer con otro hombre
distinto a papá. De modo que aquel día, en tanto mi padre
leía el periódico *ABC* y observaba las fotografías del tren
militar con los voluntarios que se iban a Rusia, ella guardaba
una actitud muy circunspecta, mientras hacía el punto de
croché y me miraba y me veía unas veces dormido y otras
despierto y agitando mis piececitos desnudos. Papá hubiera
deseado irse de coronel con la División Azul para entrar en
combate rápidamente contra los «sin Dios» y erradicar del
mundo el estigma del comunismo. Pero tenía que quedarse
en Guadalajara, de coronel de aquel regimiento residual del
cuartel de Globos, prácticamente de cuidador de los trescien-
tos caballos que cada día tenían que subir a la Academia de
Infantería de las Adoratrices para que los cadetes practica-
ran la equitación. Y papá, estoy seguro, se sentía como inútil, con aquella herida de guerra en la cadera que le había
convertido en cojo. A sus cuarenta años tenía la íntima frus-
tración de no haber sido un guerrero como los que imaginaba
cuando escuchaba las *Walquirias* de Ricardo Wagner. Y aquel
verano del 41 estuvo excitadísimo imaginando escenas de
guerra allá en la URSS. A menudo, mientras mamá dormía
a su lado en la gran cama de matrimonio, bajo el cuadro
en el que estaban representados la Virgen del Carmen y su
Hijo viendo arder a los condenados del Infierno, soñó no con
mamá desnuda a la que hacía insaciable el amor, sino con
escenas bélicas, como escritas en la eterna memoria de un
libro donde un autor atormentado describiese los horrores
de la guerra. Y una voz le decía:

—Don Hugo, no se torture, piense que a sus cuarenta años
es usted uno de los coroneles más jóvenes del Ejército y esa
alta graduación la obtuvo portándose heroicamente en la
guerra civil, más propiamente llamada Cruzada de Liberación.
Piense que usted fue condecorado en varias ocasiones.

—Sí, eso es cierto —decía papá en el sueño—, pero jamás maté a nadie con mi pistola, esa que pende de los pies
de mi cama cuando recuerdo el día que mi Leontina y yo
engendramos a Vicente Anastasio. Mi vida militar se ha re-

ducido en la guerra a suministrar armas y municiones a las vanguardias.

Y por esa razón soñaba aquellas escenas bélicas que danzaban en su mente como una pesadilla cruel y heroica al mismo tiempo. Veía sombras de combatientes oscuros, que disparaban frenéticamente ráfagas de ametralladora y vomitaban fuego por las bocas de los lanzallamas. Todos aquellos soldados que se mataban unos a otros tenían su rostro y todos se llamaban Hugo y todos tenían un hijo recién nacido en una cuna y estaban lejos de sus esposas, las jóvenes madres que lloraban en la distancia infinita de aquella hecatombe, mientras hacían punto de cruz para confeccionar sudarios mortales. Y en la noche las explosiones iluminaban el cielo y aquellas sombras de los combatientes daban la impresión de venir de muy lejos y papá se despertaba sobresaltado en la madrugada y se sentaba en el lecho, jadeante y sudoroso.

—¿Qué te sucede? —le preguntaba mamá, tapándose los ojos con la mano para poder resistir el resplandor de la lámpara encendida de la mesilla de noche.

—Soñaba que estaba en el frente —murmuraba papá.

Yo dormía en mi cuna y la pequeña ciudad provinciana, perdida en la llanura del río Henares, que había sufrido los horrores de la masacre fratricida, guardaba silencio bajo la bóveda estrellada del cielo. Un olor a era y a mies llegaba de los pueblos próximos y la luna rodaba y rodaba lejos, iluminándolo todo con resplandores de plata y mamá se estrechaba contra el flaco cuerpo de papá don Hugo y le decía no te atormentes más, apaga la luz y procura dormir y soñar cosas más agradables que la maldita guerra. Yo creo que por aquellas fechas ya mamá no amaba a mi padre, aunque todavía no habían sucedido los terribles acontecimientos que deshicieron aquella farsa de amor, aquel espejismo que un mal viento construyó entre ellos y que, a la postre, vino a deshacerse como duna del desierto empujada por el viento. Y papá volvía a cerrar los ojos y otra vez aquellas imágenes le atormentaban.

—¡Fuego, fuego! —gritaba alguien en su oído.

Escuchaba el constante golpeteo de los disparos y él mismo se vio ante un parapeto construido con sacos terreros. Tenía las manos agarrotadas empuñando un fusil Mauser y oía cómo una gran coral de voces masculinas cantaba el *Cara al Sol* y aquella canción se perdía en las estepas rusas heladas, por donde andrajosos combatientes de la División Azul deambulaban defendiendo posiciones imposibles de defender, desangrándose frente al enemigo invisible que les atacaba por todas partes. Papá apretaba el gatillo una y otra vez y, al hacerlo, sentía una malévola satisfacción. Al fin mataba. Veía caer a un hombre que llevaba en el rostro su misma expresión de perplejidad y veía aquel hombre destrozado por una explosión. Era papá el que había arrojado contra su adversario una bomba de mano y le oía gritar mientras agonizaba, le veía arrastrarse con la cara ensangrentada, avanzando con gesto implorante hacia el parapeto donde él estaba con un fusil. Y el herido de muerte le arrojó encima su propia sangre, su estertor de agonía, y quedó papá paralizado por el espanto mientras mamá y yo dormíamos pacíficos. Yo soñando en nada y mamá Leontina soñando que estaba completamente desnuda y que un hombre con sotana la estrechaba entre sus fuertes brazos. Y el hombre con sotana era don Anselmo, el nuevo cura párroco que hacía unos días había tomado posesión de la iglesia de Santiago Apóstol, en Santa Clara, y cuya varonil belleza se comentaba ya entre las señoras de la ciudad.

—Es guapísimo —dijo una postulanta, en la reunión de Acción Católica de la parroquia de San Nicolás.

Era la esposa del confitero Herranz, dirigiéndose a la pared vacía y húmeda, como si no hubiera dicho nada. Al otro lado, junto a la ventana que daba a la plaza del Banco de España, un cartel mustio mostraba el rostro cadavérico del papa Pío XII instando al mundo a la Paz de Cristo. Las damas de Acción Católica, tras la reunión, estaban confeccionando ropa para repartirla a los niños del Auxilio Social. Mamá Leontina pespunteaba una blusa y su amiga la señorita Paulina, solterona y pálida, la miró ¿no te lo dije ayer? La señorita Paulina le había visto casualmente el mismo día que llegó. Estaba ella en la puerta del Bar Soria hablando con la señora Plácida, la viuda del estanco de la calle Mayor, y en eso llegó el auto de la estación con su enorme gasógeno y vio descender del coche a un sacerdote alto, delgado, de unos treinta y cinco años que, paradójicamente, tenía ya el pelo bastante blanco y que era guapísimo.

—Leontina, tienes que verle, es un cura de los que quitan el hipo. Y perdona que te lo diga a ti, que eres una mujer casada.

—Hija, eso nada tiene que ver, yo nunca fui gazmoña y con reconocer que un hombre es guapo no ofendo a mi marido.

La señorita Paulina le vio bajarse del auto de la estación acompañado de una mujer mayor que él, vestida de negro, con aire de aldeana, que portaba un gran maletón y que caminaba delante de él hacia el portal de la residencia del párroco de Santiago, de donde salió el sacristán Nicomedes y fue al encuentro del sacerdote y hablaron algo que yo no pude oír y entonces pensé que se trataría del nuevo párroco de Santiago, por muerte del anterior, el anciano don Claudio María. Y mamá, que ya había ido a Santiago dos veces a oír la misa que decía con grave solemnidad el bello don Anselmo, estaba aquella madrugada soñando con él, desnuda, sintiendo la fuerza de aquellos brazos que la estrechaban y, al mismo tiempo, pidiendo perdón al Altísimo por aquel pecado mortal que podía llevarla al Infierno y transformarla en uno de aquellos condenados que ardían vivos en la litografía de la Virgen del Carmen que pendía sobre la cabecera de la cama de matrimonio, en la que papá se agitaba convulso en medio de sus pesadillas de guerra.

—¡Mátale! —oía que alguien le decía—. ¡Mátale, Hugo!

Una voz le instaba a matar en nombre de la patria, el pan y la justicia. Veía al caudillo Franco arengando a una multitud desde un balcón. Y la multitud cantaba un himno con el brazo extendido. Vio también a Hitler y a Mussolini y papá apuntó con su fusil Mauser. Apretó el gatillo para acabar con aquel soldado ruso que, aun destrozado por la metralla, todavía tenía fuerzas para arrastrarse hasta él con la mano tendida, implorándole piedad. Pero al apretar el gatillo papá comprobó horrorizado que el arma no tenía bala y de aquel fusil no salía nada y otra vez oyó la estridente y autoritaria orden de un superior suyo, que estaba ahora ante él con el pecho cubierto de condecoraciones y heridas de guerra. Era un caballero mutilado al que le faltaba un brazo, que había sido sustituido por un hierro dentro de la manga del uniforme y su mano era un garfio como el que suele dibujarse a los piratas y oyó su voz terrible mátale de una vez.

—¡Con el cuchillo, imbécil! ¡En el vientre, rápido!

Era la guerra mundial, verano del año 41 y España estaba en ruinas. Un espanto constituía el recorrer las ciudades y sus muros derribados y el hambre y las enfermedades y el contrabando de alimentos y los interminables *Te Deums* en las catedrales. Cárceles llenas de presos y paredes de patios pobladas por espectros de fusilados. Cuerpos derribados y ojos perdidos en el vacío, manos abiertas, escapularios y nombres exhalados en susurros de agonía por última vez. Era la justicia de los vencedores, la justicia de la Cruzada de Liberación. Gritaban Arriba España voces frenéticas y vio papá otra vez al soldado enemigo muy cerca del parapeto, mientras mamá sabía en su sueño que el párroco de Santiago alguna mañana de las que ella acudía a misa de ocho se fijaría en ella. Sus amigas se extrañarían y el párroco de San Nicolás, que era su parroquia, se ofendería de no verla en su misa. Era una ciudad tan pequeña Guadalajara que no sabía cómo iba a hacerlo, pero al fin tuvo una idea y se la dijo en el sueño a mi abuela.

—Dime, hija.

—Creo que voy a cambiarme de confesor.

—Me parece bien. A mí no creas que me gusta don Custodio, es demasiado metomentodo. Que si cuántas veces, que si con quién. ¿Y cuál vas a escoger? Creo que hay un fraile del Carmen muy bueno que se llama fray Tomás y es una bendición.

—He pensado cambiarme a don Anselmo, el de Santiago.

—¿El nuevo?

—Sí, dicen que confiesa muy bien.

—Ya me contarás cómo te va con él. Si se tercia yo también me cambio, don Custodio, con todo y eso de ser una excelente persona, es demasiado absorbente y, además, entre nosotras, ¿verdad que le huelen muy mal los pies?

Era horrible estar al otro lado del confesonario soportando el aroma ácido que ascendía de los enormes zapatones recalentados de don Custodio. Mamá rió al escuchar aquella confidencia de su madre, la abuela Mercedes, y ambas comentaron que para los hombres sería mucho peor, pues tenían que confesarse cara a cara con el coadjutor de San Nicolás, sin la protección de la rejilla, prácticamente abrazados al sacerdote, con la cortinilla echada sobre la espalda y oliendo a... Pero, a pesar de todo, era mucho peor el sueño de papá don Hugo aquella noche, pues el fusil no disparaba y la voz le ordenaba imperiosamente que matara a su enemigo con el cuchillo.

5

Y pasaban las horas, los días, las semanas. Un cielo gris sucedía a otro cielo azul resplandeciente y la nieve cubrió la ciudad aquel invierno con un manto espeso y letal, como de muerte. Yo dormía y dormía, ajeno al mundo y a mí mismo, experimentando esa rara sensación que tuve toda la vida de que caía por un vacío cósmico, como una piedra hueca y sin sentido, perdida en la noche interminable del tiempo. El día ocho de diciembre de aquel año 41 en que vine al mundo papá puso la radio y trató de conectar con la BBC de Londres. Estaba exultante de alegría porque los japoneses habían atacado por sorpresa el día anterior la base norteamericana de Pearl Harbour y ahora el Pacto Tripartito que formaban Alemania, Italia y Japón acabaría con el débil sistema de las democracias liberales y aplastaría a la Unión Soviética. Papá escuchaba la BBC y mamá dijo que se iba a acostar. Realmente lo que quería era quedarse sola con aquella estampita que don Anselmo, el cura párroco de Santiago, que era ya su confesor desde después del verano, le había entregado aquella tarde en el confesonario, cuando mamá, limpia ya de pecado, se puso en pie suave y perfumada, alta y con su abrigo de paño con cuello de piel de conejo, el velo cubriéndole casi enteramente el rostro y el misal bajo el brazo. Yo, mientras tanto, estaba en casa, jugando con mi sonajero y balbuceando guturales sonidos, mientras mi hermana Carla, que tenía casi siete años ya, dibujaba con unas pinturas Alpino una casita en el campo y una vaca y una cosa que la abuela Mercedes, sentada a su lado a la mesa de camilla, no acertaba a distinguir bien, a pesar de tener las gafas puestas.

—A ver, hijita, ¿qué es eso?

—Es un perro y se llama *Truhán*, como el perro lobo del cuartel de papá.

—Huy, qué bonito es tu dibujo, Carla. Y qué casa tan linda, con esa chimenea tan alta de donde sale el humo.

—Es que están haciendo la comida y por eso sale humo por la chimenea. Mira mi plumier.

Y mi hermana le enseñaba a la abuela el plumier de madera con sus compartimentos para los lápices, las plumas, el sacapuntas y la goma. Todo olía a cuaderno y a colegio, a tiza y a encerado, a babero agrio como el mío, cuando me sentaban en la cuna para darme con una cuchara un zumo de frutas y olía también a la leche de la teta de mamá y a pis también olía a veces y entonces la abuela llamaba muy enojada a Toñi y le decía parece mentira Toñi que tenga usted a mi nieto mojadito mojadito mientras su mamá está en la novena de Santa Rita o en los Ejercicios Espirituales de san Ignacio o preparando la campaña de Navidad de aquel año inaugural mío en el mundo.

—Perdone, doña Mercedes, no me di cuenta.

Toñi entonces me levantaba de la cuna con cuidado para que no me enfriara y me llevaba por el pasillo hasta la cocina, bien pegado a su pecho y besándome al mismo tiempo y diciéndome mi rey. Entonces era cuando me colocaba sobre la gran mesa de la cocina, atizaba el fuego y le decía a Hilario, el asistente, que cuidara de mí, mientras iba al ropero del pasillo a sacar mi ropa limpia y los polvos de talco y la colonia que comprábamos en el Economato Militar y que era un frasco grande, con un águila de dos cabezas dibujada en un papel que yo, cuando fui más mayor, despegaba de las botellas de colonia o de alcohol y los pegaba en mis cuadernos y en mi enciclopedia, porque me gustaban mucho las águilas y los caballos y los perros, pero los gatos no. Por eso *Bernabé*, el gato que tuvimos al principio, se lo debía figurar y jamás se acercaba a mí en la cuna y yo luego, siendo mayor, siempre que miraba fijamente a los ojos de un gato tenía la impresión terrible de que iba a saltar sobre mí para arañarme la cara.

—Muchas gracias, don Anselmo —le había dicho mamá al cura párroco de Santiago.

Después se fue a sentar al final de los bancos, bajo el coro, helada de frío y teniendo ante ella las sombras negras de

45

las mujeres que rezaban en medio de aquella penumbra, tan sólo iluminada por dos mortecinas bombillas y el parpadear de las velas. Tosió una anciana nerviosamente y el sacristán Nicomedes comenzó a poner en orden los reclinatorios. Había terminado el rezo del rosario y el frío era tan intenso que de las bocas salía vaho. También había mendigos en el zaguán del atrio, sin atreverse a entrar por miedo a que los echaran. Y los mendigos tenían siempre la mano extendida, negra y agarrotada por el frío, a veces envuelta en andrajos. Se inclinaban humildes murmurando lastimeramente una limosna cada vez que entraba o salía alguien de la iglesia. Y enfrente de la parroquia de Santiago estaba el bar Soria con sus tristes luces encendidas y los cristales empañados, a través de los que se veían sombras fumando y tosiendo, porque entonces todo el mundo tosía y los enfermos del pulmón se morían porque todavía no había descubierto Fleming la penicilina.

—Pase, pase —le dijo una beata a mamá, para que fuera a sentarse al final del banco de madera, junto a la pared medianera con los muros del hotel España, que estaba al lado de la iglesia y cuyas cocinas estaban al otro lado y allí se sentía un poco de calor bajo el coro—. Yo ya me voy, doña Leontina.

Era la Guillermina, una pobre de pedir que prácticamente vivía en la iglesia y a la que el sacristán dejaba entrar para que se calentase, pues decían que era hermana suya de madre aunque no de padre. Mamá se acomodó junto al muro y volvió a arrodillarse en seguida, con las manos juntas apoyadas en la frente abatida y entre ellas guardaba aquella estampa que don Anselmo le había entregado. Dios mío, meditaba mamá, aparta de mí esta tentación horrible que me tiene presa. Se refería a los ojos color de almendra del señor párroco, que era de Extremadura y que vivía en la casa parroquial con su hermana Petra, vieja apergaminada y seca, alta como él y flaca, recelosa de todo el que se acercaba a «mi hermano el sacerdote», como decía siempre al referirse a él.

—Me acuso, padre, de ser fría con mi marido —le había dicho mamá a su confesor aquel atardecer.

—¿Y por qué razón esa frialdad, de suyo impropia en un matrimonio bien avenido? —le había inquirido el párroco.

Oh, por qué, por qué, se repetía mamá siempre que pensaba en don Anselmo. Ella era una persona decente. Casó con el único novio que había tenido en la vida y recordaba con emoción aquella primavera del 33, cuando le conoció en la plaza de Isabel II de Madrid, frente al teatro Real, de donde ella había salido de sus clases de piano y Hugo entonces era teniente delgado y pálido.

—No sabría decirle por qué, don Anselmo —respondió sin apenas voz.

Pero estaba mintiéndole y aquella noche, mientras papá trataba de escuchar la BBC en el comedor y la abuela estaba ya en su dormitorio introduciendo su dentadura postiza en un vaso de agua, con la redecilla puesta sobre los bigudíes, pues al día siguiente tenía una boda, mamá sacó del misal la estampa que le había entregado don Anselmo y la leyó con profundo e íntimo recogimiento, tratando de averiguar qué ocultos significados podía haber en aquella donación del párroco de Santiago Apóstol. Sus pupilas verde-azul, en la tenue luz que emanaba de la tulipa de la mesita de noche, recorrían las frases de aquella oración nocturna y secreta, entre cuyas letras mamá creía ver el rostro del sacerdote, su tez limpia y bien rasurada, los ojos de almendra bajo unas cejas varoniles y perfectamente dibujadas, los labios sensuales, sus manos fuertes y elegantes al mismo tiempo, que con tanta elegancia se frotaba cuando hablaba con sus feligreses o en el púlpito desarrollando aquella oratoria suave y convincente, que hablaba de paz y de amor universal en un mundo manchado de sangre, de guerra y de odio. Aquella mirada serena era idéntica a la que tenía aquel Jesucristo dibujado en el anverso de la estampa, reproducción de un óleo de Leonardo da Vinci.

> Oh, dulce amor mío,
> cómo os agradezco todas las gracias
> que me habéis dispensado en este día.
> Os ofrezco mi sueño
> y todos los instantes de esta noche,
> rogándoos me libréis de todo pecado.
> A este fin me pongo
> dentro de vuestro costado,
> cerca de vos me pongo, dulce amor mío,
> cerca de vos duérmome en paz...

Pobre mamá Leontina. Se estaba enamorando de don Anselmo y se resistía a entregarse a aquella pasión que, lenta e implacable, comenzaba a minar su alma limpia. Pero es que la ciudad, aquel invierno del 1941, era un espectro gris y frío, en ruinas, poblado de aves depredadoras y de alimañas que todavía se devoraban unas a otras, buscando entre los restos de la hecatombe que fue la guerra civil. Y el aire estaba emponzoñado de odio y por él llegaban las ondas hertzianas que papá trataba de captar en nuestra vieja radio Philips gótica, en cuyos mandos hurgaba sin apartar el oído del altavoz, mientras mamá, en su alcoba de matrimonio, comprobaba que yo dormía soñando con los angelitos y nadie podía observarla frente al espejo de cuerpo entero del armario ropero cuando se miró y se dijo que ella era Leontina, hija de Bartolomé y de Mercedes, militar él, ya fallecido, y mamá tan buena y tan comprensiva, siempre a su lado. Y se miró otra vez y se repitió soy hermosa y joven, tengo treinta y cinco años y a pesar de haber tenido ya dos hijos me conservo tersa y fragante, como esas rosas recién abiertas que había en los jardines del cuartel de Globos en primavera y cuyo aroma embriagador la penetraba los domingos cuando íbamos a acompañar a papá al campo de equitación, viéndole desde detrás de la valla mamá y la abuela, y yo, en un cochecito que llevaba Toñi, mordía con mis encías el borde de la sabanita azul para que mi nene no coja frío.

—Tápale bien, Toñi.

Y mamá miraba a papá montando a caballo con otros oficiales que iban y venían alzando los cuerpos rítmicamente de la silla de montar, el gesto altivo y digno, como si estuvieran resolviendo algún problema crucial para la Humanidad con aquellos galopes que no iban a ninguna parte, pues el campo de equitación, aun siendo grande, terminaba en el maldito despeñadero del barranco del Alamín, frente a aquellos campos de barbecho helado en el invierno y en el verano aquellas mieses que el viento ondulaba y que llevaban hasta el cuartel su olor a espiga y a tierra. Y cuando mamá se hastiaba de tanto ver galopar a mi padre decía a la abuela vámonos mamá a sentarnos a la rosaleda. Y era entonces cuando se inclinaba ante los rosales y aspiraba aquel aroma que tenían las rosas y muchas veces, mientras la abuela hacía punto y Toñi me paseaba, ella abría su bolso y sacaba aquel volumen en piel de las obras completas de Espronceda que había cogido de la biblioteca de papá. Y lo abría por el «Canto a Teresa» y leía embelesada, casi temblorosa, las estrofas que decían ¿dónde volaron, ay, aquellas horas de juventud, de amor y de ventura, regaladas de músicas sonoras, adornadas de luz y de hermosura? Y cerraba el libro un momento con la mirada perdida en un punto inexistente del espacio y se preguntaba a sí misma por qué había cambiado tanto papá, por qué era tan diferente a aquel joven idealista que ella había conocido en la plaza de la Ópera de Madrid, cuando se enamoraron y vivieron aquellos años de amor y de ventura, y se besaban en las umbrías soledades del Parque del Retiro y caminaban por los vacíos paseos ajenos a la debacle de España y a su secular melodrama de polvo, de sudor y de hierro. Y papá era un militar apuesto y aguerrido, al que le sonaban las espuelas al caminar. Y la miraba tierno, tan diferente al teniente coronel que regresó de la guerra civil para siempre, ajado y gris, cárdeno y con ese rictus de amargura dibujado en su boca.

—La guerra te ha cambiado, Hugo, eres distinto.

Y él asintió con la cabeza cuando se lo dijo y murmuró todos estamos cambiados, Tina, por culpa del marxismo internacional que nos ha hecho desenterrar el hacha de la guerra y matar, matar, matar. Y le soñó manchado de sangre el día que recibió su ascenso a coronel y aquella noche fue cuando hicieron aquel amor tan trágico y terrible, insaciable, como si con su pasión quisieran borrar la catástrofe que rodeaba el mundo y pudieran recuperar sus rostros de antes de la guerra, la expresión tierna y sonriente de aquella fotografía en óvalo, enmarcada en el salón comedor, con papá de uniforme de gala y espadín y ella tan grácil, con su traje de encaje y su velo de novia el día de la boda en los Jerónimos. Oh, ¿dónde volaron, ay, aquellas horas de juventud, de amor y de ventura...?

—Todo cambia, doña Leontina —le había dicho don Anselmo en el confesonario—, pero el amor verdadero entre los cónyuges no se extingue jamás. Esa frialdad de la que me habla será pasajera.

Pero mamá sabía que aquel hielo que petrificaba la negra mirada de mi padre no era un pájaro errante, ni una nube que el calor de su cuerpo extinguiera. Y lo comprobó aquella noche, cuando la abuela estaba introduciendo su dentadura postiza en el vaso de agua y yo dormía y Toñi fregaba los cacharros en la fría y húmeda cocina cuya ventana daba al patio y papá, obsesionado con la guerra mundial, no escuchó a mamá cuando ésta le dijo me voy a la cama, Hugo, buenas noches.

—¿Te quedas?

Pero él no respondió. Había conseguido sintonizar la BBC de Londres y su emisión en español y aplicaba el oído al altavoz de la radio gótica y oyó atención, atención, en la madrugada de ayer, siete de diciembre, la fuerza aérea nipona, sin una previa declaración de guerra, atacó la base naval norteamericana de Pearl Harbor, en las islas Hawai, destruyendo gran parte de la flota y la aviación estacionadas allí. Un maléfico resplandor iluminaba los ojos de mi padre oyendo aquellas noticias y se imaginó la magnitud del desastre y vio a los buques hundiéndose y a las tripulaciones ahogándose en un mar en llamas. Y ni siquiera se preguntó por qué razón estaba en contra de los Aliados, porque lo que deseaba era el triunfo de Alemania y la caída del bolchevismo. El Japón era un buen instrumento para acabar con aquel enfermizo demoliberalismo que había llevado al mundo al caos. Franco, en providenciales discursos, lo había anunciado más de una vez y nadie parecía prestarle atención. Rusia era el enemigo y a Rusia y a su comunismo había que aplastar, del mismo modo que se aplasta con el pie una cucaracha en el suelo. Y mamá, mientras el locutor seguía informando del desastre en el Pacífico, se cepillaba lentamente el pelo sentada ante el tocador, con su gran camisón de novia puesto y al fondo el resplandor de la estufa de petróleo y aquel olor tan desagradable que a mi niño le producía alergia y, por Dios, Toñi, no se le olvide nunca, ¿me oye?, nunca, dejar una rendija del balcón abierta para que se renueve el aire de la habitación y mi niño, mi sol, mi cielo, respire bien y no se nos asfixie con las emanaciones de la estufa y, sobre todo, que no se incendien las cortinas ni se le ocurra encenderla teniendo la lata del petróleo abierta y tantas y tantas precauciones como había que tener en aquella época tan negra, tan fría, tan miserable, como fue aquella posguerra. Cuando Angelillo cantaba mi jaca, galopa y corta el viento y Conchita Piquer la Lirio la Lirio tiene, tiene una pena la Lirio. Y mamá se cepillaba el pelo rubio como el oro aquella noche de Pearl Harbor y yo me desperté bruscamente, como si intuyera la presencia de mi madre en la alcoba y comencé a llorar al mismo tiempo que el reloj de pared del salón dejaba sonar las doce campanadas de la medianoche, lentas y graves, con aquel sonido que a la abuela Mercedes se le antojaba aristocrático, propio de las grandes casas de los nobles y que a mí, cuando crecí y era un niño de pantalón corto y calcetines de lana me aterraba si me sorprendía en el corredor yendo hacia el vestíbulo. Allí donde estaba aquella imagen del Sagrado Corazón de Jesús en Vos confío, como decían mamá y la abuela los días de tormenta y los rayos y los truenos se cernían sobre la casa y parecía que era de noche en pleno día y que se iba a acabar el mundo. Yo también tenía miedo a las tormentas, pero aprendí a no llorar y a contenerme las lágrimas, aunque sintiera ese dolor apretado en la garganta y en el pecho como un ansia. Pero aquella noche en que mamá se dio cuenta de que estaba enamorada del párroco de Santiago y que ya no amaba a papá, aquella noche de Pearl Harbor, lloré con todas las fuerzas de mis pulmones y mamá se levantó de su taburete del tocador y con su combinación de novia y la bata de seda y las zapatillas de borla color rosa, vino hasta mí diciéndome rey mío, qué mala es tu mamá que te tiene sin darte el pecho a estas horas.

—Ea, ea, bonito, no llores más.

Y se sentó en el borde de la gran cama de matrimonio, de espaldas al Infierno del cuadro de la Virgen del Carmen que, en realidad, no era el Infierno sino el Purgatorio, y se sacó un pecho grande y compacto, hermoso, con su endurecido pezón moreno que yo aprisioné con furia voraz y comencé a mamar, mamar, mamar, justo hasta el día 10 de julio del año 43, cuando desembarcaron los Aliados en Sicilia y papá lo apuntó en su agenda: 10 de julio, desembarco aliado en Sicilia. Tina desteta a Vicente Anastasio. Pero aquella noche de diciembre del año 1941 yo era todavía muy pequeño y aunque andaba ya a gatas sobre la alfombra y me habían salido ya muchos dientes era todavía un lactante en aquel dormitorio que olía a petróleo y a pecado mortal. Porque mamá había cerrado los ojos al sentir mi boca aprisionándole el pezón y en lugar de ver las estrellas o esos puntitos fosforescentes que vemos cuando apretamos los ojos, ella veía la rejilla del confesonario de la iglesia de Santiago Apóstol y entre los huecos romboidales de la rejilla, en la mortecina luz del templo, veía brillar las pupilas de don Anselmo. Y se imaginó que era su boca la que le succionaba y mi pequeña mano apoyada en su seno, confiada e ingenua, se le antojaba la mano larga y varonil del sacerdote cuando, en el momento culminante de la Santa Misa, alzaba el copón con la sangre de Cristo. Y aquellas manos que sostenían el cáliz a mamá la fascinaban y cuando don Anselmo impartía la bendición se quedaba arrobada y las manos del cura parecían hipnotizarla cuando, yendo a recibir el Sacramento de la Eucaristía, arrodillada ante el altar mayor sobre el que imperaba el apóstol Santiago, jinete en un brioso y blanco corcel en la batalla de Clavijo, mamá veía la mano izquierda del párroco, de azuladas venas, sosteniendo el copón con las Hostias y en la derecha la Sagrada Forma que él le ofrecía murmurando Corpus Christi. Y mamá cerraba los ojos y sentía que aquellos dedos le rozaban los labios. Y regresaba a su reclinatorio con el corazón palpitante y hundía la cabeza entre las manos y se repetía a sí misma pequé, Señor, pequé, si grandes son mis culpas, mayor es tu bondad. Y aquellas sensaciones eran la mitad infernales y la otra mitad paradisíacas y mamá jamás se lo dijo a nadie, ni siquiera a su amiga íntima la solterona señorita Paulina, que vivía en la calle Mayor en una casa con mirador, frente a un banco que llamábamos la Banca Elvira, que tenía jardín y verja, y hacía esquina a una calle cuyo nombre no recuerdo y que era donde estaba el cuartelillo de la Policía Armada en el que, una vez, siendo yo un muchacho de trece años, me encerró un guardia de aquellos de la porra para interrogarme porque dijo que me había visto con mi amigo Chomin burlarnos de una vieja a la que llamábamos a gritos *Moco Verde*, escondiéndonos después en los portales.

6

Como ya he dicho, fue el día diez de julio del año 1943 cuando mamá, que estaba sentada en la galería acristalada que daba al patio interior bordando una tela para un cojín, me dijo no, no y no.

—Teta no, que ya eres muy grande para mamar. Hoy va a merendar mi niño su harina lacteada y su zumo de albaricoque que su papá le ha traído de las maniobras de Murcia.

Era un verano atroz. Guadalajara ardía como un infierno. Recuerdo que, durante la siesta, yo me entretenía jugando en el balcón central de los tres que daban a la plaza del Ayuntamiento, en el cuarto de estar o de la costura, bajo la persiana verde de madera cosida, entre las macetas y el botijo que ponían sobre un plato y, arriba, colgada de un gancho, la jaula del jilguero *Liliput* que cantaba canciones como morena, la de los rojos claveles, la de la reja florida, la reina de las mujeres, y muchas más.

—Pero no canta, lo único que sabe es tararear la música —decía mi hermana Carla.

—Estaría bueno que un pájaro cantase, eso sólo lo hacen los loros y las cotorras —decía su amiguita Mamen, la sobrina de los Salazar, que vivía en el segundo piso con su tía carnal, doña Clotilde, y su tío político el director del Auxilio Social.

Ambas eran rubias y aproximadamente de la misma edad. Carla, cuando me destetaron, tenía ocho años y su amiga Mamen los cumplía en septiembre. Las dos eran unas niñas modosas y de ojos azules, con trenzas, siempre con sus muñecas de trapo en las manos y con sus mandilones verdes a listas blancas puestos y sus zapatillas de botón. A veces llevaban calcetines blancos y zapatos de charol los domingos, cuando nos sacaban de paseo al parque de la Concordia y los dos matrimonios, mamá y papá, y doña Clotilde y su marido, el señor don Práxedes Salazar, licenciado en Derecho, tal y como rezaba en la placa que tenía clavada en su puerta, se sentaban juntos ante el gran templete de la música, mientras su sobrina y mi hermana jugaban bajo los olmos próximos a que una era la condesita de Torres, Ana María, y la otra la esclava Zoraida, las dos rivales que se disputaban el amor del Guerrero del Antifaz. Y muchas veces yo jugaba en la galería sentado en el suelo sobre una manta, con mi moto de hojalata que era un motorista con un ojo a cada lado y unas gafas y una moto preciosa. Y mi hermana tenía un saltador con cascabel y en la galería saltaba cantando yo soy la viudita del conde Laurel y también tenía yo un chupete que llevaba colgando de un cordón al cuello y mamá sufría mucho porque se me ensuciaba al arrastrarme por el suelo y le decía a Toñi lávaselo y ten cuidado del niño. Toñi se bajaba del taburete porque estaba limpiando los cristales de la galería y se le veían las corvas y me quitaba el chupete y me decía ay qué niño, qué niño, que me lo como. Y siempre que me cogían me besaban y yo miraba acostado sobre la manta cómo brillaba el pasillo de baldosines, porque el pasillo era de baldosines y el comedor y el despacho de mi padre eran de madera y las habitaciones también eran de baldosines, como la cocina y la despensa. Eran unas baldosas amarillas y rojas, muy antiguas y ásperas, pero que en el verano daban mucho fresquito y mi abuela me regañaba niño, levántate, que vas a coger frío en la tripa. Y entonces ya no estaba Hilario en casa, pues teníamos otro asistente que se llamaba Juanito, que era muy pequeño, muy pequeño y ése sí que estoy seguro que no tuvo nada que ver con Toñi en lo tocante a lo que don Custodio, el consiliario de Acción Católica de San Nicolás, que luego fue profesor mío de latín en el instituto, llamaba desde el púlpito el comercio carnal.

—¡Ay miseria del mortal! —exclamaba durante los tétricos sermones de Semana Santa o en los Ejercicios Espirituales, cuando con la iglesia cerrada nos encerraba a los alumnos del instituto aquellos días siniestros de noviembre después de los Santos y del Día de los Difuntos, taladrándonos con la mirada y acusándonos de pecados terribles, que ninguno de nosotros sabía en qué consistían—. ¿Has consentido, ay de ti, con deliberación y regodeo en algún mal pensamiento?

Nos mirábamos unos a otros sin comprender y algunos se reían y como la risa es contagiosa yo me reía también. Chomin, mi íntimo amigo, no podía soportarlo y se contorsionaba en el banco y nos dolía el estómago y se nos saltaban las lágrimas y ya no podíamos más. Muchas veces, cuando la risa era generalizada y nadie pensaba en las tremendas acusaciones de don Custodio, éste se bajaba del púlpito y comenzaba a golpearnos en la cabeza, a la par que nos decía luciferes. Y luego volvía a subirse al púlpito y, tras unos segundos de reflexión, en los que trataba de serenar su espíritu, volvía al interrogatorio, como un halcón al acecho de su presa, arriba, estentóreo y lapidario. ¡Ay de aquel al que le sorprenda la muerte en plena acción pecaminosa!, decía.

—Repetid conmigo las reflexiones para el acto de contrición.

Y todos coreábamos en la gélida iglesia ay de mí, ¿qué he hecho? Ofender al Dios que me ha creado y me ha redimido del pecado original. Oh, cuánta ingratitud. Oh, qué temerario he sido. ¡Cuánta maldad! ¡Qué locura! ¿No habrá remedio para mí? Y cantábamos oh, dulce Jesús mío, oh, cuánto te ofendí, perdona mi extravío y ten piedad de mí. Y a veces me gustaba el eco de esa plegaria, resonando en el vacío helador de la iglesia, sobrecogido por la cara de dolor de Jesús Crucificado, o por la expresión del Jesús Nazareno que había en la capilla de la izquierda del altar mayor, o por la imagen de la Virgen Dolorosa que tenía clavados puñales en el pecho y lloraba sangre y según la mirabas ella te miraba también y nos daba a veces pánico a Chomin y a mí cuando nos desplazábamos ante ella lentamente y nos seguía con la mirada y entonces creíamos que era un milagro y un día se lo dije a mi abuela Mercedes y me dijo que sí, que era un milagro, que a ella también la miraba y que si se había portado bien le sonreía y si se había portado mal entonces arrugaba el entrecejo e, inclusive, le hablaba.

—¿Te habla la Virgen? —le pregunté yo.

—Pues claro que me habla —me respondió la abuela.

—¿Y qué es lo que te dice?

—Que seamos buenos todos, que tanto tú como Carla estudiéis mucho y que pensemos en nuestros prójimos y queramos mucho a nuestros padres.

—Pero tú le habrás dicho que ya no tienes padres —le dije yo sonriéndome por lo bajo y mirando de reojo a mi hermana, que estaba sentada en un pequeño diván que teníamos en el cuarto de estar, leyendo *Cumbres borrascosas*.

—No he tenido que decírselo, porque la Virgen sabe muy bien quién tiene padres y quién, por desgracia, no los tiene. Pero ella también sabe que para mí mis padres viven todavía y que los tengo bien presentes en todos los momentos del día. Mira, Tasio, el que pierde a sus padres, especialmente a su madre, lo ha perdido todo. Es como una hoja de esas que caen de los árboles en otoño y que el viento lleva de un lugar a otro.

Eso me lo decía cuando yo tenía nueve o diez años, pero antes, cuando yo era más pequeño todavía no iba a los Ejercicios Espirituales de don Custodio y tampoco me fijaba en las imágenes de la iglesia de Santiago o las de san Nicolás, aunque sí me daba miedo el Sagrado Corazón del vestíbulo y papá cuando se enfadaba y levantaba la voz de trueno y nos amenazaba a todos con castigos y represalias. Pues a veces venía de mal humor del cuartel y le decía a mamá que qué hacía con el dinero y es que, según supe más tarde, estaba amargado y se consideraba un fracasado porque no había sido un héroe en la guerra civil para siempre y sólo se había dedicado a construir puentes y a mirar desde lejos las batallas con unos prismáticos. También le tenía amargado su cojera y el dolor de la cadera que tenía especialmente cuando llovía o nevaba o el tiempo iba a cambiar y, además, luego supe que le habían postergado en el Ejército a causa de no ser un intrigante y le habían dejado de coronel del cuartel de Globos hasta que le llegase el retiro, pues ese cuartel en realidad no tenía ya ni globos ni dirigibles y sí solamente caballos para los cadetes de la Academia de Infantería que provisionalmente estaba en Guadalajara en las Adoratrices hasta que terminaran de construir la de Toledo. Y yo recuerdo muy bien a los cadetes paseando por la calle Mayor, con sus botas altas y sus uniformes caqui y los cordones entrelazados, rojos, que iban desde el botón del cuello a la hombrera y los galones y las estrellas. Reconozco que hasta que cumplí los diez años yo estaba como flotando en el mundo y no me enteraba de nada realmente. Por ejemplo, me gustaba ver desfilar a los cadetes de la Academia de Infantería, cuando bajaban desde las Adoratrices por la calle Mayor hasta la plaza de los Caídos, marciales y con sus fusiles al hombro. Y qué guapos son, decían mamá y la abuela, acodadas en la barandilla del balcón. También estaba allí mi padre, viéndoles desfilar, y como dije antes, yo no me enteraba de las cosas que sucedían en el interior de las personas y solamente veía bultos y no interpretaba nada. No podía imaginar que papá, viendo desfilar a los cadetes, se entristeciera porque él era cojo y le dolía la cadera y aunque montaba casi todos los días a caballo, no podía competir ya en los concursos hípicos. Cuando eran las ferias de Guadalajara había concursos de saltos y él iba y me llevaba y me explicaba mira, Vicente Anastasio, ese salto ha sido mal iniciado porque el caballo iba descompensado, o ese jinete no sabe ir sentado en la silla o aquel otro no domina los estribos, que son la clave junto con las riendas y el juego de las rodillas. Esas cosas del carácter de las personas las supe luego, como que entre papá y mamá se interponía un muro invisible que cada día les separaba más. Y mi abuela a veces me sacaba del comedor donde ellos estaban discutiendo y me decía, vamos, hijito, déjales que resuelvan sus asuntos a solas. Mi hermana sabía más que yo, pero se encerraba en su cuarto y allí se había hecho trasladar el piano y pasaba horas y horas tocando y mirando al vacío. Porque entonces ella era lo que se dice una adolescente y estaba enamorada de Minito el de la tahona y me consta que tenía un retrato de él. Un día la vi besar la fotografía y quise quitársela para tenerla cogida entre mis garras, pues yo era malo a veces, pero ella era más fuerte que yo y aunque forcejeaba llorando al mismo tiempo logró quedarse con la foto. Yo todavía no había cumplido los diez años y, como digo, era igual que si flotara en el mundo.

—Es un niño precioso —decían de mí—, y con una cara de listo tremenda. Y qué pelo tiene tan ondulado.

Yo no sabía lo que significaba la palabra tremenda, ni

qué querían decir aquellas miradas que se cruzaban los jueves por la tarde entre don Anselmo, el párroco de Santiago, y mamá. Porque a partir de un cierto año, cuando yo tenía unos seis años, las meriendas de los jueves se ampliaron y venían el párroco de San Nicolás, el capellán de la cárcel, que se llamaba don Cruz de la Cruz y Cruz, don Anselmo, que era el cura del que luego supe que estaba enamorada mamá, mi abuela, papá, doña Cecilia, esposa del delegado de Hacienda, que eran los padres de uno que más tarde fue mi amigo hasta que se murió, que se llamaba Rafita y al que todos llamábamos *Bruja*. También venía a veces la confitera Herranz y nos traía una caja con bizcochos borrachos, que son unos dulces típicos de Guadalajara, del mismo modo que las almendras garrapiñadas son típicas de Alcalá de Henares y la miel mejor es la de la Alcarria.

—¡Miel de la Alcarria! —decían los vendedores ambulantes.

Cada quince días llamaban a la puerta y era el mielero, que llegaba de un pueblo que se llamaba Moratilla de los Meleros, o de Peñalver y traía un recipiente con asas y una cuerda, tapado con un corcho grande. Allí llevaba la miel que sacaba con una cuchara de palo y le decía a la abuela o a mamá:

—¿Cuánto le pongo?

Y comprábamos también chorizos que traía en unas alforjas que llevaba colgadas del hombro y queso manchego como jamás volví a comer en toda mi vida. Cuánto me gustaba aquel queso de oveja, que se le hacían agujeritos y luego cuando ya hubo buen pan, me hacía unos bocadillos enormes y me los comía mientras iba montado en mi bicicleta BH. Pero cuando era pequeño lógicamente no sabía montar en bici y solamente jugaba en la galería y más tarde tuve un aro metálico que guiaba con un hierro y entonces estuvo de moda ir corriendo con el aro a todas partes y muchos chicos se lo llevaban incluso a la escuela. Y teníamos también patinetes de madera con ruedas que eran cojinetes de los coches y con ellas bajábamos a toda velocidad al río Henares, justo hasta el cruce de la carretera de Marchamalo. Mamá se asomaba al balcón y me gritaba hijo, hijo, ten cuidado, no vayas a caerte al río.

—¡Nene! —me gritaba papá, asomándose de improviso tras la persiana.

—Qué —preguntaba yo asustado, desde la calle.

—¡Sube inmediatamente!

Me castigaba muchas veces sin salir y por aquel tiempo yo había dejado de ponerme su guerrera y su gorra de visera con las tres estrellas de ocho puntas de coronel. Pues tuve una temporada que me gustaban los cadetes y me quedaba extasiado en los desfiles, al mismo tiempo que me encantaban los caballos y me asomaba siempre al balcón para verlos subir con los asistentes que los llevaban de las bridas hasta la Academia de las Adoratrices y luego otra vez, por la tarde, me asomaba para verlos regresar al cuartel de Globos. Yo los miraba embelesado y los dibujaba en mis cuadernos y me montaba en una silla en la galería y me creía que era un caballo y luego, cuando ya supe leer bien, y tenía nueve años o más, me aficioné mucho a las novelas que llamábamos del *Rodeo*. Y entonces creo yo que me surgió este amor por la literatura, que me redime del asco de vivir. Del mismo modo que la afición a dibujar caballos despertó en mí la vocación por la pintura, que ya no abandoné nunca. A pesar de no haber logrado ser sino un pintor mediocre de paisajes sin patria y sin nombre, llanuras inmensas por las que cruzan sombras de sombras y cielos amarillos gravitando sobre ciudades de vértigo en las que, solitarias y tristes, mujeres solteras esperan inútilmente la llegada del ángel del amor imposible. Sí, estoy seguro que aquellos caballos de los cadetes que yo dibujaba con mis pinturas al pastel en los cuadernos Centauro, tuvieron la culpa de que yo fuera pintor hasta el mismo día en que manos extrañas me enterraron absolutamente borracho, pues recuerdo muy bien que la víspera de morirme le hice un dibujo a Franco y a papá, los dos amortajados con sus uniformes de gala, introducidos juntos en el mismo ataúd y los dos pálidos, rígidos, fríos, definitivamente fallecidos.

7

Y, sin embargo, fueron aquellos tiempos en cierto modo felices, pues aunque muchos años hubo sequías terribles a causa de fenómenos astronómicos adversos, según explicaba el Caudillo en sus discursos radiados a toda la nación, y a pesar de que había también inundaciones espantosas como aquella que hizo que el río Henares llegase hasta el puente y tuvieron que cortar el escaso tráfico de la carretera de Barcelona, a pesar de todas aquellas calamidades y de las restricciones de luz y del estraperlo, reconozco que ahora volvería a vivir aquellos días y me gustaría otra vez ser niño y estar en aquella casa de la plaza del Ayuntamiento leyendo mi novela *Wichita* que era de *cow-boys* y de chérifes y abigeos y contemplar a contraluz a mi hermana que está tocando en el piano *Tristeza de Amor*, no sé por qué lloran mis ojos siempre al recordar.

—No sé por qué —tarareaba también mamá, concluyendo con un profundo suspiro.

Mi padre estaba sentado ante la mesa de camilla, con sus lentes ovales de plata, leyendo el *ABC* y viendo en la portada a la Guardia Mora de Franco, escoltando el coche donde iba el Generalísimo con Eisenhower o con la reina Soraya y el sha de Persia, atravesando la plaza de la Cibeles de Madrid. Y me entretuve después pintando a un moro a caballo, mientras mamá sufría la tortura de haberse enamorado de su confesor y mi hermana y Mamen, su íntima amiga, se hacían la ilusión de ser la condesita de Torres y la esclava Zoraida. Leían en voz alta los tebeos del Guerrero, pasando sus deditos de bizcocho por el «Índice de episodios»:

EL GUERRERO DEL ANTIFAZ
EN PODER DE ALÍ KAN
FRENTE AL PELIGRO
OLIÁN EL FEROZ
ENEMIGOS MORTALES
ENTRE LAS GARRAS DEL ENEMIGO
HÁBIL ESTRATAGEMA
FUGA DESESPERADA
LUCHA EN EL ABISMO
EL CASTILLO DE MOTAMID
EL CRIMEN DE HARUM
LOS TRES HERMANOS KIR
LOS CUATRO TITANES
LOS JINETES NEGROS
HEROICA DEFENSA

Recuerdo los cien tebeos que me dejó Minito por permitirle hablarle a solas a mi hermana en los soportales y a Carla y a sus amigas leyendo el número uno, cuando comenzaba la historia. «Durante el reinado de los Reyes Católicos, el conde de Roca (padre del Guerrero), dando un paseo por las tierras de su vecino el conde de Torres, encuentra a su paso a la hija de éste.

»Buenos días, señora, ¿cómo seguís? ¿Y vuestro padre y señor?

»Bien, señor conde, ¿y vos?

»Como siempre, querida niña; abatido y sin fuerzas.

»Señor conde, me prometisteis contarme algún día vuestra desdichada vida. ¿Por qué no lo hacéis ahora?

»Sí..., lo haré. No dudo que vos sabréis guardar secretas mis revelaciones. Hace veinte años, Alí Kan, un jefezuelo árabe, en una de sus audaces correrías logró capturar a mi esposa, con la cual me había casado dos meses antes. Y la llevó a sus tierras, encerrándola en su palacio...»

—Me gustaría casarme cuando fuera mayor con un chico que se pareciera al Guerrero —le decía Mamen a mi hermana.

—Pues a mí no —decía Carla.

—Ya sé que a ti te gusta Minito.

—Bueno ¿y qué?

—Pues no sé si sabes que es pequeño y nada fino. Yo te imagino mejor novia con un cadete. Algunos son de cine.

Oh, el cinematógrafo. De entre las brumas del recuerdo surgen dos rostros, uno de mujer, el otro es Charles Boyer, que hace de Napoleón Bonaparte. La actriz se llama Greta Garbo y en el cartel del cine Imperio se lee el título pintado en colores:

MARÍA WALEVSKA

¿Cuándo ocurrió todo aquello? Si mamá resucitara del sueño de la muerte y pudiera hablarme, seguramente me diría qué es lo que pasaba por su corazón cuando aquellos jueves organizaba las meriendas en casa. Porque usted doña Leontina tiene una suerte inmensa al disponer del economato militar. La que había hecho ese comentario un tanto malintencionado era doña Cecilia, la esposa del delegado de Hacienda, que representaba la comedia de que su casa era un hogar modesto como el más humilde de todos los de Guadalajara. Porque mi marido es un fanático de la honradez y ni siquiera me ha librado de las cartillas de racionamiento. Vamos, mamá, dile a Toñi que traiga ya el chocolate, dijo mi madre.

—Con permiso —decía la criada trayendo la bandeja.

Yo entraba de vez en cuando a la habitación y lógicamente no me daba cuenta de nada. Papá estaba a la cabecera de la mesa del comedor y enfrente estaba mamá, la cual tenía a su lado a don Anselmo, el párroco de Santiago. Los demás eran fantasmas que hablaban y hablaban palabras sin sentido, porque lo único que tenía lógica era la garra del amor imposible que atenazaba los pechos de mi madre y de aquel sacerdote guapísimo que tenía el pelo blanco y, sin embargo, era joven y tenía un ama de llaves que era su hermana Petra a la que muchos consideraban su amante e, incluso, le mandaron anónimos. Y él lo llevaba todo con resignación, del mismo modo que papá no cesaba de hablar durante aquellas meriendas de los acontecimientos de la política. Unos años antes le preocupó el tema de las radiaciones atómicas y así lo expresó aquel jueves, poco tiempo después de que los americanos arrojasen la primera bomba atómica sobre Hiroshima.

—Las radiaciones atómicas pueden acabar con la vida entera del planeta —dijo.

—¡Qué horror! —exclamó la señorita Paulina, la amiga solterona de mamá que había ido a merendar ese jueves.

Era el mes de agosto del año 1945 y mamá estaba bellísima con aquel vestido de gasa, escotado y tenue, de un color de cielo al atardecer, cuando leves celajes de nubes se extienden sobre la línea del horizonte y el amado y la amada caminan cogidos de la mano por un sendero que no conduce a ningún lugar. Ella puede ser la maestra de la aldea y él un viajante misterioso que un buen día llegó al pueblo portando un estuche que nadie sabía lo que podría contener. Era el amor, tal y como figuraba en la ilustración de una novela irlandesa que mamá estaba leyendo, y que a ella la consolaba en sus noches de insomnio, cuando sentía a mi padre a su lado, enfundado en su pijama y ella le observaba y se repetía no puede ser que Hugo tenga tan sólo cuarenta y seis años.

—Pareces un viejo —le decía con acritud, cuando él se negaba a sacarla de paseo o a llevarla al Casino.

—Sabes que nunca me gustó salir de casa —decía el coronel.

Mi hermana ponía cara de amargada, pues quería mucho a mamá y a veces se abrazaba a ella, mientras mamá estaba sentada ante la mesa de camilla con el huevo de madera zurciendo las medias y le hablaba Carla al oído. Nunca supe qué es lo que podría decirle una niña de doce años a su madre rubia, peinada con aquel grueso moño bajo que a veces se hacía y su exuberante pecho. Doña Leontina, se lo ruego.

—¿Qué es lo que me ruega, don Anselmo?

—Se lo pido por los clavos de Nuestro Señor Jesucristo, no venga más a confesarse conmigo.

Mamá bajó la vista verdeazul al suelo cuarteado de la sacristía. Baldosas rojas y el sacristán Nicomedes apagando las velas de los altares y las viejas que todavía permanecían en sus reclinatorios murmurando Dios te salve María, llena eres de gracia, el Señor es contigo y bendito sea el fruto de tu vientre. Oh, qué dolor en el alma sentía mamá y qué placer, sin embargo, aquellos jueves que se prolongaron años y años, hasta que yo cumplí los nueve y me examiné para ingresar en el instituto aquella mañana del mes de mayo, cuando llegué con mi carpeta y mi plumier y mis gomas y me senté ante un pupitre corrido con otros muchachos y el profesor nos dijo con voz severa y autoritaria:

—Les advierto que a todo aquel que copie del compañero o hable o diga cualquier cosa, se le expulsará *ipso facto*.

Era un aula grande y destartalada, de alto techo y paredes húmedas. El cielo estaba cubierto de nubes y había llovido durante toda la noche. Lo sé porque los caminos estaban embarrados y Palau, el hijo del médico de Iriépal, que tenía que examinarse también, no estaba cuando el profesor le nombró. Y luego se formó el tribunal y la directora del instituto, que se llamaba doña Enriqueta, comenzó a dictarnos. Era una mujer de unos cincuenta años, de mediana estatura, y muy delgada, con gafas de armadura metálica y peinada como una monja recién salida del convento. Más tarde supimos que pertenecía a la orden Teresiana y que había ingresado en ella por haber sufrido un desengaño de amor. Pero aquel día era la primera vez que yo la veía y recuerdo su voz lenta y aguda, un poco agria:

—Copien —dijo.

Todos inclinamos la cabeza hacia el papel y, al hacerlo, tuve la sensación de que era un condenado a muerte al que un verdugo iba a decapitar con un hacha. Mamá, sin embargo, experimentó la sensación de que le arrancaban el corazón cuando, aquella misma mañana, al terminar la misa de ocho, dos horas antes de mi examen, oyó a don Anselmo decirle que el amor que les unía era un imposible, un sacrilegio, un pecado mortal y una ofensa a Dios y a los hombres que había que arrancar de sus almas de raíz, como se arranca de un campo la mala hierba.

—¡No, eso no! —exclamó mamá.

Era una gris mañana de primavera y yo me estaba vistiendo ayudado por la criada Toñi, mientras mi abuela, que ya estaba enferma de una cosa que tenía en el píloro, me estaba preparando el desayuno personalmente, para que mi niño vaya fuerte a su examen y no le entre un desmayo y se caiga redondo al suelo, como le pasó a mi pobre marido que en gloria esté, mi Bartolomé, el cual, yendo a examinarse ante el general Weiler para un ascenso, como no había comido en veinticuatro horas, sintió una especie de vahído y cayó cuan largo era ante el tribunal, desestimando la petición aquellos señores por considerarle epiléptico. Equívoco que mi Bartolomé tuvo que deshacer aportando certificados médicos y sometiéndose a pruebas peores que las del examen propiamente dicho.

—El cual, por cierto, no me acuerdo si al fin lo aprobó tu abuelo o no —concluyó mi abuela Mercedes, subiéndome los pantalones y abotonándome los tirantes.

Yo estaba muy nervioso allí, encima de mi cama, viendo mi pequeña mesa de estudio junto al balcón y mi plumier y mi enciclopedia y aquella bola del mundo en la que papá, con su habitual severidad, me había dado las clases de geografía, interrogándome acerca de islas, estrechos, cabos y mares, volcanes, ríos y lagos, ciudades y fantasmales muchedumbres que deambulaban en mi cerebro, porque papá era un obsesivo de los millones de habitantes que tenía Nueva York o Londres o Roma o París, qué río pasaba por Viena, quién había sido Napoleón y cuáles eran los puntos de la Falange. La cabeza me daba vueltas y los nervios me atenazaban cuando entró papá al dormitorio y le preguntó a la abuela Mercedes si todavía no había regresado mamá de la iglesia.

—Hoy podía haber ido a misa de siete en lugar de ir a la de ocho.

—Llegará a tiempo —dijo mi abuela, terminando de vestirme y ayudándome a abrocharme el cordón de los zapatos que, por cierto, eran de charol negro y hacía una semana los había llevado puestos para hacer mi primera comunión vestido de marinerito.

Desayuné en el comedor grande y papá, de pésimo humor, me dijo vámonos ya. Eran las ocho y media y el examen estaba anunciado para las nueve, por lo que la abuela le dijo que esperásemos unos minutos más hasta que llegara mamá de misa.

—La han debido entretener —dijo para disculparla.

Pero papá no quiso esperarla y los dos bajamos solos las escaleras, mientras Toñi y la abuela estaban asomadas a la barandilla, diciendo adiós y deseándome suerte. Mi hermana Carla estaba en el colegio de las Adoratrices de Abajo, y estudiaba ya sexto curso de bachillerato y me había dejado una nota encima de mi mesa de estudio en la que me decía:

Vicentín:
    Le he pedido a la Virgen que te ayude en el examen. No tengas ningún miedo y no te pongas nervioso. Recuerda que huérfano es con hache, pero orfanato no. Que ermita se escribe como suena y que yegua no lleva los dos puntitos arriba, pero Yagüe sí. No te confundas, pues son preguntas que me han dicho que ponen este año de pega. Besitos,
    Carla.

—Procuren escribir bien claro, pues a los dictados que no se lean bien se les pondrá un cero. Y lo mismo les digo respecto a las otras materias escritas y a las cuentas —advirtió doña Enriqueta.

Yo sentí un escalofrío, pero cuando la directora comenzó a leernos el dictado de un libro que casualmente yo tenía en mi casa, entonces sentí una alegría absurda, pues podía equivocarme del mismo modo y poner ermita con hache. La voz de la teresiana resonaba aguda y antipática en el aula y recuerdo que llevaba puesto un hábito de color marrón, con un cinturón de cuero que le colgaba por delante de la falda y una insignia pequeña en el pecho que luego vi un día más cerca y comprobé que era una imagen de Santa Teresa de Jesús. Y el dictado decía así: «Como todos los años dejóse sentir el invierno con sus rigores. La lluvia caía lenta y acompasadamente, produciendo ese ruido monótono que causa sueño. Blanca, como ya saben nuestros pequeños lectores, se hallaba enferma de sarampión y guardaba cama, obedeciendo las prescripciones del médico, permaneciendo cuidadosamente tapada y tomando los medicamentos que aquél le propinaba, evitando sus hermanos y amigos visitarla en su alcoba para no contagiarse de tan molesta enfermedad.»

—Punto y final —dijo doña Enriqueta, cerrando el libro—. Y ahora, debajo, copien las cuentas de multiplicar y dividir que hay puestas en el encerado. Tienen media hora para hacerlas.

Yo también había pasado la enfermedad del sarampión y mamá y la abuela me pusieron una luz roja en mi cuarto. Sentía calor en la cara y mi hermana se asomaba por la rendija de la puerta y me decía cosas que no recuerdo y veo su rostro sonriéndome maliciosa, como si se alegrase. Pero yo sé que ella me quería a su modo y ahora también me quiere y viene a verme a veces a la sepultura donde estoy enterrado y me pone flores muy bien compuestas en un jarrón que tengo encima de la lápida. Pero aquel día de mayo surge en el recuerdo como algo diferente a la muerte. Es mi mano fría apretando el lapicero Johan Sindell y la goma Milán borrando un error que tuve en la cuenta de dividir. Me puse nervioso creyendo que no me iba a dar tiempo y me ruboricé. Sentía un calor terrible en la cara y el profesor que vigilaba, un joven flaco y delgado, con gafas, se me acercó por detrás, me puso la mano en el hombro y me preguntó cómo me llamaba. Yo le respondí que Vicente Anastasio Garrido de Tinajas. Y él entonces me sonrió y me dijo que no me preocupara, que yo iba a aprobar seguro, pues mi padre me había recomendado muy bien y la señorita directora tenía mi nombre escrito en una lista con los que teníamos que aprobar. Uno era el hijo del gobernador civil, que se llamaba Alberto Velasco, otro era un sobrino de don Custodio, el consiliario y profesor de latín, otro era yo. Luego había cinco o seis más. Todos estábamos en la misma lista y aquello me dejó un instante como sin fuerzas. Dejé de escribir los números de la división y miré a todos mis compañeros que se afanaban en el examen y sentí vergüenza de ser un recomendado. Tuve la tentación de equivocarme a propósito y hacerlo todo mal. Luego, cuando pasaron los años y recordé aquella escena con el profesor flaco y alto que cuidaba en el aula, que se llamaba Ortiz, me burlé de mí mismo y de mi ingenuidad de entonces, cuando ignoraba que en el mundo es imposible encontrar algo que no se halle corrompido de antemano, algo que no lleve en sí mismo el estigma de la destrucción.

Me preguntaron después los romanos en el examen oral y, a pesar de mis reflexiones de una hora antes, me alegré mucho de que me saliera esa lección que era mi favorita y también sentí una repentina alegría de ir recomendado por mi padre y de ser hijo de una buena familia y de haber tenido suerte al no haber nacido en una de esas cuevas horribles que había en el suburbio del Alamín, donde vivían los gitanos y los mendigos, entre basura y piojos, hambre y frío. ¿Por qué no disfrutar de aquellas miradas benévolas que, al otro lado de la mesa del tribunal, me observaban con simpatía? Papá era coronel y estaba al otro lado de la puerta, paseando con mi madre, que había llegado ya de su misa y los dos discutían por el retraso de mamá y ella le decía no te tolero, Hugo, que me hables en ese tono y menos en este lugar donde hay personas conocidas que pueden oírnos. Y, en efecto, por aquella galería acristalada del piso superior del instituto Brianda de Mendoza, que es un palacio renacentista, paseaban impacientes esperando que terminase el examen otros papás y mamás y al pasar frente a mi padre, que vestía su uniforme y sus botas altas, se quitaban el sombrero y le saludaban diciéndole: Buenos días don Hugo y señora. Mamá sonreía con una mueca y se le notaba que había llorado, pero no había sido allí, sino en la sacristía de Santiago Apóstol, cuando don Anselmo, que estaba guardando los ornamentos de la misa en una gran cómoda de profundos cajones, se volvió muy pálido hacia ella y le dijo doña Leontina, se lo suplico, no se obstine en que ambos nos condenemos para siempre.

—Pero, ¿por qué me hablas de usted ahora? —le preguntó mamá con voz angustiada. ¿Es que ya no me amas? Mírame a los ojos y dime que ya no significo nada para ti.

Durante nueve años habían estado jugando al amor imposible. Primero fueron los ojos de ambos encontrándose en aquel vacío de la iglesia, más tarde fueron cientos de instantes en los que sus vidas quedaban como en suspenso, cuando el párroco de Santiago hacía la señal de la cruz ante los labios gordezuelos y sensuales de mamá y colocaba la Sagrada Forma en su lengua. Rojo coral y húmeda sangre, dientes de marfil y el rostro de alabastro de esa señora tan bella que viene todas las mañanas a misa de ocho y los domingos no la veo.

—Los domingos oye misa con su señor marido en San Nicolás, que es la parroquia del coronel Garrido y de su familia —le aclaró Nicomedes, el sacristán, que era como una piedra silente y que caminaba cabizbajo por la iglesia, prisionero de un mundo cerrado, poblado de imágenes y de fuegos fatuos, de velas y funerales de córpore insepulto, de vía crucis y rosarios de la aurora.

Cuando las dos filas de mujeres y de hombres avanzaban

en paralelo por las calles de la ciudad aún dormida y cantaban el Señor es contigo y bendito es el fruto de tu vientre, Jesús. Dios te salve María llena eres de gracia. El sacristán iba en el centro, con su sotana pajiza y el alba deshilachada, negro y mustio, como ajeno al mundo, iniciando los cánticos con voz fúnebre, mientras don Anselmo caminaba al frente de la procesión, detrás de un monaguillo que portaba un pendón con la Virgen del Perpetuo Socorro. Y el pendón tenía unas borlas que colgaban de unos cordones gruesos, dorados, y las mujeres cantaban Dios te salve María y los hombres también cantaban y miraban a las ventanas y a los balcones donde a veces asomaban rostros. Era el amanecer de un tiempo ya remoto y mamá no iba en la procesión del Rosario de la Aurora de Santiago, pero se levantaba de puntillas del lecho y veía pasar a don Anselmo. Y cuando los dos estuvieron ya enamorados, ella le hacía una seña con la mano y le enviaba un beso que se iba a clavar en el corazón del clérigo como un dardo.

—Dime que ya no me quieres y saldré de tu vida para no volver nunca más a verte —le dijo mamá, dramática.

Estaban en la sacristía y a intervalos, entraba el sacristán trayendo alguna cosa o llevándose algo. Ellos entonces guardaban silencio y era terrible, porque no tenían un lugar escondido donde verse. Ni una casa en toda la ciudad, ni un rincón donde ocultarse para cogerse las manos y besarse en los labios. Oh, boca acorazonada de mamá Leontina. Muchos años después, cuando quería recordar aquellos tiempos, me gustaba abrir los álbumes de fotografías que había en casa, con los vacíos donde habían estado fotos interesantes, que mi hermana Carla había arrancado para tenerlas ella. Pero todavía quedaban algunas fotografías de mamá rubia, con su mirada verde azul y aquella semisonrisa que tenía permanentemente dibujada en los labios de corazón que el párroco de Santiago Apóstol veía en sueños, preguntándose por qué Dios había permitido que en su alma se afincase aquella pasión, por qué la Iglesia se había convertido para él en una madrastra terrible que le amenazaba con arrojar su espíritu pecaminoso a las simas hondas y ardientes de las tinieblas exteriores. No tenían un lugar donde amarse en toda la ciudad y aquella mañana, mientras yo iba de la mano de papá camino del instituto bajando la calle Mayor y continuando luego por la calle Museo, ellos estaban en la sacristía mirándose a los ojos con ansiedad titánica y en un rapto de suicida desesperación mamá fue hacia la puerta y la cerró con el pestillo y él preguntó aterrado qué haces, Leontina, y mamá lloraba abrazada a él en aquella penumbra de crespones viejos y maderas comidas por la carcoma, las imágenes rotas de un arcángel y un monaguillo con expresión acaramelada que tenía en las manos una alcancía para las limosnas con un rótulo escrito: «Asilo de ancianos». Y la luz tenue penetraba por el ventanal enrejado que daba a Santa Clara y a la fachada principal del instituto, a cuarenta metros de distancia, en cuya capilla estábamos papá y yo rezando para que todo me saliera bien en el examen. Luego cruzamos el patio principal con palmeras y árboles y subimos las escalinatas que conducían al otro patio central del edificio y al principesco claustro con columnas. Subimos la escalera que conducía al aula del examen siguiendo una flecha grande dibujada en varios papeles pegados a las paredes que decía: «Exámenes de Ingreso, Tribunal 1», que era el mío. Yo llevaba mi papeleta en la mano fría con mi foto carnet que me había hecho en la Fotografía Andrada y en el estómago llevaba un peso enorme, como una piedra que me producía espantosa angustia, mientras papá decía alternativamente no sé dónde se habrá metido tu madre precisamente el día de hoy, está ciega con las misas y con los curas. Y luego me miraba y me decía tú, nene, no tengas miedo, ya verás cómo todo te sale bien y te ponen sobresaliente. Yo entonces todavía no sabía que iba «muy recomendado» e ignoraba que el amor se extingue y que detrás de las apariencias de hola querida, hola querido, que papá y mamá se decían al saludarse los domingos por la mañana, cuando desayunábamos toda la familia junta en el comedor salón y Toñi nos servía ayudada por el asistente nuevo, que se llamaba Juanito y era muy pequeño porque, realmente, era el segundo corneta del cuartel de papá y detrás de aquellas frases cariñosas y de aquellas sonrisas existía ya un vacío entre ellos semejante a un desierto sin oasis y sin agua donde beber. Qué tristes debían ser aquellas noches sin amor y aquellos dos cuerpos en la misma cama, el de ella ebúrneo y cálido, del lado de la pared donde había una gran litografía enmarcada representando una panorámica de la ciudad de Cuenca en 1919, con sus casas colgadas y el puente de San Pablo y los álamos del río en otoño. Mi padre acostado de lado, con la cara mirando al balcón y una mano bajo la mejilla, con el clavo metálico instalado en la cadera, delgado y seco, vestido con un pijama azul oscuro con fino ribete blanco, cuya chaqueta se le arrugaba durante la noche y dejaba al descubierto su espina dorsal y los abultamientos de las vértebras y la piel blanca, con algunos granos que le salían a papá sobre todo por la zona de los homoplatos. Ya no eran tan jóvenes como cuando mamá Leontina, que no había conocido el amor, le vio por primera vez en la plaza de la Ópera y creyó que el amor era la encarnación de aquel teniente que iba a presentarse a Capitanía General y ella cayó en la trampa que mi abuela Mercedes le tendió diciéndole de buena fe hijita, ese joven Garrido de Tinajas, que pertenece a una de las mejores familias de Cuenca, es un buen partido para ti, pues nosotros, desdichadamente, somos pobres ya que yo soy estrictamente la viuda de un brigadier y Hermiona y tú, que sois mis hijas, debéis casaros bien y cuanto antes. Hermiona ya sabes que tontea con Armando, que es rentista, y tú debías prestar atención a ese joven teniente que, como te decía, es hijo de unos señores muy acomodados de Cuenca, con palacete en la ciudad y fincas en Huete. Tiene su casa solariega en la Hoz del Júcar y se llama El Paraíso y, según mis informes, la casa está llena de cuadros de grandes pintores y la mayor parte del tiempo está sin habitar porque Hugo es el único hermano que queda soltero. Una hermana suya se casó con un venezolano y está en Cacaras y su otro hermano es misionero en Burundi. De modo que este Hugo es el dueño y señor y debes casarte con él. Y así fue. Mamá y papá se casaron y, sin embargo, casi nunca fuimos al palacete de Cuenca, pues una vez que fuimos se estropeó la instalación eléctrica y papá dijo que había que hacer una gran inversión y que tenía que hablar con el administrador. Luego hubo problemas con las fincas de Huete y resultó que papá no era tan rico y, además, estaba obsesionado con ser héroe en la guerra civil y como no lo fue se amargó y estaba en el cuartel de Globos como coronel pero, en realidad, yo creo que era una especie de refugio o escondite, con los caballos y el gran picadero de arena y las vallas pintadas de blanco, jinete fantasmal en los crepúsculos, oyendo voces que decían a sus órdenes mi coronel, rememorando batallas de otros tiempos en los que se veía a sí mismo de general, como Napoleón en Egipto o Bonaparte en Rívoli o el emperador de los franceses Napoleón Bonaparte haciéndose coronar por el Papa al que, según dice la historia, le arrebató la corona imperial de las manos y se la puso a sí mismo. Papá me lo contaba mostrándome una lámina de la Gran Enciclopedia de piel con papel cuché brillante que me deslumbraba y él diciéndome:

—Napoleón sí que fue un gran hombre.

Era su ídolo y tenía en el despacho, junto a las copas de campeón de hípica, una estatuilla de plata representando a Napoleón cuando cruzó los Alpes, inspirada en el famoso cuadro de David. Tenía también en lugar destacado un tapiz con el emperador de los franceses en su lecho de muerte y un águila volando sobre su cuerpo exánime. Lógicamente también tenía expuestas fotografías del caudillo Franco, pues era un fanático de él y por esa razón, la víspera de mi muerte les dibujé a los dos amortajados con sus uniformes respectivos e introducidos en el mismo ataúd. Supe más tarde que papá y mamá eran absolutamente distintos, que tenían almas diferentes y que no comprendía cómo mamá había podido enamorarse de una espada rígida, grave y silente, agria y fría, a la que yo, cuando comencé a disipar de mi cerebro las nieblas de la infancia, odié con todas las fuerzas de que era capaz. Pero aquel día de mi examen de ingreso en el instituto yo era un niño ingenuo y por esa razón iba confiado de la mano de aquel hombre rígido como una espada, silente y grave, frío como el acero y distante como esos paisajes remotos en los que jamás estuvimos, o lejano como los confines del Universo, donde la oscuridad es permanente y el frío helador es sólo soportable para las almas que vagan incorpóreas e invisibles. Pobre mamá, consolándose con su piano Bernstein que Carla había hecho que le instalaran en su alcoba. Las dos eran aficionadas a la música y sensitivas como flores de invernadero o como esos nenúfares que flotan en los lagos de otros países civilizados. Porque aquí en España todo es polvo, sudor y hierro y los nenúfares no existen en los lagos ni las ciudades como Guadalajara tenían un refugio para el amor adulterino y sacrílego de una señora casada con un coronel y un señor párroco que se llamaba don Anselmo y que tenía una hermana que era su ama, cuyo nombre era Petra, que salía a abrir la puerta de la casa parroquial con cara de muerto o de esas mujeres negras, acartonadas, secas como estériles sombras, que inmortalizó el pintor Solana. Y te decía qué desea usted, aunque viera que eras un niño o le decías que dice mi madre que le diga al señor cura que el acto en el que él tiene que hablar en la Inclusa no es a las cinco sino a las seis, que se lo diga de parte de la comisión organizadora.

—Dile a tu madre que muchas gracias.

Y al decírmelo yo tenía la sensación de que nos odiaba a mi madre y a mí y se lo decía a Chomin:

—Vaya cara que tiene la tía.

Y entonces el ama del cura entraba al comedor de la casa parroquial donde su hermano estaba comiendo pescadilla rebozada y le decía:

—Que ha venido el chico del coronel Garrido para que te diga de parte de su madre que por lo visto tienes que hablar en la Inclusa a las seis, y no a las cinco.

—De acuerdo —dijo el párroco sin levantar la mirada para ver a su hermana.

—Como no me habías dicho nada...

Entonces todavía no habíamos puesto el teléfono y casi nadie tenía teléfono en Guadalajara, ni cuartos de baño. Éramos unos provincianos y la ciudad tenía dieciocho mil habitantes o menos y no había más refugio para el amor que un prostíbulo al que llamaban Selva Negra, pues para entrar había que atravesar un jardín muy espeso y oscuro, que estaba a la izquierda del parque de San Roque. Lógicamente las parejas de novios encontraban siempre un lugar donde ocultarse, pero un sacerdote era diferente y por eso mamá y don Anselmo estaban como lobos en un bosque en llamas, buscando una salida para aquel fuego que alentaba en su sangre aquella mañana de mi examen, cuando mamá cerró la puerta de la sacristía y le dijo a él ya no me importa nada, estoy dispuesta a todo.

—¡Por Dios! —exclamó don Anselmo.

Qué maravilla es sentir una pasión así. Yo, que afortunadamente he conocido el amor auténtico y el dolor que se siente cuando te lo arrancan de las carnes del espíritu y ves que lo has perdido para siempre, comprendo aquella desesperación cuando mamá se desabrochó el escote del vestido y él le besaba los pechos como loco y el reloj de péndulo que colgaba en una pared dejaba oír su tac tac nítido y el gato de la parroquia, que los miraba desde la gran cómoda, en donde estaba sentado sobre un paño negro, ronroneaba gris listado, con las pupilas dilatadas y el estertor de las respiraciones alteradas por la pasión que se les escapaba como agua cayendo en cascada. Fue entonces cuando el sacristán intentó abrir la puerta creyendo que había sido una corriente de aire la que la había cerrado y comprobó que estaba cerrada con el pestillo y empujó una o dos veces diciendo don Anselmo, soy Nicomedes.

—Abra, por favor.

Yo, mientras tanto, estaba ya sentado en el pupitre del aula del examen y doña Enriqueta nos había hecho la advertencia de que nos pondría un cero a los que copiáramos del compañero. Y los minutos pasaban mientras escribíamos y el sacristán volvió a preguntar:

—Don Anselmo, don Anselmo, ¿sucede algo?

—¡Váyase! —gritó con voz agitada el párroco—. ¡Estoy despachando con la señora asuntos privados!

Cuando salí del examen ya hacía rato que mamá había regresado de la iglesia y lógicamente no pude adivinar nada en su rostro, sólo que había discutido con papá por su retraso. Pero me besó tierna y me preguntó hijito, ¿cómo fue todo?

—¿Bien?

—Muy bien, mamá, me han preguntado los romanos, que era lo que estaba deseando que me preguntasen.

—¿Y las cuentas?

—Bien. Las he hecho todas, aunque en una división me equivoqué al principio.

Y se me vino a la memoria la expresión del profesor joven que se llamaba Ortiz y su mirada cómplice de algo que me daba vergüenza al decirme que no tuviera miedo, que iba muy bien recomendado y que la señorita directora me llevaba en una lista. Y al saber que iba a aprobar seguro me sentí muy triste, y recuerdo que me solté de la mano de mi padre y mi abuela al verme llegar a casa me lo notó y me preguntó si estaba enfermo y yo le dije que no.

II

8

Presentimientos inquietantes traen consigo evocaciones del ayer perdido bajo la lluvia de mi ciudad natal de Guadalajara, cuyo nombre árabe significa Río de Piedras. Es un día de abril del año 1956 y estoy en los soportales, frente al Ayuntamiento, muy cerca del portal de mi casa, de doble puerta de madera claveteada con llamador en forma de mano. Uno de los batientes está cerrado y en el portal hay una mesa cubierta con un tapete negro y un libro con firmas. Se ha muerto la señora *Cómo Dice*, madre de nuestra portera Zósima. En el libro abierto hay firmas dando el pésame y a su lado alguna tarjeta doblada, pocas, pues la fallecida es gente humilde y no tiene amistades con tarjeta doblada y sus verdaderos amigos, que son cuatro o cinco en todo el mundo, están la mayoría muertos. La señora María era de pueblo y vino a Guadalajara después de la guerra civil, para hacer compañía a su hija, viuda como ella, a compartir ambas la portería. Pero la señora *Cómo Dice*, que era muy sorda, no escuchaba ni siquiera la sirena del Ayuntamiento cuando había fuego y para que te entendiera te tenías que poner frente a ella a fin de que te interpretara los labios. Ese aislamiento la tenía encerrada en casa y echaba de menos el campo y la vega de su pueblo, Humanes de Mohernando, y siempre lo estaba diciendo, tengo que morirme en mi rodal, en mi pueblo y, sin embargo, se murió en aquel piso bajo de la portería, oscuro y húmedo, que olía a agrio. Y mi madre me dijo aquella tarde, cuando me disponía a salir, hijo, que no se te olvide entrar un momento a darle el pésame a Zósima. Y mi abuela, que estaba ya enferma en su cama con el estrechamiento de píloro, me llamó desde su dormitorio y pálida como estaba y exánime, me dijo Vicentito, dile a la señora Zósima que siento mucho lo de su madre, que le encargaremos unas misas en Santiago. Yo le dije de acuerdo, abuela, no te preocupes que así lo haré. Y me senté un poco en el borde del lecho, en su alcoba que olía a eucaliptos, pues la abuela tampoco respiraba bien, sobre todo los días de lluvia, y estaban las contraventanas entornadas y en la cómoda había una lamparilla encendida. Le habían traído del vestíbulo la imagen del Sagrado Corazón de Jesús en Vos confío y estaba allí enfrente de nosotros, mirándonos Jesucristo, y a mí ya no me daba miedo porque era mayor y medía un metro setenta y cinco y era delgado y nervudo, con un poco de bigote que ya me afeitaba y también tenía un poco de barba en las mejillas y el pelo muy ondulado y le decía a Chomin a ver tú, y él me ponía la cara delante y yo le decía ya te empieza a salir la barba. Lo que sucede es que Chomin era rubio rubio y le decíamos *Indio Sioux* porque le gustaban mucho las películas de indios y cuando bajábamos a jugar al río Henares y a las terreras y a los campos del Barranco del Alamín y a los de los Cuatro Caminos o al Clavín él siempre iba subido en una caña y se llevaba la mano a la boca como los indios y aullaba uhuhuhuh. Me estoy refiriendo fundamentalmente a los años anteriores, cuando teníamos once o doce o trece años, que fue cuando nos dio la efervescencia de *Las cuatro plumas*, una película de guerra que se desarrollaba creo que en el desierto o en la India, y cuando íbamos a ver los programas dobles del indio Jerónimo y de Buffalo Bill. Y aquella tarde de lluvia yo tenía quince años cumplidos en el mes de enero y estaba estudiando para ingresar en la Academia General Militar de Zaragoza. El año anterior había terminado el quinto curso, pues había hecho dos cursos en uno y llevaba un año de adelanto y papá me llamó un día a su despacho y me dijo:

—Tasio, yo creo que es una pérdida de tiempo que termines el bachiller. Debes el próximo curso empezar a prepararte para el ingreso en la Academia, pues quiero que seas militar como yo. ¿Estás de acuerdo?

—Sí, papá —respondí.

Realmente yo quería ser pintor, pero me daba vergüenza decirlo. Porque desde que yo era niño de teta, papá me había venido repitiendo en los oídos mi hijo será militar y pertenecerá al Estado Mayor del Ejército y yo me encargaré de que existan guerras mundiales para que él vaya voluntario como habían ido voluntarios los falangistas de la División Azul. Y allí, en aquellas guerras con las que papá soñaba, yo iba a ser un héroe y ascendería tanto que pronto llegaría a ser el general más joven del Universo y me convertiría en Napoleón Bonaparte y él, don Hugo Garrido de Tinajas, coronel retirado con paga de general, herido en una batalla en la que se limitó tan sólo a observar cómo se destrozaban unos a otros con la ayuda de unos prismáticos de largo alcance, me vería entrar victorioso en ciudades y mi fotografía vendría en la portada del diario *ABC*, su periódico, del que solía decir a sus amigos del Casino, cuando por las tardes iba a jugar una partida de dominó:

—Las noticias que no vienen en el periódico *ABC* no son noticias.

Y seguía poniendo sus fichas, como si no hubiera dicho nada, y aquella tarde de lluvia él estaba ya en el Casino jugando su partida y mi madre, que tenía ya cincuenta años, había perdido gran parte de su belleza y estaba siempre triste, porque en la parroquia de Santiago Apóstol ya no estaba don Anselmo, sino un cura que se llamaba don Celso Escruto. Este sacerdote era ahora su confesor y mamá le estimaba mucho, pues había vivido una experiencia igual a la suya, pero al revés. Y un día se lo dijo en el confesonario:

—Mire, padre, le he mentido.

—¿Cómo que me ha mentido?

—Sí, le he dicho que en mi corazón hay paz y no es cierto. En mi corazón no hay sino amargura.

Mamá sintió cómo, al otro lado del confesonario, se revolvía inquieto el nuevo párroco, que vivía solo y era un poco más joven que ella, pero tenía la mirada perdida en lontananzas y siempre se le veía dando largos paseos solitarios por la carretera que sube al Depósito de las Aguas, que es la de Barcelona. Y llevaba siempre las manos a la espalda y no tenía amigos, ni siquiera se hablaba casi con el coadjutor, un cura joven que se llamaba don Antonio de Miguel.

—¿Amargura? —indagó al cabo de unos segundos el párroco.

—Sí, amargura.

—Pero, ¿a causa de qué?

—No puedo decírselo aquí, padre.

Y un día se citaron a la entrada del parque de la Concordia, como si se hubieran encontrado por uno de esos azares del destino y caminaron lentamente, él con las manos a la espalda, con su sotana pajiza y el pelo canoso muy cortado al rape y unas gafas de montura de concha, pegadas con Sindetikón en el puente pues le comentó a mamá que se le habían caído y le estaban haciendo otras en la óptica de Dorado y mientras tanto las llevaba puestas, pues era muy miope y los cristales de sus gafas tenían muchos círculos. Era de estatura mediana, más bien bajo, y mamá le estimaba mucho, no por sus encantos como hombre, pues pasaba inadvertido, sino por la lógica de sus razonamientos, porque estaba como fuera del mundo y, fundamentalmente, porque según le confesó a ella él también había sido protagonista de una historia de amor imposible. Se habían sentado en el parque de San Roque, en un banco de piedra, ajenos a las miradas de los paseantes y sin importarles que les pudieran criticar. Mamá hacía como que miraba al exterior y sonreía al vacío, pero le hablaba de su problema

y le decía, mire usted, don Celso, yo he sido una víctima
de la educación que se nos da en España a las mujeres. Mi
madre no me dijo nada respecto al amor. Y mamá había
creído que el amor era un uniforme militar y unas botas
altas y luego, cuando vino la guerra civil para siempre, se
sintió sola y se estrechó todavía más a mi padre. Y reconocía que le había dicho amor mío y que había llorado
por él, pero después supo que el amor era otra cosa y lo
vio en los ojos de don Anselmo y se lo dijo a don Celso:

—Creo que me enamoré nada más verle.

Y no es que culpase a mi abuela Mercedes, era como si
su madre, sin mala intención, la hubiera empujado a caer
en una trampa, con aquellas palabras suyas de que somos
pobres, hijitas, yo soy una triste viuda y vosotras tenéis que
buscaros una seguridad para el futuro. Yo tendré que irme
a vivir con vosotras a meses. Pero la realidad es que luego
se fue a vivir siempre con mamá y, como la abuela Mercedes era muy inteligente, se llevó bien con mi padre hasta
el día de su muerte que fue después de la boda de mi hermana, aquel mismo año 1956, en el mes de julio, tres meses
después del fallecimiento de la señora *Cómo Dice*. Y yo
bajé a la portería y vi que la puerta estaba entornada y la
empujé. Y nada más entrar me encontré que la madre de
la portera estaba allí mismo, en la única habitación que
tenía, metida en su ataúd y amortajada con una sábana. Tenía la cara amarilla y muy estrecha y se le veía mucha barba
gris y las cejas las tenía muy abultadas con pelos ásperos
y espesos. A su alrededor estaban unas cuantas mujerucas
de negro, cabizbajas y rezando en alta voz. Una de ellas estaba recitando estos versos terribles:

> *¡Ay del día triste y fiero,*
> *Que el Monarca justiciero*
> *Tierra y mar abrasará!*
> *Cuando eterna la balanza*
> *De perdón y de venganza*
> *En el justo fiel pondrá.*
> *Ante el solio inquebrantable*
> *De la tromba al espantable,*
> *Repentino, agudo son,*
> *Vomitando irá la tierra*
> *Los cadáveres que encierra*
> *Uno y otro panteón.*
> *Con asombro de la muerte,*
> *Removiendo el polvo inerte,*
> *Que ella suyo juzgó ser,*
> *A la voz del Soberano*
> *Juez se alzará cada humano*
> *Por su nombre a responder*

Libro abierto, en que está escrito
Su recóndito delito,
Cada cual allí verá:
Y reparo toda ofensa,
Y todo bien recompensa
Ya sin término tendrá.
Si aun el justo allí es juzgado
¿Qué será de mí, cuitado?
¿Cuál amparo buscaré?
Rey de majestad tremenda,
Pues tu gracia tengo en prenda,
Premie tu piedad mi fe.
¡Jesús mío, toma en cuenta
Que a tu muerte y a tu afrenta
Yo ocasión y causa di!
Por mí tu cruz y tus llagas,
Antes del final del juicio
Séme tú, Jesús, propicio,
No juez justo y vengador.
De rubor ardiente el rostro,
Con mi culpa a Ti me postro,
No desoigas mi clamor.
Si absolviste a Magdalena,
Y al ladrón en justa pena,
De ti espero por igual.
Que también a mí, benigno,
No me arrojes al abismo
Del infierno perennal.
Cuando estalle aterradora
De postrer sentencia el hora,
Tú, juzgándome piadoso,
Dame, Oh Jesús, el reposo
De feliz eternidad.

Y, cuando terminó la vieja de recitar, la señora Zósima se levantó de su silla y vino hacia mí y se me abrazó llorando y diciéndome ay Vicentín Vicentín con lo que te quería mi madre a ti y a tu hermana. Y me pinchaba en la cara la barba de la señora Zósima, pues también tenía pelos muy fuertes en la barbilla y una verruga muy gruesa encima del labio superior y una sobrina que había vivido con ella por temporadas, que se llamaba Ilu y que una vez, siendo yo un niño de once años, en el verano, cuando el sol quemaba la tierra y a mí me dio por enamorarme de Maricarmen, a la que todo el mundo llamaba *la Loca de la buhardilla*, pues un día de aquéllos, durante la siesta, me subí a los desvanes de la casa y desde el nuestro salí a una especie de terraza que había alrededor del hueco del patio y allí estuve a la sombra de unas sábanas que se secaban, con unos prismáticos de campaña de papá, a través de los cuales había visto la guerra civil, y me entretuve durante más de una hora mirando a Maricarmen, *la Loca de la buhardilla*, que estaba también en la terraza de su casa, un poco más abajo de la calle Mayor, casi enfrente de la mía, en el edificio donde estaba la farmacia de Jiménez, uno de cuyos hijos, que iba siempre un curso más adelantado que yo, me vendía algunos libros de texto y en los que yo encontraba sus huellas y sus anotaciones en las páginas. Y aquella presencia suya en los libros me producía una sensación rara, como si yo en lugar de ser una persona fuera dos y él se hubiera encarnado en mí. Pues ponía cosas que yo leía y a veces pensaba igual y me di cuenta de que a Jiménez también le gustaban los caballos y que pintaba muchos. Pero él los pintaba diferente a los que yo dibujaba, sobre todo porque a mí me gustaban mirando a la izquierda y los suyos siempre estaban mirando hacia la derecha. Pero él, sin embargo, sabía pintarlos también de frente, como vi en un libro de religión que se llamaba «Apologética» y me sirvió de mucho y un día, cuando ya los dos fuimos mayores, se lo dije en el baile de Noche Vieja del Casino. Precisamente aquel en que Puga, el hijo del delegado provincial de Sanidad, me prestó un smoking para el baile. Le dije, ¿sabes Jiménez que me inspiraban mucho tus dibujos de los libros de texto? Y Jiménez me echó la mano por el hombro y en tono muy amistoso me dijo el mayor elogio que jamás nadie me había dicho hasta entonces. Tú eres un talento de la pintura y yo emborronaba las páginas de los libros.

—Ésa es la diferencia —concluyó.

Por entonces yo ya había hecho alguna exposición en Educación y Descanso y, aun con la hostilidad de papá, podía mostrarme en público como un pintor aficionado. Pero aquel día de verano, cuando subí a la terraza a espiar a Maricarmen, todavía yo no era sino un niño de once años y me había enamorado de ella en la misa de la capilla del instituto, cuando me dio aquel ataque de fervor religioso después de una Santa Misión y ella estaba siempre allí, con su abuela, una anciana que renqueaba al andar y con la que vivía Maricarmen. Y la llevaba siempre del brazo su nieta y yo estaba allí en la capilla con mi cartera y mis libros, y las veía entrar cada mañana y me enamoré como un poseso de Maricarmen, la cual era redondita. Tenía once o doce años como yo y era un poco pelirroja y tenía pecas en la cara. Llevaba siempre dos lazos muy blancos sujetándole las trenzas y calcetines también blancos y me gustaban sus piernas. Tocaba el piano mucho mejor que mi hermana Carla, a pesar de ser más joven que ella, pero es que Maricarmen decían que tenía talento para la música, como a mí me dijo Jiménez que me pasaba con la pintura. Y recuerdo que me enamoré con una fuerza terrible y siempre estaba pensando en ella. Pasaba por la farmacia y doblaba la esquina y me quedaba disimulando en aquel chaflán mirando el muro donde ponían las carteleras de los cines Imperio y Liceo, porque allí estaba la ventana de la habitación donde Maricarmen tocaba el piano, tras la persiana, justo en el rincón del portal donde vivía un profesor particular que luego se murió y que se llamaba don Francisco, que era muy grueso y que sabía mucho latín. Y allí me estaba yo, escuchándola, y un día ella me vio y se asomó y me dijo tú eres el de la capilla del instituto.

—¿Verdad?

—Sí —le respondí.

—¿Quieres pasar a oírme tocar? Estoy sola —me dijo de improviso.

Yo me quedé paralizado, como me imagino que se quedaría mamá el día que fue a la iglesia de Santiago con la ilusión de ver a don Anselmo y al entrar, cuando todavía estaba aclimatándose a la semioscuridad de la iglesia y tanteaba en la pila del agua bendita para mojarse el dedo y hacer la señal de la cruz, una mano la sujetó por el brazo y le dijo doña Leontina. Mamá se volvió sobresaltada y vio ante ella el rostro de enterrador del sacristán.

—Se ha ido ayer —dijo Nicomedes.

—¿Que se ha ido quién? —preguntó mamá súbitamente angustiada, como presa de un cruel presentimiento.

—Don Anselmo —respondió el sacristán.

Y mamá experimentó la misma sensación que debió sentir cuando la muerte llamó a la puerta de nuestra casa y dijo vengo a llevarme a doña Leontina. Y así se lo contó aquel día al nuevo párroco don Celso en aquel banco de piedra del parque de San Roque. Y él, guiñaba alternativamente los ojillos pequeños tras los cristales de sus gafas rotas, y tenía las piernas un poco salidas del banco, como estiradas, y se le veían los bajos grises del pantalón debajo de la sotana pajiza y le dijo a mamá créame que no sabía ni una palabra de este asunto, doña Leontina. Le agradezco mucho la prueba de confianza que me da al decírmelo.

—Le creo, don Celso —dijo mamá—, pero de verdad me extraña que nadie le haya dicho nada de mis relaciones con don Anselmo. Todo el mundo lo sabe en Guadalajara y ésa es mi tristeza, que no mi vergüenza, pues jamás hice nada con él de lo que me arrepintiera más tarde. Es más, don Celso, mi esposo, lo sabe. Vivimos juntos por no dar mal ejemplo a nuestros hijos y para que ellos no sufran, pero él lo sabe todo porque yo se lo dije.

El cura nuevo de Santiago asentía con un gesto de la cabeza y, al mismo tiempo, con una rama fina que había cogido del suelo, hacía como signos en la arena del parque. Aquel día no le dijo a mamá que a él le había sucedido lo mismo con una mujer, tan sólo le explicó que había pedido esa parroquia porque estaba vacante y que casi no tenía trato ni con el sacristán ni con nadie.

—Nicomedes también lo sabe —le informó mamá.

—Pues no me ha dicho nada, créame, doña Leontina.

Mamá suspiró y se limpió unas lágrimas furtivas que caían por sus mejillas todavía sonrosadas. Tenía ya el pelo un poco canoso y como era tan rubia parecía como si se hubiera dado mechas de peluquería. Y estaba tan elegante con aquel traje de chaqueta color beige de lana inglesa, y era tan digna siempre, que nadie en Guadalajara osó jamás insinuarle nada, ni a mi padre tampoco. Pero a él creo yo que era por miedo, ya que su rostro enjuto y grave, afilado como daga, y su mirada de acero, no invitaban a confidencias ni a insinuaciones, sino a darle de lado, como así sucedió, pues al final de su vida se encontró solo. Y mamá y don Celso Escruto regresaron caminando otra vez hasta la calle Mayor. A la altura de lo que ahora es la Caja de Ahorros se despidieron, pues él le dijo que iba a visitar a un enfermo a la calle Bardales y mamá le besó la mano, pues entonces se estilaba que le besáramos las manos a los curas y si no lo hacíamos se enfadaban y parecía que éramos anticlericales, del mismo modo que había que levantar el brazo cuando se cantaba el Cara al Sol con la camisa nueva, que tú bordaste en rojo ayer.

9

La señora Zósima me dijo te agradezco mucho que hayas bajado a darme el pésame, Vicentín. Y yo me salí impresionado de ver aquel cadáver, que era el segundo que había visto en mi vida, pues el primero había sido el del padre de un compañero de estudios del Instituto, que se llamaba Celes y a cuyo entierro fuimos varios del curso, entre ellos Chomín, que era muy bromista, y que también nos dio la risa en pleno velatorio.

—Adiós, señora Zósima —le dije a la portera para despedirme—. Y que no olvide lo que me ha dicho mamá que le diga. Que esta noche se suba a casa a cenar, que no se le ocurra no hacerlo.

Otra vez se emocionó la señora Zósima y yo salí a los soportales y me subí el cuello de la gabardina verde claro, y me apreté el cinturón. Llegué hasta la plazuela de San Gil y me detuve a comprarme unos cigarrillos Bubi en un tende-rete de aquellos que había en esa plaza miserable y tétrica, que era como un zoco árabe, pero sin árabes y sin esas casas blanqueadas por la cal, donde surgen rostros de mujeres con velos y nativos con turbantes y escenas de *Las mil y una no-ches*. Un libro que encontré en la biblioteca de papá y que me excitaba mucho cuando lo leía a escondidas. Estaba tra-ducido por Vicente Blasco Ibáñez y hablaba de jardines del Edén y de racimos de uvas y de néctares que yo bebía en sueños, porque desde siempre había sido muy enamoradizo y muy dado a las relaciones con las mujeres. Como aquella siesta del verano, cuando yo tenía once años y me subí a la terraza para espiar a Maricarmen, a la que todo el mundo llamaba *la Loca de la buhardilla*, y de la que yo estaba ena-morado hasta el dolor, pues me dolía todo cuando no la veía. Y, al verla, me ponía rojo como un tomate y no sabía qué decirle, pues incluso me temblaban las piernas y no sa-bía ni lo que tenía en la mano. Como aquella mañana, cuan-do me dijo que podía pasar a su casa a oírla tocar el piano, pues estaba sola. Y recuerdo que me sentí como lelo y ella me animó y me dijo anda, ven, voy a abrirte la puerta. Ma-ricarmen vivía en una planta baja y por eso podía hablar con ella por la ventana, a su altura, y me quedé ante la puerta y oí sus pasos y su canturreo. Hola, me dijo abrién-dome.

—Pasa.

En seguida me entró en aquella habitación bastante pe-queña y oscura, donde estaba el piano al lado de la ventana. Era un piano más pequeño que el de Carla y mamá, pero también era bonito y tenía arriba dos candelabros como unos que vi una vez en una tarjeta postal que representaba a Cho-pin tocando el piano mientras la escritora George Sand, su amante, estaba a su lado observándole arrobada. Como debí quedarme yo aquel día, mientras Maricarmen tocaba *Para Elisa* de Beethoven y luego interpretó un fragmento de las zardas de Monti y yo, más confiado en aquel ambiente de cuadros al óleo y de mantones de manila y de vitrinas con abanicos de nácar, le dije ¿por qué no tocas *España cañí*? Maricarmen se echó hacia atrás en su taburete y comenzó a reírse de mí a carcajadas. Recuerdo que ya tenía pechitos y se los veía yo mientras ella se inclinaba hacia delante y hacia atrás riéndose.

—¿Es que no lo sabes tocar? —le pregunté ingenuamente.

—No es eso, es que me ha hecho mucha gracia. No espe-raba que me pidieras que tocase precisamente esa pieza.

Y la tocó para mí, con tanta gracia, que nunca nadie la ha vuelto a tocar en todo el mundo con esa maestría. La gente se comenzó a agolpar ante la ventana y la miraban a Maricarmen y decían entre ellos qué bien toca, es una artista. Y murmuraban es la hija natural de un príncipe italiano y de una hija soltera de su abuela, la señora doña Adelina Villaespesa, que es también noble y está emparentada con los condes de Romanones. Y a mí aquella casa me gustaba mucho y luego fui otras veces, incluso estando doña Adelina, pues como era muy sorda y no se enteraba de nada, Maricarmen me hacía pasar a su cuarto o a la misma salita, según dónde estuviera su abuela, y yo pasaba allí muchas tardes de invierno, cuando el frío atenazaba la ciudad y me «fumaba» las clases de la tarde del Instituto, sobre todo aquel curso segundo, cuando conocí a mi amor y ella tocaba para mí y Chomin, mi amigo, me decía al día siguiente, al verme llegar al patio del Instituto, donde nos formaban para cantar el *Cara al Sol* antes de las clases: Ayer te preguntó don Mariano, el profesor de Historia, a la segunda hora de la tarde.

—¿Por qué no viniste?

—Porque estuve con Maricarmen —le decía yo dándome importancia.

Y Chomin me miraba con enorme admiración y entonces me decía ten cuidado, pues van a suspendernos a los dos. A ti por «fumarte» las clases y a mí por servirte de tapadera.

—¿Y qué le dijiste a don Mariano?

—Que estabas con fiebre.

Y era verdad. Una fiebre terrible se había apoderado de mis venas aquel curso del 52, cuando inició su reinado Isabel II de Inglaterra y suprimieron las cartillas del racionamiento y ya había motos Vespa, que eran unas motocicletas que causaron sensación y que todavía las hay y creo yo que vi por primera vez en una película italiana de Alberto Sordi y Antonella Lualdi. Aunque tal vez eso fuera más tarde, pero lo que sí estoy seguro es que aquel invierno fue helador y, sin embargo, yo estaba en medio de un incendio que se llamaba Maricarmen. Y recuerdo que nos besábamos, al principio sin saber hacerlo, pero luego fue saliéndonos mejor, particularmente a Maricarmen, que era muy ardiente y que a pesar de sus doce años o menos daba la impresión de haber tenido experiencias amorosas con hombres mayores. Algo en ella era tremendamente excitante y sabía enardecer mi corazón y mi sangre. De acuerdo que era un niño y que no sabía cómo se hacía eso que los hombres llaman el amor, pero mi cuerpo estaba preparado y el de Maricarmen también y ella me lo decía, ven Tasio, vente conmigo a la cama. Sé que muchas personas podrán reírse, pero la verdad es que muchas tardes, mientras su abuela rezaba el rosario en la habitación del piano, Maricarmen le decía abuela, voy a salir a casa de Lupe, una amiga suya que era flaca y a la que todos llamábamos *Piernas de alambre* y, en realidad lo que hacía era fingir que cerraba la puerta, dando un portazo enorme, no para que lo oyera su abuela, lo cual era imposible, sino para que temblaran la lámpara y los muebles de la salita y doña Adelina se diera por enterada de que estaba sola. Pero estábamos los dos en la casa, Maricarmen y yo, mientras a lo mejor llovía. Y nos encerrábamos en su alcoba y nos desnudábamos y nos metíamos en la cama a tocarnos y a besarnos todo el cuerpo, porque yo todavía no sabía hacerlo y solamente lo intentaba una y otra vez y ella me decía en el oído no así no, bobo, que no es así.

—Un día te descubren y vas a ver —me decía Chomin.

Pero yo no se lo contaba todo, sino una parte. Por ejemplo, jamás le dije que nos desnudábamos, que era lo que más nos gustaba. Y aquella fiebre me trastornó por completo y cada mañana iba a la capilla del Instituto donde Maricarmen y su abuela asistían a misa y me ponía en un reclinatorio frente a ellas y Maricarmen y yo nos hablábamos con los ojos y mamá le decía a mi abuela hay que ver lo religioso que se está volviendo Vicente Anastasio. Y mi hermana Carla se reía por lo bajo y comentaba:

—Sí, sí, religioso. Otra cosa es lo que es.

Y mi padre no se enteraba de nada, pues su crisis matrimonial con mamá le había empujado al Casino y allí iba todas las tardes después de comer a tomarse el café con sus amigos y después a jugar unas partidas de dominó. Y como en el invierno los días eran cortos, cuando regresaba a casa ya era casi de noche y preguntaba por mí.

—¿Y el nene, regresó ya del Instituto?

—Está estudiando en casa de Chomin.

—Sabéis que no me gusta que salga con ese Chomin —decía.

Y se encerraba en su despacho enfadado y se ponía a admirar sus colecciones de sellos o a leer el tebeo de *El Coyote*. Sus amigos principales eran Salvador Jiménez, el boticario, don Cruz, capellán de la cárcel, el guarnicionero Tielmes y alguna vez el señor registrador de la propiedad, don Pablo, que tenía nueve hijos e hijas y la menor se llamaba Merche y era muy coqueta y luego, dos o tres años más tarde, fue un poco la novia de Chomin y ellos también se besaban y se tocaban en el hueco de la escalera de la casa de don Pablo, pero ya Chomin era mayor y tenía quince años o dieciséis y estaba a punto de irse a Madrid para examinarse del examen de Estado. Recuerdo que un día, cuando fue a casa a pedirme el diccionario de latín «Raimundo de Miguel», salió papá súbitamente de la biblioteca y le dijo tú no tienes que pisar más esta casa.

—¿Entendido?

—Pero, ¿por qué, don Hugo? ¿Qué es lo que tiene usted contra mí? —le preguntó él muy sereno.

Y yo le dije vámonos Chomin, vámonos de esta pocilga

de casa que huele a sangre y a odio. No sé por qué dije aquella frase tan idiota, aunque tan aproximada a la realidad, pero lo cierto es que hubo un gran disgusto. Mi hermana ya estaba casada, ahora lo recuerdo bien y mi abuela se había muerto y solamente vivíamos en la casa papá y mamá, la criada Toñi y yo. A veces el asistente se llamaba Pedro y otras veces Juan, pues lo cambiaban cada año y en mi mente surgen ahora, cuando ya ha pasado casi una eternidad de tiempo, una serie de rostros de soldados con gorrito de borla y todos son los asistentes que teníamos. Y veo el edificio del casino nuevo con las luces encendidas, donde papá tenía la tertulia. Allí hablaba don Cruz, el capellán, diciendo que, en su opinión, Alemania Federal debía ingresar en la NATO. Y papá asentía y, siempre en plan de estratega, intervenía para decir que en Europa oriental el panorama estaba totalmente dominado por la presencia del Ejército ruso y que todos los gobiernos de aquella zona eran marionetas o títeres de la URSS. Y el guarnicionero se aburría y quería que se hablase del equipo local de fútbol, el Deportivo Guadalajara, del que era presidente.

—Por favor, Tielmes —le cortaba mi padre—, no nos someta usted al suplicio de Tántalo obligándonos a hablar de fútbol, ese engendro propio de ingleses, como todo lo suyo.

Papá odiaba a Inglaterra y comentó un día que, según la BBC de Londres, la recién entronizada reina Isabel II tenía previsto visitar Gibraltar.

—No creo que los ingleses se propongan ofendernos hasta ese extremo —dijo el señor registrador de la propiedad, encendiendo un puro habano quitándoselo de la boca y dándole vueltas alrededor del fuego de su encendedor.

—Ténganlo por seguro, señores —insistió papá—. Y en tal caso espero y confío que el Generalísimo y su gobierno movilicen al pueblo español. Todos unánimes deberíamos iniciar una marcha hasta la misma Roca y allí plantarnos como los numantinos hasta vencer o morir.

—Son rumores, pero estoy seguro que Franco se plantará. Menudo es —dijo el boticario Jiménez, que era el padre del chico que me vendía a mí los libros de segunda mano.

—Lo que sí va a ser un acontecimiento es el Congreso Eucarístico que se celebrará en mayo próximo en Barcelona —dijo el capellán don Cruz—. Hoy vienen en el diario *Ya* unas declaraciones del nuncio de Su Santidad, monseñor Tedeschini, realmente magníficas y edificantes. Elogia de tal modo a la España de Franco y su acendrado catolicismo, que las he recortado y las he mandado ciclostilar para repartirlas entre los presos de la cárcel, pues al final de ellas introduce una *Oración para la Paz del Mundo* que a buen seguro hará milagros entre la población reclusa.

El guarnicionero Tielmes sonrió por lo bajo, pues no era

religioso y jamás iba a misa, pero se le admitía en el Casino por ser persona rica y porque su mujer le disculpaba en la parroquia diciéndole al párroco de San Nicolás, don Teodoro (antes de que muriera por la doble muerte del asma y del fuego), que su marido se había ganado el cielo con los donativos tan generosos que hacía a la Iglesia y a las Misiones y a la Cuestación del Domund. Y don Teodoro le decía de acuerdo, de acuerdo, señora Amanda, pero no le vendría mal un confesión general y un yo pecador me confieso a Dios. Y le regalaba «detentes demonios» de tela para que el guarnicionero los llevase puestos en los forros de las chaquetas y Tielmes, cuando alguien en el Casino le tildaba de ateo, se abría la americana y mostraba su «detente demonio» diciendo:

—Vean, señores, cómo las apariencias engañan.

Y aquel verano del 52 fue cuando conocí a Ilu, la sobrina de la señora Zósima, un día que subí a la terraza a ver a mi Maricarmen con los prismáticos de campaña de papá y estando allí a la sombra de unas sábanas que se estaban secando al sol que abrasaba la tierra vi a Maricarmen en la terraza de su casa, a donde iba ella también para verme con otros prismáticos. Y los dos nos mirábamos con aquel instrumento óptico en la cara y yo le decía por señas que se lo quitara para verle de cerca los ojos y ella se apartaba el aparato y yo la miraba sonreírme muy cerca muy cerca. Y después me los quitaba yo y ella, como era tan coqueta, se desnudaba en la terraza y se tumbaba sobre una toalla para que le diera el sol en el cuerpo. Y un día me dijo que muy pronto su padre, que era un príncipe italiano, iba a venir para llevársela con él a Florencia. Y ella le escribió la siguiente carta, que me enseñó:

> Querido papá Alfieri:
> Cuento los días que faltan para que vengas a Guadalajara, esta ciudad feísima donde me aburro como una ostra. Si no fuera porque he conocido a un chico que se llama Tasio y que es como un arcángel, mi vida no tendría sentido. Quisiera llevármelo conmigo a Italia, pero no va a poder ser, ¿verdad? Qué cosas te digo. De mamá recibí una carta la semana pasada, y me decía que estaba con Alberto en Bogotá, su amante colombiano.
>
> Te quiere, tu Maricarmen.

Y se marchó un día del mes de septiembre, cuando yo estaba a punto de examinarme de Matemáticas, pues me suspendieron en segundo curso las Matemáticas y la Formación del Espíritu Nacional, cuando le dije al profesor un día que España era un régimen fascista y que Franco no era sino un dictador. Y el profesor me suspendió y le envió a papá una nota para que fuera a verle. Pero fue mamá la que abrió aquel escrito con el membrete del Instituto y se presentó ella muy encopetada a ver a aquel imbécil de Talavera, uno que era jefazo del Frente de Juventudes y estaba también de monitor en la Sección Femenina y mamá le dejó sin habla quitándose los guantes displicentemente y sentándose frente a él con la gran pierna embutida en aquellas medias negras con raya en el centro que se ponía mamá como si estuviera de luto y le dijo mire usted, Talavera, mi hijo le habrá dicho eso por alguna razón de tipo intelectual, no por animadversión al régimen que disfrutamos. Sepa que toda mi familia, del primero al último, somos adictísimos al Movimiento Nacional y, además, cuando le he preguntado a Tasio por qué le dijo esa tontería de que Franco es un dictador, él me ha respondido diciéndome que no había dicho exactamente eso, sino que la dictadura a veces era la única forma de salvar a la Patria y mire, usted será del Movimiento, pero como le he dicho, nosotros no nos quedamos atrás y si me permite le diré que le he ocultado a mi esposo esta nota un tanto insolente que nos ha enviado precisamente porque sé que es usted un joven válido y no quiero perjudicarle. De modo que le ruego olvide esa errónea interpretación y deje a mi hijo en paz.

—Desde luego, señora —tartamudeó aquel Talavera.

Pero el hijo de perra me suspendió y se fue de Guadalajara y ya mamá ni la abuela pudieron decirle nada. Papá se alarmó mucho más por el suspenso de la Formación del Espíritu Nacional que por el de Matemáticas y fue a mi cuarto y me enseñó el libro escolar que había recogido del Instituto y me dijo ¿tú crees que esto es decente? E inmediatamente me propinó una bofetada fortísima, que casi me hace caer al suelo y yo le odié, le odié aquella noche y a la mañana siguiente seguía odiándole y mi abuela me decía no te opongas tan descaradamente a tu padre, pues ya sabes el mal carácter que tiene y que te pega.

—Anda, rey mío, límpiate las lágrimas con mi pañuelo.

Yo adoraba a mi abuela y por las mañanas, cuando me despertaba, introducía mi mano debajo de la almohada y allí estaba siempre mi bocadillo de tortilla francesa envuelto en una servilleta, calentito calentito, y me lo comía medio dormido y luego me volvía a dormir y ella después venía a despertarme definitivamente, diciéndome vamos, chicazo, arriba. Después la oía entrar a la habitación de Carla que ya tenía diecisiete años y había terminado el Bachillerato y era muy mayor y salía de paseo con zapatos de tacón alto que llamábamos topolino y tenían las suelas muy gruesas de corcho. Según la moda se peinaba con el peinado que llamaban «Arriba España» y ya no estaba enamorada de Minito, porque se había quedado más bajo que ella. En los bailes del Casino daba a veces recitales de piano subida en una especie de escenario que montaban y entonces pasaba una semana muy nerviosa y se daba mucha importancia con sus manitas de porcelana y su cultura musical, que no dejaba de lucir en las reuniones que hacía en casa con sus amigas, hablándoles de una cosa que ella llamaba «armonía de los contrarios» y que yo nunca supe qué quería decir, pero que se refería a Brahms, su músico preferido. Tenía en su dormitorio una fotografía de Gary Cooper muy grande, enmarcada, sacada de un cartel de la película *Beau Geste* y en la parte de enfrente, una copia litografiada de Johannes Brahms dibujado a lápiz, con la fecha del año 1853.

—Es mi ídolo —decía, enseñándoselo a sus amigas Mamen y Chon, tan inseparables de ella y siempre arrobadas con su belleza y con su arte.

Luego tenía también otra litografía, muy oscura y arrugada, que se titulaba *La taberna* y allí se veía a unos violinistas sentados tocando el violín, mientras la gente parecía cantar o llevar el ritmo y otros hablaban o jugaban a las cartas. Y la litografía aquella me gustaba y muchas veces, como siempre tuve ideas extrañas, me quedaba mirándola y escribí una especie de cuento que titulé *Lo que hablan en la taberna que mi hermana tiene en su pared.* Y el cuento trataba de lo que estaban hablando los clientes de la taberna y la pieza que tocaban los violinistas que yo me la inventé y la titulé *Eder in Koln*, que no significaba nada pero que, en realidad, era una reacción frente a mi hermana Carla, a la que siempre veía tan atildada y tan limpia, tan encerrada en su mundo mágico y tan ajena al horror que papá me proporcionaba a mí y a la tragedia que flotaba en los ojos de mi madre a la que, sin embargo, quería mucho y estoy seguro que luego fue su cómplice, cuando ya mamá era lo que fuese del capellán de Santiago, pues en una ciudad como Guadalajara y en aquella época de beaterías y de misterios, no sé qué pudieron llegar a ser mamá y ese cura que un día desapareció el muy cobarde cuando, realmente, lo que debió hacer era quitarse la sotana lentamente una tarde de esas invernales en que la carretera de Barcelona apenas estaba transitada por ningún vehículo y, vestido de hombre, debió dirigirse hacia la plaza del Ayuntamiento y allí subir las escaleras de mi casa y llamar a la puerta cogiendo con mano segura el llamador de bronce y cuando la puerta se abriese entrar al despacho donde papá estaría pegando sellos en su álbum y entonces aquel sacerdote cobarde que podía haber sido mi padre, puesto que mi madre le amaba, debió sacar una pistola que llevaba escondida bajo un gabán de seglar y entonces debería haber asesinado a papá clavándole el proyectil entre ceja y ceja. Y acto seguido, sin perder un minuto, debería coger en brazos a mamá y, bajándola en volandas por las escaleras, introducirse en un landó infernal que les esperase en la puerta, junto a los soportales, frente al bello edificio del Ayuntamiento y su torre y su reloj que repetía las horas y que tenía una sirena cuando había fuego. Y don Anselmo y mamá, como dos amantes del sol poniente, debieron irse lejos, muy lejos, para no volver más. Y en aquella torre del Ayuntamiento, un año que vino Franco a visitar Guadalajara se apostaron con sus armas bien cargadas los guardias civiles de su escolta. Y toda la plaza estaba atestada de público y nuestra casa, como estaba justo enfrente del Ayuntamiento, estaba también llena de guardias civiles, y de policías secretas que comían en la cocina bocadillos, mientras todo el mundo esperaba que llegasen los coches oficiales. La Guardia Mora no vino a Guadalajara y la gente se desilusionó mucho y los que sabían más dijeron que la Guardia Mora sólo actuaba en los desfiles de la Victoria y cuando llegaban los embajadores a presentarle en el Pardo las cartas credenciales o en el Palacio Real. Y también tenía mi hermana otra litografía de Franz Liszt y una foto de Manuel de Falla, la misma que luego ha debido servir para ponerla en los billetes del Banco de España. Y la litografía de Liszt llevaba puesto al pie: «Franz Liszt en la época de su amistad con Brahms, cuando interpretó en Weimar el *Scherzo en mi bemol menor.*» Y a mí jamás me gustó la música y siempre pensé que todo en el mundo era literatura, inclusive la maldita pintura con la que más tarde me gané la vida pintando paisajes absurdos y retratos de fantasmas.

—Los artistas son bohemios, vagabundos —solía decirnos mi padre a Carla y a mí.

Pero aquel día de verano del 52, cuando ya Maricarmen se había marchado de su terraza y yo me quedé con aquel fuego que tenía en el corazón y en el cuerpo, fue cuando conocí a Iluminada que era la sobrina de la señora Zósima, que había venido de Humanes y a la que su tía le había dicho, anda, niña, sube a la terraza y recoge las sábanas subiéndote a un taburete que hay. Porque yo tenía once años e Ilu debía tener ocho y cuando me vio allí resulta que yo estaba guardando los prismáticos en el estuche de cuero y me dijo hola. Y yo la miré y me dije quién es ésta y luego me acordé que la había visto acompañando a su tía mientras fregaba las escaleras y dije debe ser la sobrina de la portera que dicen que es su hija realmente, porque por aquella época en Guadalajara todo el mundo sospechaba de todo el mundo y nadie estaba seguro en su decencia y en su universo. Porque todos éramos víctimas y verdugos y fuegos fatuos y espejismos. Y la Iluminada también lo era aquel día de verano y recuerdo que en la terraza de nuestra casa había un grifo al fondo y muy cerca se veían los ventanucos en forma de casa de las buhardillas y allí teníamos la buhardilla también nosotros, con una llave escondida debajo de una de las tejas del tejado y yo le dije:

—¿Tú eres la Ilu, la sobrina de la señora Zósima?

—Sí —respondió ella—, he subido a por las sábanas.

Recuerdo aquella tarde de sol ardiente y el cielo muy azul muy azul. Y mi Maricarmen se había ido de su terraza de enfrente y yo pensé que no la iba a ver nunca más, pues realmente Maricarmen estaba un poco desequilibrada del espíritu. Ya que su madre prácticamente la había abandonado y ella iba de Italia con el Alfieri, que era su padre de Florencia, a Bogotá, con un señor colombiano muy moreno al que ella tenía que decirle tío y que era millonario pero, sin embargo, Maricarmen no era feliz, y un día de los que estábamos en la cama tocándonos y besándonos me lo dijo llorando: Tasio, de verdad, quisiera morirme. Y fue la primera vez que yo vi llorar a una mujer de mi tamaño y de mi misma edad, tan cerca, y por causas realmente importantes, y no por las cosas que se llora a esa edad, como, por ejemplo, que me han robado un muñeco o se me ha roto el aro, o más tarde cuando ya teníamos reloj por haberlo perdido en una fuente, como me pasó a mí, cuando a los catorce años recién cumplidos me dijo la abuela Mercedes, mira Vicentín, como quiera que este año terminas el quinto curso y el próximo ya empiezas a prepararte para cadete, he pensado regalarte este reloj Longines. Recuerdo que estábamos en enero, a finales, pues yo cumplo los años el veintidós y mamá había preparado una merienda con su cara amargada, amargada, pues ya no estaba don Anselmo en Guadalajara y ella no sé en qué desiertos habitaba y en qué lugar del mundo tenía plantado su árbol para cobijarse a su sombra, pues estaba como ausente y la abuela muy enferma ya con la enfermedad del píloro y Toñi, que había engordado, todavía no me había enseñado a bailar los tangos de Gardel ni a hacer el amor en su cuarto. Porque todavía no se había casado mi hermana Carla con el Carlos Casamitjana de Cornellá de Llobregat, un catalán que se parecía a Errol Flynn en la película *Robin de los bosques* y que se dedicaba a la decoración del vidrio en fino. El cual llegó a Guadalajara a decorar el salón del Casino nuevo cuando Carla, casualmente, estaba preparando uno de aquellos recitales de piano y estaban con ella sus inseparables Chon y Mamen, las tres rubias vestidas con sus organdís y entonces un obrero se acercó al escenario y le dijo a Carla, señorita, perdonen un momentito, pero hemos de correr un poco el piano para poner el mural de vidrio.

—De ningún modo —dijo una voz al fondo del salón de baile, que brillaba recién fregado con jabón y lejía.

La voz era de Errol Flynn, quiero decir de Carlos Casamitjana, el cual se presentó muy finamente, pues vestía traje de buena lana inglesa a rayas, como entonces era la moda, y en lugar de llevar corbata usaba lacito de pajarita y se inclinó, señoritas, pueden seguir con lo que estaban haciendo. Y Carla abrió la boca como si fuera Elizabeth Taylor en la película *Mujercitas* y sus amigas lo mismo y los obreros allí, los pobres, sin saber qué hacer y entonces el Casamitjana, que tenía ya unos veintitrés años y había hecho el servicio militar en alta montaña, como luego dijo, sugirió una solución que él llamó ecléctica y se llevó a Carla y a sus amigas al bar que entonces llamábamos el *ambigú* y les dijo muy puesto:

—¿Qué tomarán las señoritas?

Y aquel tono y aquellos gestos tan naturales y al mismo tiempo tan horteras fueron los que conquistaron inmediatamente a mi hermana y ya no dejó de mirarle a los ojos verdes al Carlos aquel y comentaron riéndose que era muy curioso que ella se llamase Carla y él Carlos y luego cuando ya eran novios formales las amigas les decían que iban a tener hijos Carlos Duplex y ellos se reían cogidos de un dedo de la mano, pues así era como se paseaba entonces al principio de los noviazgos. Casamitjana venía muchas veces de Cornellá, que es un pueblo cercano a Barcelona, a ver a mi hermana y se hospedaba en el hotel España, que estaba en Santa Clara, con la puerta principal a la calle Mayor. Allí fue donde luego se dio el banquete de boda. Y aquel día el pobre Minito comenzó a esfumársele a mi hermana Carla de la imaginación y el pobre chico sufrió una crisis y luego se fue de Guadalajara y ya nunca más volvimos a saber de él. Muchas veces mi abuela Mercedes, que por entonces ya era muy mayor y estaba siempre enferma, le decía a mi hermana: lo que has hecho con el chico de la Tahona no ha estado nada bien.

—¿Me oyes?

—Sí, abuela —respondía Carla, con esa crueldad que a veces tienen las mujeres cuando dejan a un hombre.

Y entonces no podría yo adivinar que a mí me pasaría lo mismo que a Minito, pero por otros motivos más trágicos, cuando surgió ante mí aquel caballo negro, negro, y yo subí a su grupa y, como si fuera un sueño espantoso, me vi volando por los aires y caí al fondo de un abismo de donde ya no pude salir jamás. Pero lógicamente esos son recuerdos vagos del ayer perdido y todo gira y se entremezcla como en un caos y el cielo azul se clava en el cerebro y el sol quema la tierra y los tejados cubiertos de hierbajos tienen gatos deambulando silentes y en las noches estrelladas del mes de enero se hacen también ese amor terrible y visceral que es la migaja del Paraíso Perdido, esa vaga sombra de placer que se esfuma después de haberlo bebido con ansia, como si no hubiera existido jamás. Y goteaba el grifo de la terraza y la hija de la portera se subió al taburete y comenzó a quitarle los alfileres de la ropa a las sábanas y entonces yo pensé que se iba a caer del taburete y le dije si quieres te sujeto. Nadie me va a creer, pero la verdad fue que al coger a Iluminada de la cintura sentí una enorme excitación y su parte de atrás o culo, por qué no decirlo, lo sentía también redondito y me di cuenta que la Ilu, como la llamaba su tía, no llevaba bragas y tenía un olor extraño, como a partes íntimas y a calor y un lacito blanco.

—¿Y qué hiciste? —me preguntó Chomin al día siguiente, cuando estábamos juntos a la orilla del río Henares, viendo bajar el agua mansa y traicionera, donde cada año se ahogaba alguien en sus pozos.

Frente a nosotros estaban las terrazas rojizas, allí donde iban los que querían suicidarse para quitarse la vida. Era al atardecer y los dos nos habíamos descalzado para que se nos mojaran los pies.

Y él insistía:

—Dime, ¿qué le hiciste?

—La besé en los labios.

—¿Como a Maricarmen?

—De otra forma —le dije.

Y era verdad, porque a Maricarmen, cuando la besaba, era como si fuera ya mi esposa y yo entonces, a mis once años, debí figurarme que estábamos casados y que aquella casa era la nuestra y su abuela doña Adelina no era un ser vivo, sino una muerta que estaba allí, al otro lado del muro, como esas figuras de los museos de cera que a mí me daban miedo cuando vi la película *Los crímenes del Museo de Cera* mucho tiempo después en una cosa que llamaban «Cinemascope» y aquello fue un acontecimiento en Guadalajara y vendían unas gafas para ver la película en relieve y las gafas eran de cartón y tenían me parece que dos colores y yo no me las compré porque cuando vi la película dijeron que era una versión diferente que se veía en relieve sin necesidad de las gafas. Luego no me pareció tan en relieve, pero sí me dio miedo, aunque me daban mucho más horror las películas de Frankestein. Pero aquella tarde del río yo no tenía miedo, sino tristeza, porque Maricarmen se iba a ir a Florencia y también se iba a ir Iluminada a Humanes y yo me iba a quedar solo con aquel deseo de ser hombre y aquellas ansias que me entraron en la terraza, cuando sujetaba a la sobrina de la portera por la cintura y de pronto me acordé de nuestra buhardilla y de la llave que estaba debajo del tejado y dije: Voy a abrir la buhardilla y me acuesto con Iluminada lo mismo que con Maricarmen. Y se lo dije:

—¿Quieres que te enseñe una cosa?

Y ella se volvió subida como estaba en el taburete y me dijo el qué.

—Una buhardilla —le dije yo—, ¿sabes lo que es?

—Sí —dijo ella.

—Entonces, ¿te la enseño?

—Bueno —dijo ella.

E inmediatamente se bajó del taburete y me preguntó dónde está, ¿muy lejos?

—No —le dije yo—, aquí al lado. Vamos.

—Pero tengo que bajarle la ropa a mi tía —me dijo ella.

—Luego la bajamos —le dije yo, cogiéndola de la mano—. Es muy pronto todavía.

Y me di cuenta que tenía la mano mucho más áspera que la mía y entonces pensé que era lógico, porque era de pueblo y también pobre. Como le sucedía a Toñi, que también tenía las manos ásperas y si voy a ser sincero tendría que decir una cosa que me da mucha vergüenza, pero que sucedió varias veces, mucho antes de que yo tuviera quince años y aquel mes de junio del año 56 fuera a casarse mi hermana con Carlos Casamitjana y entonces, en el mes de mayo, me enseñara a bailar la criada con los tangos de Gardel. Quiero decir que muchos años antes, precisamente cuando yo tenía siete u ocho años, algunas veces Toñi se acostaba en mi cama por las siestas, cuando todo el mundo estaba dormido y el pájaro cantaba a intervalos en la galería y un gato que teníamos iba ronroneando pegado a la pared y luego se tendía cuan largo era sobre los baldosines y todo era calor, como aquel día en la terraza con la Iluminada cuando, al fin, cogimos la llave y abrí la puerta chirriante de la buhardilla y le dije pasa.

—No tengas miedo, pronto nos acostumbrareros a la oscuridad.

Porque yo no quería abrir el ventanuco que estaba atascado y luego no hubiera podido cerrarlo. Y nos veíamos las caras a través de la poca luz que se filtraba por las rendijas del ventanuco de madera e Iluminada lo miraba todo con aquellos ojos tan grandes y tan negros que tenía. Los baúles, los muebles viejos, las telarañas que el aire de nuestros movimientos hacía ondular y que a veces nos rozaban la cara. Y allí había una cama turca muy vieja y un colchón enrollado al fondo y yo le dije a Iluminada:

—¿Tienes sueño?

Y ella me dijo:

—No, yo nunca duermo la siesta.

—¡Qué traidor! —me dijo Chomin, cuando se lo contaba a la orilla del río.

Un pescador estaba un poco más allá, con su caña y su anzuelo tendido sobre el agua. Grandes círculos se hacían a veces en la corriente y yo sabía que era la muerte que se escondía en aquellos pozos terribles donde había culebras y plantas que se te enrollaban a las piernas y mamá me lo tenía dicho: Hijo, jamás bajes al río a bañarte con esa gentuza. Se refería a mis amigos *el Cabezabuque, el Caratanque, el Popeye,* que eran hijos de obreros y que se bañaban desnudos en el río y nosotros, tanto Chomin como yo, íbamos a la piscina que llamábamos de *el Fuerte,* otro cuartel de ingenieros que había más arriba de la plaza de Bejanque, hacia el depósito de las aguas, pero mucho antes de llegar al depósito, muy cerca de un merendero que tenía por nombre El Ventorrillo, donde una vez mi padre, que nos llevaba de paseo a Carla y a mí, siendo muy niños, nos sentó en un velador y nos dijo que iba a invitarnos a un refresco que se llamaba zarzaparrilla, y que luego me di cuenta, cuando fui mayor, que era igual que la Coca-Cola.

—De verdad que no pretendía nada malo —le dije a Chomin.

—Vamos, sigue —me urgió él, impaciente por saber cómo había terminado aquella escena de la terraza.

Pero me hice rogar y le puse el pretexto de que no había pasado nada más y él venga preguntarme y yo tirando piedras al río y el pescador me regañó y me dijo que le espantaba los peces y entonces cogimos los zapatos de verano que eran realmente unas sandalias y nos fuimos descalzos por la orilla, hasta cruzar por debajo del puente, donde se estaba muy fresco y a intervalos sentíamos el ruido estruendoso del paso de un camión.

10

Mientras la quiosquera me despachaba los cigarrillos Bubi me entretuve en ver la fotografía que venía en los periódicos del rey Mohamed V, el cual había llegado a Madrid el día anterior a entrevistarse con Franco. Había yo cumplido en enero quince años y estaba preparándome para ingresar en la Academia General Militar de Zaragoza. Porque papá estaba obsesionado con que yo fuera militar. Como lo había sido, incluso, el padre de mi madre, mi abuelo Bartolomé, al que yo le notaba que papá despreciaba un poco, porque había pertenecido a una escala distinta a la suya.

—Hijo, tienes que quitarte de la cabeza esa absurda manía de estudiar Arte y nada menos que en París. Eso es una locura fomentada por mamá y tu tía Hermiona, las dos unas ilusas. Tú serás militar del arma que quieras aunque, naturalmente, preferiría que fueras artillero, que es la élite de los ejércitos de tierra, aunque en modo alguno yo vería con malos ojos que fueras infante o de caballería. Pero, sobre todo, piensa que perteneces a la estirpe de los Garrido de Tinajas, una familia de noble abolengo, curtida en el ejercicio de las armas, la más honorable de las profesiones a las que puede un hombre dedicar su existencia y afanes, como muy bien dejó dicho don Miguel de Cervantes en su inmortal obra *Don Quijote de la Mancha.*

Sin embargo, yo presentía que un día iba a traicionar esas ilusiones de papá don Hugo, pues dentro de mí era como si deambulasen vagabundos y desharrapados, gentes contemplativas y seres inseguros, vacilantes y ambiguos, que eran capaces de ver la muerte dibujada en el aire, o manos cortadas puestas en las cúspides de los edificios a modo de veletas, o escuchar voces nocturnas que me hablaban de cosas que no sucedían en Guadalajara ni en Madrid, sino en remotos confines donde yo me inventaba lugares y aldeas, hombres, mujeres y niños. Y se lo comentaba a Chomin y él me decía siempre: tú tienes que ser escritor de novelas. A veces yo escribía poesías y frases en mis libros de texto y en un cuaderno pequeño, de muelle, donde tenía apuntados los teléfonos de algunos amigos importantes. Porque ya había mucha gente normal en Guadalajara que teníamos teléfono y mi número era el 7777, porque papá tenía amistad con el presidente de la Telefónica y le dijo cuando exista la posibilidad de un número fácil de recordar me pones el enganche. Y un día le llamó, cuando estaba yo consultando unos datos de Historia en el despacho de papá, y le dije con entusiasmo: Es el timbre del teléfono que suena. Porque primero nos lo instalaban y después daban la línea o la conexión o el demonio. Lo cierto es que al sonar por primera vez aquel día el timbre del teléfono que papá se había hecho instalar lógicamente en su despacho, la casa se conmocionó y acudió mi madre con la labor de punto en las manos y unas gafas que se ponía para ver y que traía sobre la punta de la nariz y su bata de color fucsia y el pelo rubio canoso recogido en un moño. Al contraluz parecía que tenía una aureola alrededor de la cabeza y después llegó Toñi y la abuela también se levantó renqueante de su sillón del cuarto de estar y todos nos agolpamos alrededor del aparato telefónico, que no era negro, sino marrón oscuro. Y papá, que estaba sentado ante la mesa de su despacho, se levantó como si le llamara un capitán general en campaña y dijo con voz grave:

—Al habla el coronel Garrido.

Era el presidente de la Telefónica, el cual le dijo que ya teníamos la conexión y que nuestro número era el 7777, que lo escribiéramos en un redondel de papel que había que ponerle al teléfono. Poco más tarde vino Carla de su paseo matinal de señorita desocupada, pues papá había decidido que se dedicase a sus labores y que tampoco estudiara música en Madrid, en el Conservatorio, pues estudiar música en aquel centro oficial significaba cuantiosos gastos y tú, hija mía, lo que tienes que hacer es terminar tu ajuar y casarte con Carlos Casamitjana. Habían fijado la boda para el mes de junio del año 56 y ya la abuela, que estaba bastante enferma, había diseñado el ajuar, los juegos de sábanas, las mantelerías, la ropa interior, todo. Y aquel arsenal se iba acumulando en la alcoba de mi hermana y las amigas estaban excitadísimas y cuando no estaba Carla en casa de la modista, estaba probándose el vestido de novia que le hacían en casa de Palomares, uno de los mejores sastres de Guadalajara, que según le dijo a mamá tenía modelos de la más alta costura y buena gana que se vayan ustedes a Madrid a encargarle el traje a la niña, cuando aquí se lo podemos hacer tan ricamente y para ella es más cómodo por motivo de las pruebas. Y mamá dijo de acuerdo, aunque a mi hija no parece agradarle mucho la idea, pues decía que en provincias todos estaban apaletados y que había visto un vestido que llevaba una princesa nórdica puesto el día de su boda y lo dibujó con toda paciencia y le dijo a Palomares tiene usted que hacérmelo idéntico, idéntico. Y aquel día cuando regresó de su paseo matinal nos reunió papá a todos y nos dijo:

—Que no sirva de enfado lo que os voy a decir, pero el teléfono es sagrado.

Nos miramos un tanto sorprendidos y yo pensé: qué idiota eres, papá. El teléfono no era sagrado, ni lo había sido jamás en ninguna parte del mundo, y el pobre aparato inerte estaba allí, en la mesa, marrón, reluciente y nuevo, esperando la mano de nieve que le dijera levántate y anda, como me sugerían aquellas estrofas de Bécquer. Y mamá torció el gesto, y yo, que estaba a su lado, reconocí una vez más en su expresión que era una mujer destruida a causa de su amor imposible. Todos, como digo, reaccionamos del mismo modo. ¿Qué es lo que dice este hombre? Y mi abuela, que se sostenía apoyada en el bastón y en el brazo de la criada dijo: abrevia, Hugo, pues me tiemblan las piernas. Entonces el cretino de mi padre salió de detrás de la mesa del despacho y, con teatral gesto, levantó el auricular y dijo:

—Este sencillo acto nos cuesta cincuenta céntimos cada vez que lo hacemos. Por lo que, como resulta obvio, os amonesto a todos a utilizar el teléfono con la moderación debida. Y, desde luego, usted, Toñi, deberá tenerlo particularmente en cuenta y pedir permiso cuando, por alguna razón urgente, precise utilizarlo.

Mamá sintió vergüenza ajena y abandonó el despacho. Yo me quedé donde estaba, con el tomo segundo de la Historia de España en las manos y en la boca un amargo sabor de asco. Sin embargo, a pesar de aquel jarro de agua fría, el teléfono constituyó un aliciente y Toñi lo limpiaba con especial cuidado y mamá tuvo que hacerle un paño para taparlo al objeto de que no le penetrase polvo a «la maquinaria», tal y como había definido papá su misterioso interior. Y la quiosquera me entregó los cigarrillos Bubi aquel día de abril lluvioso, cuando se murió la madre de la portera Zósima y bajé a darle el pésame antes de ir a la clase de pintura y dibujo que, dos días a la semana, y por especial concesión del tirano, recibía en la Escuela de Artes y Oficios de la calle de la Amparo. La quiosquera me sonrió y me dijo ten, son dos pesetas. Y añadió:

—Lástima de la señora María, cómo se ha muerto la pobre.

—Y menos mal que ya era una anciana, porque otros se van en la flor de la vida. Mira mi Eustaquio —dijo otra quiosquera vecina, que estaba muy envuelta en una manta y tenía delante la hornilla cilíndrica donde se asaban las castañas y los boniatos.

—Desde luego —murmuró la que me había vendido los Bubis.

Un cielo gris se cernía sobre la ciudad y aquel olor a lluvia siempre me sugería otros mundos, otros horizontes. Y aunque sabía algo de geografía, porque la había estudiado, no tenía yo en aquel tiempo una clara visión del mundo real, pues no había viajado nunca, salvo una o dos veces que había estado en Cuenca en la casa de la familia de papá y, desde luego, a los pueblos próximos a Guadalajara, donde íbamos con las bicicletas a las fiestas. Pero me sentía encerrado, preso entre murallas de tedio, y aquella tarde me deprimió especialmente la visión de la muerta, metida en su ataúd con el sudario blanco de momia. Sin embargo, me gustó volver a encontrarme con Iluminada, la sobrina de la señora Zósima, que había venido al entierro de su abuela. Y que cuando me marchaba salió conmigo al portal y me dijo: hola, cómo estás, cuánto tiempo hacía que no nos veíamos. No sé si se ruborizó ella más que yo o a la inversa, lo cierto es que me puse un poco nervioso al recordar aquella escena que los dos habíamos protagonizado cuatro años antes, cuando yo estaba enamorado de Maricarmen, y subí a mi terraza a hacerle señas y a mirarla con los prismáticos y entonces subió la Ilu, como la llamaban en la portería, y fue cuando le dije vamos a mi buhardilla y verás qué de cosas tenemos y qué bien lo pasamos. Y ella se puso muy nerviosa cuando sobre el colchón aquel que olía a agrio y a humedad, nos echamos y me miraba sin comprender y entonces a mí me da mucha vergüenza decirlo, pero no obstante a Chomin en la orilla del río estuve a punto de decirle algo que no sucedió, pero lo que le dije lo hice de un modo que él creyó que había hecho el amor con Iluminada, pero realmente lo que hice fue intentarlo, porque estaba excitado por la visión de Maricarmen desnuda y porque hacía calor y la Iluminada olía a algo enervante, como a cosa del cuerpo interior o a yo no sé qué. Lo cierto y verdad fue que le enseñé eso que tenemos los hombres y ella lo miró como si no le sugiriese nada especial y como no llevaba bragas intenté lo que es fácil imaginar, pero no lo pude conseguir pues es difícil la primera vez. Y la pobre cría después se puso a llorar diciendo que qué le había hecho y yo le repetía nada, nada, te lo juro por lo que más quieras. Y le tapaba un poco la boca para que no gritase, pues era tan de pueblo y tan ignorante y éramos tan pequeños los dos que pensé ésta se baja toda la escalera llorando y se lo dice a su tía y la tía sube a casa y mi padre me mata.

—Jo, qué tío —me dijo Chomin, cuando terminé de contarle la historia a mi modo, es decir, para que él creyera que yo ya había tenido aquella experiencia «total» de la que todo el mundo hablaba.

Porque en aquellos tiempos todo el mundo tenía esa obsesión y yo recuerdo que el sexo estaba siempre presente en mi cuerpo, no como ahora, que estoy ya muerto y frío en mi sepultura del Cementerio de Guadalajara, en el panteón de la familia Garrido de Tinajas, descansen en paz. Y venimos en fila, la abuela Mercedes, mamá Leontina y papá don Hugo, éste con la frase de «Caballero Mutilado». Y el último vengo yo:

VICENTE ANASTASIO GARRIDO DE TINAJAS Y SANDOVAL
22 DE ENERO DE 1941·
21 DE NOVIEMBRE DE 1975
A LOS 34 AÑOS DE EDAD

11

Y aquel día era sábado, y cuando salí de la Escuela de Artes y Oficios me estaba esperando en la puerta Chomin, mi amigo íntimo, que entonces estudiaba sexto de bachillerato y que quería ser abogado como su padre. Chomin había llegado al Instituto Brianda de Mendoza una mañana de invierno, cuando yo estaba en segundo curso y él entró en la clase de latín con el abrigo puesto. Don Custodio era nuestro profesor de lengua latina y también consiliario de Acción Católica y confesor de mi abuela. Pues mamá se había pasado a don Anselmo, a causa de haberse enamorado de él y ya toda la ciudad les murmuraba y decía qué vergüenza, una familia tan digna y tan decente. Una señora como doña Leontina y un señor cura. Qué horror. Pero otras personas sin rostro, cuyo nombre ignoro, estoy seguro que comprendían la tragedia que estaba viviendo mamá. Pues el amor no puede escogerse y tampoco la muerte. Porque ella no tuvo culpa de que un día llegara a Guadalajara aquel sacerdote de pelo blanco, joven y distinto, que la miraba desde el púlpito cuando repetía aquellas estrofas del rey Salomón que dicen:

Ábreme la puerta,
hermana mía,
esposa mía,
paloma mía,
inmaculada mía,
que está mi cabeza
cubierta de rocío,
y mis cabellos
de la escarcha
de la noche...

Mamá estaba segura de que aquellas palabras se las decía a ella y se enamoró a pesar suyo. Y cuando regresaba a casa después del rezo del rosario, era como si caminando por la acera del hotel Iberia, que estaba entre la iglesia de Santiago y Correos, una mano férrea la atenazase impidiéndola andar. Y, en aquellas tenebrosidades del atardecer, cuando ya la noche se cernía sobre la ciudad, mamá caminaba y caminaba por la calle de Ingeniero Mariño, que era la carretera nacional de Barcelona, y llegaba hasta el convento de las carmelitas que llamaban de abajo y allí entraba en la iglesia. En otra iglesia, porque aquella en la que don Anselmo era el párroco se había convertido en lugar de pecado y de tentación, y por las paredes veía los ojos castaños del sacerdote y escuchaba su voz en las sombras, y en las capillas y en los cuadros del Vía Crucis representando a la Pasión del Señor. Y mamá, que siempre había creído ser una beata, se daba cuenta de que estaba perdiendo la fe, y tenía la sensación de haberse mentido a sí misma, que lo que había buscado en las iglesias no era sino el verdadero amor y aquel amor verdadero no era su esposo, ni siquiera la fe en un Dios invisible, sino el reencuentro con un hombre que tal vez había soñado de niña y cuya expresión no recordaba hasta que vio a don Anselmo en la iglesia. Y allí, en aquel frío convento de las carmelitas de abajo, que eran monjas de clausura, cuyo campanil sonaba triste anunciando el rezo de las horas, mamá se quedaba sentada y aterida de frío, con los pies juntos, reflexionando sobre qué es lo que podía hacer. Lo había intentado todo, pero era como si en lugar de ser de carne y hueso fuera de hierro su cuerpo y el sacerdote aquel de mirada dulce y voz serena tampoco fuera persona sino piedra imán. Y recuerdo que pusieron en el cine Imperio una película que no era tolerada titulada *La infiel*, de la actriz mejicana María Félix, y en los programas de propaganda que daban los domingos al salir de misa ponía: «Antes que arder en las llamas de la infidelidad, Cordelia eligió morir.» Yo dejé sobre la mesita del vestíbulo aquel folleto de propaganda y mamá lo leyó y fue a ver la película con su amiga Paulina, la solterona pálida y tímida, que trabajaba de administrativa en Hacienda. Fueron a la primera sesión, ya empezada, cuando estaban poniendo el NO-DO y un documental especial sobre la muerte de Stalin, y las dos la vieron en silencio. Paulina respetaba mucho a mamá y por esa razón no le hizo ningún comentario al salir, simplemente dijo que le había gustado mucho y que María Félix era muy guapa y Pedro Armendáriz también le gustó a la señorita Paulina, pero del argumento de aquella casada infiel nada dijeron y de su suicidio tampoco. Y mamá, durante unos días, vio en las sombras insinuaciones de matarse pero, ¿cómo? Muchas veces mientras cenábamos en la gran mesa del comedor, que era cuando estábamos todos juntos, mamá dejaba la cuchara en el plato, como sin fuerzas, y le rogaba a papá que la disculpase y se iba de la mesa. Un día les oí discutir en su dormitorio, ya muy tarde, cuando sentí ganas de orinar y me desperté y salí descalzo por el pasillo y dije cerraré los ojos para no tener miedo, pues no quería dar la luz y me daba asco orinar en el orinal que mi abuela me ponía siempre dentro del compartimento de mi mesilla de noche y entonces, tanteando la pared, llegué al retrete y entré a oscuras. Abrí los ojos y por la ventana pequeña que daba al patio penetraba un poco de claridad y las sombras de los objetos me parecían personas o monstruos como Frankestein, que era el que más miedo me daba cuando iba al cine con Chomin y con *Cabezabuque* y con el hijo del pastelero Herranz y con Gilaberte, el hijo del dueño de los autobuses que bajaban a la estación y que llamábamos de la RENFE. Entonces pensé que muchas veces deberíamos estar unas horas con los ojos cerrados, no para combatir el miedo, sino para acostumbrarnos a la ceguera. Y aquella noche, al salir del retrete que era también cuarto de baño (uno de los pocos que había en Guadalajara), al pasar por la puerta del dormitorio de mis padres, les oí discutir y papá le decía a mamá que él tenía derecho, que era su esposa y estaba obligada a. No supe yo aquella noche a qué cosas estaba obligada mamá, pero más tarde sí lo supe. Y sé que él trataba de forzarla y ella se negaba y él le pegó. La golpeó varias veces, pues yo lo escuché y lo supe y me quedé petrificado en el pasillo, con el corazón palpitándome con fuerza y entonces fui corriendo a la habitación de mi abuela Mercedes y la desperté y le dije:

—¡Abuela, abuela, despierta!

Ella abrió los ojos, me sonrió y me dijo qué le sucede a mi niño, ¿es que te has puesto enfermo o es que tienes miedo? Porque muchas veces, sobre todo cuando había ido al cine y ponían una película de Frankestein o del Hombre Lobo o de Drácula, llegaba al portal y casi no me atrevía a entrar porque la luz de nuestra escalera era muy mortecina y los escalones de madera chirriaban y como vivíamos en el último piso, bajo las buhardillas, a mí me parecía aquella ascensión interminable y que alguien me agarraba por detrás y sentía como escozor en la piel. Estoy seguro que se me ponían los pelos de punta y el estómago me dolía y llamaba a la puerta, esperando con impaciencia que Toñi me abriera. La criada me lo notaba siempre y me decía ya vienes otra vez muerto de miedo, Vicentín.

—¿A que sí?

Entonces le replicaba diciéndole algún insulto como idiota o imbécil y me encerraba en mi cuarto con la luz encendida y aquellas noches no podía conciliar el sueño del pánico que sentía metido en la cama, y cuando ya estaba a punto de morirme de miedo como me decía Toñi, me levantaba y me iba a acostarme con mi abuela, la cual, como era tan buena, me abría el lecho a su lado que estaba calentito, calentito, y me abrazaba a ella y me dormía en seguida. Como si no hubieran existido jamás Frankestein ni Drácula ni el Hombre Lobo ni nadie, pues estando con mi abuela no sentía nada de miedo, hasta el extremo de que era entonces cuando me gustaba recordar la película y lo bonita que había sido. Y aquella noche la abuela Mercedes creyó que iba a acostarme con ella y yo le dije que no, abuela, que no tengo miedo, que lo que pasa es que papá le está pegando a mamá y ella llora.

—¡Vamos, ven al pasillo, abuela, y dile a papá que no lo haga, que no lo haga…!

Yo ya estaba llorando cuando mi abuela se levantó y muy calmosamente me pasó la mano por la cabeza y me dijo: tú quédate aquí, tesoro, no vengas, yo iré a ver qué es lo que le pasa a mamá. La pobre se hacía la ingenua para que yo me tranquilizase y me dijo: a lo mejor se ha puesto enferma y por esa razón llora.

—Anda, quédate en mi cama, acostadito, que ahora vengo —me dijo.

Yo no le hice caso y permanecí en la puerta de su dormitorio, mirando hacia el fondo del pasillo, por donde caminaba de puntillas mi abuela y la vi desde lejos cómo aplicaba el oído a la puerta de la alcoba de mis padres y en seguida regresó diciéndome que no había oído nada.

—¿Nada?

—Nada en absoluto, hijo, sin duda a mamá se le ha pasado el dolor.

Me limpió las lágrimas que todavía tenía en las mejillas y me acosté con ella y me dormí, pero estoy seguro de que la abuela no pudo conciliar el sueño en toda la noche, pues yo notaba que daba vueltas y más vueltas en la cama, pensando en las terribles palabras que había escuchado a través de la puerta, cuando mi padre le llamaba puta a mamá, ¿es que crees que soy tan imbécil como para no darme cuenta de que estás liada con ese cura de mierda?

—¡Mientes! —se defendía mi madre.

Pero ni ella misma sabía si mi padre mentía o no, pues estaba hundida en un torbellino fatal, como esos remolinos que tenía el río Henares en los que se ahogaban los bañistas, incapaces de resistirse a aquella fuerza de atracción que tiraba de ellos hasta el fondo. Y entonces era cuando papá le pegaba, también poseído por la fatal fuerza demoníaca del odio, incapaz de sentarse al lado de mi madre y preguntarle qué es lo que le estaba sucediendo para no permitir que él la besase, por qué le daban asco sus manos nervudas y frías, qué razón había para que, cuando estaban los dos a solas, un silencio espeso e hiriente les atronara los oídos del espíritu y se mirasen con ese aborrecimiento mutuo. Muchas veces, siendo más mayor, imaginé que estaba casado y que mi mujer ya no me quería porque estaba enamorada de otro y me decía a mí mismo: Lo tomaré con calma, jamás me encolerizaré como mi padre, que había llegado una noche a perder totalmente los nervios, cuando dijo con voz alterada, ahora verás cómo arreglo yo este sucio asunto del sinvergüenza de don Anselmo, ese patán con sotana. Y gritaba tan fuerte que nos despertó a todos y yo creo que los vecinos de abajo le oían también y, en pijama como estaba, despeinado y sin las gafas, con la cara pálida y convertido en una furia, penetró como una tromba en el despacho y buscó tembloroso su pistola del calibre nueve largo, que guardaba en un compartimento del mueble librería y que sacó convulso, mientras mi abuela forcejeaba con él y le decía entre sollozos me vais a quitar la vida. Y mi hermana, desde el umbral, impidiéndome a mí la entrada, movía de arriba abajo la cabeza y decía con voz de amargura:

—¡Qué vergüenza!

Allí estaba también Toñi, la criada, temblando de miedo y mi abuela seguía diciendo ay Jesús del Gran Poder, ayúdame a convencer a este hombre para que no cometa una locura.

—¿No te das cuenta, Hugo, que vas a ir a la cárcel? ¡Qué escándalo, Dios mío, qué escándalo!

Mi abuela Mercedes se lamentaba de que su marido Bartolomé, el brigadier, estuviera muerto, pues él sí que era un hombre, tal y como yo le veía en un gran retrato enmarcado que tenía mi abuela en su dormitorio, con sus mostachos y su historial de militar aguerrido en las contiendas africanas, donde había sido condecorado por su heroísmo en la toma del Gurugú y en la batalla de Taxdirt, cuando ganó la Laureada de San Fernando el teniente coronel Cavalcanti, que estaba con mi abuelo en una amarillenta fotografía del álbum familiar, los dos a caballo, y con una frase impresa que decía: «Si no montáis a caballo como un centauro, no tenéis la vista poderosa del águila, el corazón del león y la velocidad del rayo, ¡atrás! ¡No servís para mandar el huracán de la Caballería!» Pero el abuelo Bartolomé no estaba en casa y papá, que había montado ya la pistola cargada, apartó a mi abuela de un manotazo y salió al pasillo, dispuesto a ir a Santiago Apóstol a matar al párroco. Mamá entonces, que estaba sentada en el borde de su lecho de matrimonio, con la cabeza hundida entre las manos y absolutamente desesperada, con la mirada de un alienado perdida en el vacío, se incorporó como impulsada por un resorte y salió al encuentro de papá y le gritaba mátame a mí, mátame a mí.

—¡Hija mía! —exclamó angustiada mi abuela, interponiéndose entre ambos.

Y ahora, cuando ya todo se ha desmoronado como un castillo de arena hecho por el viento en las dunas de un desierto, ahora que casi todos estamos ya muertos, encerrados en este sepulcro, superpuestos y horizontales, podridos para siempre, reconozco que aquella escena fue particularmente dramática y mi padre especialmente idiota y sin corazón, pues creyéndose como se creía una persona de principios y un católico de pro, debería haber comprendido que el amor es un don que el Destino envía a los privilegiados y que, como la Muerte, viene con su arco y con sus flechas a herirnos súbitamente en lo más profundo del corazón. Y mamá debió reunirnos a todos, con papá presente a la cabecera de la gran mesa del comedor y nos debió decir claramente que estaba herida por el dardo del amor verdadero y nosotros debimos alegrarnos por ello y sonreírle y decirle vete lejos con don Anselmo, entregaos el uno al otro, como hacían los antiguos, y bebed con ansia ese elixir maravilloso que todo lo transforma y lo ilumina, haciendo a las almas nobles y generosas. Pero, sin embargo, todos caímos en la trampa de considerar a mamá prisionera de un pacto eterno, atada a un yugo que cada día la denigraba un poco más, empujada a las continuas mentiras y a los disimulos y víctima de aquellas escenas lastimosas de amor imposible en la sacristía cerrada de la iglesia de Santiago Apóstol, mientras en la nave del templo, crucificado en su Gólgota, Cristo Jesús sangraba inútilmente porque creía en el amor universal y en las puertas abiertas y en las bocas múltiples y en los corazones superpoblados. Y ellos se sentían traidores, culpables, réprobos, sacrílegos y, a fuerza de sentirse polvo de corrupción, mamá y don Anselmo comenzaron los dos a odiarse también, porque cada uno creía al otro culpable de su desgracia y luego, cuando otra vez la soledad y la nostalgia les cercaban, corrían de nuevo a encontrarse en aquel desierto de ciudad vacía, herida por las cuchilladas de la guerra y el fanatismo, miserable

y vil pero, maravillosa en su estrechez, con aquellos amane-
ceres de primavera y aquel aire que ahora, hundido en este
pudridero de mi sepulcro familiar, aspiro con delectación.
Como aquella tarde de abril lluvioso del año 56, cuando murió la señora *Cómo Dice,* madre de nuestra portera y yo salí
de la Escuela de Artes y Oficios de la calle del Amparo, la
misma de la cárcel, y allí me estaba esperando mi amigo íntimo Domingo Erralde, hijo único de un abogado republicano,
que vivía con su madre viuda en la plaza de Moreno o de la
Diputación. Su padre había sido fusilado por los nacionales
poco después de terminada la guerra y a mi amigo le llamábamos Chomin y de mote *Indio Sioux.* Era muy rubio y bastante alto, musculoso y de carácter infantil, con los ojos verdes de gato. A las chicas les gustaba mucho Chomin y su pelo
rubio, rubio, peinado a raya, lo contrario que yo, que me peinaba hacia atrás y tenía el pelo ondulado como mi madre y
de color castaño. Pero Chomin tenía la mirada a veces triste,
como del que se sabe huérfano. Su madre se llamaba María
Candelaria y era de Turégano, un pueblo de la provincia de
Segovia, y su padre era de Lequeitio, un pueblo de Vizcaya,
en el mar. Su madre nos enseñaba a Chomin y a mí fotos antiguas del caserío vasco de los Erralde de Lequeitio, frente al
mar Cantábrico. Y yo les pinté una acuarela con un paisaje
que me inventé de aquel pueblo y doña María Candelaria lo
colgó en su pequeña sala comedor, pues vivían muy modes-
tamente, ya que la madre de Chomin se ganaba la vida como
modista y trabajaba día y noche para que su único hijo ter-
minara el bachillerato y pudiera irse después a Madrid, a la
Universidad, para hacer la carrera de leyes.

—Algún día, cuando seas un hombre de provecho, iremos
tú y yo a casa de papá —le decía a su hijo—. Y les dirás a
tus tíos, yo soy hijo de vuestro hermano Chomin, al que aban-
donasteis a su suerte en el penal de Ocaña.

Doña María Candelaria era buena y no deseaba vengarse
de nadie, pero le dolía el alma de aquel crimen que habían
hecho con su marido, al que fusilaron únicamente por defender las ideas republicanas.

—Quiero que sepas, hijo mío —le decía a mi amigo delante de mí—, que puedes llevar la cara bien alta por Guadalajara y por donde sea. Papá no tenía de qué avergonzarse, ni
siquiera pegó un tiro en la guerra, pero pertenecía al partido
sindicalista de Ángel Pestaña y fue comisario político. Iba por
los frentes y por los pueblos arengando a las tropas a que
fueran valerosas ante el enemigo, ése fue su delito.

Y los tíos de Chomin, que eran ricos, no le habían escrito
jamás una carta, ni le habían enviado una corbata por su cumpleaños, ni dinero, ni nada. Decía doña Candelaria que su di-
funto marido había sido considerado por sus hermanos como
el «garbanzo negro» de la familia y los tíos de Chomin eran

nacionalistas vascos, muy católicos y muy de todo, pero sin el menor sentimiento de afecto para aquel sobrino que vivía en Guadalajara con su madre soltera, porque Chomin tuvo la desgracia de que sus padres se casaran solamente por lo civil durante la segunda república. Y cuando terminó la guerra Franco dio un plazo para que aquellos matrimonios se casaran por la iglesia y si no los anulaba. Y el de los padres de Chomin quedó anulado, porque doña Candelaria estaba preparándolo todo para normalizar su situación cuando recibió la noticia de que a su marido le habían fusilado en Ocaña. Los carceleros llegaban a las celdas con la lista de los que iban a ser fusilados al amanecer y lentamente pronunciaban sus nombres y los que iban a ser fusilados tenían que coger el petate y la manta y despedirse de sus compañeros de celda. A veces lloraban y otras iban al paredón con la mirada brillante del valor temerario, incluso algunos murieron cantando el *Himno de Riego* o *La Internacional* o dando vivas a la República y mueras a Franco. Y el padre de Chomin fue fusilado una mañana y a doña Candelaria, con el dolor de su muerte, se le pasó el plazo y el deseo de legalizar su matrimonio por la Iglesia Católica y se quedó como soltera, aunque después, cuando hubo que hacerse los carnets de identidad recurrió a mi madre Leontina, pues era su modista a escondidas de mi padre, que la consideraba «roja», y le dijo, doña Leontina:

—¿Conoce usted a alguien que me pueda recomendar en eso del Documento Nacional de Identidad?

Mamá se lo dijo a su amiga Paulina y ésta conocía a otra amiga que era la prima de un funcionario del Gobierno Civil y se lo arreglaron de modo que doña Candelaria pudiera poner «viuda» donde pone «estado civil». Y lo mismo le pasó con el apellido Erralde de su hijo. Tuvo que ir a un notario para justificar que no era un hijo de los que entonces se llamaban «naturales», para evitar de ese modo que en el libro de escolaridad del Instituto figurase como Domingo Espinar, que era el apellido de ella.

—Muy honesto y muy todo lo que tú quieras, hijo mío, pero tú eres primero Erralde y después Espinar. Y así debe figurar en el expediente del Instituto.

Por esa razón Chomin llegó a nuestra clase de segundo de bachiller unos meses después de comenzar el curso, antes de las vacaciones de Navidad, cuando ya habíamos dado en Historia todo lo de los fenicios, griegos y romanos y estábamos comenzando a estudiar los árabes, que a mí me gustaban tanto con sus turbantes y aquellos caballos que pintaba siempre mirando al lado contrario a los que solía pintar Jiménez, el hijo de don Salvador el farmacéutico, que me vendía los libros de texto de segunda mano porque iba un curso más adelantado y era gordo, gordo, pero muy ágil, pues jugaba en el juvenil del Deportivo de medio centro y parecía mentira que siendo tan grueso tuviera aquella agilidad y diera aquellos saltos felinos para disputar los balones con la cabeza. Y aquella tarde de lluvia del 56 estaba Chomin esperándome en la puerta de Artes y Oficios Artísticos, a donde iba yo dos días a la semana para aprender a dibujar y a pintar, casi a escondidas de mi padre, que estaba obsesionado con mis estudios preparatorios para el ingreso en la Academia General Militar y con que hiciera gimnasia y montara a caballo en el cuartel de Globos. Y, al vernos, le dije a Chomin:

—Jo, macho, esta tarde antes de venir a clase de dibujo, ¿sabes a quién he visto?

Mi amigo me sonrió maliciosamente embutido en su gabardina larga y en sus pantalones cortísimos, pues crecía cada semana un centímetro o más y le decíamos siempre: Chomin, parece que vas de pesca. Y él se enfadaba un poco, del mismo modo que a mí me molestaba mucho que me llamaran señorito, que era mi mote por culpa de la obsesión de papá de que Toñi y los asistentes nos llamaran *el señorito* y *la señorita* y se conoce que Toñi lo comentó con alguien y se corrió la voz y con ese apodo nos quedamos.

—¿A Elsa? —preguntó al fin Chomin, después de que, guarnecidos de la lluvia que todavía caía, encendiéramos nuestros cigarrillos Bubi que yo saqué de una pitillera vieja de plata que había encontrado en uno de los cajones del despacho de mi padre, que tenía grabada una H y que, al principio, yo creí que era de Hugo, pero después me la encontró mi madre en el bolsillo de mi chaqueta de *sport* gris y me dijo: ¿De modo que ya fumas? Y yo le dije: Alguna vez, pero no me descubras.

Ella se sonrió con ese gesto tan dulce que tenía y me dio un beso en la mejilla. Siento el contacto de sus labios y aspiro aquel perfume que emanaba de su cuerpo y pienso que jamás fue una mujer adúltera, sino la consecuencia de una fatalidad.

—¿Verdad que es preciosa esta pitillera de papá? —le pregunté.

Y ella arrugó el ceño y, tomándola en sus manos blancas y tiernas, de cuidadas uñas sin pintar, con su anillo de matrimonio en la derecha y la sortija de brillantitos en la izquierda, me aclaró que la pitillera no era de papá, sino de tía Hermiona, la hermana de mamá que vivía en Cuenca.

—Esa hache que ves es de mi hermana, se la compró en una joyería de la calle de Goya en Madrid una vez que fuimos con la abuela de compras y se encaprichó de ella. Luego se ve que, al casarse, la debió olvidar y tu padre, como todo lo controla, la guardó en esa caja que tiene en el despacho y que un día le voy a sacar para ver qué cosas mías tiene de cuando yo era joven, pues no quiero que las tenga él.

Y yo le dije a Chomin que no había visto a Elsa, que entonces, cuando yo tenía quince años, era ya mi tercer amor auténtico, pues el primero había sido Maricarmen, el segundo Justa Chamorro y el tercero Elsa Lawrence.

—No he visto a Elsa, sino a Iluminada, la sobrina de mi portera —le aclaré, cuando ya íbamos por los jardines del monumento al conde de Romanones y le había sugerido jugar una partida de futbolín en los futbolines de Educación y Descanso.

—No caigo —me dijo Chomin.

Los dos fumábamos distinto, pues mientras yo no aspiraba toda la bocanada del humo, Chomin, sin embargo, se la tragaba entera, y al hacerlo se le escuchaba en la garganta como un golpe seco. Recuerdo que Chomin tenía una nuez muy grande, en pico, que le subía y bajaba cuando tragaba saliva y yo me quedaba mirando la nuez de Chomin y luego, cuando estaba en casa, me miraba en el espejo y veía que yo apenas si tenía nuez. Él, en cambio, tenía menos barba que yo. Pues cuando yo ya me afeitaba normalmente, Chomin apenas si tenía cuatro pelos en la barbilla y en la cara casi nada y se frotaba con corteza rancia de tocino porque decían que con eso crecía la barba. Y cuando yo se lo decía me llamaba *señorito* con rabia y yo entonces me vengaba diciéndole *Indio Sioux*. Y le recordé que Iluminada era la sobrina de Zósima, mi portera, que había venido al entierro de su abuela. En seguida cayó en la cuenta de que Iluminada era aquella Ilu que subió a la terraza cuando yo tenía once años y la engañé diciéndole que le iba a enseñar una cosa muy bonita que tenía guardada en un baúl cuando, en realidad, lo que intenté fue hacerle aquella cosa que luego se puso de moda decir que era «hacer el amor». Él me preguntó que cómo estaba Ilu, y yo le dije que bah, que no era nada del otro mundo, pero que tenía buenos pechos y la mirada igual de negra que cuando era una niña pequeña. Él me dijo que las chicas de pueblo le gustaban más que las de la ciudad, que si Ilu iba a quedarse podíamos salir con ella y con Elsa y llevarlas al baile del día de santo Tomás de Aquino, que celebrábamos siempre a finales de abril, antes de la época de exámenes. Yo le dije que no sabía cuánto tiempo se quedaría Iluminada, pero que ella tal vez tuviera vergüenza de venir con nosotros a un baile de estudiantes. Él me preguntó entonces si yo había visto a la muerta y yo le dije que sí, que estaba tiesa y amarilla. Por aquella época se murió mucha gente y tuvimos que ir a varios entierros y velatorios y a rosarios después del entierro. Por cierto, que éramos bastante amigos de Marcos y Dani, los hijos del de la funeraria La Fe, que estaba en la calle Mayor, junto a la papelería Gutenberg y algunas tardes jugábamos con ellos en el sótano del establecimiento y nos metíamos en las cajas de muer-

to acolchadas y nos hacíamos la faena de dejar a alguno encerrado en aquel almacén lleno de ataúdes. A mí me pasó
una vez y sentí como si me ahogara y una mano me estran-
gulase apretándome la garganta.

—Me fastidia ver a los muertos —comentó Chomin, cuando llegamos a las escaleras del edificio de Educación y Descanso.

Estaban tocando por los altavoces *Playas salvajes,* aquella
canción que decía:

> *Playas salvajes voy recorriendo,*
> *te voy buscando,*
> *de noche y día,*
> *sin descansar.*
> *Voy por caminos de sol y luna,*
> *de tierra y fuego,*
> *por ver si llego,*
> *donde tú estás...*

12

A últimos de mayo los Casamitjana, de Cornellá, pidieron la
mano de mi hermana por correo. Enviaron una carta muy
historiada con el membrete de un artesano del vidrio soplando una especie de serpentín y al fondo las llamas de un
horno abierto, con las letras en relieve: «Casamitjana e Hijos.» Y en el texto las consabidas frases de «distinguidos
señores, tras la visita que en febrero del año en curso (cuando vinieron los padres de Carlos a conocer a mi hermana)
tuvimos el gusto de girar a esa ciudad, al objeto de conocer
a su gentil hija Carla María, esta familia les ruega les sea
concedida su mano para nuestro hijo Carlos». Y le regalaron
una pulsera de pedida y el novio un medallón que Carla
llevó a partir de entonces siempre colgado del cuello y que
se lo habían hecho unos joyeros_de Florencia y vino en un
estuche de Italia, con la tarjeta personal del prometido diciéndole: amor mío, cuento ya los días que nos faltan para
ser marido y mujer. Con impaciencia te deseo y te envío
todo mi inmenso cariño en un beso que quiere expresar mi...
Carla, enfurecida, me quitó la carta de las manos y me gritó:
explícame por qué razón tienes que entrar en mi cuarto a
registrarme las cosas íntimas y a leerme las cartas de mi
novio.

—Chica, perdona —le dije con cierta sorna—. No es para
ponerse así. Estaba leyéndola porque creí que era otra cosa.

Si llego a saber que era una cursilada te prometo que ni la miro.

Ella hizo un mohín de desprecio y se cerró en su cuarto con el pestillo, con ese gesto brusco que quería expresar estoy harta de esta casa y de sus habitantes. Papá fósil, mamá libélula, yendo y viniendo por el aire manchado de niebla, sobrevolando landas pantanosas en las que la abuela Mercedes comenzaba a extinguirse ya para siempre. Toñi con sus aromas a guiso rancio y el fantasmal asistente que ahora se llamaba Pedro y que era un mozo de gran tamaño, con las botas nuevas que les habían puesto a los soldados, de gruesa goma y polainas de cuero que se ataban con correas. Y el pájaro *Chorlito*, un canario flauta amarillo y verde, que la abuela bautizó así porque decía que era muy alocado en el columpio y se le olvidaba cantar y cantaba a deshora y nos despertaba a veces de madrugada, creyendo que ya el sol había regresado de otros mundos. Y otras veces el sol volvía y él, sin embargo, se negaba a cantar y creo que lloraba y lloraba prisionero en la jaula que yo consideraba un crimen y que quería abrirle las puertas para que se fuera por el mundo. Pero Toñi me decía si le dejas marchar se lo comerán los gatos en algún tejado, ¿no ves que ha nacido preso y no conoce la libertad? Le pasaba al canario lo que a los españoles de mi época, que habíamos crecido en un ambiente de cárcel y de Partido Único y ni siquiera sabíamos que existían otras cosas en el mundo, otras formas distintas de aquella forma de morirse de tuberculosis, porque era la época en que mucha gente estaba tísica y también la época larga, interminable, del tufo de los braseros y de los hornillos y estufas de petróleo y de las explosiones de los hornillos y de los pobres en la puerta de las iglesias. España había entrado ya en la ONU y todavía teníamos que leer al poeta Miguel Hernández a escondidas y por las calles circulaban ya los Seat-1400, y los Biscuter. Un español había inventado el tren Talgo, y los aviones de la compañía Iberia se llamaban DC-4. Los estudiantes estábamos excitadísimos aquel mes de abril con los preparativos del baile de santo Tomás de Aquino en el Casino Nuevo, cuando la víspera le dije a Iluminada, la sobrina de la portera, que todavía estaba con su tía en Guadalajara, si quería ir al baile con un amigo que se llamaba Chomin.

—¿Al baile? —me preguntó en las tinieblas de nuestro portal.

—Sí, al baile de santo Tomás de Aquino.

Yo era pésimo bailarín por entonces, pero bailaba siempre en las verbenas de los barrios y en las fiestas de los pueblos, cuando íbamos con nuestras bicicletas y llegábamos a la plaza y entonces las plazas de los pueblos las cerraban con tablas y con carros y allí celebraban la fiesta criminal de los toros. Cuando yo sentía dentro de mi pecho el fuego de la ira y le decía a Chomin: mira qué expresiones de sádico salvajismo, mira al pobre animal banderilleado con facas y cuchillos, empujado, arrastrado, escupido por los mozos que en tropel le acosaban y a veces surgía en la arena maldita la figura escuálida de un aprendiz de torero, con la cara demudada por el pánico, lívido, con su traje de luces apagadas y marchitas, tras largas corridas miserables, alquilado y puesto de nuevo, zurcido y pringoso, con el capote impregnado de la sangre seca derramada en otros patíbulos. Chomin y yo estábamos sentados en aquellas gradas de tablones y discutíamos: si quieres márchate, me decía mi amigo, yo me quedo. Y muchas veces me iba con la bicicleta a las afueras del pueblo, para no ver aquel festejo siniestro, para intentar no hundirme en aquel cieno pestilente que, sin embargo, tenía su encanto como expresión plástica y me sentaba a lo mejor en una gran piedra que había en las eras y desde allí hacía un dibujo a lápiz, un boceto que guardaba en mi pequeño bloc de muelle que llevaba siempre en el bolsillo trasero del pantalón. Una vez escribí esta frase referida a la muerte violenta y criminal que España da a sus toros bravos, a su alma telúrica y misteriosa:

Conozco el trágico rubor de los metales,
he visto avergonzarse a los aceros
ante una muerte injusta.

Y tuve la tentación de enseñársela escrita a mi padre, porque a veces, desde el abismo que nos separaba, quería aproximarme a él. Sobre todo aquellos domingos por la mañana, cuando los dos bajábamos al cuartel de Globos a montar a caballo y el asistente de turno nos sacaba de las cuadras los dos caballos. El de papá era blanco y se llamaba *Huracán* y el mío era un caballo negro y tenía por nombre *Lucifer*. Y me miraba terrible, con sus grandes ojos negros, redondos, inquietantes y yo me subía a él con mi pantalón de montar y mis botas y mis espuelas y mi jersey verde y mis guantes y una gorra de visera de pana, como si aquel absurdo ejercicio de equitación pudiera llevarme al corazón endurecido de papá, el cual, sin mirarle, ordenaba al soldado que hacía guardia en el portón trasero que daba al Barranco del Alamín, que nos abriera las puertas de las batallas. Pues estoy seguro de que cuando cabalgábamos por aquellos campos secos y baldíos, y por aquellas vaguadas y trochas por donde íbamos al galope, papá creía estar en la batalla de Austerlitz o en Waterloo o cruzando los Alpes para invadir Italia. O quizás al regresar de aquellas galopadas era que volvíamos de la campaña de Egipto y él era Napoleón camino de París, acompañado de un mariscal de campo que era yo y los dos íbamos cabizbajos y silentes, él pensando que su esposa Leontina le traicionaba con su amante sacerdote en las Tullerías y yo meditando el modo de traicionarle también, dejándole en la estacada de aquella obsesión suya que haría de mí un militar destinado el día de mañana a convertirme en un héroe triunfador en las una y mil guerras que él inventaría para mí. Los dos regresábamos prisioneros de nuestros secretos pensamientos y nunca tuve valor suficiente para enseñarle aquellos versos que yo hacía y que llevaba escritos en mi bloc, como confidencias secretas del alma solitaria que ya comenzaba a abrírseme cual flor en el desierto. Y aquel último viernes del mes de abril se celebró el baile de santo Tomás y la víspera, cuando se lo dije a Iluminada en el portal, se ruborizó mucho la pobre, con gesto humilde, como si dijera esas palabras que murmurábamos antes de comulgar en la iglesia: Señor, yo no soy digno de que entres en mi pobre morada. Y yo le dije que sí, que por qué no.

—Porque yo no soy una señorita fina —me dijo Iluminada, mirándose las puntas de sus zapatos bajos.

—No digas tonterías —protesté yo—, tú eres mi amiga. Vamos a ir juntos tú, Chomin, yo y una amiga mía que se llama Elsa.

—¿Tu novia?

—No es mi novia, pero me gusta —respondí.

Iluminada se lo dijo a su tía Zósima y la portera movió la cabeza: tú verás, Ilu, pero ten en cuenta que estamos de luto reciente y que el Casino es para la gente bien. Aunque vayas bien vestida dirán quién es ésa y seguro que te conocen de verte conmigo.

—Jolín, tía, es que me hace mucha ilusión —exclamó Iluminada.

—Entonces ve, pero luego no me vengas con que no te han dejado entrar. Ahí solamente entran los socios. Por cierto, ¿has pensado qué vestido vas a ponerte?

—Podía ir con el gris de florecitas —dijo Iluminada.

Tenía entonces dieciséis años recién cumplidos y cuando bajé de casa el día del baile ya estaba ella esperándome en el portal, con su vestido gris de florecitas, muy lavada y perfumada, con sus tacones un poco altos y unos guantes de tela y el bolsito y una especie de capelina o echarpe. Qué mona estás, le dije.

—Gracias —murmuró ella, sin atreverse a mirarme, retorciéndose las manos cuando subíamos por la calle Mayor arriba hacia el Casino Nuevo.

En la puerta nos estaba esperando Chomin, con su traje de chaqueta cruzada y yo también iba vestido con mi traje azul marino, modelo italiano, y los zapatos me hacían daño en la punta y allí había muchos estudiantes agolpándose en la puerta y fumando y riendo: hola, macho, ¿quién es esa chavala?

—Es una amiga de Tasio Garrido —decían.

Gilaberte me guiñaba un ojo y Marcos, el de la funeraria, se nos acercó: chica, ¿vas a bailar conmigo? Iluminada estaba muy nerviosa cuando al fin entramos y yo le dije: ¿lo ves cómo no nos han pedido la tarjeta de estudiante? Porque para aquellos bailes se hacían unas tarjetas de estudiante que llevaban el sello del Casino y para entrar a los palacios se precisaban otras máscaras y otras contraseñas y yo comencé a filosofar con Iluminada en el *ambigú*, donde pedí dos «combinaciones». Ella me miraba sin comprender y me decía por lo bajo, Vicente, yo prefiero bailar contigo. Y me cogió el brazo en secreto y me lo apretó y yo entonces me sentí orgulloso de que estuviera enamorándose de mí. Poco después llegó Elsa con su amiga Frutos y me miró arrugando el entrecejo, como preguntándome ¿quién es esta intrusa?

—Elsa, te presento a Iluminada, una vecina de mi casa, que ha venido de Humanes.

—Encantada —dijo Elsa—. Mi amiga Frutos.

—Mucho gusto —dijo Marta Frutos, con voz de cursi, mirando a un lado y a otro, luciendo su vestido de fiesta.

Luego vimos entrar a Merche, la hija del registrador de la propiedad, que tenía amores con Chomin y yo le dije a mi amigo en los retretes, cuando fuimos a peinarnos, oye, macho, ¿has visto en qué lío nos hemos metido?

—No veas —dijo Chomin—, no sé qué le voy a decir a Merche. Pero es que creía que iba a estar esta semana en Madrid, con sus tíos. Por eso te dije lo de Iluminada. Y ahora ¿qué hago? Baila tú con ella, por favor.

—Sí, de veras que me gustaría, pero prefiero a Elsa.

Nos mirábamos en los espejos de los lavabos y nos peinábamos con unos peines muy pequeños que llevábamos en el bolsillo superior de la chaqueta. Muchos llevaban pañuelos asomando por el bolsillo y otros una insignia en el ojal. Yo me peinaba las ondas y me levantaba el pelo de la parte de delante de la cabeza, sobre la frente, a modo de tupé, pues me gustaba parecerme por entonces a un actor nuevo que había salido en una película y que se llamaba Rock Hudson. Nuestras voces resonaban en los retretes y estábamos muy nerviosos cuando comenzó la orquesta Ritmos a tocar a todo volumen el pasodoble *Campanera*. El cantante de la orquesta, que imitaba a Jorge Sepúlveda, comenzó a gesticular y a mover los labios sin que nadie, en aquella algarabía y en medio de aquella masa de jóvenes, pudiera entender las palabras cruzadas de la canción que decía: Por qué han pintao tus ojeras, de flor de lirio real, y te han vestío de seda, ay campanera, ¿por qué será? Y las chicas nos estaban esperando en una mesa del fondo, junto a un ventanal que daba a la calle Mayor y ya el camarero les había puesto las consumiciones. Entonces fue cuando le pidió a Iluminada la tarjeta de estudiante que tenía un cupón que era necesario cortar como justificante de la consumición. Y ella creyó que ése era el momento en que la iban a echar del baile, como cuando yo decía al ir a comulgar por tres veces seguidas Señor no soy digno y se puso muy colorada y a mí ya me había hecho el efecto la segunda consumición y le dije al camarero esta señorita es la sobrina del general Muñoz Grandes, que está hospedada en mi casa y no tiene tarjeta, pero yo abono la consumición. Entonces vino otro camarero más mayor y dijo: qué sucede, y al enterarse que Iluminada era familia del general más nombrado de aquel tiempo, héroe de la División Azul y amigo de Franco, dijo, estaría bueno que la señorita no fuera invitada por el Casino, que no se preocupara y tomase lo que le apeteciese. ¿Un *gin-fitz*? Iluminada no sabía lo que era un *gin-fitz* y nos reíamos no de ella, sino de su cara de asombro. Porque el sistema era que la comisión organizadora de bailes pagase al Casino una cantidad global y se repartían las tarjetas y si querías tomar otra consumición podías hacerlo, pero entonces había que pagarla. La pobre Ilu me dijo a media voz: yo tengo diez pesetas y me las daba arrugadas. Yo se las guardé en su bolso y le dije: te quiero ver contenta y le di un beso en la mejilla cuando Elsa salió a bailar con Gilaberte, que vino a sacarla con su cara de madera y sus grandes manos. Elsa me miró como pidiéndome perdón, pero en seguida reaccionó como sabía hacerlo, en plan pantera, pues era celosa y apasionada y nos habíamos enamorado hacía un par de meses, cuando vino a Guadalajara el mago Kalanaj para inaugurar el Casino Nuevo y se sentó a mi lado y yo la miré y le dije que no la conocía y me dijo pues yo a ti sí.

—¿De qué? —le pregunté.

—Ah —dijo ella, encogiéndose de hombros.

Después se inclinó hacia su amiga Marta Frutos, pues eran inseparables, y yo le pregunté a Chomin al día siguiente si conocía a Elsa y él me dijo que era la hija de un matrimonio que vivía casi siempre en Madrid, pero que eran los dueños del palacete misterioso de las Cruces, un paseo ancho que terminaba en el campo de fútbol del Deportivo de Guadalajara.

—Eres guapísima —le dije a Elsa sin dejar de mirarla.

Kalanaj era un mago exiliado de un país comunista, de los que entonces llegaban a España, como el jugador de fútbol Kubala. Que venían huyendo de la dictadura y tenían miedo y se les veía el temor en la risa cuando, como el mago, saludaban al respetable público: las estrellas y los signos astrológicos gobiernan nuestra vida. Entonces el día que conocí a Elsa, fue la primera vez que supe que yo era un nacido en

Acuario y que, por serlo, pertenecía al aire, que era masculino, violento y estéril. Lo cerebral dominaba sobre mis sentidos, según decía un papelín que me dio una ayudanta del mago, cuando a la pregunta ¿quién quiere saber su destino? levanté la mano y ella me dijo son cinco pesetas y le di el duro de papel y abrí el sobre mientras Elsa, que estaba a mi lado como digo, me dijo si me prestas las cinco pesetas yo también compro mi suerte. Y mientras sacaba otro billete de cinco pesetas de mi cartera de bolsillo, la miré a los ojos y comprobé que Elsa los tenía de color verde gris y su piel era blanca y su pelo liso y brillante, peinado hacia atrás con un moño de señorita mayor. Tenía las manos pequeñas, con las uñas muy cortas, como si se las mordiera, y era bastante alta y nada delgada. Muy al contrario (en expresión de papá don Hugo, cuando solía acusarme de llevar una vida disipada y argumentaba en plan de juez), Elsa tenía maravillosos pechos, firmes, altos, bien formados y anchas caderas que presagiaban ya la madre materna que luego fue. Sus piernas eran también preciosas, en disminución, perfectas desde el tobillo hasta al final del muslo, que es como decir a la entrada del paraíso terrenal y caminaba con garbo e, incluso, con algo de imperio, pues Elsa era altiva y amable a la vez, audaz y tímida al mismo tiempo, tierna y sosegada como un mar en calma y tormentosa y terrible como el océano en medio de la borrasca. La miré y le dije:

—Presiento que me voy a enamorar de ti.

Frase de película norteamericana y de personas mayores, lo comprendo, pero es que yo a los quince años era ya un poco adulto y me sentía como seguro de mí mismo, sobre todo con las mujeres, a las que siempre consideraba mis amigas íntimas y ellas lo sabían, es decir, sentían en su piel como la seguridad de que yo era parte de ellas, y siempre me cobijaron en sus senos y me permitieron hacerles cosas insospechadas que a otros no permitían, sin apenas conocerlas, porque veían en mí no a un sátiro, como suelen ser la mayoría de los hombres vulgares y corrientes, sino un admirador suyo, a ultranza, pues siempre opiné que la más espantosa de las mujeres valía más que una docena de hombres virtuosos. Solamente el calor de su pecho, el grato cobijo de sus regazos, el dulzor de sus labios y el tacto de sus manos delgadas, así como la gama infinita de sus voces tentadoras en la sombra, valen más que los hercúleos, torpes, bruscos, horribles ademanes del hombre cavernario que llevamos dentro. De manera que yo, por entonces, ya era un joven atrevido y enamoradizo, siempre atento a las miradas femeninas y a sus fantásticos cuerpos ondulantes y a sus perfiles y cabelleras brillantes y a sus perfumadas pieles. En las iglesias, en los paseos, en las tiendas haciendo colas para comprar, en esas litografías que colgaban de las paredes de las casas o en los óleos de los museos y en las fotografías de los álbumes y en los filmes del cinematógrafo, siempre encontraba yo la suave curva de sus cuellos de cisne, el delicado dibujo de sus narices y labios, los pómulos amanzanados que la primavera arrebolaba, la tersa y suave arquitectura de sus manos volátiles como palomas picassianas, al que, por cierto, tampoco se le podía nombrar. Me refiero al pintor Pablo Picasso, al que los afectos al Movimiento Nacional acusaban de comunista y de apátrida, de renegado y de haberse hecho francés. Pero ese mundo de la política a mí no me interesaba ni me interesó nunca, pues siempre habrá regímenes salvadores y tiranías y partidos únicos y contubernios y democracias y masas cautivas. Pero, sin embargo, durante años, cuando era pequeño, me aterraron aquellos contingentes de presos que pasaban por delante de mi puerta, encadenados y ennegrecidos como mendigos, arrastrando los pies a veces descalzos y llevando las manos heladas atadas con grilletes, trágicos y desesperados como el páramo desolador de Castilla. Símbolo del infierno del hombre eran aquellos rostros de desolación y de miseria, aquellos despojos de una masacre tan canallesca como había sido la sucia guerra civil para siempre, escoltados por los guardias civiles enérgicos y autoritarios, fríos como guadañas y con el alma hundida allá en el fondo del corazón. Era un mundo de tinieblas desplazándose bajo mis balcones, camino de la cárcel, arrastrando los guardias y los presos del mismo modo los pies sobre los vestigios de la muerte, todos con las manos prisioneras de los fusiles o de las cadenas, pues era la misma prisión y el mismo rostro de desesperación y de tragedia, símbolo del mismo infierno. Y desde entonces, siendo todavía muy niño, odié la violencia y la guerra, y busqué en todas partes a ese Jesucristo que compartía perfumes con rameras y que hablaba de amor a los asesinos que estaban con él en el patíbulo, y creí siempre en el amor imposible y por esa razón me perdí en las selvas de la embriaguez y, un día, como el poeta inglés Robert Graves, abrí mi ventana y dije adiós a todo esto. Y desde entonces yazgo en esta prisión de la Muerte, bajo la lápida de nuestra sepultura familiar de Guadalajara, con mi nombre y mis fechas esculpidas en el mármol y mi misterio oculto bajo las tinieblas del más allá. Y por esa razón jamás me erigí en juez de mi madre y de sus amores adulterinos con el párroco de Santiago Apóstol, porque era el amor lo que ella buscaba en sus besos furtivos, en sus manos sacrílegas y en el remordimiento de aquel sacerdote cobarde que se escondía en el confesonario para decirle a mamá te quiero, Leontina, sin ti la existencia no tiene significado, no me importa condenarme para siempre y que el ángel me expulse del Paraíso. Y mamá, presa también de aquel hechizo, como una mariposa volando alrededor de un foco de luz en la noche, se hizo audaz y aventurera y aprendió a fingir y se inventó viajes a Madrid para ver a una amiga inexistente que estaba en un hospital o viajes de compras con la tía Hermiona, cuando ésta pasaba algunas semanas en Guadalajara y ella y tío Armando, para no molestar demasiado, se hospedaban en el hotel Iberia, frente al Instituto, y venían a casa a comer y a cenar. Y la tía Hermiona lo sabía todo, opulenta y hermosa como mi madre, frívola y sensual, hedonista y concupiscente cuando me besaba en los labios y me decía al oído mi sobrino Vicente Anastasio no será militar, ¿verdad que no?

—No lo sé, tía —le decía yo.

—Seguro que serás artista. Yo convenceré a ese severo de tu padre para que te permita ir a París a estudiar pintura. El mundo será tuyo y firmarás tus cuadros como *Tasio*, que es un nombre muy sugestivo y en cierto modo misterioso.

Y mamá otras veces se inventaba viajes a Cuenca y realmente lo que hacía era irse a Alcalá de Henares, donde ella y el párroco tenían alquilada una habitación a una señora que se llamaba Cristina y mamá le decía tenga, Cristina, tenga, y le entregaba un billete de cien pesetas muy doblado, muy doblado, como si en lugar de ser dinero fuera una contraseña y ellas fueran dos conspiradoras. Don Anselmo, el cura, estaba arriba, agazapado en su cobardía, sin sotana, vestido con su traje gris oscuro y corbata, con la gabardina triste puesta, paseando por la habitación esperando a mamá. Luego regresaban a Guadalajara por caminos diferentes, por sendas equívocas, por encrucijadas donde mamá se perdía desconcertada y, sentada a la mesa del comedor, no resistía la mirada de papá también cobarde, pues todos lo éramos y la vida era también cobarde y la existencia continuó siendo cobarde cuando todo comenzó a desintegrarse y don Anselmo huyó de mamá sin dejar rastro y la dejó sola en la ciudad vacía y helada, absorta en sus labores de ganchillo y en sus besos sin labios donde besar porque me das asco, le decía a papá, cuando éste, que quería encontrar el olvido, le rogaba en su alcoba: Leontina, volvamos a ser los mismos de antes, y mamá le decía: no, Hugo, yo he sido mala y sé que voy a condenarme, pero tú me empujaste con tu alma de hielo. Y papá se enardecía creyendo a mamá un baluarte de una guerra que llevaba él en el alma, y la creía una bandera que había que arrebatar al enemigo y le arrojaba puñales de autoritarismo y de honor y ella se reía sardónica y temeraria, pues mi padre era violento y a veces su mano golpeó aquellas mejillas de terciopelo. Recuerdo que un día amaneció mamá con un labio hinchado y dijo que le había salido un grano interior y mi abuela, para que nos lo creyéramos Carla y yo, dijo ésos son los peores, hija mía, lo mejor es que te pongas fomentos de agua de sal y vinagre. Maldito papá cobarde, ¿es que no sabías que el mundo es absurdo y la existencia breve y que el amor es lo único que tiene sentido? ¿Por qué no te buscaste tú también una amante que no tuviera asco de ese olor a podrido que te echaba la boca? ¿Por qué no te fuiste con una mujer a la que no le aterrasen los uniformes puestos sobre maniquíes de muerte, agujereados por las balas enemigas y ofreciendo el hueco de las calaveras y los garfios de las manos que empuñaban armas? ¿Por qué no somos todos los hombres un solo hombre y todas las mujeres la misma mujer? ¿Por qué no hizo Dios el mundo habitado solamente por una pareja estéril y eterna, que no envejeciera y se amara siempre y durante toda la vida eterna estuviera contemplando las maravillas del cielo infinito y no hubiera cataclismos ni hecatombes, ni naufragios ni miseria?

—De veras, tengo el presentimiento de que vas a ser mi novia —le repetí a Elsa, aquella tarde que el mago Kalanaj llegó al Casino Nuevo y yo fui a la función solo, pues era por invitación a los socios y Chomin no era socio como papá y yo.

Y ella, que ya había cogido el billete de cinco pesetas, y se lo estaba entregando a la ayudante del mago Kalanaj, me dijo:

—Tú también me gustas. Y sé que te llamas Vicente
—¿Y tú, cómo te llamas?
—Elsa.
—Pero no eres de Guadalajara, ¿verdad?
—Nací aquí, pero vivo en Madrid.

Al fin dejamos de mirarnos a los ojos y ella abrió su sobre del Destino y entre risas lo leyó con la cabeza inclinada rozándose las frentes de ella y su amiga Marta Frutos, que era una cursi que vivía en la plaza del Palacio del Infantado, en una casa con mirador y que tenía dos tías de esas de negro con lazo en el cuello, muy puestas siempre en los ventanales, mirando hacia la calle Mayor que les quedaba lejos, como si aquella calle que los días de fiesta estaba atestada de paseantes que subían y bajaban incansablemente, fuera la imagen de los israelitas yendo hacia el monte Moriath, donde Dios le entregó a Moisés las Tablas de la Ley y ellas estuvieran a extramuros de la Divinidad y del Cielo, desterradas al final de la calle, frente a aquel Palacio del Infantado en ruinas, y teniendo abajo, como un cáncer, los autobuses de la Continental Auto que salían de allí para Madrid y para los pueblos, y para Teruel y para Cuenca. Y ellas eran las tías de Marta Frutos, que era huérfana, pues su padre había sido fusilado por los rojos un amanecer frío en las tapias del hopital provincial y su cadáver arrojado al río Henares y su madre murió tuberculosa, pues como ya he dicho era la época en que las gentes se morían tísicas y los hombres viciosos cogían la sífilis en los prostíbulos como el que ha-

bía en Guadalajara y que le llamaba todo el mundo la Selva
Negra por el jardín umbrío que era tan oscuro y muchas
veces, siendo ya un adolescente, a la entrada de san Roque,
pasábamos por su puerta yo y Chomin y otras veces íbamos
más. Recuerdo que una vez dijimos: tenemos que entrar a la
casa de putas de la Hilaria, pues la dueña se llamaba Hilaria.
Y *Cabezabuque*, que era hijo de un policía armada, dijo: no
tendréis cojones de entrar. Pues, yo sí me atrevo, dijo *Popeye*, que era un poco encogido de hombros y no tenía cuello, y tenía el pelo también ondulado como yo, pero pegado
al cráneo y nunca supe por qué le decían *Popeye*, pues no
era ni fuerte ni marinero ni comía espinacas ni fumaba en
cachimba. Desde luego fumaba como una locomotora y tenía
los labios siempre manchados de nicotina y realmente tenía dos motes porque unos le decían *Popeye* y otros le llamábamos *Caraluna*. Y este *Caraluna* dijo yo sí entro y recuerdo que nos buscamos en el bolsillo las diez pesetas que
costaba acostarse con una de aquellas pobres rameras y yo
sentía asco, pero por otra parte la curiosidad me impulsaba
a ver cómo era por dentro una casa de prostitución y bajo
la farola de la entrada del parque lo echamos a suertes y le
tocó acostarse con la puta a Gilaberte, que tenía ya diecisiete
años, pero que todavía era menor de edad y dijimos no nos
van a dejar entrar y *Caratanque*, que era fornido y bajo y
jugaba de defensa en el juvenil del Deportivo, dijo, yo sé
que dejan entrar a todo el que lleve pantalón largo, ésa es
la única condición. Nos miramos unos a otros y nos echamos
a reír de *Caratanque*, que siempre estaba como al margen
con las manos metidas en los bolsillos, dando la impresión
de que jamás había roto un plato, cuando, en realidad, era
un leñero y daba cada patada a los contrarios jugando al fútbol que le tenían pánico en la Regional Preferente. De modo
que nos armamos de valor y llamamos al timbre que no sonaba y dijo *Caraluna* hay que tirar de esa cuerda pringosa
que sale por el agujero de la pared y tardó mucho en abrirse
la puerta sola, pues chirriaba y hubo que empujarla como
en los castillos de fantasmas o en los de Drácula. No dejábamos de reír con los libros debajo del brazo. *Carantanque*
iba detrás con las manos en los bolsillos, murmurando, nos
la vamos a jugar, chicos, pues a veces viene la policía a hacer un registro y se lleva a los menores. Entonces nos volvimos y estaba mirándonos con cara de cínico y nos dijo que
eso del pantalón largo era mentira, que se lo había inventado,
y es que este defensa izquierdo del Deportivo Juvenil tenía
esa especie de humor absurdo e insolidario, como si nos
odiara a todos. A mí nunca me gustó, pero entonces ya no
tenía remedio y caminamos por el jardín umbrío oliendo a
tierra mojada y a noche, pues era ya invierno y aunque eran
las siete de la tarde por aquellos andurriales de San Roque

parecía el fin del mundo. Entonces llegamos a una puerta entornada y salió un tipo cojo que era una especie de conserje y llevaba una garrota y nos miró a todos de arriba abajo en aquellas penumbras con reflejos de una bombilla y de la luz que salía de una ventana enrejada y nos dijo sois menores y aquí no podéis entrar.

—Largo.

Entonces Chomin, que era muy bromista, le dijo a aquel tipo esmirriado y pestilente que olía a borrachera agria: Este amigo nuestro dice que aquí viniendo con pantalón largo dejan entrar a todo el mundo y señalaba al imbécil de *Caratanque*. Y entonces salieron tres soldados con cara de drama poniéndose los gorros de borla y mirándonos de reojo y yo le pregunté al último qué tal estaba la casa de niñas y me hizo un gesto como diciendo ni fu ni fa y recuerdo que yo llevaba el gran cartapacio con mis dibujos de la Escuela de Artes y Oficios Artísticos y pensé que podía entrar diciendo: soy un pintor y quiero pintar desnudos de mujer. Se lo dije por lo bajo a Chomin, mientras Gilaberte, el hijo del de los autobuses de la RENFE, discutía con el conserje pata de palo, pues llevaba una pierna doblada apoyada en una pata de palo y atada con correas. Gilaberte le decía: mire, tengo los dos duros que hacen falta, éstos pueden esperarme aquí fuera. Leches, exclamó *Cabezabuque*, o entramos todos o no vale. Entonces se oyó una voz aguardentosa de mujer, preguntándole desde el interior al conserje qué demonios pasaba en el jardín. El cojo le dijo, son unos menores que quieren entrar. Pregúntales qué edad tienen. Dieciocho, mentimos todos al unísono. Entonces no pueden pasar, dijo la señora Hilaria, asomándose al hueco de la puerta que los soldados habían dejado entornada.

—Vaya tropa —murmuró mirándonos con sorna.

La señora Hilaria era enorme y llevaba un cigarrillo clavado en la comisura de los labios. Desgreñada y pelirroja, con cara de venir de un terremoto, tenía grandes ojeras y los ojos muy saltones y muy negros. Su voz áspera, de borracha y de indeseable, como de esos tipos desesperados que se veían en las tabernas del barrio del Alamín y que daban miedo. Sin embargo, inesperadamente, dijo déjales pasar, coño, un día es un día. Y lo dijo porque pensaba que todos teníamos los dos duros, pero cuando el cojo le informó que solamente Gilaberte era el cliente exclamó entonces ni hablar del peluquín, que pase el de las diez pesetas y que los demás esperen fuera pero en la calle, no quiero líos con la poli. Todos nos mirábamos desconcertados y Chomin le dijo a Gilaberte, tú verás, ¿estás decidido? Y Gilaberte, que era el más alto de todos y el más inocentón, con su cara de pastor alemán y su grandes manos, asintió con un gesto de troglodita y dijo, yo ya no me vuelvo atrás. Además, ya es hora de que sepamos lo que es esto. De acuerdo, entonces, dije yo. Entra y te esperamos en la calle. Y así fue como regresamos por el jardín aquel del amor terrible y misterioso y nos volvíamos para mirar hacia las ventanas del piso de arriba, que estaban con las contraventanas a medio cerrar, intentando ver alguna sombra o algún rostro de los que estarían arriba haciendo aquello que tantas veces habíamos visto en unas revistas pornográficas muy arrugadas que tenía en su casa Herranz, uno que aquella noche no estaba, y que nos pasábamos los unos a los otros para verlas cómodamente, sentados en los bancos de la Concordia, siempre de noche, porque todas aquellas cosas que hacíamos eran delito y casi todo estaba prohibido y allí nos quedamos, en la calle, fumándonos unos trujas o cigarrillos de picadura que también compartíamos, pues eran los tiempos malos y el dinero escaseaba y salvo el hijo del gobernador de entonces, un tal De la Puente, y Minito el de la tahona, todos éramos más o menos del mismo nivel, aunque *Caratanque* y *Cabezabuque* fueran realmente los más pobres. De modo que allí nos quedamos, disimulando un poco más allá de la puerta, para que los escasos transeúntes que pasaban en dirección a los extramuros de la ciudad, no nos identificaran. Poco más tarde salió Gilaberte por la puerta, que se abrió con sus chirridos, y todos fuimos corriendo hacia él y yo me di cuenta de que traía el rostro colorado como un tomate y la vista baja y salía abrochándose la gabardina y me pidió un cigarrillo que yo me apresuré a darle y a encendérselo con mi mechero de capuchón, que era de gasolina y de piedra y de mecha, no como los de ahora, que son electrónicos y no huelen a nada.

—¿Qué tal? —le preguntamos ansiosos a Gilaberte.

Íbamos todos a su alrededor, camino de la Concordia y al llegar al templete de la música nos paramos allí, cobijándonos del aire en las escaleras que conducían al sótano del templete, que era donde el Ayuntamiento guardaba las sillas plegables de madera y los atriles de los músicos de la Banda Municipal.

—Fenómeno —respondió al fin Gilaberte, exhalando una larga bocanada de humo.

Le temblaban las manos y era como si fuera un náufrago que hubiéramos recogido en una playa desierta. Nos dijo que la Selva Negra era una casa de niñas tirada, tirada, que olía a coliflor cocida y que las paredes estaban agrietadas y húmedas. Que había una especie de sala a la entrada, después del pasillo, y que allí, en el centro, había un gran brasero de picón con un puchero puesto calentándose algo y que el cojo, que se llamaba Blas, de vez en cuando hurgaba entre las brasas y sacaba unas castañas asadas que iba dando a las putas que estaban sentadas en un sofá y en las sillas, como si tal

117

cosa. Dijo que eran la mayoría muy jóvenes y guapas, aunque muy pintadas.

—Pero, ¿estaban desnudas sí o no? —preguntó *Caraluna*, abriendo los ojos como con espanto.

—Iban con bata, aunque una estaba en bragas y sostén y como hacía frío tenía puesto una especie de chal. Con ésa fue con la que yo me entré en el cuarto de arriba.

Por sus palabras y por la expresión de su rostro, adiviné que había estado en una especie de infierno frío y pestilente, en un lugar miserable donde las mujeres que allí había, aun sin conocerlas, solamente me inspiraban compasión.

—¿Y cómo fue lo otro? Vamos, cuenta —instó *Caratanque* al de los autobuses.

Titubeaba al decirnos que era estupendo, pero que duraba tan poco que pensaba volver para enterarse mejor. Que la chica con la que estuvo acostado se llamaba Sara y que era un poco tartamuda.

—Pero, ¿era guapa? —preguntó Chomin.

—Bastante —respondió Gilaberte—, lo que pasa es que tenía los ojos muy negros y muy tristes, un poco hinchados, no sé si porque tuviera ojeras o por haber llorado antes de estar conmigo.

Guardamos silencio unos segundos antes de preguntarle a Gilaberte qué es lo que se sentía en el cuerpo al hacer aquella misteriosa cosa que él decía haber hecho. Apuró la punta del cigarrillo y, mirándonos como si fuéramos mucho más pequeños que él, nos dijo que qué se iba a sentir.

—Mucho gusto —concluyó, cuando ya nos íbamos hacia el centro de la ciudad.

Pero *Caraluna* quería saber cómo era ese gusto que se sentía. Todos íbamos caminando juntos, muy pegados unos a otros, con la cabeza baja y de prisa, y la imaginación en llamas, tratando de imaginar qué es lo que se sentiría al hacer el amor. Y recuerdo que a mí me dio como un escozor por la columna vertebral y sentí que me temblaban las piernas cuando Gilaberte, que no sabía cómo explicar aquella experiencia, dijo que se sentía el mismo placer que cuando. E hizo un gesto para que comprendiéramos que se refería al acto de masturbarse, esa cosa terrible que los sacerdotes, cuando nos confesábamos, nos decían que era el fin del mundo, la causa de todas las enfermedades y el viaje sin retorno a los abismos del Infierno donde íbamos a arder vivos por toda la eternidad, en medio de un permanente aullido de dolor inextinguible y de un espantoso y generalizado crujir de dientes.

118

13

Pero Elsa era diferente. Sentada a mi lado en el patio de bu-
tacas del salón de actos del Casino Nuevo, durante el descanso de la función del mago Kalanaj, leyó su destino y su signo
astrológico y se enteró de que era Virgo, que su esencia era
terráquea y femenina y como yo también estéril. Me dijo que
era cierto todo lo que ponía el papel del mago, que era maliciosa y fría de corazón y voluble y llena de caprichos. Decía el papel que en los aspectos maléficos Elsa podía llegar a
ser temible por su intrigante malicia, por su doblez, egoísmo
y falsedad. Yo no podía sospechar aquella tarde cuán ciertas
iban a resultar para mí aquellas frases. Era un día del mes
de febrero del año 56 y caía lentamente la nieve cuando salimos del Casino y me despedí de Elsa en el zaguán de la
entrada, viéndola ponerse su gorrito gris de lana y sus guantes rojos también de lana, apretándose el cinturón del abrigo
y sonriéndole constantemente a la cursi de Marta Frutos que,
tal vez envidiosa del éxito de su amiga, tiraba de su brazo
para marcharse, mientras yo apuntaba el número del teléfono de su casa de Guadalajara, el palacete que había al final
de las Cruces, más allá de la Inclusa, y antes de llegar al campo de fútbol, frente a la explanada que había cerca de la
Plaza de Toros y donde siempre ponían los grandes circos
como el Americano o el fantástico Circo Amar, el más grande que yo había visto en toda mi vida, cuando un año llegó
a la ciudad con su interminable comitiva de vagones de ferrocarril, que ocupó toda la estación y luego aquella muchedumbre de camiones y de jaulas con fieras y saltimbanquis
y elefantes y su inmensa carpa de lona que a mí me sugería
mundos extraordinarios.

—Llámame cuando quieras —me dijo Elsa—, pues estoy
sola con mi tía Olga en casa.

Aquella mansión color magenta, con sus buhardillas y tejados de gris pizarra, rodeada del frondoso jardín y parape-
tada en la alta verja de hierro, permanecía solitaria casi todo
el año. Solamente el ladrido de los perros que andaban suel-
tos por el parque, y la luz que surgía de las ventanas de la
casa de los guardeses, en la parte trasera del edificio principal, daban signos de vida. Allí estaba siempre solitario el
edificio neoclásico, con sus grandes ventanales cerrados con
contraventanas metálicas, y el olor de la rosaleda en las primaveras y el otoñal caleidoscopio multicolor de los árboles
del jardín, y su hojarasca y su misterio de ser la casa vacía
de un millonario que una vez vino a Guadalajara y dijo com-
praré este palacete tan coquetón que perteneció al conde de
Romanones. Por capricho, por ver algún día desde sus buhardillas las lontananzas vacías, los montes violetas y el cielo

azul inmenso, en una ciudad donde nadie le conociera. Y papá se llamaba Lawrence, y era un inglés de Chelsea, amarillento y volátil, con su pañuelo de seda alrededor del cuello cuando rara vez venía a su casa de las Cruces. Y aquel febrero le había dicho a su única hija: Vete con tía Olga un mes a Guadalajara, te encontrarás a ti misma. Porque Elsa tenía depresiones a veces, cuando papá le decía que se iba a Brasil o que tenía que partir de inmediato de aquel hermoso piso de la calle de Lagasca de Madrid, donde vivía sin apenas coincidir con ella, siempre perfumado y superficial, ingenioso y distante, refinado y con aquellos amigos que hablaban del Club de Campo, de golf y de Montecarlo, de coches deportivos y de dinero, cuando todo alrededor era tan diferente y tan triste, tan patético a veces, como aquellos rostros que pasaban por la calle. Y Elsa se deprimía y odiaba a la inútil esposa de papá Lawrence, la frívola Margarita, su madrastra.

—¿Tu madrastra?

—Sí —me respondió—, mi madre murió al nacer yo y papá se casó con Margarita, que es idiota.

Y aquel día del mago nos conocimos y cuando regresé a casa le escribí un poema que decía: te amo como el viento en la enramada quiere besar las flores que a menudo surgen, te esperaba como espera el cielo cada noche el resplandor de las estrellas, como el otro mundo que hay tras los sangrientos horizontes espera la llegada del sol que viene de lejos. Y dibujé de memoria su rostro en mi cuaderno de dibujos sepia y rápidamente salí a la sala de estar donde mamá y la abuela hacían punto y le dije a mamá:

—Por favor, ¿me das ese portarretratos ovalado que ya no te sirve y que tienes en la caja de cartón grande?

Era una caja donde mamá guardaba los más dispares objetos. Peinetas, estuches, horquillas antiguas, relicarios y trozos de labores de punto, viejas bisuterías y botones y monederos antiguos.

—De acuerdo, cógelo. ¿Qué vas a poner en él, el retrato de tu novia?

—Sí —respondí con el rostro iluminado por aquella alegría interior.

Porque Elsa era mi tercer amor imposible y verdadero. El primero había sido Maricarmen, cuando tenía once años y el mundo era todavía pequeño, pequeño. El segundo había sido Justa Chamorro, la hija menor del médico de Pelegrina, un pueblo cercano a Sigüenza, cuando yo tenía trece años y aquel verano del 54 mamá y papá me dijeron: hemos pensado que te vayas con tu hermana Carla y la abuela a un pueblo de la provincia que se llama Pelegrina y que es muy sano.

—¿Pelegrina?

—Sí, es el pueblo de un capitán de mi cuartel de Globos —dijo mi padre—. El cual tiene una casa vacía que ha puesto a mi disposición. Allí os atenderán los renteros del capitán, el señor Isaac y la señora Benita, que no tienen hijos y que son muy amables. Así tú te repondrás de la operación de amígdalas y Carla dejará un poco de estar siempre con el novio, el cual es un mártir, yendo y viniendo siempre de Cornellá para verla y gastándose un dineral solamente en viajes.

Pero Carla se negó a ir a Pelegrina, porque ya tenía diecinueve años y era más independiente que yo. Y la abuela me dijo: tú no te preocupes, Vicentín, ya verás qué bien lo pasamos los dos en ese pueblo. Yo no había salido nunca de Guadalajara, salvo en una ocasión que fui a Cuenca a casa de mis abuelos por parte de padre. Aquel año que me operaron de las anginas yo era un niño que iba en cuarto de bachiller y se lo dije a Chomin y él me dijo vete este verano a ese pueblo, no seas bobo, te lo pasarás bien. Como si yo pudiera negarme a ir. De modo que se preparó el viaje con la abuela que también estaba convaleciente con su enfermedad del píloro y una noche papá dijo: allí tú, Mercedes, te repondrás. Y ella le miró naturalmente, además así os dejo solos una temporada. Abrigaba la pobre la esperanza de que papá y mamá se encontrasen de nuevo a sí mismos, pero todavía estaba en Guadalajara el cura don Anselmo y mamá estaba enviciada con verle en misa y en la sacristía y así se lo dijo al párroco que luego le sustituyó en la parroquia, el modesto don Celso Escruto, que en seguida fue su confesor y un día se sinceró con ella y le dijo: doña Leontina, su historia, con ser pecado, me conmueve hasta las más íntimas fibras de mi corazón de sacerdote y de hombre.

—¿Pues cómo? —le preguntó mamá.

—Pues porque yo he vivido una historia similar a la suya —dijo el nuevo párroco de Santiago.

Mamá quiso enterarse de aquella historia que podía traerle algún consuelo a su atormentado espíritu. Hacía ya varios meses que don Anselmo había desaparecido de su existencia, cuando un día llegó a casa de la señora Cristina de Alcalá de Henares, mintiéndole a papá que iba a Madrid de compras a los grandes almacenes con otras dos señoras amigas, y se encontró a aquella alcahueta con la mirada descompuesta y una carta en la mano.

—Doña Pura —pues mamá le había ocultado su nombre auténtico, diciéndole, paradójicamente, que se llamaba doña Pura—, su don Antonio me ha dejado esta carta.

Se refería a don Anselmo, el cual también utilizaba otro nombre en Alcalá de Henares y mamá adivinó de inmediato que aquel cobarde se había ido para siempre de su vida y se sentó desconsolada en una silla y comenzó a llorar y ni siquiera abrió la carta que tenía el sobre pegado por segunda vez con pegamín, pues la señora Cristina, cuando por la mañana muy temprano llegó don Anselmo y se fue y le dio el dinero se figuró que aquello era una ruptura definitiva y sin respetar el secreto la abrió y leyó la carta que decía así:

Querida Leo:
Lo nuestro no puede continuar ni un día más. He recibido una seria reconvención de mi obispado para que deje esto que tú y yo tenemos. Pero es mi conciencia la que más me urge y por esa razón, aun sintiendo que se me desgarra el alma, te digo que no volverás a verme.
Pido a Dios por ti y por mí, y a la Santísima Virgen para que interceda a Nuestro Señor para que nos perdone este gran mal que hemos hecho.
Sabes te quiere,

A.

Y mamá, como una autómata, rompió la carta lentamente, sin abrirla, y dejó caer los trozos de papel al suelo, donde tenía la mirada perdida, sin ver la perspectiva de las baldosas. La alcahueta de la señora Cristina creyó que la «A» de la carta significaba Antonio, como le había dicho el cura que se llamaba y es que a veces ocurren coincidencias en la vida y las personas que creen saber toda la verdad de un asunto ignoran que no lo saben todo. Y aquella historia de amor imposible terminó así, con esa tristeza que tenía mamá en la plaza de Cervantes de Alcalá de Henares, esperando el coche de la Continental Auto para regresar a casa. Y cuando llegó a Guadalajara y descendió en la plaza de los Caídos por Dios y por la Patria, las dos tías de Marta Frutos, las enlutadas, la vieron dirigirse hacia nuestra casa, hacia la mitad de la cuesta de la calle Mayor, frente al Ayuntamiento. Y dijeron ésa es la señora del coronel Garrido, que viene de viaje. Y se miraron malignas y le echaron a mamá basura y cieno con sus comentarios de hienas y torcían los cuellos de secos cartílagos y arrugaban los hocicos en los que toda flor del beso estaba ya marchita y después, al anochecer, se fueron al rezo del Santo Rosario a la parroquia de Santiago Apóstol y allí escucharon la voz de muerto del sacristán Nicomedes repitiendo una y otra vez aquellas oraciones que a mamá le sonaban huecas, vacías de sentido. Porque el párroco se había ido sin dejar rastro y la casa parroquial estaba vacía, sin la sombra fantasmal de Petra, la hermana de don Anselmo, que al fin había conseguido liberar a «mi hermano el sacerdote» de la influencia pecaminosa de esa doña Leontina que tenía que arder viva en los infiernos y es que el amor engendra maldición y odio, del mismo modo que las amígdalas permanentemente inflamadas no pueden traerle nada bueno al chico.

—¿Entonces, doctor? —preguntó mi madre.

Don Ricardo Iñigo, nuestro médico de cabecera, se quitó el espejo que tenía colocado en la frente y le dijo a mamá que era necesaria la intervención quirúrgica de mis amígdalas. Y mamá opinó que me las quitaran en Guadalajara, en la clínica de pago del doctor Vázquez, que era amigo de nuestra familia y lo haría particularmente a un precio módico. Pero mi padre dijo que no teníamos necesidad de hacer ese gasto y que lo mejor era que me las quitasen en el hospital militar de Carabanchel, en Madrid. Así fue como hice mi segundo viaje a la capital de España, pues el primero fue con una excursión del Instituto, el año anterior, cuando fuimos al Parque del Buen Retiro y nos montamos en las barcas todos los del curso tercero y remamos y gritábamos y recuerdo los ecos de nuestras voces sobre el lago artificial, y al año siguiente fuimos en tren papá, mamá y yo, los tres sin hablar palabra hasta la estación de Atocha. Allí papá miró el reloj de la estación y dijo son las ocho treinta de la mañana y hasta las nueve y media tenemos tiempo. Y me llamaron mucho la atención los mozos con carritos llevando equipajes y las grandes locomotoras echando humo y la explanada donde cogimos un taxi hasta el hospital militar. Allí mi padre, que iba de paisano, le decía a los enfermeros que era coronel en Guadalajara y nadie le daba importancia y yo entonces me dije qué distinto es vivir en una pequeña ciudad donde las personas tienen una especie de imagen conocida y todo el mundo te saluda y te respeta. Esa sombra que cruza la plaza de Romanones es doña Fulana y aquel otro es don Zutano y don Perengano acaba de morirse y en seguida lo sabía toda la ciudad y siempre tenías que ir saludando a la gente: hola, adiós, hasta luego. Porque todos nos conocíamos o creíamos conocernos, ya que en realidad todos éramos un misterio y al otro lado de los muros y de las paredes sucedían cosas secretas y también en los lugares pequeños y escondidos ocurrían cosas secretas y en las solapadas sombras de las confabulaciones ocurrían crímenes y la gente iba a la muerte en pecado mortal y el Infierno estaba lleno de personas de capital, de provincias y de pueblos, según nos dijo en la Cuaresma del 55 un padre jesuita que se llamaba don Floro y que era muy famoso por lo bien que daba los Ejercicios Espirituales de san Ignacio de Loyola. Nos los dio a los de quinto de bachiller en la capilla del Instituto, sumida en la semioscuridad de unos velones encendidos, para hacernos comprender la magnitud de nuestros pecados y lo difícil que le iba a resultar a Dios perdonarnos. Recuerdo que tenía fama su sermón magistral, el último día, cuando ya nos había adoctrinado lo suficiente como para que pudiéramos asomarnos a las simas infernales y el padre Floro, negro como la noche, con su sotana y su banda negra, subido en el púlpito, reflejándose en su rostro los cambiantes parpadeos de las cuatro velas encendidas de la capilla, inició su lección ejemplar de cómo los ejercicios de san Ignacio habían hecho el milagro de convertir a los réprobos y con su rostro afilado de *Manthis religiosa*, devorador y ávido, apocalíptico y retórico, nos dijo:

—*Amen dico vobis ut unus vestrum meus traditurus est.* Uno de vosotros me ha de traicionar. Uno de vosotros —repitió mirándonos furibundo y señalándonos con el dedo—. Y yo me pregunto una y otra vez, ¿por qué? ¿Por qué esta juventud pervertida, no siguiendo el ejemplo de sus mayores, se precipita en los abismos insondables del pecado?

Hizo una pausa el padre Floro y prosiguió con los peligros que nos acechaban. Yo entonces miré a Chomin, que estaba como siempre a mi lado, pero él no se atrevió a reírse, porque estábamos casi debajo del púlpito y arriba estaba aquel energúmeno flaco que tronaba diciéndonos que eran tres los peligros que acechaban a la juventud en la vida moderna. A saber:

—Los cines, los bailes, las playas —dijo solemne el jesuita—. Y de inmediato hizo la pregunta clave: ¿Cuántas veces no han tenido que encenderse las luces y acudir precipitadamente los acomodadores en ésas que han dado en llamarse salas de proyección?

Yo me acordé del día que pusieron en el cine Imperio la película *Noche y día*, de Cole Porter, y allí quedé absorto contemplando aquellas *girls* del conjunto en tecnicolor, con sus sonrisas norteamericanas y sus muslos preciosos y recuerdo que me llevé los prismáticos y Chomin y yo alternábamos mirando aquellas mujeres semidesnudas. Otra vez vimos *Escuela de sirenas*, de Esther Williams, y Gilaberte, el de los autobuses de la estación del ferrocarril se masturbó allí en el cine, y yo también me masturbaba bastante, pero en mi casa, encerrado en el retrete o sumergido bajo las sábanas de mi cama, imaginando escenas de mujeres desnudas o llevándome un ejemplar de aquellas revistas que tenía Herranz y que eran pornográficas y se las traía un hermano suyo que trabajaba en Alemania. Recuerdo que apagaba la luz y me sumergía bajo las ropas del lecho a oscuras y allí encendía una linterna y veía aquellas mujeres tremendas y aquellos actos obscenos tan excitantes que me hipnotizaban mientras me acariciaba yo mismo el órgano masculino o pene, según nos habíamos enterado en un diccionario grande que tenía papá, pues en los corrientes no venía esa palabra y tampoco en los grabados de los libros de Ciencias Naturales, cuando llegábamos a la lección del Cuerpo Humano y entonces al llegar al bajo vientre allí no había nada y los hombres no teníamos órganos sexuales ni las mujeres una palabra horrible que expresaba su sexo y había otras peores como el tal y para los hombres la cual. Tócame la ídem, decíamos y a mí siempre me desagradó hablar mal y a Chomin también, pues normalmente decíamos alguna vez joder o me cago en la leche. Pero otros como el *Cabezabuque* y el *Caratanque* y el *Caraluna* soltaban unas palabras enormes que llamábamos palabrotas y al confesarnos lo decíamos: Me acuso padre de decir palabrotas. ¿Cuáles?, nos preguntaba el confesor. El mío era don Custodio, mi profesor de latín, pues mamá me lo aconsejó. Así, hijo, te conocerá y lo tendrá en cuenta a la hora de los exámenes. Y otros amigos míos también soltaban palabrotas, me estoy acordando ahora del *Cebra* y de la *Liebre*, pero el que peor hablaba era *Caraluna* que, incluso, llegaba a blasfemar y yo le decía a don Custodio le juro que no, padre. Que no, ¿qué?, me preguntaba él, como si no supiera de lo que le estaba hablando. Que no he blasfemado nunca, respondía yo. Sí, pero te has masturbado, ¿verdad? Sí, padre. ¿Y cuántas veces esta semana? Tres, don Custodio, pero le prometo que voy a cambiar. ¡Ah, cambiar!, exclamaba él. ¿Cuántas veces me lo has dicho? ¿Y cuándo fue la primera vez? Vamos, haz memoria, Vicente Anastasio y verás cuánto tiempo hace que estás pecando y pecando sin auténtico propósito de la enmienda. Y entonces me acordé de la primera vez que supe que existía una cosa llamada masturbación y estábamos todos los amigos en el parque de San Roque, en una vaguada que había muy solitaria y que era un bosque. Nos habíamos «fumado» la clase de la tarde y yo creo que teníamos entre diez y doce años y yo debía de ser uno de los más pequeños y entonces uno de cuarto curso ya muy mayor, que le llamaban el *Corneta*, se abrió los pantalones y delante de todos comenzó a eso que me da vergüenza decir. Yo le miraba como idiotizado y vi después cómo se le salía un líquido blanco y cuando regresé a mi casa aquel mismo día lo intenté yo también y después de muchos esfuerzos a mí también me salió aquel líquido y me puse muy contento porque eso significaba que ya podía tener hijos y ser padre y casarme. Pero en seguida me dio miedo y me miré en el espejo para ver si me había puesto pálido, pues decían que entraba la tisis si te masturbabas y que el doctor don Gregorio Marañón tenía escrito un libro donde lo decía y que se te secaban los huesos por dentro y el cerebro podía reventarse en el momento culminante y darte la meningitis y cosas por el estilo. De modo que sí, nos masturbábamos, pero durante mucho tiempo aquello fue una tortura y, sobre todo, en los ejercicios espirituales, cuando don Floro nos miraba lleno de odio y nos señalaba con el dedo diciendo:

—Los bailes. Padre, padre —decía con voz falsamente

meliflua, significándonos que éramos unos fariseos—, yo sólc bailo con las amigas de mis hermanas.

Y, rápidamente, con expresión sardónica nos preguntaba:

—Pero, ¿me vas tú a decir a mí, al padre Floro, con veinticinco años de experiencia de confesonario, que no sé lo que sientes cuando tienes en tus brazos a una jovencita de dieciocho?

Y como éramos más pequeños, pues apenas teníamos catorce años, nos mirábamos unos a otros asombrados y es que el padre Floro se sabía de memoria su lección magistral y a todos los jóvenes les decía lo mismo. Ojalá tuviera yo entre mis brazos a una jovencita de dieciocho, me dijo Chomin por lo bajo. Pero el padre Floro tenía razón, pues pronto supe lo que era tener a una mujer entre mis brazos, cuando Toñi, al año siguiente, me dijo de acuerdo, te enseñaré a bailar para la boda de tu hermana. Porque yo me había dado cuenta de que lo hacía fatal, precisamente el día que fuimos al baile de santo Tomás de Aquino con Iluminada y Elsa, que ya era mi medio novia, se puso tan celosa y Merche se enfadó con Chomin y al final fueron Gilaberte y el menor de los hermanos Puga los que bailaron con la sobrina de nuestra portera, la cual estaba radiante de felicidad cuando, de improviso, llegó el jefe de los camareros, el que había dicho faltaría más que la señorita sobrina del general Muñoz Grandes tuviera algún inconveniente en este Casino por carecer de invitación. La entidad, con mucho gusto, tiene el honor de invitarla a lo que la señorita guste tomar. Y Chomin y yo nos miramos y Elsa me preguntó si era verdad que Iluminada era la sobrina del teniente general que había ido a la División Azul como héroe de los alemanes y que era íntimo de Franco y yo le dije que no, que era la sobrina de mi portera y es que estábamos un poco alegres con las dos consumiciones *gin-fitz* y cuando vino el jefe de los camareros me dijo:

—Que le llama su señor padre.

—¿Mi padre? —pregunté horrorizado—. ¿Por teléfono?

—No, señorito Tasio, su papá le espera en la biblioteca.

Y es que aquel idiota se había creído que la pobre Iluminada era de verdad la sobrina del teniente general Muñoz Grandes y cuando pasó a la biblioteca a servir los cafés a la tertulia que había en un salón contiguo a la sala de lectura, de la que formaba parte mi padre, se inclinó sobre él y al oído, como haciendo méritos y muy satisfecho, le dijo mi coronel, su hijo Vicente Anastasio está en el baile y ha tenido el detalle de presentarme a la señorita sobrina del teniente general Muñoz Grandes, la cual está hospedada en su casa de usted. ¿Qué estaba sucediendo en la sala de baile? Sin duda su hijo estaba borracho y le dijo al jefe de camareros qué sobrina de Muñoz Grandes ni qué diablos, en mi casa, que yo sepa, no hay ninguna señorita invitada y mucho menos de esa categoría. Se lo he dicho, dijo el jefe de camareros, porque de ser verdad tal vez convendría llamar a la policía para que ambos tuvieran protección, pues no debemos olvidar que Muñoz Grandes es quien es. Y puso un rostro de suprema gravedad, para que papá comprendiera la importancia del asunto. Entonces mi padre le dijo ha sido usted, por todos los indicios, víctima de una broma pesada de mi hijo y aquello fue un auténtico desastre, pues hube de comparecer ante él en la biblioteca y, mirando hacia el ventanal por donde penetraba ya el fulgor sangriento del crepúsculo, me dijo con sorda voz:

—Soy todo oídos.

Aquella broma inocente me costó otra bofetada cruel y un mes entero sin salir de paseo, justo hasta el día del Corpus Christi. Iluminada tuvo que abandonar el baile conmigo y papá llamó a la portería y le dijo a la señora Zósima, mire usted, señora portera, sabe perfectamente que odio la lucha de clases, pero la sociedad está estructurada en clases sociales y hay que respetar los límites que éstas imponen. La señora Zósima no se enteraba de nada y le preguntaba a su sobrina qué había pasado en el baile y la pobre Ilu lloraba y a mí me encerró papá en mi cuarto todo el fin de semana y me tuvo un día entero a pan y agua. Yo le odié todavía con más fuerza, pero aquella broma del Casino me gustó. ¿Por qué una pobre aldeana, bien lavada y bien peinada, no podía ser sobrina de un general? Y mamá lloró al enterarse que papá me había abofeteado delante del jefe de los camareros y le gritó no tienes consideración con nadie, eres un energúmeno y le amenazó con separarse de él definitivamente y para siempre. Yo me acosté vestido y a oscuras me sentí culpable, como cuando el padre Floro nos exhortaba a ser buenos y virtuosos so pena de ir a los infiernos a arder como teas. ¿Vas tú a decirme a mí que no sé lo que sientes cuando tienes una mujer en tus brazos?

—Mirlo blanco, hijo, mirlo blanco —exclamaba el jesuita desde el púlpito. Y proseguía—: Las playas. De este tema prefiero no hablar, me dan asco.

Yo, por esa época, jamás había estado en una playa y la mayoría de los que estábamos en la capilla del instituto tampoco, pero nadie podía protestar ni dirigirle la palabra, pues no toleraba el más mínimo rumor ni ser interrumpido. Poseído por una demoníaca inspiración, aquel sacerdote solamente nos producía desconcierto y miedo, dándonos una visión del mundo exterior horrible y llena de vicios. Agitado y convulso se limpiaba el sudor con un pañuelo que guardaba en el hueco de la manga de su sotana, como suelen hacer las mujeres, y volvía a la carga con renovados bríos:

—Padre, ya fumo, ya bebo, ya uso pantalón largo, ya soy un hombre —decía mirándonos con conmiseración—. ¿Hombre dices?, cobarde digo yo. Cobarde que no sabes apartarte de la miseria del pecado. Aún recuerdo aquellos ejercicios del 1943: Juanito Azpiazu, Luisito Urteaga, Manolito Gorochátegui, todos ellos de las mejores familias de Bilbao.

Y recalcaba:

—¡Que tenían novia porque sabían tener novia!

El padre Floro se apellidaba Gaztelu y era de San Sebastián y Chomin, que adoraba el país vasco aunque jamás había estado en él, me decía por lo bajo no creas que los vascos somos todos así de imbéciles. Y yo le sonreía, sin dejar de escuchar aquella retahíla que parecía más que una reflexión religiosa el argumento de una pésima novela de buenos y malos, de guardias y ladrones, de víctimas y verdugos. Y aquella voz áspera, hipócrita, pletórica de inflexiones teatrales, con la que pretendía adoctrinarnos el tenebroso predicador, todavía resuena en mis oídos bajo la tumba en la que yazgo preso:

—Un día me llaman de la casa de Juanito —decía el jesuita—. Padre, padre, que Juanito se nos muere, que Juanito se nos va. Voy a la casa y figuraos la escena, la madre llorosa, la hermana histérica y Juanito que me dice: Padre, padre, deme a besar la medalla de la congregación. Y es que, visitando los altos hornos de Sestao, se le había caído encima una polea enorme. Y héteme aquí, oh, hijos míos, que por un solo pecado habéis hipotecado toda una eternidad. Y yo me pregunto ahora, con todos los teólogos del mundo, ¿qué es la eternidad? Figuraos una inmensa bola de acero —y el padre Floro hacía con la mano un gran círculo en el aire, que miraba con ojos de loco— y una hormiguita —proseguía— circundándola. ¿Cuánto tiempo tardaría en desgastarla? Yo os pregunto, ¿es eso la eternidad? No, hijos míos —exclamaba muy satisfecho de su sabiduría—, eso no da una idea de la eternidad. La eternidad es, fijaos bien, el siempre del ayer.

Y tras aquella solemnísima afirmación hacía una pausa, miraba la hora en su reloj de pulsera y se disponía a asestarnos el golpe final:

—Paseaba yo un día por la proa del yate del millonario Morgan —decía ampuloso— cuando éste se me acerca y me dice padre, padre, he probado todos los placeres del mundo y en ninguno he encontrado la felicidad. Y yo le repuse: Oh, mijo mío, léete el libro del padre Jesús María Armentarola La podredumbre del dinero. Hoy, hijos míos, tras la lectura de ese libro maravilloso, el millonario Morgan es el padre Jesús María de la Santísima Trinidad. Con eso os lo he dicho todo.

Después nos hablaba del Infierno y de verdad creíamos

que el mundo era tal y como él nos lo explicaba. Y de esa manera íbamos creciendo, solapados y temerosos de ser descubiertos, escuchando detrás de las puertas y comiendo semillas de girasol en las salas de los cinematógrafos donde veíamos siempre el NO-DO antes de la película. Y en aquellos documentales de noticias salía siempre el Caudillo inaugurando embalses o entrando bajo palio en los templos o presidiendo los desfiles de la Victoria y las exhibiciones gigantescas de los trabajadores de la Organización Sindical el día primero de mayo en el estadio de Chamartín. Y a mí me gustaba el fútbol oído por la radio y los partidos internacionales y el Club Atlético de Madrid, con su delantera de seda y el negro Ben Barek que era para mí el mejor jugador del mundo. Y aquel verano de 1954, cuando terminó el curso, me fui con mi abuela Mercedes a reponerme a Pelegrina, porque me habían operado en el hospital militar de Caranbanchel de las amígdalas y yo sentía un miedo horrible cuando me colocaron un aparato en la boca y una sábana alrededor del cuerpo y aquel doctor de rostro congestionado me arrancó con unas enormes pinzas cortantes las amígdalas y creí que me ahogaba en sangre y luego volvió de nuevo a cortar más carne y aquella angustia la soñé muchas veces y pensé aquí me muero o me desmayo. Pero lo soporté en carne viva y muchas veces me pregunto qué es la muerte, porque no recuerdo el día en que la Parca vino a visitarme con su guadaña a cortarme todas las amígdalas del cuerpo de un solo tajo. Yo estaba borracho cuando exhalé el último suspiro y por esa razón me pregunto qué se sentirá al morir, ¿será tan espantoso como aquella carnicería que me hicieron en el hospital militar? Y mamá y papá estaban esperando fuera del quirófano y yo salí caminando con mi gran sábana manchada totalmente de sangre y mis piernas flacas, embutidas en los pantalones bombachos. Y recuerdo que llevaba chaqueta y chaleco sin mangas y mamá tenía mi chaqueta en su regazo cuando se levantó y me dijo ay, Dios mío, qué carnicería le han hecho a mi Vicente, qué carnicería. El imbécil de mi padre se levantó también y vino despacio, detrás de ella, regañándole por ser tan blanda y por educarme como a una señorita. Yo estaba como hinchado por dentro y todo me ardía y la garganta me escocía con tanta fuerza y era tan intenso el dolor, que pensé esto jamás pasará, será un constante tormento. Pero todo pasó lentamente y, como la vida, aquel dolor se fue mitigando y al fin dejé de soñar con el médico aquel que tenía rostro de matarife y cuyas manos me arrancaban la carne en la garganta. Y perdí tanta sangre que estuve a punto de irme tuberculoso y por esa razón, cuando terminé el curso del bachillerato en el mes de junio, me fui con mi abuela a reponerme a Pelegrina, un pueblo pequeño cercano a Sigüenza, donde tuve la inmensa dicha de conocer por segunda vez el amor imposible.

14

Nuestro viaje a Pelegrina se retrasó hasta la primera semana del mes de julio. La razón fue que mi abuela había tenido que ir a Madrid para hacerse unas radiografías del aparato digestivo y ponerse en tratamiento. Yo le decía: abuela, puedo irme solo a Pelegrina, y ella me decía: no lo consiento, hijito, iremos juntos y ya verás qué bien lo vamos a pasar. Mi madre también quería acompañarme, pero yo sabía que estaba pasando un mal trance con su separación de don Anselmo y pensaba que se quede en Guadalajara, por si ese cobarde vuelve y le dice otra vez te quiero y los dos se van al fin del mundo. Como decían aquellas postales de amor bordadas, con la pareja de enamorados mirándose sonrientes y dulzones y diciéndose contigo al fin del mundo, no te olvidaré, ámame como yo a ti. Así es que al fin salimos una mañana de casa, muy temprano, casi de noche, y bajamos a la estación en un automóvil del cuartel que papá había ordenado que subiera a buscarnos y bajamos a la estación los cuatro, mamá, papá, la abuela y yo, pues mi hermana Carla, que entonces tenía diecinueve años, me despidió desde la cama, incorporándose medio dormida y diciéndome cuídate, Vicentín. Me besó varias veces abrazándome y me dio veinticinco pesetas en billetes de cinco, que había sacado de su hucha de metal, pues la hucha de mi hermana era de hojalata, con cerradura, y representaba un paisaje florido con personajes de Walt Disney, mientras la mía era de barro y no se podía abrir y siempre la guardaba encima de una cómoda que había en mi alcoba y allí iba guardando mis ahorros para las ferias y fiestas, que eran en octubre. Recuerdo aquellas mañanas radiantes, cuando hundidos en los cálidos lechos de nuestra relativa inconsciencia de niños y de adolescentes, nos despertaba lenta y dulcemente aquel lejano rumor que se iba aproximando. Eran las bandas de música de Cuartell, de Burjasot, y de otros pueblos valencianos, que el Ayuntamiento contrataba para que amenizaran las ferias y fiestas y nos despertasen con sus dianas floreadas y luego en el Parque de la Concordia dieran los conciertos con pasodobles toreros y marchas militares y piezas de zarzuela, como aquella que Toñi tarareaba subida en la escalera tambaleante, mientras limpiaba el polvo de las lámparas y cantaba dónde vas con mantón de Manila, dónde vas con vestido chiné.

Y recuerdo que al decir chiné daba un agudo chillón y taladrante que se prolongaba en otras canciones como *Francisco Alegre*, corazón mío, tiende tu capa sobre la arena del redondel o *Mi caballo murió*, mi alegría se fue, pues con él se marchó mi cariño más fiel. Ventanas abiertas de mi casa y aquel aire que traía aromas del campo y pájaros estridentes que cruzaban el espacio y yo siempre que veía allí a los pájaros pensaba, sentirán calambres en las patas y vibraciones de mensajes. Y aquel rumor lejano de música se iba aproximando y llegaba de la parte de arriba de la ciudad, de San Ginés o de la Amparo y los músicos venían marcando el paso, con sus atriles portátiles acoplados a los instrumentos y las partituras que la brisa de la mañana agitaba. Todo el mundo se asomaba entonces a los balcones y delante de la banda de música iban niños y perros con la lengua fuera, que ladraban como si se rieran del jolgorio y detrás de las bandas también iban gentes y muchas criadas estaban en los balcones y en los miradores sacudiendo las alfombras y se quedaban mirando con el codo apoyado en la barandilla del balcón y los ancianos también se asomaban con sus bastones y las monjas de los conventos de clausura estoy seguro que alzarían la cabeza y escucharían la música alegre recordando algún ayer perdido, pues siempre es el ayer lo que vivimos y el presente no existe y el futuro es negro, insondable, sólido como una roca por donde no se puede caminar. Eran las fiestas lo mejor del año y como todavía no había comenzado el curso durante aquella semana, los cerebros estaban limpios y recuerdo que me planificaba el dinero y decía veinticinco pesetas diarias para montar en las voladoras y en los coches de choque y en la noria y para comprarme churros y pirulíes. Y recuerdo aquellos tenderetes con gorros de papel y trompetas y gafas con narices y bigotes postizos. Atronaban los cohetes por las mañanas y se veían muchos forasteros con garrotes y blusones de los pueblos, que iban a la feria de ganados y también venían circos y subían las cabalgatas de propaganda por la calle Mayor, con sus saltimbanquis y faquires tragándose el fuego y camellos y jaulas con leones y elefantes. Recuerdo un año cuando vino un motorista que era *medium* de magia y con los ojos vendados recorrió la ciudad e incluso bajó hasta el río. Y los que teníamos bicicleta bajábamos detrás pensando el motorista se caerá al agua y se puede ahogar o se estrella en las tapias del hospital provincial, allí donde muchas veces, tras las ventanas enrejadas, escuchábamos los alaridos de los locos, pues en Guadalajara no había manicomio y sí Asilo de Ancianos e Inclusa, pero Manicomio no hubo hasta que el sanatorio antituberculoso de Alcohete, que estaba en el monte Alcarria, a unos kilómetros de la ciudad, lo transformaron en hospital psiquiátrico cuando ya la penicilina había acabado prácticamente con la tisis. Mi amigo Jesús Utande, que estudiaba magisterio, estuvo tuberculoso en Alcohete y Chomin, *Caratanque*, Herranz, Gilaberte, *Caraluna* y yo fuimos una vez a verle con las bicicletas y a mí me impresionó mucho ver a Chus tendido en aquella hamaca y tapado con una manta, frente al aire frío que llegaba de las montañas, gordo, gordo, como si le hubieran hinchado los carrillos con una bomba de inflar neumáticos. Y siembre que me acuerdo de las bicicletas tengo a la vista mi BH azul metalizada, con manillar semidepaseo y cambio de marchas Super-Simplex, made en France. La bicicleta de Chomin era verde y la de *Caraluna* amarilla y algunos la tenían de carreras con ruedas de tubular y coleccionábamos cromos con los retratos de los ciclistas más famosos del mundo, que eran los que corrían el *Tour* de Francia y las «vueltas» de Italia y de España. Hugo Koblet, Gino Bartali, Fausto Coppi, Berrendero, Poblet, Dalmacio Langarica. Todos tenían su rostro en los cromos y en el reverso su historial y también coleccionábamos cromos de futbolistas como Puchades, Iriondo, Venancio, Zarra, Panizo, Gainza, y Ben Barek y Carlson, el sueco del Atlético de Madrid y Molowny y las copas de Europa que el Real Madrid ganaba en el extranjero y también la voz del locutor Matías Prats, retransmitiendo aquellos partidos de fútbol con Portugal, pues España hubo un tiempo muy grande que casi no tenía relaciones con el mundo exterior y papá decía lo mismo que Franco, ya cambiarán ellos.

—España es la salvaguardia moral de Occidente y eso, a la postre, será reconocido.

Y había también concursos hípicos y corridas de toros. Y siendo yo muy niño se murió Manolete de una cornada. A mí jamás me gustaron las fiestas de los toros y cuando fui más mayor y leía al poeta Miguel Hernández pensé que yo tenía las mismas ideas, cuando dice que el toro sabe al fin de la corrida que el sabor de la muerte es el de un vino que el equilibrio impide de la vida o cuando afirma que como el toro él ha nacido para el luto y el dolor. Y a veces paseando por el paseo de las Cruces comiendo cacahuetes escuchábamos los olés del público que llegaban de la plaza de toros próxima y yo pensaba en la agonía del toro y en su sangre en la garganta y en la espada clavada que se le debía hincar en los pulmones y por dentro, como a mí se me llenó la boca de sangre y de dolor cuando me operaron de las amígdalas y me quedé tan débil que papá aceptó el ofrecimiento del capitán Lostalé del cuartel de Globos, cuando aquel joven de bigotito y botas altas, que se golpeaba siempre los laterales de las piernas con los guantes de piel y llevaba siempre una fusta bajo el brazo, se le cuadró dando un tacanazo y le dijo si me permite mi coronel, pongo a su disposición una humilde casa que tengo en el pueblo natal de mis padres, en Pelegrina, cerca de Sigüenza.

—Allí podrá su hijo reponerse de la intervención quirúrgica, pues me atienden la casa unos renteros de toda confianza. Si acepta me sentiré muy honrado y les escribiré una carta al Isaac y a la Benita mañana mismo. Es un pueblo sanísimo y con un pan candeal que resucita a los muertos.

Y por esa razón me fui a aquel pueblo una mañana en el correo que iba a Soria y a Pamplona y papá se quedó en el andén junto a mi madre que lloraba diciéndome adiós con el pañuelo. Yo subí primero a la plataforma y me llamó la atención por lo alta que estaba. Era la tercera o cuarta vez que yo iba en tren y le ayudé a la abuela a subirse y ella resoplaba, pues siempre había sido una mujer corpulenta, pero ahora estaba ya vieja y enferma, pues tenía setenta y tres años y un estrechamiento en el píloro que le impedía asimilar lo que comía y estaba delgada, aunque todavía conservaba parte de su belleza marchita y respiraba mal por el asma. Por esa razón dijo: a mí tampoco me vendrá mal estarme un mes o dos en el pueblo ese que dicen. De modo que llevábamos dos maletas grandes, y un asistente nos estaba esperando en el andén cuando llegamos, y las subió al vagón y al portaequipajes y papá le ordenó que fuera con nosotros hasta Sigüenza y que luego regresara en el tren de la noche, para que nos ayudara a coger después el coche de línea rojo con una lista negra que hacía el recorrido desde Sigüenza a Pelegrina, La Torresaviñán, Saúca, Alcolea del Pinar, Estriégana, Barbatona y otra vez Sigüenza, que era donde moría. Y el asistente se vino también en el auto de línea hasta Pelegrina, pues comprendió que íbamos a tener problemas la abuela y yo solos y perdió el tren de la noche y al día siguiente de haber llegado al pueblo, cuando estábamos desayunando en la cocina de campana de la casa del capitán, con el Isaac y la Benita mirándonos como a bichos raros, me enteré que el pobre asistente había salido a las cinco de la mañana andando hasta Sigüenza para coger otro tren y por lo visto tenía miedo de que le arrestasen, pues quiso llamar desde aquel pueblo al cuartel y el señor Isaac se echó a reír y le dijo que de dónde había salido con semejante desconocimiento de la realidad.

—Soy de Jerez de la Frontera —dijo el asistente.

—Ahora entiendo por qué preguntaste por el teléfono. Aquí, hijo, no tenemos ni teléfono, ni agua corriente, ni una carretera como es debido. Y menos mal que tenemos señora maestra y señor médico desde el año cincuenta y uno, pues endenantes ni eso.

Era el señor Isaac un hombre de sesenta años, curtido por el sol y pequeño de estatura, pelo recio como un roble y con unas manos que parecían mazas. Con ellas, según me dijo y me demostró más tarde, era capaz no sólo de dominar a la mula que tenía, que se llamaba *Gregoria* y que era falsa, falsa, sino también de derribar al borrico, cuyo nombre era *Sergio*, pues el señor Isaac opinaba que los nombres que mejor entendían los animales eran los de las personas. Así una vaca se llamaba *Gertrudis*, la marrana *Francis*, el gallo rojo *Hitler* y el blanco *José*. A todos los animales les ponía nombres de persona y tenía también conejos a los que llamaba del mismo modo con el mote de *Cuní Cuní*. Era un tipo pintoresco que aseguraba ver crecer la hierba y su mujer, en cambio, era mohína y agria de carácter, aunque de buen corazón. Al llegar a la casa, que estaba al borde de un barranco, en las solanas de detrás de la iglesia, nos saludaron muy corteses y nos dijeron que toda la casa del señor capitán estaba a nuestra disposición, pues ellos vivían en la de al lado, y las dos casas se comunicaban por el corral.

—De modo que no hay problema —dijo el señor Isaac.

Y añadió que la señora Benita nos guisaría y nos arreglaría las habitaciones, de modo que doña Mercedes podía dedicarse plenamente a cuidarme a mí y a que me repusiera, pues se veía que yo era un buen chaval y que en un escape estaría con un lustre como jamás se me había visto. A mí me resultaron simpáticos y les miraba apoyándome en una pierna, como siempre fue mi costumbre cuando observaba algo abstraído, y tenía la otra pierna cruzada, con mis pantalones bombachos de espiguilla y mi cara pálida, sobre cuya frente me caía siempre un mechón de pelo castaño y ondulado. Pelegrina era un pueblo que estaba a unos siete kilómetros de Sigüenza y había que llegar hasta él por una estrecha carretera de piedra y de tierra y el pueblo se veía desde lejos, subido en la cresta de unos acantilados de piedra, que miraban a un río pequeño y por el otro lado a otro que llamaban Dulce y los dos tenían truchas y cangrejos y los mozos del pueblo bajaban por la noche a pescar con la mano y linternas y recuerdo aquellos enormes despeñaderos de piedra, cortados a pico, que llamaban Revientaperros, por donde muchas mulas y ganado se habían despeñado perdidos en las nieblas del invierno, cuando nevaba y nevaba y los caminos se cerraban y la gente de aquellos fríos contornos era como si también se hubiera convertido en piedra. Pero el verano era distinto y hacía calor en el centro del día y en la plaza había un gran olmo con un banco de piedra todo alrededor, en el que se sentaban los viejos con sus garrotes y sus blusones negros y sus gorras de visera y sus boinas. Y los viejos me miraban saludándome, qué remajo es el hijo del coronel del capitán Lostalé, pues así me empezaron a llamar en Pelegrina y de esa forma tan complicada me nombraban cuando no estaba presente, pues cuando me tenían delante lógicamente todo el mundo decía señorito Vicente y yo en seguida les dije que no me llamasen señorito, pues me recordaba el mote que tenía en Guadalajara y además me parecía ridículo que a un niño como yo le dijeran esa palabra tan cursi que a mí siempre me sonó a injusticia y lo mismo me pasaba con el don, que detestaba y detesto. Por esa razón me alegro que mi hermana no me lo colocara en la inscripción de la lápida de nuestra sepultura, donde vengo sin el don, como una persona normal y corriente y no embalsamado en ese tratamiento absurdo que no significa nada más que muralla. Por ese motivo y supongo que también por otros comencé a caerle simpático a la gente de Pelegrina y pronto me hice famoso y a mi puerta empezaron a llegar los chicos de mi edad para que jugase con ellos. Uno se llamaba Rufino y otro Estanislao, otra era Timotea, que era tonta y llevaba siempre una cabra cogida de un cordel. Y otros se llamaban Juana, Antoñito *el Grande*, Antoñito *el Pequeño*, Sabas, que era malo, y su amigo Fermín, los dos venenosos y pérfidos, que pronto me envidiaron porque era de ciudad y a las chicas les gustaba por mi cara pálida y mi pelo ondulado y como era alto y delgado se conoce que me veían diferente a los chicos de los pueblos, la mayoría más fuertes que yo, pero achaparrados y renegridos, aunque también los había guapos con los ojos azules y espigados y de todas las clases, pero ya se sabe que la novedad y la forma de hablar y mi vestimenta les llamaba la atención, pues se conoce que fue por eso por lo que yo les gustaba. Y un día estaba yo en la plaza jugando al peón con Eladio y los dos Antoñitos, cuando llegaron Fermín y su jefe Sabas, con las manos en los bolsillos y provocadores a ver cómo tiraba el peón el hijo del coronel del capitán Lostalé. Y más allá, en la sombra del atrio de la iglesia, estaban algunas mujeres cuarentonas y unas cuantas mozas, todas de negro, con pañuelos blancos a la cabeza y las manos en la costura o en la labor de punto. Y hablaban y hablaban con una especie de hormigueo o como el rumor de un enjambre de abejas y de cuando en cuando alzaban la vista y tiraban del ovillo de lana o le decían a algún viejito de los que estaban sentados alrededor del olmo, también mirándonos jugar, oiga, padre, póngase al sol que le va a dar el refrío. Y cosas por el estilo. Y recuerdo el piar de los pájaros y el cielo ya azul pálido, con reflejos rojizos, pues era la caída de la tarde y entonces llegó Fermín y le dio una patada a mi peón y yo le dije si vuelves a hacerlo te vas a enterar, pues ya le tenía atravesado al lugarteniente de Sabas, el cual estaba masticando un trozo de palodulce y se le escurría por las comisuras de la boca una salivilla amarillenta, parecida a la que Valle-Inclán dice que se le caía al tirano don Santos en su novela *Tirano Banderas.* Y Sabas dijo a ver si te atreves conmigo, macaco. No sé por qué me dijo macaco, pero lo cierto y verdad es que me encaré con él pensando que entonces o nunca, pues muchas veces había comprobado en las peleas con mis amigos de Guadalajara que es mejor cortar por lo sano que andarse con medias palabras y dije a este pitecantropus le voy a dar una lección. Porque yo era delgado pero nervudo y, además, como papá quería que fuera un militar héroe, estaba perfectamente entrenado en el gimnasio del cuartel de Globos y en la equitación y sabía «llaves» de judo y jiu-jitsu y entonces Sabas, que era más alto que yo, y de más edad, intentó darme un puñetazo en la cara y yo le cogí el puño en un giro de judo y cuando abrió la mano le retorcí los dedos con tal suerte que empezó a gritar y a doblarse y todo el mundo lo vio y yo le decía ¡ríndete! y él se rindió y cuando quiso volver a empezar otra vez le retorcí el brazo con una «llave» distinta y luego le apliqué otra que llamábamos la «doble Nelson», que era por el cuello, doblándoselo y poniéndole la barbilla junto al pecho. Él quiso echarme una zancadilla pero cada vez que lo intentaba yo me zafaba y de nuevo le preguntaba si se rendía de verdad y, ya en el suelo, de rodillas, gritó en un susurro ahogado:

—¡De verdad que me rindo!

Y es que yo, aun siendo pacifista y enemigo de la violencia, tenía también mi genio y mi orgullo, tal vez heredado de mi padre, y estaba muy ducho en esa clase de pequeñas batallas, pues no en balde me había tenido que enfrentar más de una vez con tipos como *Cabezabuque* y *Caratanque*, que eran expertos en peleas. Y aquella tarde fue cuando me vio Justa Chamorro, la hija menor del médico, don Sebastián, que estaba con sus hermanas Águeda y Jacinta en la sombra del atrio, cosiendo, y me miraba mucho y por lo bajo le dijo su hermana Águeda: parece que te gusta el forastero, y ella se puso muy colorada y yo ni siquiera me di cuenta, pues no me la habían presentado todavía. Era de mi misma edad, es decir, tenía trece años y un domingo, al salir de misa, se nos acercó el médico don Sebastián y saludó a mi abuela diciéndole que iría esa misma tarde a tomarle la tensión y entonces se volvió a su familia, que estaba detrás, y dijo, aquí mi señora Amanda, y mis hijas: la mayor Águeda, que es ésta, la mediana Jacinta, aquí presente, y por último esta otra, que es la pequeña y se llama Justa. Las dos mayores tenían diecinueve y diecisiete años respectivamente y eran muy guapas, tal vez más guapas que Justa, pues tenían cara de vírgenes de altar, con sus pañuelos de seda de colores a la cabeza y sus vestidos de organdí y sus zapatitos modestos y sus libros de misa. Sin embargo, Justa tenía algo especial y en seguida me enamoré de ella, pues tenía el cutis como de ébano claro, terso y las cejas perfectamente dibujadas y negras, como los ojos, que eran de fuego. Tenía el talle esbelto y era de mediana estatura, pero bien formada. Y aunque eran chicas de pueblo tenían una distinción especial y las tres eran diferentes, pues una tenía los ojos azules, la mayor, Águeda, y la mediana los tenía garzos, y la madre también era guapa y todo el mundo la llamaba en el pueblo doña Amanda y dicen que era el socorro de los necesitados, pues allí, en Pelegrina, también había pobres y mendigos, y un loco que estaba atado en su casa y que llamaban *Barrabás* y una tonta de pueblo que iba por ahí con la baba caída y que tenía por mote *la Escuchimizá*. Era una chica joven, de unos veinte años. Vestía con andrajos y caminaba descalza sobre la piedras picudas y siempre iba medio desnuda y no estaba mal de cuerpo, pero era tonta de nacimiento. Dicen que la habían violado de niña en el monte cuando era pastora y no crecía y por esa razón le pusieron el mote de *Escuchimizá*. Luego dicen que se bebió un agua de Lourdes que trajo el señor cura, que se llamaba don Efrén, y le dijo: toma hija, bébete este agua y verás cómo la Santísima Virgen de los Franceses te abre la mente y dejas de ser tonta. Pero *la Escuchimizá* se bebió toda la botella entera y no recuperó la lucidez, ni la inteligencia, aunque sí empezó a crecer y a desarrollarse y entonces alguien la embarazó en el campo y cuando iba a dar a luz se fue del pueblo una noche y todos los vecinos salieron a buscarla con teas encendidas y con una trompeta que iba tocando el sacristán, al que llamaban *el Severo*, y de vez en cuando gritaban a coro:

—¡Escuuuu...!

Pues realmente todo el mundo le decía a la tonta *la Escu*, para abreviar, y con el artículo delante, pues en los pueblos nunca eres, por ejemplo, Vicente, sino el Vicente, el Fermín, el Sabas, o la Escu, que apareció ya dada a luz, con un niño muerto. Y mi abuela me regañaba cuando comenzó a pegárseme esa manía de poner el artículo a los nombres y me decía: no vayas a volver a Guadalajara más ineducado, hijo mío, porque los pueblos están bien para la salud del cuerpo, pero no para la del espíritu. Y añadía, quitándose las gafas y suspendiendo su labor:

—Los pueblos, Tasio, envilecen, empobrecen y embrutecen, no lo olvides.

Sin embargo, a mí Pelegrina me había puesto en el espíritu perfumes de albahaca y rosas de pitiminí y olor a menta y a romero y a jara. Y era porque otra vez me había enamorado de un imposible, como es siempre el amor verdadero. Primero fue Maricarmen, a la que llamaban *la Loca de la buhardilla*, con su piano y sus impulsos bohemios, y ahora llevaba en mi corazón el rostro de Justa Chamorro, la hija menor del médico, a la que dibujé con mis pinturas en el bloc Ingres, a contraluz, de perfil, de frente, rodeada de flores o puesta en pie en el borde de aquellas crestas de piedra, junto a las ruinas del castillo de Pelegrina, que decían había pertenecido al Cid Campeador. Y le escribí a Chomín una carta en la que le decía podías venirte, pues en la casa del capitán hay tres camas libres y dos habitaciones más. Nosotros vivíamos en la parte alta y teníamos que subir por una empinada escalera y había tramos en que te dabas con las vigas del techo. Pero mi habitación daba al río y desde la ventana veía la rocosa muralla del acantilado de Revientaperros y la presa del molino y la vieja casa del molinero, con su chimenea humeante y el sendero de piedras sueltas que bajaba al abrevadero del río, donde los mozos iban con las mulas a abrevarlas y a hablar de las mozas. Y un día entré en la cuadra y le dije al señor Isaac:

—Quisiera pedirle un favor, señor Isaac.

—Usted dirá, señorito Vicente.

—No me diga señorito, se lo ruego —le dije yo.

—Es que no me apaño en llamarle de otro modo. Además, su señora abuela no lo vería bien. Dígame qué favor quiere.

—Primero que me hable de tú —insistí yo—, y después que me deje ir con usted al campo a recoger las mieses con el caballo.

—¿Con el garañón? —se extrañó el señor Isaac.

—Sí.

—Pero, ¿tú sabes montar a caballo?

—Sí señor.

Al fondo de la cuadra estaba el garañón, apartado de la mula *Gregoria* y del burro *Sergio*, por una empalizada. Y el garañón era negro y altísimo, más que mi caballo *Lucifer* del cuartel de Globos, pero a mí no me daba miedo y siempre que entraba en la cuadra le pasaba la mano por la grupa y él se volvía hacia mí con sus largas crines salvajes y me acercaba el hocico para que le acariciase. Se llamaba *Sultán* y se lo habían prestado al señor Isaac de la Remonta de Cádiz, por mediación de su amo el capitán Lostalé, para que le ayudara en las faenas de la recolección y, de paso, lo echaran a las yeguas de Pelegrina y La Cabrera, para que las preñase, pues era de raza hispanoárabe y el señor Isaac me miró de arriba abajo y me preguntó otra vez si de verdad me atrevía a montar el caballo al pelo, pues en el pueblo no había ni silla ni estribos, y sólo podía atarle encima una manta.

—Sí —le respondí—, ahora mismo si usted quiere se lo demuestro.

—Pues entonces vamos, que para luego es tarde.

Y los dos salimos a la estrecha calle empedrada y el señor Isaac me dio las bridas de *Sultán* y me dijo: ahí a la salida del pueblo hay una piedra grande para que te montes. Y allí estaba la piedra y el sol poniente dándole reflejos de sangre a todos los contornos, con aquel aire perfumado de montaña y aquella soledad del mundo. Yo llevaba puestos mis pantalones cortos con tirantes y unas playeras blancas, sin calcetines y mi blusa de cuadros. Parecía Tom Sawyer y ya estaba empezando a gustarme el pueblo. Había engordado dos kilos porque la abuela me hacía de desayuno huevos fritos con jamón y a mediodía comíamos puré de lentejas o judías con chorizo o patatas guisadas con carne y de segundo, como no se conocía el pescado, comíamos conejo de monte y pollo en pepitoria, y algunas veces croquetas y flanes de polvos que a mí me gustaban más que los caseros y siempre le estaba diciendo a mi abuela, que no me los hiciera con leche y huevo y la pobre me acariciaba el pelo revolviéndomelo con la mano y exclamaba: ay, qué trasto de chico, mira que preferir esas porquerías que hacen con polvos a esos flanes hermosos y alimenticios que hace su abuela. Y yo la quería tanto que no me parecía vieja y a pesar de que ya no era la de antes de su enfermedad, a pesar de su pelo blanco, era tan distinguida y había sido tan hermosa, que a mí me seguía gustando y cuando le daba el asma me ponía muy triste y le decía: abuela, voy en seguida a decirle a la señora Benita que te traiga la olla con el vapor de eucalipto.

—Gracias, hijo, pero no te preocupes, que ya pasó el arrechucho.

Y seguía haciendo sus tareas, sin darle importancia, porque mi abuela jamás fue alarmista como lo era mi padre, que siempre estaba con las alarmas y con los desastres y con las hecatombes y las batallas y las guerras que se inventaba para que todo el mundo fuera movilizado y se convirtieran unos en vencedores y otros en vencidos. Y una noche, después de cenar, cuando estábamos al fresco en la trasera de la casa mirando cómo la luna iluminaba todo el fantasmagórico campo y los farallones de roca y cómo brillaba el estrecho cauce del río, le dije, abuela.

—Qué —me respondió ella saliendo de su ensimismamiento, echada como estaba en una mecedora que le había prestado la esposa del médico, doña Amanda, y a la que mi abuela le había hecho, de punto, un pañito para el respaldo.

—¿Verdad que papá y mamá no se quieren? —le pregunté.

Y, al hacerlo, de inmediato sentí cómo se me hacía una especie de nudo en la garganta y me entraban ganas de llorar. Sin embargo, tragué saliva, pues quería mucho a mi madre, pero por papá creo yo que siempre sentí odio. Sobre todo cuando pasé de los nueve años y me di cuenta de que era un hombre de corazón frío.

—Claro que se quieren —respondió mi abuela.

—Dime la verdad —insistí yo.

—Tienen problemas, como todos los matrimonios. Yo también los tuve con tu abuelo Bartolomé y nos queríamos con locura —dijo mi abuela Mercedes, desviando sus ojos de los míos.

Durante unos segundos permanecimos en silencio, absortos en la contemplación de aquella noche de luna llena que parecía pleno día. A intervalos se escuchaba el rumor del cuclillo y cantaba la calandria y, a lo lejos, se oían las esquilas de los rebaños de ovejas, pastando por las cañadas. Nunca había yo experimentado sensaciones como aquéllas y jamás el tiempo tuvo para mí esa dimensión ancha y honda, como inmovilizada en el Universo. Tan sólo puede compararse aquella telúrica quietud con esta otra de la muerte en que habito, frío, silencioso, preso en mi tumba.

15

Y ya no hablamos más del asunto de mis padres. Porque yo me levanté y me puse junto a la cerca de piedras y me apoyé en ella mirando al cielo, para ver si pasaba alguna estrella tan fugaz como nosotros mismos, pues ya entonces había comenzado a darme cuenta de que aquellos versos de Jorge Manrique que venían en mi libro de Literatura de cuarto curso eran verdad. Me los aprendí de memoria y se los recitaba a Chomin cuando íbamos solos paseando o cuando estábamos en su casa estudiando juntos. Y seguro que me ponía melodramático al declamar no se engañe nadie, no, pensando que ha de durar lo que espera más que duró lo que vio. Porque desde muy niño supe que nuestro destino era precisamente la fugacidad, extinguirnos como un cometa en el cielo, desaparecer sin dejar rastro. Y por esa razón me gustaba escribir y pintar cosas extrañas y enamorarme de los ojos de las mujeres y sentirlas cerca de mí como sentía muy cerca a Justa Chamorro, la hija menor del médico, a la que, después de conocerla a la salida de misa, volví a ver al anochecer aquel día, cuando el señor Isaac me dijo, de acuerdo, móntalo. Y me subí a la piedra, mientras él me sujetaba el caballo negro como la noche, y al montarme sobre él, sentí que todo su cuerpo vigoroso se conmovía, sorprendido de aquel contacto intruso y poco frecuente.

—¡Suelte ya! —grité al señor Isaac.

Y apreté las rodillas contra el pecho de *Sultán* y le di con los talones en los costados, para que saltara sobre aquel resplandor rojizo del atardecer, y corrió, corrió por la carretera de piedra en dirección al empalme de la comarcal de Sigüenza. Volaba *Sultán* y dije cruzaré los campos de barbecho y me perderé por esta llanura. Galopaba por aquel altiplano batido por los vientos de la Meseta y comprobé que *Sultán* me aceptaba y que era dócil a mis órdenes. A pesar de su brío y su aparente ferocidad, era como si él y yo fuéramos un mismo animal, como debieron ser los míticos centauros también imposibles. Porque todo lo hermoso no puede ser y, sin embargo, yo vivía aquella ilusión alada con el mismo frenesí que viví los ojos de Maricarmen y los de Justa Chamorro como la noche y más tarde los de Elsa y otros ojos y otras muertes de cuencas vacías, guadañas de decepción y de esperanza. Y por primera vez era libre sobre un corcel, perdido en aquella llanura que vibraba al sentirse hollada por los cascos de *Sultán*, y papá don Hugo no iba detrás de mí con su caballo blanco de nombre *Huracán*, ni aquella planicie era el campo de equitación del cuartel de Globos, ni aquellos confines desoladores y hermosos eran el siniestro barranco del Alamín, por cuyas cortadas mi padre me hacía arrojarme con su caballo militar, resabiado y luciferino, que me condujo a la desgracia, en tanto él se consideraba mi entrenador ecuestre y cronometraba mi tedio y mi hastío, mi inútil esfuerzo y mis saltos acrobáticos, espiándome con los sempiternos prismáticos que llevaba colgando del cuello para, en cualquier momento, tenerme cerca, darme órdenes, manipular mi barro mortal hasta convertirme en el héroe nacional de una guerra imaginaria que él tenía ya prevista en su cerebro. Me alejé de Pelegrina por trochas y vericuetos y, cansado, me detuve y le hablé a *Sultán* al oído y le acaricié y de nuevo regresamos ya casi de noche. A la entrada del pueblo, en la Fuente del Ejido, junto a las eras, vi las mozas al pasar que me miraban entre dos luces y oí su parloteo y sus risas y distinguí entre aquellos ojos de penumbra los negros de Justa, la hija menor del médico don Sebastián. Ella me sonrió un segundo y el amor, de nuevo, era un imposible matemático, que surgía imprevisto. Y el señor Isaac me estaba esperando con mi abuela en la puerta de la casa del capitán Lostalé y me vio llegar alegre y dijo:

—Mientras estés en Pelegrina *Sultán* es tuyo.

—Gracias, señor Isaac —le respondí—, por hablarme de tú.

—Trasto de chico —comentó mi abuela—. ¡Ay que ver qué olor a caballo traes!

Bajé al abrevadero del río con mi caballo negro y allí estuve con los mozos que abrevaban las mulas y nos sorprendió una tormenta repentina que vino súbitamente y tronó con fuerza y diluvió. Cuando llegué a casa de nuevo tuve que desnudarme en la cocina, frente a las llamas del fuego del hogar, mientras la abuela me restregaba el cuerpo mojado con una toalla y exclamaba suplicándole a Dios y a todos los santos que yo no cogiera una pulmonía. Y al día siguiente, a las cinco de la mañana, el señor Isaac, como habíamos convenido, me despertó para que me fuera con él a por las mieses que estaban en gavillas tiradas en lejanos campos de trigo recién segado. Cargábamos a *Sultán* y a la mula *Gregoria*, que llevaban grandes redes colgando de unas andas, y las masas de mies se bamboleaban al rítmico paso de las bestias y el señor Isaac y yo las llevábamos cogidas de las bridas, hablando de lo bonito que estaba el campo al amanecer, o del calor asfixiante del mediodía o de esa tibieza que tenía la tarde, cuando ya nuestros cuerpos olían enteros a cereal y a tierra, y en las pupilas llevábamos estelas de innumerables pájaros que habían surcado nuestros cielos. Y a veces nos cruzábamos con otros campesinos que regresaban al pueblo con sus galeras repletas de haces de mies y veíamos todavía cuadrillas de segadores rezagados por los cerros y a la sombra de los escasos árboles que sombreaban las sendas nos comíamos el chorizo de la olla y el lomo adobado sobre la gran rebanada de pan candeal. Y el señor Isaac me decía:

—Echa un trago, Tasio, que te lo has ganado.

Pronto aprendí a beber de la bota y se lo escribía a Chomin los sábados, cuando ya habíamos terminado la faena y la abuela me decía, hijo, lávate bien y ponte otra ropa más decente, que esta noche nos han invitado a cenar en casa del médico. Yo entonces me vestía de mayor, con mi traje de verano a rayas y mis zapatos blancos que limpiaba cuidadosamente con crema Búfalo.

—¡Vaya con el mozo! —exclamaba el médico don Sebastián al vernos llegar—. Ayer te vi como un jabato llevando mies a la era del Isaac. ¿Te gustan las labores del campo?

—Sí, señor —respondía yo, deseando perderme en el jardín de la casa del médico donde estaban sus hijas con una pianola de manubrio y tocaban música y yo las miraba bailar a la mayor, Águeda, y a su hermana mediana, Jacinta, mientras Justa y yo estábamos sentados en un banco de madera tosca, mirándonos a los ojos y sin atrevernos a hablarnos de esa enfermedad que teníamos en el estómago, cuando nuestros ojos se encontraban, que era como un deseo angustioso y febril.

—Montas muy bien a caballo —me decía en un susurro.

—Bah —exclamé yo—, es que voy a ser militar y para serlo hace falta ser buen jinete.

—¿Vas a ser militar como el capitán?

—Sí, como el capitán.

Porque yo no quería ser militar como mi padre, al que, dos años más tarde, cuando yo tenía quince años, soñé una noche que estaba en el prostíbulo Selva Negra de Guadalajara a donde yo había ido en mi sueño, con mi gran cartapacio de dibujo debajo del brazo. Se abrió la puerta del umbrío jardín y aquella tarde que soñé era violeta y llovía torrencialmente. Blas el cojo, que era el conserje del prostíbulo, me puso una mano de cristal transparente en el pecho y yo le veía todas las venas y huesos y cartílagos a aquella mano y me dijo, tú aquí no puedes entrar porque eres un menor. ¿Quién es?, preguntó una voz en el cielo violeta que gravitaba sobre mi sueño. Es el hijo del coronel Garrido, el que está con Sara. Yo no entendí nada, pero luego me vi pintando a una prostituta desnuda, que posaba para mí y vi a la dueña masticando su propia saliva y pintándose las uñas de amarillo, diciéndole a alguien, que era invisible, este chico es el hijo de uno de nuestros mejores clientes, el depravado don Hugo Garrido de Tinajas, coronel de ingenieros. Y aquella persona invisible preguntaba ¿y este mozo sólo viene a pintar desnudos? Solamente, respondía la dueña del prostíbulo, que no se llamaba Hilaria como en la realidad, pero yo no sabía su nombre y por esa razón no me dirigía a ella. Solamente la miraba de reojo, mientras la chica que posaba para mí me decía, yo fui la que estrené a tu amigo Gilaberte, ¿me recuerdas? Y entonces yo dejaba los pinceles sobre la mesa y le decía, ¿es verdad que mi padre es cliente vuestro? Sí, decía Sara, viene con las mujeres de la vida porque tu mamá no le permite hacer el amor ese que ves ahí. Y me condujo por un largo, interminable corredor, y al fondo estaba una puerta cerrada y Sara me dijo, mira por el agujero de la cerradura y verás a tu padre completamente enviciado. Y le vi en un lecho de sangre, sobre una mujer sin cabeza, jadeando convulsivamente, como cuando íbamos a caballo por los campos malditos y él fustigaba a su caballo blanco que en el sueño llevaba por jinete un esqueleto envuelto en una sábana transparente y el esqueleto me dijo la dueña de la casa de mujeres malas que era la Muerte y luego no recuerdo cómo continuaba el sueño, pero sí sé que estábamos después en el comedor de mi casa y mi hermana tenía puesto el traje de novia todavía sin estrenar y dijo es que me lo estaba probando cuando Toñi ha dicho la comida está en la mesa y por esa razón vengo así. Y entonces papá bendijo los alimentos que íbamos a tomar y yo fingía que rezaba, pero casi nunca era capaz de seguir aquellas breves oraciones que me parecían falsas, mecánicas, dichas sin auténtica compasión por los que no tenían un mendrugo de pan que llevarse a la boca. Después Toñi vino con la gran sopera, ayudada por un soldado sin rostro, que era el asistente de papá, y mi padre comenzó a servirnos en los platos vacíos. Había junto a mamá otro plato vacío en el que papá dijo no echaré sopa porque ese plato pertenece a don Anselmo, el párroco de Santiago Apóstol, tu amante. Y señaló a mamá, la pobre, y yo sentí tanto dolor cuando la llamó adúltera y pervertida que entonces me arranqué con fuerza la servilleta que llevaba colgando del cuello, y me levanté como si fuera a pronunciar un discurso o un brindis y, encarándome con papá, le escupí a la cara, tú también eres un adúltero y un corrompido. Pues le había visto en la casa de putas de la mujer terrible que no se llamaba Hilaria y que era la dueña de todas aquellas rameras, porque las había comprado con dinero legal, según dijo. Y papá vino hasta donde yo estaba y me abofeteó por centésima vez en mi vida y me echó a la calle. Vi en el sueño mis ropas cayendo por el balcón abierto y yo estaba desnudo y temblaba de frío y me sonaban los dientes como a los condenados del Juicio Final. Y en el jardín del médico de Pelegrina querían que Justa y yo bailásemos y yo les decía que me gustaba mucho la música de la pianola de manubrio que doña Amanda daba cuerda y luego se iba a donde estaba mi abuela charlando con el doctor y otra vez le dábamos cuerda alguno de nosotros y don Sebastián, el médico, le decía a la abuela, créame, doña Mercedes, que la vida en una aldea de este tenor es francamente aburrida. Y menos mal que tienen ustedes esas hijas tan maravillosas, decía mi abuela. Eso es lo malo, decía doña Amanda, nos preocupa terriblemente qué va a ser de ellas en un pueblo de estas características, donde no hay nada. Podían estudiar en Sigüenza, decía mi abuela. La mayor ya hizo su bachiller, decía doña Amanda, pero Jacinta no lo terminó. Mi Justa es la que va más retrasada, pues hizo solamente hasta segundo en las Oblatas de Sigüenza y ahora dice que solamente le interesa el Corte y la Confección, que quiere ser modista. Pues es una profesión muy hermosa y muy femenina, decía mi abuela, por decir alguna cosa. Y Justa me dijo, podemos bailar, y yo tenía vergüenza cuando tropezaban mis pies con los de ella y me sudaban las manos y ella recuerdo que se me pegaba mucho al cuerpo y sentía sus senos picudos y duros, como cuando fui novio de Maricarmen y tuve aquellas intimidades. Pero de pie y con Justa era distinto y ella debía creer que yo era un niño sin malicia, pues no hacía más que acercárseme y yo pensaba para mis adentros si supieras todo lo que yo he hecho ya en esta vida. Y recordaba aquellos enviciamientos que teníamos en Guadalajara, como si aquella ciudad fuese Sodoma y Gomorra y, realmente, lo era, pues nada de cuanto de libidinoso haya podido pasar por la mente de los hombres nos era ajeno en la capital de la provincia que el médico de Pelegrina tenía en un plano clavado con chinchetas en la pared de su pequeño consultorio. En aquel mapa tenía señalados con alfileres de banderita los otros pueblos a los que tenía que prestar asistencia a través de una cosa que él le explicaba a mi abuela y que se llamaban las «igualas». Y decía:

—Tenemos sueldos de miseria, doña Mercedes. Gracias a las «igualas» podemos sobrevivir los médicos.

Fue un verano intenso. *Sultán* era mío y Justa Chamorro ya me besaba siempre que nos quedábamos a solas y como yo zascandileaba detrás de ella, una siesta entré en su corral sin hacer ruido para ver si podía verla por la ventana que daba a su habitación. Entonces tuve la sorpresa de encontrarla allí, en un ángulo del corral lleno de hierbajos agostados y de piedras, acuclillada haciendo sus necesidades. Recuerdo sus carnes blancas, blancas, y las medias muy negras y la falda también negra. Ella estaba de medio lado y no me vio, porque yo en seguida me salí y me dije qué miserias tienen que soportar las gentes de los pueblos de España, sin retretes ni nada.

—Estamos dejados de la mano de Dios —solía decirme el señor Isaac, mientras ambos conversábamos en la era, sentados en taburetes sobre el trillo.

Teníamos otra mula alquilada que se llamaba *Pinta* y ella y la falsa *Gregoria*, que te coceaba cuando menos lo esperabas, tiraban de los trillos y el borrico *Sergio* también estaba allí, rumiando paja con grano de cebada y mi *Sultán* se recortaba al fondo de la era, a contraluz, junto a las grandes hacinas que pintó Goya, como un dios équido, negro y brillante, tan negro que parecía azul. Me miraba como si fuera inteligente y entre los dos supiéramos secretos de militares, pues yo era hijo de coronel y él estaba adscrito a una Capitanía General y había crecido entre uniformes y risas castrenses, machadas de cuarto de banderas y cuadras donde los soldados le observaban con miradas sucias desde el otro lado de la empalizada, cuando se montaba encima de las yeguas que tenía que preñar. Y *Sultán* tenía un libro para él solo, donde venían sus novias y los hijos que había tenido y yo, mientras trillaba y trillaba en círculo sobre el taburete, protegiéndome del sol con un sombrero roto de paja, pensaba todas esas cosas convencido de que el mundo se reducía al amor y a la violencia y a escribir todo aquello en libros o en cuadernos y dibujar sueños que nos consolaran de esta angustia de vivir que yo sentía y que el señor Isaac debía sentir también, pues aunque era un aldeano, en su mirada había un poso de insatisfacción y cuando suspiraba hondo parecía que se quejaba y al arrojar la colilla de sus cigarrillos pringosos, después de haber contado alguna historia de cuando la guerra o de las cacicadas del alcalde o de cómo se le había pasado la existencia sin sentir, entonces yo me daba cuenta que arrojaba la punta del cigarro como con decepción y asco, significando con el gesto que nada valía la pena. Y en su casa también había retratos de cuando él y la señora Benita eran jóvenes y como no habían tenido hijos todo eran fotografías de sobrinos vestidos de soldados y sobrinas de novia, sonriendo al fotógrafo con expresión a veces de espanto, sorprendidas por los fogonazos del flash o porque eran así y tenían ese gesto un poco embobado. Y allí en Pelegrina fue cuando me di cuenta por primera vez que los hombres y mujeres que poblamos el mundo podemos ser diferentes en las apariencias, pero en el fondo todos somos igual y todos tenemos las mismas ambiciones, los mismos deseos y los mismos vicios y virtudes. Porque allí también había problemas de enamoramientos y adulterios, de sacrilegios y de pecados mortales. Lo presentía mirando a la gente en la iglesia, cuando don Efrén, el cura, decía la misa y a pesar de que era verano nos pasmábamos de frío por la humedad y porque la iglesia era de piedra, de estilo románico, y allí estaban las mujeres puestas a un lado del pasillo central y los hombres en la otra fila de bancos y el alcalde y los concejales presidían en el coro de atrás, cerca del atrio, junto a la puerta entornada por donde entraba la claridad del día y se asomaban a veces hocicos de perros curiosos. Y a media misa solía entrar a la iglesia la pareja de la Guardia Civil, con los fusiles boca abajo y las expresiones curtidas por el sol de los campos y las montañas, y el gesto hosco, y la mirada siempre dispuesta a encontrar un culpable. Recuerdo que un día se oyeron dos disparos cerca del pueblo y la gente dijo, son de Mauser, debe de ser la Guardia Civil persiguiendo a algún *maqui* que ande todavía perdido por los pinares o tal vez un furtivo. Porque quedaban aún algunos guerrilleros antifranquistas, perdidos en lo más secreto de los montes, viviendo como buitres en las cárcavas. A veces, impulsados por la enfermedad o el hambre, bajaban a los pueblos como si fueran lobos y se escondían en las casas y me contaba el señor Isaac que en los años inmediatamente posteriores al fin de la guerra civil para siempre, todas las sierras estaban llenas de ex combatientes del bando republicano, que no querían rendirse a Franco y que todavía luchaban y mataban a los guardias. Pero los *maquis*, que así les decían, poco a poco iban desapareciendo, como si fueran especies depredadoras o plaga. Pero aquel día, cuando sonaron los disparos, supimos que era la Guardia Civil que había detenido a unos que la gente del pueblo llamaba *quinquis*, que quiere decir quincallero y otros decían que eran gitanos que robaban burros y gallinas. De modo que rápidamente me bebí el vaso de leche que mi abuela me daba todas las tardes con un huevo batido y bien de azúcar y dije voy a ver qué es, abuela, y salí corriendo hacia la plaza, que era de donde venía el escándalo y las voces y los ladridos de los perros. Y ella me dijo que tuviera cuidado, que no me metiera en líos, no fuera a ocurrirme una desgracia y entonces se moría de pena y de remordimientos.

—No te preocupes —le dije—, que en seguida vuelvo.

Subí por el camino que llamaban de Las Moreras, porque había muchos arbustos de moras y allí también un día vi a Justa con sus amigas cogiendo moras en cestas y, como no tenía más remedio que pasar por el estrecho sendero, entre paredes de piedras sueltas, me puse muy colorado al pasar y no tuve fuerzas para detenerme y hablarle a mi segundo amor imposible, pues realmente era amor lo que sentía. Una auténtica obsesión y un constante pretexto para estar junto a ella, y nos citábamos en los huertos a merendar juntos y yo bajaba mi bocadillo de lomo con pan untado con mantequilla auténtica, de la que hacía la señora Benita, y después me comía una o dos manzanas de los huertos del señor Isaac, que las tenía almacenadas en un sala baja, junto a la cuadra, especie de bodega donde guardaban también el vino y los ajos colgados de las vigas y las cebollas y las ristras de chorizos y los jamones y perniles de tocino de las matanzas. A mí me gustaba mucho bajar a esa sala que llamaban la cueva y aquel olor de las manzanas era embriagador, como nunca lo había sentido. Tampoco jamás volví a oler nada parecido a como olían los tomates recién cogidos de la mata, cuando Justa y yo nos citábamos en los huertos y nos íbamos lejos, lejos, cerca de un molino derruido que había por el lado contrario al despeñadero y allí, entre las frondas de los sauces llorones y los álamos que el viento ondulaba haciendo temblar las hojas, nos escondíamos de las miradas de las ventanas de las casas del pueblo, que se veían arriba, al borde del abismo, o de los pocos caminantes que iban por los senderos tirando de un burro o cargados con haces de leña. Poníamos el pañuelo negro de la cabeza de Justa sobre la hierba y ella se sentaba apoyada en el tronco de un árbol y yo al principio no, pero después, cuando ya tenía confianza con ella y ya la había besado por primera vez en el zaguán de su casa, me tendía sobre el pañuelo y apoyaba la cabeza en su muslo, como se ve en las películas donde salen parejas de amor y, como en las películas, también yo mordía una brizna de paja y Justa me rozaba las mejillas con otra brizna de paja o con una hierbita más larga y me preguntaba si tenía cosquillas y otras veces me decía:

—Qué pelo tan bonito tienes, Tasio.

—Y tú también —le decía yo—, me encanta tu pelo rizado y negro.

Porque el pelo de Justa era como de mujer mora, negro negro y ensortijado, una mata espesa y limpia, siempre brillante, que ella se aplastaba porque quería parecerse a otras chicas que lo tenían liso. Y yo le decía a mí me gustas más así y, tendido como estaba sobre el pañuelo, veía su cara del revés y los ojos eran la boca y la boca un solo ojo, como si fuese una especie de monstruo y tuviera barba, pues el pelo era como si le saliera de la barbilla, que era la frente tersa y brillante. Y Justa tenía los labios también en forma de corazón, como luego los tuvo mi tercer amor imposible, Elsa Lawrence, pero Elsa tenía los dientes más pequeños y apretados y uno un poco torcido. Y los de Justa eran perfectos, blancos como la leche. Y cuando se sonreía se le veían casi todos, pues tenía una boca muy grande y ancha al sonreírse y cuando me besaba le temblaba todo el cuerpo y respiraba como un animal cogido en la trampa del cazador. Y aquellas tardes escondidos junto al río Dulce no las olvidaré jamás, por mucho tiempo que transcurra encerrado en esta sepultu-

ra, cuya lápida me impide escapar invisible en busca del
tiempo perdido, como hizo Marcel Proust cuando escribió
aquellos libros maravillosos que yo encontré en la biblioteca
del instituto Brianda de Mendoza y la bibliotecaria, al ver
que los traía de las estanterías, me dijo no no, todavía no
tienes edad para leer eso. Y yo le dije que tenía catorce años
y ella dijo que le había dado orden la directora doña Enriqueta de que no leyéramos a Proust hasta los quince.
—Y no todo —agregó.
Porque reconozco que siempre fui vanguardista y me gustó descubrir por mí mismo las cosas. Por ejemplo, cuando
Chomin estaba entusiasmado con Julio Verne yo leía a Dostoyevsky y allí en la galería de mi casa leí *Crimen y castigo*,
a escondidas de mi padre, y después *Los hermanos Karama-
zov*. Y papá un día me vio ese libro y me dijo que Dostoyevsky había sido premarxista y revolucionario y que, además, era epiléptico, como si esa enfermedad fuera contraria
a los Principios Fundamentales del Movimiento Nacional.
También me gustaba leer a André Maurois y a Giovanni Pap-
pini, que entonces estaba de moda. Circulaban ediciones
clandestinas de Lorca y de Miguel Hernández y cuando leí
Grito hacia Roma de Federico García Lorca sentí que muchas
de aquellas cosas que él decía yo las pensaba igual, pues en
misa y en la iglesia, cuando hacíamos los Ejercicios Espirituales, me pasaba todo el tiempo exprimiéndome el cerebro
para encontrarle un sentido a la religión católica y a la vida.
Y yo me sentía cristiano del Evangelio y por esa razón me
encantó leer la *Vida de Jesús* de Ernesto Renán, un libro
superprohibido, que robé en la biblioteca del Instituto y que
escamoteé en mis estanterías forrándolo con un tebeo de *Jorge y Fernando*, para disimular, y le puse una etiqueta en el
lomo que decía *En poder de los comanches* y puse un guión
y luego el nombre de un autor de novelas de aventuras que
a mí me gustó mucho cuando era más pequeño y cuyo nombre era Fenismore Cooper. Lógicamente también había leído
el *Quijote* abreviado y no sentí nada especial, fue más tarde,
cuando cumplí veinte años, cuando descubrí que Cervantes
era uno de los genios más grandes de la literatura universal
y que *Don Quijote* sin abreviar era una obra maestra, tal vez
la novela más importante de todas las que el hombre ha escrito. Y luego he leído muchas veces más la historia del
Ingenioso Hidalgo y a mí siempre me gustó llamarle El Caballero de la Triste Figura y me hubiera gustado mucho que
Cervantes le hubiera puesto también el nombre de El Caballero del Verde Gabán, pues creo que Don Quijote era un
tipo tan estrafalario que le irían bien los verdes gabanes, del
mismo modo que a mi padre le sientan bien las batallas vistas
a través de los prismáticos y regresar herido de las guerras y
que le condecoren y coleccionar sellos, pues todo lo que le

entusiasma tiene algo de muerte, polvo somos y en polvo nos convertiremos, que era lo que nos decían los curas cuando nos ponían la ceniza en la frente los Miércoles de Ceniza y todo el mundo en Guadalajara iba por la calle con su mancha de ceniza puesta, exhibiéndola para demostrar que había cumplido con el precepto y nadie se la borraba y cuando la mancha se la llevaba el viento o la lluvia, entonces se justificaban diciéndole a los interlocutores que se le había borrado la ceniza. Qué tristeza algunas cosas de entonces y, sin embargo, cuánta nostalgia se siente del ayer perdido, ¿verdad, abuela? Sé que mi abuela no puede responderme, porque los dos estamos muertos. Pero si todavía viviéramos, y yo hubiera ido a verla a su casa imaginaria y ella estuviera sentada ante un ventanal haciendo croché, con sus gafas sobre la punta de la nariz, canosa y nimbada de luz de la tarde, me respondería:

—Hijo mío, lo que añoramos no es precisamente el ayer perdido, sino nuestra juventud perdida. Todo vuela y todo pasa, como las nubes y como las sombras, según decían las sabias palabras de fray Tomás de Kempis.

Recuerdo que también leíamos el Kempis y a mí se me quedó grabada una frase que me gustó y un día se lo dije al señor Isaac cuando subíamos los dos de dar de beber a la *Gregoria* y a *Sultán*:

—El que usted sea de pueblo no quiere decir que sea un ignorante —le dije—. Yo he aprendido muchas cosas de usted en este mes que llevo ayudándole. De verdad, señor Isaac. Mire, una vez leí un libro que decía que sabe más el rústico humilde que el soberbio filósofo que, dejando de conocerse, considera el curso de las estrellas.

Aquella frase le impresionó mucho al señor Isaac y desde entonces a todo el mundo le decía que yo era muy listo y que sabía muchas cosas que al principio no sabes lo que quieren decir, pero que después, según las piensas, les vas viendo un sentido enorme enorme, como decía él. Y como siempre me supe muchas poesías de memoria se las recitaba a Justa en los huertos, después de comernos los bocadillos y de beber en el río, tendidos boca abajo en la orilla, sin miedo a contaminarnos de nada, pues entonces España dicen que era muy pobre y que había mucha miseria, pero los ríos estaban limpios y el agua era cristalina y el cielo de las ciudades no era tan venenoso como ahora y por el campo jamás veías papeles o plásticos y ahora en cambio es triste ver la degradación de la naturaleza y ningún ministro sale en televisión diciéndole a los ciudadanos que sean cívicos y tampoco el presidente del Gobierno va por los campos recogiendo papeles y plásticos de los bosques, para dar ejemplo. Entonces creo yo que este pueblo incivil se daría cuenta de que ningún país civilizado es tan puerco como nosotros y las tabernas y los bares están sucios y sucias están las calles y los parques y las estaciones del ferrocarril. Los retretes públicos dan asco y puedes coger enfermedades, virus, microbios, pestes. Y nadie cuida lo que no le pertenece y los cerrojitos de los retretes están arrancados de cuajo y robaron los tornillos y sobre la chapa que los sostenía han puesto cigarros encendidos y rótulos groseros como me cago en tu puta madre y cosas así. Porque solamente limpiamos la pobre patria cuando viene un papa o un rey de fuera y, al marcharse, dice que España le ha causado una magnífica impresión de país moderno y nosotros nos lo creemos y no es verdad. Pero esas cosas a mí ya no me interesan porque estoy muerto y lo que desearía es volver a vivir, salir siquiera un poco a respirar aquel aire de entonces cuando, después de las tormentas y la lluvia, salía el arco iris en el cielo y Justa Chamorro, la hija del médico de Pelegrina, me decía bésame. Y cerraba los ojos y yo le recitaba aquellos versos de Gustavo Adolfo Bécquer, mi poeta preferido entonces, cuando tenía trece años y se me cambió la voz:

> *Saeta que voladora*
> *cruza arrojada al azar,*
> *sin adivinarse dónde*
> *temblando se clavará.*
> *Hoja que del árbol seca*
> *arrebata el vendaval,*
> *sin que nadie acierte el surco*
> *donde a caer volverá.*
> *Gigante ola que el viento*
> *riza y empuja en el mar,*
> *y rueda y pasa, y no sabe*
> *qué playa buscando va.*
> *Luz que en cercos temblorosos*
> *brilla próxima a expirar,*
> *ignorándose cuál de ellos*
> *el último brillará...*

—Qué precioso —me decía Justa—, y qué bonita voz tienes.

Ella no sabía que la voz se me había cambiado después de mi operación de amígdalas, como también ignoraba que mamá nos había escrito una carta diciéndonos a la abuela y a mí que a mediados de septiembre iría a buscarnos a Pelegrina en un auto de alquiler. Mi abuela leyó la carta antes de la cena, cuando llegó el cartero que en el pueblo llamaban *El Propio* y, asomando la cabeza por encima del portillo que daba al zaguán, dijo a la paz de Dios, doña Mercedes y compañía, aquí les dejo una carta fechada en la capital.

16

La separación fue terrible. Un vasto dolor se extendía por el interior de nuestros juveniles cuerpos, como si un volcán de amor imposible hubiera arrojado su hirviente lava en nuestros confines y la lava nos invadiera, sepultándonos en la desesperación y la impotencia aquel último día de mi estancia en el pueblo. Mamá había anunciado su llegada para el último domingo de septiembre, después de las fiestas de Pelegrina, que se habían celebrado la semana anterior. Y aquel día señalado, ya con los equipajes dispuestos, no consintió doña Amanda que comiéramos en nuestra casa del capitán Lostalé y nos convidó a almorzar en su comedor del piso de arriba, donde la señora del médico don Sebastián lo dispuso todo con primor para que nos fuéramos de aquella aldea perdida con el buen recuerdo de una despedida familiar. La doña Amanda se había hecho la permanente el día anterior en Sigüenza y estaba guapa aquel mediodía, cuando nos recibió con su sonrisa bondadosa y nos dijo tómenlo con calma, doña Mercedes, si su hija doña Leontina viene en el taxi de Sigüenza no la espere hasta las cinco o las seis de la tarde y si lo ha cogido en el mismo Guadalajara entonces me callo, pues allí hay muchos y no depende del horario del tren.

—Siéntense, por favor.

Estaba la mesa muy bien puesta y las hijas de «la médica», como le decían en el pueblo a doña Amanda, estaban también preciosas, con sus vestidos de flores y sus bustos firmes y las caderas y las cinturas de avispa. Yo, con mi trajecito de verano a rayas, parecía un desenterrado y por todas partes veía los fantasmas queridos de aquel verano feliz. La víspera, por la noche, nos habíamos despedido del señor Isaac y de la señora Benita. Aquél sentimental y ésta parca en palabras, los dos renteros del capitán lloraron nuestra marcha y le dieron a la abuela una cesta con chorizos y una orza de lomo, y la señora Benita le preparó un mejunje para que se diera friegas en el pecho «y ya verá cómo se le desaparece ese picor que luego le trae el asma», le dijo, envolviéndole bien aquella manteca con líquido de hierbas cocidas que olía a menta y a ese olor que se queda en el aire cuando cae un rayo, como el que yo olí un día en los barrancos, cuando estábamos el señor Isaac y yo recogiendo en un cerro los últimos garbanzos y se nos vino encima una tormenta y cayó un rayo en una noguera próxima, que estaba en la linde del camino. Entonces se quedó en el aire un perfume como de azufre y de puñalada, de dentera y de calambre, que era el mismo olor que salía de aquel envoltorio de tela, forrado con papel del periódico deportivo *Marca*, que era lo único que le había dicho a mi madre que me enviaran al pueblo, para enterarme de los resultados del fútbol del Atlético de Madrid, que aquel verano tuvo muchos triunfos en México. Y el envoltorio estaba también atado con cuerdas y la señora Benita le dijo a mi abuela que no lo abriera nunca con las ventanas abiertas, pues se le iba «el milagro». Aquella noche no conseguí dormir, pues como digo todo a mi alrededor estaba poblado por los fantasmas de aquel verano en el que, por primera y única vez en mi vida, supe lo que era vivir en íntimo contacto con la naturaleza y crecí cuatro dedos y engordé cinco kilos y lo único malo fue que, como me crecía mucho el pelo, me lo corté un día en la plaza sentado en una silla, al aire libre, cuando sonó la trompeta del alguacil y echó el pregón de que había llegado el barbero que esquilaba también a las ovejas y mi abuela le preguntó a la señora Benita si era verdad que ese señor pelaba a las personas con garantías y la mujer del señor Isaac, que era a veces seca como un cardo, murmuró toma a ver, a quién va a pelar si no. Y me miró la abuela y me dijo anda, toma un duro y que te corte el pelo ese hombre, no quiero verte más con esa melena. Yo le dije pero si estoy bien, abuela, porque detestaba que me cortasen el pelo y se me pusiera esa cara ahuevada que se me pone cuando me lo corto. Y ella insistió, diciéndome que luego mamá vendría a por nosotros y no estaba bien que me viera con esas trazas.

—Pareces un Robinson —me dijo.

Y es que yo me había curtido y me habían salido callos en las palmas de las manos y ni siquiera estudié una lección del libro de matemáticas de repaso, contraviniendo los consejos de mi padre el héroe, el cual, antes de salir de Guadalajara, me había ordenado repasar, repasar y repasar. ¿Me oíste bien? Sí, papá, le dije yo. Pero en realidad odiaba las matemáticas tanto como a mi padre, pues él y no otro era el culpable de que mamá se hubiera marchitado y se le hubiera puesto en sus ojos verde-azul aquella sombra culpable que a mí me desconcertaba y me intrigaba. Y le dije a mi abuela oye, abuela, ¿es verdad que el amor es triste?

—¿El amor?

—Sí, el amor. ¿Es triste el amor, abuela?

Ella me miró con sus ojos de bondad y de sabiduría y, como siempre que yo la sorprendía con una de aquellas preguntas que hacían referencia a la desgracia de mi madre, no pudo contenerse y me estrechó entre sus brazos y me dijo ay, Tasio, Tasio, qué sensible eres y qué desdichado vas a ser si sigues por ese camino.

—¿Es que estás tú enamorado?

—Yo sí —respondí sin dudarlo.

Era ya de noche y yo estaba en mi alcoba de Pelegrina, con el pijama puesto y la mustia bombilla encendida sobre mi cama, con el gran cordón atado con un nudo y mi carpeta de dibujos abierta. Entonces me senté en la cama mientras mi abuela guardaba en la cómoda la ropa seca que había entrado del corral y me dijo ¿y puede saberse de quién estás tú enamorado?

—¿De Justa, la hija menor de don Sebastián?

—Sí, abuela, estoy enamorado de Justa, y ¿sabes una cosa?

—Tú dirás.

—Pues que desde que estoy enamorado de ella tengo como una tristeza aquí, en la boca del estómago.

—Eso es que has cogido frío —me dijo mi abuela riéndose.

—No es frío, abuela, lo que siento. Es una cosa como si tuviera miedo, igual que cuando tienes que examinarte y estás esperando entrar al examen. Dime, ¿es cierto que cuando quieres a alguien se siente eso?

Mi abuela me dijo que el amor era lo más maravilloso que había en el mundo y aseguró que yo era todavía muy pequeño para sentirlo, que yo era víctima de un espejismo y que a ella, cuando tenía mi edad, le había pasado también y a mamá Leontina y a la tía Hermiona y a todo el mundo. Se sentó en el borde de la cama y, doblando cuidadosamente una camisa mía a cuadros, me dijo que el amor no ofrecía dudas, que cuando llegaba hasta nosotros nos dábamos cuenta de que era él. Yo le recordé entonces que el dios Cupido de mi libro de mitología era el ángel del amor y llevaba un arco y flechas y las lanzaba directas al corazón de los hombres, los cuales, al enamorarse, sentían como el aguijón de la muerte en su pecho. Por esa razón todos los que estábamos enamorados no éramos felices. Y fui a mi cajón de libros y abrí las *Joyas literarias* que me habían comprado unos Reyes y busqué la página de *Romeo y Julieta*, y estaban los dos con caras tristes y luego lo abrí por la de *Los amantes de Teruel* y lo mismo, y también tenían cara de tristeza y ojos de llanto *La dama de las camelias* y *Ana Karenina*. A *Juana la Loca* le pasaba igual y yo también tenía la expresión triste cada mañana, cuando en el calendario de la Unión Española de Explosivos tachaba el día anterior y contaba los días para que mamá viniera con el taxi. Y aquel último día, por la noche, bajé a la cuadra y me despedí de *Sultán* echándome sobre su lomo, con la cara pegada a su suave piel caliente, que me quemaba la mejilla. Escuchaba el rumiar de la vaca *Gertrudis* y el ronroneo de la marrana *Francis*. Y la mula *Gregoria* estaba como dormida, inmóvil, inmóvil, moviendo solamente la cola a intervalos para quitarse las moscas. Y *Sultán* me miraba con sus ojos negros enormes y después continuaba masticando la alfalfa y el trébol mezclados con trigo, como si me dijera no hay que desesperar, Tasio, ya serás adulto como yo y te acostumbrarás a ir de un lado a otro dejándote un poco de ti mismo detrás. Le besé y salí de la cuadra porque estaba citado con

Justa en las barandas de la iglesia, que era un sitio muy trasero y muy oculto, donde nadie podía vernos y menos de noche. Ella me estaba esperando y lo primero que le dije fue recuerda que nuestras sangres están mezcladas ya para siempre.

—Sí —dijo.

Porque un día lo hicimos en el río. Y me bajé la navaja plegable que era también sacacorchos y me hice una herida y a ella otra y cuando salió la sangre las juntamos como en una película que yo había visto hacía tiempo y que me parece que era *Las cuatro plumas* u otra parecida, pues el protagonista se iba a la guerra y se tenía que separar de su amada, lo mismo que nosotros. Y después de unir nuestras sangres la besé en los labios y Justa y yo nos quedábamos siempre mirando a los ojos, sin decir nada, como aquella noche de la víspera de irme. Por esa razón estoy seguro de que nuestro amor era más puro que el que sentí por Maricarmen, *la Loca de la buhardilla*, pues Maricarmen y yo nos tocábamos el cuerpo y con Justa no me atrevía y eso que ya éramos más mayores y mi cuerpo era casi de hombre ya, pues a los trece años y después de quitarme las anginas di lo que la abuela llamaba «un estirón» y comenzaron a salirme pelos encima del labio y como pelusa en las mejillas y en la barbilla también.

—Eso es que te estás haciendo un hombre —me decía mi abuela—. No te revientes las espinillas, si no quieres que se te ponga la cara como un Cristo.

Y cuando al día siguiente, de madrugada, llegó por fin el taxi y subimos los equipajes y todo el mundo estaba allí en la puerta de la casa del médico para decirnos adiós, yo solamente acerté a decirle a Justa al oído que me fuera fiel y que me escribiera. El chófer del taxi había tenido una avería y mamá tuvo que quedarse en Sigüenza hasta que la arreglaron. Eran las cuatro de la mañana cuando llegaron y ya estábamos dormidos en la sala del médico y la abuela la pobre tenía las piernas hinchadas y mamá, que estaba fumando por primera vez delante de mí, tenía unas ojeras muy grandes y cara de tragedia. Saludaba a la gente como con desgana, dando la impresión de ser una hipócrita. Y es que tenía a don Anselmo clavado en la frente, crucificado en una cruz como todos los que han conocido el amor y entonces yo hubiera querido decirle a la abuela: ¿ves como yo tenía razón?

—Podían ustedes quedarse a dormir ya y salir a las ocho o las nueve.

Mamá miró al taxista y éste dijo que tenía un viaje a Soria y que no podía. De modo que las vecinas se quedaron allí, a oscuras, cuando cantaba el gallo y el auto aquel bamboleante iba dejando atrás el pueblo. Y yo sentía en las mejillas los besos de todo el mundo y las manos del médico, cuando me cogió por los hombros y me dijo que fuera un hombre de provecho. Yo llevaba la mirada fija en el suelo del automóvil y los tres íbamos muy apretados, porque mamá se había traído puesto un abrigo de entretiempo y llevábamos la cesta con los chorizos y los regalos y mi caja de cartón con minerales, que no me cabía en la maleta. Y cuando el sol comenzaba a mostrar su resplandor por detrás de las montañas me volví y vi por última vez las ruinas del castillo de Pelegrina, la torre de la iglesia, y los ojos negros de Justa pintados en el cielo.

—Qué bien estáis los dos —nos dijo mamá.

—¿Y en casa? —le preguntó mi abuela.

—Bien, todos bien.

—¿Desde cuándo fumas? —volvió a preguntarle mi abuela a mi madre, cuando ésta sacó un paquete de Chesterfield y encendió un cigarrillo con mano nerviosa.

—Desde hace poco tiempo, me calma los nervios —respondió mamá, mirando por la ventanilla los celajes violeta que tenía el horizonte, último vestigio de la noche que se extinguía.

—¿Y sabe Hugo que fumas?

—No lo sé, ni me importa —dijo cortante mamá.

Comprendí que de nuevo me sumergía en nuestro mundo cruel. Volvía de nuevo a aquella casa de compartimentos cerrados, de murallas y fronteras, límites y silencios. Durante nuestra ausencia habían comprado una radio nueva, cuya marca era Indiana y tenía una india dibujada en el cristal donde estaban impresas las emisoras y unos números que yo no sabía qué significaban y que se llamaban kilociclos. Pero todo estaba igual que siempre, incluso Toñi, que ya tenía más de treinta años y parecía petrificada en el tiempo, con sus ojos saltones fijos en el vacío, siempre limpiando los cristales y cantando la Lirio, la Lirio tiene, tiene una pena la Lirio, que se le han puesto las sienes, moraítas de martirio. Y me puse mohíno y lánguido, insomne, como en trance. Le escribí a Justa una larga carta diciéndole que la quería tanto, tanto, que las letras me salieron enormes, como si aquellos signos desmesurados pudieran dar testimonio de lo que sentía mi alma. Y adelgacé otra vez y pronto se me fue el color aquel de trigo que traje del pueblo. Y cuando iba a casa de Chomin le enseñaba mis dibujos de Pelegrina y los de *Sultán* y el castillo en ruinas. Pero el rostro de Justa lo tenía escondido debajo de mi colchón, en una carpeta de cintas. Y alrededor le puse flores preciosas, que yo me inventé, pues nunca me gustó copiar exactamente las cosas del natural. Y un día, cuando ya no podía más, llamé a la puerta del dormitorio de mi madre, que estaba tendida en la cama con la tristeza aquella que se le ponía y le dije quiero hablarte, mamá.

—**Pasa, hijo, pero no me des la luz.**

Era la hora del crepúsculo. Octubre se había llevado ya las ferias y fiestas y llovía pausadamente. Había comenzado el curso quinto de bachiller, pero mi mente estaba vacía. Me había puesto pantalones largos por vez primera y aquel amor de Justa no se me quitaba de la cabeza.

—Siéntate en la descalzadora —me dijo mamá—. ¿Qué quieres?

Me senté en la penumbra del dormitorio sintiéndome impotente, con la boca reseca y amarga, absurdo e inútil.

—¿Es que te ha regañado tu padre por algo?

—No es eso —respondí.

Llevaba puesto mi segundo reloj, pues el primero creo que lo había perdido ya, olvidado en una fuente, cuando íbamos en bicicleta a las fiestas de Iriépal. La esfera de mi segundo reloj era fosforescente y la miraba en las tinieblas que se cernían poco a poco sobre el dormitorio donde la Virgen del Carmen tenía a su hijo en brazos en la litografía del Purgatorio.

—Quiero casarme —dije de pronto.

Mamá se incorporó bruscamente de la cama y, aun en aquella semioscuridad, pude ver sus ojos asombrados, como si no pudiera dar crédito a lo que acababa de oír.

17

Lógicamente aquello era una locura y mamá me dijo por favor, Tasio, sé razonable, ¿cómo vas a casarte a los trece años?

—Pues casándome —repliqué, aferrado a una idea fija que flotaba ante mis ojos como visión de fantasmas.

En un altar mayor de una iglesia desconocida estaba yo, descomunal y altísimo, y a mi lado Justa, vestida de novia, muy pequeña, más pequeña que su tamaño natural, casi enana, diciéndole al sacerdote que nos casaba sí quiero, tal y como había visto en una película de Olivia de Havilland, la misma que luego hizo el papel de Melania Hamilton en *Lo que el viento se llevó*. Pero mamá insistía quítate de la cabeza esas absurdas ideas de casarte con Justa que, por cierto, ¿cuál de las tres hijas del médico es?

—Supongo que será la menor, esa morenita morenita.

—Sí, ésa es —dije yo.

Fue como una noche terrible, interminable. Le escribí a Justa cartas de amor muy extensas y, era tan ingenuo, que me compré un libro de cartas amorosas en un puesto de viejo de la plaza de San Gil, donde vendían y alquilaban tebeos y novelas de segunda mano. Y me inspiré en una que decía

«Laura de mi alma: Nada comparable existe en el mundo al dolor que siento al saberte lejos de mí. Si tuviera alas volaría a tu encuentro, si pudiera hacer milagros pondría el mundo a tus pies». Pero yo estaba solo en aquella casa, frente al reloj del Ayuntamiento que repetía las horas. Y, sin embargo, aquel reloj, un día tras otro era incapaz de detener el tiempo, de repetir la existencia que se nos iba. Y aquel segundo amor imposible se fue extinguiendo en mi alma lentamente, cuando Justa dejó de escribirme porque ella crecía más de prisa que yo y los niños somos menos maduros que las mujeres y mi rostro se le borró y la sangre que ambos nos habíamos mezclado a la orilla del río Dulce se perdió dentro de nosotros y otras sangres la ahogaron y otros besos se posaron en la boca de ella, cuando conoció a un viajante de comercio que vivía en Sigüenza y se hicieron novios formales y se casaron. Lo supe diecisiete años más tarde cuando, de paso por Pelegrina, entré a la taberna del pueblo y, de manera incógnita, averigüé que Justa Chamorro vivía en Sigüenza, casada con un mercero, que tenía la tienda en la plaza de la Cárcel. Y allí fui aquella tarde de noviembre gris y frío, con mi aspecto de pintor bohemio y mi mirada de alcohólico, como Proust en busca del tiempo perdido. Y ya en la tienda me situé frente a Justa y le dije ¿me conoces? Pero ella me miraba absurda, gruesa, ruborizada, teniendo tras de sí una estufa catalítica de gas butano y en la trastienda al marido, que jugaba a las cartas con un empleado del Ayuntamiento.

—¿Quién es? —preguntó el marido.

—Nadie —respondió Justa.

Salí de aquella inmunda tienda persuadido de la multiplicidad de la existencia, de la versatilidad del destino de los hombres, de la falacia de la realidad. No me reconoció. Era otra. El río Dulce se había llevado el ayer y aquellos crepúsculos y aquellos besos y aquel sí quiero de nuestra boda en sueños. Dos años más tarde se casó mi hermana Carla con el catalán Casamitjana, precisamente el día 19 de junio de 1956, festividad de santa Juliana de Falconieri, virgen. Pero antes había sido el Corpus Christi el 31 de mayo y papá me obligó a vestirme de apóstol en la procesión. Él fue disfrazado de san Pedro y yo de san Juan. Porque en Guadalajara se celebraba el Corpus con una solemne procesión de disfraces y los personajes importantes de la ciudad éramos cofrades de aquel teatro de barbas y melenas postizas, de túnicas de alquiler y de sol abrasador, cuando íbamos recorriendo las calles de la ciudad tras la Custodia y el sudor nos deshacía los maquillajes y en el corazón no anidaba el Cuerpo de Cristo, sino aquella íntima, secreta ambición de hacer de apóstol, o de Virgen, o de Pilatos, o de Barrabás. Ser Jesucristo era prácticamente imposible, pues todo el mundo quería serlo y de generación en generación ese papel se iba heredando entre las familias de más abolengo. Era un privilegio y como tal, el elegido caminaba en la procesión imbuido de su fingida condición divina y adoptaba un aire ridículamente humilde, como si en su corazón anidaran palomas y no le recorriesen por dentro sombras de delito. Yo me negué al principio: No quiero hacer de apóstol, papá. Pero mi padre se enfureció y me obligó a ir a la parroquia de San Nicolás a inscribirme como san Juan Evangelista y me dieron la túnica y las sandalias del discípulo amado, que me estaban grandes, y la abuela, ya muy enferma en su lecho aquel año 1956, me dijo dile a tu madre que me traiga el costurero, yo te arreglaré la túnica. Toñi le puso unos almohadones en la espalda y ella me cosió los bajos, me estrechó la cintura y, cuando me la probé en su mismo dormitorio y me miré al espejo con la barba y la peluca puestas, no pudimos contener la risa y ella decía, Tasio, no me hagas reír que me duele el hígado. Pobre abuela. Tenía ya la muerte dibujada en el rostro y, sin embargo, tenía una gran ilusión en ponerse mejor para asistir el día 19 del mes siguiente a la boda de Carla. Tenía setenta y seis años y los aires de Pelegrina se le habían ido ya del organismo. Ella misma me lo dijo: No hay que hacerse ilusiones, Vicentín, porque unas veces me llamaba Tasio y otras Vicentín y siempre me llamaba distinto. Y trasto y mi duende y mi rey también me llamaba cuando, estando solos los dos en la casa, entraba en su alcoba y le leía los cuentos o las poesías que yo escribía y le enseñaba mis dibujos de caballos y de árabes con turbantes y pistolas y automóviles. Le regalé una acuarela con el Duomo de Milán y se quedó extasiada y suspiró cuánto me hubiera gustado conocer Italia. Hijo, no dejes de visitar ese maravilloso país cuando seas mayor. Y me dijo que todo era inútil cuando la Muerte viene a buscarnos. Ella la presentía ya y constantemente estaba mirando las fechas del almanaque que tenía sobre su mesilla de noche y le decía a mi hermana no sé si voy a poder subir hasta San Nicolás el día de tu boda.

—Ya verás como sí, abuela —le decía Carla con los ojos humedecidos de lágrimas.

Y aquel Corpus se levantó para verme pasar en la procesión, con mi túnica arreglada por ella y mi barba de joven hebreo, llevando en el pecho un gran libro de la biblioteca de la Diputación titulado *Normas consuetudinarias del derecho foral de Navarra y comarcanos* y la gente que me veía pasar creía que era el Evangelio según San Juan, porque yo lo llevaba abierto por una página falsa donde, con grandes letras delineadas en rojo, se leía: «En el principio era el Verbo y el Verbo era Dios.» Pero a mí siempre me impresionó más leer *El Apocalipsis*, especialmente el capítulo del Hijo del Hombre, cuando el apóstol afeminado y celoso escribió que un ángel echó una hoz afilada sobre la tierra y segó las viñas y arrojó después las uvas en la cuba terrible de la ira de Dios. Y aquella cuba fue pisada fuera de los límites de la ciudad y de ella salió sangre hasta el freno de los caballos, en una extensión de mil seiscientos estadios. Muchas veces pinté los cuatro jinetes del Apocalipsis y en sus rostros dibujaba el horror de la existencia, esa angustia vital que me acongojaba en las noches de insomnio, cuando me veía ya como presa del ave rapaz de la Muerte, que venía a llevarme en sus garras. Yo flotaba por el aire negro de las tinieblas y ante mí se abría un ciego interrogante. Oh, procesión del Corpus Christi, cuántas veces después de aquel itinerario asfixiante, tras el sudor y el polvo, me encerraba toda la tarde en mi cuarto o me subía a la buhardilla a leer a Ernesto Renán y, tendido en el camastro de aquel cuarto trastero, boca arriba y fumándome un cigarrillo, me repetía a mí mismo mis versos ocultos:

> Señor,
> ¡cómo te han puesto
> los hombres de las cofradías!
> Tu hermosísima túnica,
> de hilo verdadero,
> la han desfigurado con oro y rubíes,
> lo único que pueden ofrecerte.

Y se casó al fin mi hermana el día de santa Juliana de Falconieri, el 19 de junio, con un calor tórrido, como eran los calores de entonces. Errol Flynn, el novio, estaba muy elegante con su frac a la medida y Carla parecía una princesa de cuento de hadas. Papá, de gala, llevaba su sable y su cartuchera de charol, y el fajín y todas las condecoraciones. Fue el padrino de la boda y penetró en San Nicolás dándole el brazo a mamá Casamitjana, una catalana linda y menuda, muy educada y fina, que constantemente impetraba la protección de una santa que yo nunca había oído nombrar, con su voz de vicetiple y su gesto de recatada devoción:

—¡Santa Catalina Thomas, pregueu per nosaltres! —exclamaba después de cada suspiro.

Yo entonces tenía quince años y medio y me afeitaba todos los días una barba dudosa y por zonas, que me salía sobre el labio, en la barbilla y en la prolongación de las patillas del pelo. Medía casi uno ochenta y, aunque delgado, estaba fuerte, pues papá me obligaba a hacer gimnasia en el cuartel de Globos y a montar a caballo. Me preparaba para ingresar en la Academia General Militar de Zaragoza y todavía Elsa Lawrence no era mi novia formal. Había terminado el baile de santo Tomás de Aquino y yo sentía en mi mejilla la bofetada de mi padre, cuando la ira le transformó una vez más en un ser odioso y me pegó delante del jefe de los camareros.

Yo no sé lo que hice, pues la cabeza me daba vueltas y Chomin, encerrado conmigo en la sala de billar de los jóvenes, que estaba vacía aquel día por el baile, me decía vamos, Tasio, cálmate. Me temblaba todo el cuerpo y me sentía manchado de un odio viscoso, que parecía surgirme del fondo de mis entrañas y me llegaba hasta la boca. Tenía los labios secos y no dejaba de darle ávidas chupadas a aquel cigarrillo Pall-Mall que saqué de mi paquete recién comprado, con el dinero que la abuela Mercedes me había dado en secreto, para que mi rey no haga el ridículo con sus amigos y vean que eres un señor. Mamá me miró orgullosa con mi traje de chaqueta cruzada, marengo oscuro, con una leve raya gris claro y mis zapatos nuevos, negros y brillantes, cuya suela impecable me hacía resbalar sobre las alfombras y al bailar con Elsa en el gran salón de baldosas de mármol, pisándola una y otra vez.

—Vamos, Tasio, olvídalo ya —me decía Chomin.

Y es que él no tenía padre, porque se lo habían fusilado y jamás había tenido su rostro mortal frente a frente y por esa razón le amaba. Papá, para él, sería maravilloso, porque estaba en cualquier fosa común, convertido en masacre y despojo de aquella guerra civil para siempre. Pero mi padre era un ser vivo, una altivez impenetrable. Y su mano dolía en mi rostro, me quemaba. Y Elsa le dijo a su amiga Marta Frutos: ¿puede saberse dónde están Tasio y Chomin? Por su parte, Iluminada seguía bailando en el centro de la pista con Gilaberte y sus grandes manos y su rostro de madera. Y Merche, la pequeña hija del registrador de la propiedad, que estaba encelada con Chomin, se retorcía las manos cuando veía a su amor bailando con otra y le miraba te odio y le apartaba brusca no se te ocurra tocarme y el humo todo lo envolvía y la música no cesaba jamás. Primero un pasodoble torero que se llamaba *Reverte* y luego venían los boleros y las rumbas, los tangos y los chotis. Pero lo mejor era el vals y yo no sabía bailar bien y le dije a Toñi, unos días antes de la boda de Carla:

—Oye, Toñi, ¿por qué no me enseñas a bailar?

—¿Yo?

—Sí, tú.

—Pero, ¿dónde?

—En el comedor.

—¿Y tu padre? —me preguntó alarmada.

—Podemos hacerlo por las tardes, mientras está en el Casino jugando la partida de dominó.

Y ella me enseñó a bailar en el salón comedor. Corríamos la mesa entre los dos y yo cerraba la puerta y le decía a mi hermana no se te ocurra entrar. Mientras tanto, mamá estaba siempre ausente, haciendo labores de ganchillo, cuidando a mi abuela y pensando constantemente en su amor imposible, don Anselmo, que ya la había abandonado un día en Alcalá de Henares, cuando la señora Cristina, la Celestina, le dijo tenga, doña Pura, una carta de don Antonio. Y aquella carta fue una puñalada en su pecho de mujer hermosa y sensual, encadenada a las liturgias y a los rezos, a los confesonarios y a las misas.' Toñi, por el contrario, tenía expresión de payaso y el pelo muy lacio y recogido en un moño. Había cumplido treinta y tres años cuando me dijo de acuerdo, te enseñaré, pero no creas que yo soy nada del otro jueves. Teníamos un viejo gramófono de manivela La Voz de su Amo, con una enorme trompeta. Mi amigo Herranz nos prestó unos tangos de Carlos Gardel y ella me dijo no se coge así, sino un poco más hacia la mitad de la espalda. Yo recordaba el fatídico baile de santo Tomás de Aquino, cuando mi padre me pegó por la broma de Muñoz Grandes y la pobre Iluminada, a la que había convertido en sobrina del general, y reconozco que Toñi me daba al principio un poco de asco, pues olía a guiso rancio y se lo dije:

—Podías perfumarte un poco, Toñi, hueles a cocina.

Ella se enfadó y se fue del salón comedor y yo entré a la cocina, donde la encontré mirando a la pared del patio, gris y triste a pesar de que estábamos en mayo y el cielo era azul y allí estaba el grifo y el recipiente metálico de los estropajos y el jabón Lagarto, con el que Toñi me lavaba la cabeza y después me echaba vinagre para aclarármela. Lógicamente, teníamos tanta amistad que yo no la respetaba y ella no sé, me miraba de una forma extraña. Y es que las relaciones humanas son muy complejas cuando constantemente vives en una casa con las mismas personas y te han visto nacer y te han besado por el pasillo llevándote en brazos. Toñi a mí me había lavado mis suciedades muchas veces y me habría visto desnudo cuando pasé a la cocina y le dije perdona, no quise ofenderte, Toñi.

—De verdad.

Estaba llorando mucho, como con desconsuelo. Se limpiaba las lágrimas con un pañuelo echo un ovillo, muy mojado, y no cesaba de llorar y de sonarse la nariz. De pronto se le había puesto la cara muy roja y los labios los tenía como hinchados y se le formaba como una telilla de saliva reseca entre los dos labios. Goteaba el grifo y sobre la mesa redonda de la cocina había un hule con dibujos que eran una casa y un árbol al lado y encima de la mesa, en el centro, había un frutero con dos o tres plátanos bastante verdes. La alacena estaba bien cerrada y con sus vasares forrados con papel de agujeritos y estrellas y picos, y el suelo estaba muy limpio y la lámpara tenía un contrapeso, y una rueda para subirla y bajarla y la tulipa era de porcelana, blanca por debajo y por la parte de arriba verde. Teníamos dos pilas, como de granito y una cocina de carbón con placas, con un recipiente lateral de forma rectangular que tenía una tapadera muy brillante de cobre reluciente que era el depósito del agua caliente, que Toñi abría a intervalos cuando estaba guisando y sacaba agua caliente con un cazo y la echaba en las judías blancas o en las lentejas y después con el mismo cazo movía el guiso y sacaba un poco y, si estaba yo por casualidad en la cocina en ese momento, me decía pruébalo.

—No vaya a estar soso y tu padre me eche la bronca.

Porque ya mi casa estaba prácticamente desintegrada, Carla se casaba quince días más tarde con Errol Flynn Casamitjana, mamá flotaba en las nubes del espacio, papá estaba en el frente de una guerra que se había inventado y que era una mezcla de guerra de la independencia y cruzada de liberación. Y mi abuela se moría, lo había dicho don Ricardo: Su madre se muere por momentos, doña Leontina. No hay remedio para su mal de estrechamiento del píloro, se consume. Y allí estaba en su alcoba del fondo del pasillo, junto a la mía, siempre en silencio, inmóvil, mirando el almanaque para ver si llegaba a la fecha de la boda de Carla y podía ponerse el traje que, una semana antes del acontecimiento, le mandó sacar a mamá de su armario y, colgado en una percha, lo miraba allí en la pared, enganchado de un clavo que había sostenido un cuadro que había mandado quitar y poner apoyado sobre la cómoda, para ver mi vestido negro de encaje y me pondré también mi peineta española y mi mantón de Manila. Pero tenía la muerte ya dibujada en las profundas cuencas de sus ojos bonitos, muy pálidos, como si se les fuera el color. Y Toñi era el eje de todo, el ama de la casa, la sirvienta, la esclava, ni siquiera pedía aumento de sueldo, ni le importaba lo que ganaban otras criadas. Y como no cesaba de llorar le eché el brazo por encima del hombro y le dije por favor, no llores más. Me estaba entrando pena y al mismo tiempo me dieron ganas de reír cuando la obligué a girar la cara y a que me mirase y le vi esa cara de payaso que se le ponía mucho más ridícula cuando lloraba o estaba triste. Le levanté la barbilla y le vi otra vez esa telilla de llanto espeso y amargo que se le ponía entre los labios y tuve el impulso de besarla y primero la abracé y le dije pero si yo te quiero mucho, Toñi, y ella al principio se convulsionó como si quisiera apartarse de mí y me empujaba con las manos agrietadas y deformadas por los sabañones y por tanto lavar la ropa en los lavaderos que había abajo, en el patio interior, allí donde se juntaban las dos criadas que había en la casa que eran ella y la Dominga de los Salazar, una sordomuda que, sin embargo, te adivinaba lo que le decías por los movimientos de los labios.

—Vamos, Toñi, no seas burra —le dije, atrayéndola contra mi pecho.

Ella olía al guiso de repollo y yo a Varón Dandy, que era la colonia que me había regalado mi madre para el día de mi cumpleaños el 22 de enero y que todavía me duraba, pues solamente me echaba unas gotas los domingos, después de bañarme, ya que los días corrientes me lavaba normal en el lavabo. Entonces era la época que nos dio por arreglarnos como horteras y nos peinábamos mucho y ya éramos diferentes, aunque Chomin seguía siendo para todos el *Indio Sioux* y *Cabezabuque* y *Caratanque* eran iguales que siempre y *Caraluna* lo mismo, pero ya no nos gustaba tanto bajar al río a jugar a las terreras y cuando usábamos las bicicletas era para ir a las fiestas de los pueblos, pero en serio, a bailar con las mozas y a sacar plan. Lógicamente íbamos creciendo y yo particularmente me notaba más hombre, más serio y como más resentido contra mi padre. Ya había tenido dos amores imposibles y estaba empezando a hundirme en el corazón del tercero, que eran los ojos verdegris de Elsa Lawrence. Pero aquella tarde tuve un impulso carnal y triste y yo creo que fue la boca de Toñi, que la tenía apetecible y húmeda de tanto llorar y cuando se la besé sentí que le amargaba la saliva al principio y luego me supo dulce y no sé lo que nos pasó, pero nos excitamos mucho. A partir de aquel día ella y yo bailábamos como pretexto, pues yo la llevaba cogida por la cintura, mientras escuchábamos aquel chirriante sonido de acordeones de los tangos antiguos de Carlos Gardel. Los pechos de Toñi casi se le salían del sostén, pues yo le desabrochaba la blusa y aunque era fea tenía el cuerpo bonito y nunca había tenido novio y estaba como si yo solamente la hubiera tocado por dentro. Recuerdo su semblante cetrino, su frente sudorosa y sus quejidos y lamentos cuando yo quería desnudarla del todo y ella me susurraba Tasio, por Dios, que puede venir tu madre o tu hermana. Yo entonces, mientras le rompía botones, tirantes y broches cantaba a todo pulmón, disimulando, y luego salíamos del comedor despeinados y yo iba a esconderme a mi cuarto con un tremendo dolor en el bajo vientre y en la mirada como una sucesión de mujeres desnudas en tecnicolor, como en las películas. Y es que la vida era, sobre todo, bailes y bailes y enamoramientos y miradas y manoseos y sudores y por la noche me da vergüenza decirlo pero me masturbaba y luego me remordía la conciencia y me arrodillaba ante un Cristo que había en San Nicolás y le decía soy un miserable y un sucio, aparta de mí la concupiscencia de la carne. Pero no sé lo que me sucedía por el interior de mis vísceras ya que, a la menor tentación, volvía a caer. Y comenzó a existir entre Toñi y yo un absurdo y cruel idilio, que a mí me lastimaba y me producía vergüenza, ya que ella, durante las comidas y las cenas, cuando nos servía la mesa, no apartaba los ojos de mí, como implorándome algo. Nuestras miradas se encontraban cómplices y una noche, a los cuatro o cinco días de iniciar las clases de baile, cuando realmente dominaba ya el tango y estaba empezando a especializarme en el vals, sentí que llamaban levemente con los nudillos a mi puerta y era Toñi, en combinación, sin nada debajo, que a la luz de la luna que se filtraba por las cristaleras de la galería del fondo del corredor le brillaba la tela del viso y se le marcaban las formas de la cadera y de los redondos glúteos macizos. Caminaba descalza llevándome de la mano hasta su cuarto y allí creí que me devoraba en la oscuridad, pues su habitación solamente tenía un ventanuco pequeño, alto, cubierto por una cortinilla de rizo. Aquella noche y las siguientes aprendí a hacer el amor y ella me decía soy virgen, Tasio, soy virgen. Qué lejanos recuerdos ahora, cuando rígido en el ataúd me pudro y me devoran los gusanos y todo mi ser se esfuma y se deshace como el viento que pasa rozando los pétalos de las rosas. Y durante más de un año, justo hasta el primer domingo de septiembre de 1957, cuando *Lucifer* me arrojó por la barranquera del Alamín, fuimos como la marea del océano. Hoy te espero en mi habitación, mañana venía Toñi a mi cuarto, pasado estaba enfadada conmigo y al otro volvíamos a reconciliarnos. Y la emoción de los primeros tiempos fue sustituida por una dependencia ·miserable y nos convertimos en una droga mutua y a veces ella ya no me deseaba y yo lo sentía en que su piel me olía más a guiso o su cara se me antojaba más de *clown* y otras veces estaba pálida y me decía así no podemos continuar, Vicente, voy a quedarme embarazada cualquier día. Y una vez, durante quince días, estuvo sin venirle la regla y yo deambulé como alma en pena por Guadalajara, convencido de que iba a ser padre ya. Recuerdo que le dije a Jiménez, el de la farmacia, oye, dame algo para que le baje eso a una amiga y él me dijo que se quedara mirando cómo caía el agua del grifo y que se pusiera entre las piernas un imán, que la sangre era hierro fundamentalmente y que con el imán le venía la menstruación. Mientras tanto Elsa vivía ya casi definitivamente en Guadalajara, con su tía Olga, pues sus padres estaban hoy en Calcuta y mañana en Bogotá y pasado en Roma. Habían puesto en Madrid una tienda de antigüedades y de venta de iconos y estaban siempre por el extranjero, mientras Elsa había dejado de estudiar en la Escuela Central de Idiomas de Madrid y solamente leía novelas en Guadalajara y se miraba en los espejos y me enamoraba cada día más, hasta el extremo de que cuando en las tinieblas me entregaba al amor con la pobre Toñi me hacía la ilusión de que era Elsa Lawrence la que me abrazaba y la voz de Toñi era la voz de Elsa, susurrándome aquellas frases ininteligibles y secretas, pues ni siquiera a Chomin le conté que yo, a mis quince años, tenía ya una amante de treinta y tres. Desde entonces aprendí a fingir y aquella mentira la llevaba encima como una losa y dije tengo que dejar a Toñi, tengo que dejar a Toñi. Y me lo repetía en mi cuarto, cuando estudiaba las asignaturas para el ingreso en la Academia General Militar y como todavía no tenía la edad era necesario que esperase año y medio más y yo no quería ser como mi padre ni llevar uniforme ni botas altas ni sable. Y era una tortura saber que estaba estudiando para nada, pues me había juramentado a dejar a papá en la estacada y cuando llegase el momento lo haría todo mal, como cuando me enteré que iba recomendado al examen de ingreso en el Instituto y dije ahora me equivoco adrede y me salgo de este aula podrida donde un profesor que se llamaba Ortiz me acarició la cabeza que me dolía y me dijo no te preocupes, repite la cuenta de dividir que vas muy recomendado a la señorita directora y me rebelé y dije es mi padre, es su garra apretándome la garganta y ahora quiere que sea un héroe de sus batallas y yo me quiero ir a París, mamá, le dije tantas veces, y ella me decía casi con lágrimas en los ojos y qué quieres que haga yo, hijo.

—Tu padre es el que decide.

Mi tía Hermiona también quería que yo fuera pintor bohemio y me decía algún día iré a verte a Montmartre y allí seguiremos los pasos de Henry Miller en *Trópico de Capricornio* y de Hemingway en *París era una fiesta*. Mi tío Armando se sonreía por lo bajo como cómplice mío que era, pues tenía una excelente biblioteca y me prestaba esos autores traducidos al francés, que yo leía bastante bien e incluso hablaba en ese idioma con un camarero que había en el Casino y que se llamaba no me acuerdo, pero tenía el mote de no sé si *Robespierre* o simplemente le llamaban *el Franchute* o algo así. Sin embargo, un arraigado sentimiento de cumplir con mi deber me ataba a los libros y me sumergía en la *Historia Universal* de Pijoán y tenía un profesor particular de matemáticas que se llamaba don Wences, al que la caspa se le caía como en cascada de su cabellera blanca como la de Albert Einstein, sobre la chaqueta azul marino, deformada y larga como un levitón. Y cuando llegaba por las mañanas a casa mamá le decía ¿un cafetito, don Wences?

—Eso no se lo puedo negar a nadie, y mucho menos a usted, doña Leontina —respondía el profesor.

Todas las mañanas se repetía el mismo ritual y, cuando se lo había bebido, de pie, en la mesa del comedor, no consentía sentarse ni que le pasara Toñi el café a mi habitación, donde nos encerrábamos con los logaritmos neperianos, los senos y los cosenos, los perfiles troncocónicos y aquellos horribles teoremas que poco o nada significaban para mí. Pues en mi opinión el mundo estaba construido a base de polvo, de sudor y de sangre, de besos furtivos y de deseos insatisfechos. Otra cosa eran los cálculos matemáticos que se aplicaban en la balística infernal o en hidrodinámica o para construir puentes que no salvaban auténticos abismos o carreteras por las que era imposible transitar con el corazón en la mano. Don Wences me miraba muy serio con su expresión de sabio distraído, el lacio bigote de foca y las gafas de gruesos cristales colgando de la punta de la nariz. Y me decía, vamos a ver Vicente Anastasio, ¿por qué no hablas seriamente con tu padre y le dices que a ti no te gustan las ciencias exactas? Mira:

—A mí me sucedió todo lo contrario. Mi padre hubiera querido que yo fuera músico, pero mi deseo era ser estadístico y me obstiné y logré lo que quería. Habla con él de tú a tú, cara a cara. Y verás como él cede y puedes irte a Madrid a la Escuela de Bellas Artes de San Fernando y luego a París o a Italia. No te desanimes y hazlo. Yo le hablé un día y no conseguí nada. Por esa razón creo que debes desnudar tu alma ante él.

El pobre don Wences no conocía a papá. Represaliado tras la guerra civil para siempre, mi padre le había contratado como profesor particular mío porque realmente no había otro mejor en Guadalajara, pero le evitaba siempre que podía, ya que para mi padre todo «rojo» era nefasto y había que huir de él como de la peste. El bando republicano lo asimilaba en bloque a una masa vociferante, a la que solía denominar «chusma», «canalla», o «los sin Dios», tal y como había sido corriente leer en los periódicos u oír por las radios en los años posteriores al fin de la contienda. Despectivos calificativos que papá llevaba en su memoria y en su espíritu como grabados a fuego. Era un resentido y no se esforzaba en ocultarlo, preguntándome a veces si don Wences me hablaba de política en clase. Yo le decía la verdad, que no, que solamente hablábamos de un mundo invisible y exacto, frío como papá y tal vez como él, puro e incontaminado, pues en ocasiones daba en pensar que yo era el corrompido y el indeseable, y me despreciaba por mis cobardías y quizá mamá fuera también pérfida, a pesar de sus ojos verdemar y de su piel suave como el terciopelo y de aquella dulzura que notaba siempre en su mirada. Y llegó, por fin, el día de la boda de Carla y mi abuela no pudo ponerse el traje que tenía colgado de un clavo en una percha. Desistió cuando ya estaba lavada y peinada, de pie en el centro de su dormitorio, sostenida por Toñi y mamá, que se disponían a ponerle el traje y entonces le dio una especie de vahído y tuvo que venir don Ricardo el médico y dijo es la hipertensión, doña Leontina, mi consejo es que su señora madre no vaya a la iglesia a ver casar a su nieta. Cuánto lo sintió mi abuela y cómo estaba de abatida cuando yo entré con mi traje de boda, muy peinado y repulido y una cierta alegría idiota en el corazón, no porque mi hermana se fuera de casa, sino porque reconozco que a veces las bodas y los bautizos y ese tipo de acontecimientos te alegran el alma, sobre todo cuando eres joven, y no piensas todo el tiempo que la existencia es polvo de estrellas, fugaz cometa que se deshace en el aire como una maldición o un cataclismo, o como aquella hecatombe de mi abuela Mercedes, sentada al borde de su cama, con el echarpe puesto y otra vez su cara de muerta empolvada, llorando en silencio. Qué decepción tan enorme no ver a mi única nieta casarse, decía.

—Cuántas veces me dijo, abuela, pienso entregarte a ti mi ramo de novia.

Era un ramo de flores de azahar que había llegado exprofeso de Madrid y mi hermana estaba tan nerviosa que se pisó el vestido al bajar las escaleras y casi se cae rodando y pensé hubiera podido matarse y se habría convertido en una novia muerta fatalmente al dirigirse a la iglesia, y su foto habría salido en los periódicos y todo Guadalajara se hubiera conmocionado. Pobre Carla María, la hija preciosa del coronel Garrido mirándome asustada en el portal. Yo vi entonces que me quería tanto como yo a ella y que nuestros corazones estaban unidos por tantos años de respirar aquella atmósfera de mi casa y la besé y le dije de veras, Carla, te deseo que seas muy feliz. Ella me miró como si me preguntase por qué me dices eso precisamente ahora, Tasio, no me hagas llorar.

—Te quiero mucho, Carla —le dije, estrechándola un instante su cintura de bailarina.

Pues mi hermana había adelgazado mucho con el amor apasionado que le tenía a Casamitjana, el joven catalán emprendedor y activo, de excelente familia y exquisita educación que, en el día de ayer, contrajo felices nupcias con una de nuestras señoritas más bellas de la ciudad. Nos referimos a la gentil Carla María Garrido de Tinajas y Sandoval, hija del coronel retirado don Hugo etcétera etcétera, según apareció al día siguiente en la crónica del periódico *Nueva Alcarria*, porque después de la guerra todo en España era nuevo. La camisa nueva, las nuevas juventudes, los nuevos trabajadores y los nuevos ricos. Y, sin embargo, una pátina de vejez y de decrepitud se observa en las fotografías de aquel tiempo, cuando en el álbum familiar amarillento veo el atrio de San Nicolás y a Carla dándole el brazo a mi padre y a su lado el novio Casamitjana, precioso pálido sepia y como de segunda mano a pesar de su fino bigotito. Mi hermana estaba también preciosa pero ahora, en esta oscuridad del sepulcro a la luz siniestra de la muerte, la veo también como desangelada, y su alegría se me antoja triste y su vestido blanco, de princesa nórdica, se puso amarillo, a pesar de que mamá lo guardó en su armario introducido en una funda de celofán con bolas de alcanfor y una vez que vinieron Carla y Carlos por las navidades mi hermana dijo quiero ver mi traje y de verdad surgió un poco marchito y luego se fue marchitando más y más en el armario y cuando murió mi abuela el día 17 de julio, un mes más tarde, papá se enfureció mucho y dijo qué fatalidad, mira que morirse mamá política la víspera de la recepción en el Gobierno Civil. Porque todos los dieciochos de julio se celebraba la fiesta nacional del Movimiento y las fuerzas vivas se ponían los uniformes del partido único, con sus chaquetas blancas, las camisas azules y los bigotitos a la moda fascista. Y papá se ponía de gala para la misa solemne y el desfile militar en la Concordia. Después el gobernador pronunciaba un discurso desde el balcón del Gobierno Civil y se estableció la costumbre de que los trabajadores salieran todos en masa al campo, en un gigantesco *picnic* de tortilla de patata, filetes empanados y vino tinto. Pero mi abuela Mercedes, siempre tan inoportuna, como decía mi padre, se murió aquel diecisiete, un mes más tarde de la boda de Carla. Cuando salió de la iglesia radiante y le arrojaron confetis y ella regresó a casa después de las fotografías en Andrada y subió las escaleras muy emocionada, con Toñi detrás sujetándole la cola del vestido de novia. Salió a abrir la puerta la monja de la caridad que estaba al cuidado de la abuela por las noches y que aquel día, por ser especial, se había quedado desde muy temprano para cuidarla y mamá le dijo sor Genoveva, quiero que usted también celebre la boda de mi hija, de modo que le traerán del hotel España los dos menús, uno para mamá y otro para usted y, por favor, cómaselo todo, hoy déjese de ayunos y de abstinencias.

—Así lo haré, así lo haré, descuide, doña Leontina.

Qué buena era sor Geno, tal y como la llamaban en el convento de la Caridad para abreviarle el Genoveva y qué miope era, siempre arrugando los ojitos como investigándolo todo. Y le dijo a Carla mi enhorabuena y que Nuestra Señora la Virgen Santísima te traiga mucha felicidad y los hijos que Dios quiera, pues en eso, como en todo, hay que ponerse en las manos de la Divina Providencia. Carla corrió al dormitorio de mi abuela Mercedes y le dijo abuela, toma el ramo. Lógicamente la pobre anciana lloró mucho y mamá le decía que procurase no dejarse llevar por la emoción, que pensase en su tensión arterial y que era un día feliz y había que alegrarse. La abuela la miró significativamente, queriéndole decir hija mía, demasiado sé que tú no eres feliz, que tu matrimonio se ha deshecho como un azucarillo se deshace en un vaso de agua. Y tal vez sea mía la culpa, cuando a tu hermana Hermiona y a ti os empujé al matrimonio por ser yo tan apocada, tan cobarde, y por creerme una triste viuda cuando, en realidad, pude luchar a brazo partido para sacaros a flote en medio de mi viudez. Y cuando a veces le decía la abuela cosas parecidas, mi madre la recriminaba diciéndole que no le toleraba que se sintiera culpable de nada.

—¿Me oyes, mamá? De nada.

Hugo era el único responsable de que aquel amor puro, que ella creyó sentir por él, se fuera convirtiendo primero en una fría costumbre y más tarde en un gélido distanciamiento que degeneró en aversión y en hastío.

—Si alguien, además de mi marido, es culpable, ésa soy yo —concluía mamá con ademán trágico.

Pero aquel día de la boda estaba más bella que nunca y el señor gobernador militar, un gallego apellidado Mariñas, juntó ruidosamente los tacones de las botas altas y se puso firme antes de sacarla a bailar, diciéndole en tono castrense que estaba bellísima y que era, en su opinión, la reina de aquella feliz concurrencia. Acto seguido preguntó dónde iban a residir los novios y mamá suspiró diciendo que en Barcelona.

—Magnífica población —dijo el gobernador militar—. Yo estuve allí siendo un imberbe teniente.

El gobernador militar se parecía a Goebels, el siniestro colaborador de Hitler y, como era de pequeña estatura, apenas si le llegaba a mamá al voluminoso pecho de diosa esculpida, tal y como la veía yo en sueños, erigida en diosa del Olimpo, convertida en alada Minerva, esplendente y ajena a esa desolación que gravitaba en sus pupilas, inclusive aquella tarde, después del banquete nupcial, cuando la orquesta Ritmos inició el primer vals y yo miré a Toñi, que estaba al fondo del salón, en una mesa aparte con nuestra portera la señora Zósima, y la criada de los Salazar, significándole que ella había sido mi maestra en el baile y tal vez en el amor y que hubiera querido bailar con ella en público, pero papá no me lo hubiera permitido y por esa razón saqué a bailar el *Danubio Azul* a Mamen, que era una amiga de mi hermana. Mamen se mostró muy sorprendida al ver que me dirigía a ella y realizó una serie de muecas absurdas, porque hay que ver cómo has crecido, Tasio, qué altísimo estás y qué fuerte. Tendría aproximadamente la misma edad de Carla, y pretendía tratarme como a un niño, pero yo pensaba vas a ver qué sorpresa te llevas con mi pierna avanzando entre tus muslos y, como estaba un poco alegre por el champán, me sentía audaz y al mismo tiempo triste, porque Elsa no había querido asistir a la boda, aunque mi hermana la había invitado por ser mi medio novia.

18

Un mes más tarde, precisamente la víspera del 18 de julio, a las diez de la mañana, se murió mi abuela Mercedes. Estaba mamá dándole el café con leche con toda paciencia, animándola vamos, mamá, tienes que hacer un esfuerzo y tomártelo, ¿o es que te quieres morir?

—Naturalmente que quiero morirme —dijo la abuela, dejándose caer exhausta en los almohadones—. Solamente soy una carga para ti, hija.

Expiró apaciblemente, sin darme tiempo a darle un beso cuando todavía alentaba en ella ese misterio de la existencia. Pues estaba yo en la piscina de *El Fuerte*, con Chomin y Herranz y *Caraluna* y *Cabezabuque*, que no tenían pase, pero que entraban conmigo, y vi venir a nuestro asistente Jacobo corriendo y dije esto es que se ha muerto la abuela Mercedes. Y Jacobo se me cuadró militarmente y me dijo jadeante a sus órdenes, señorito Vicente, que baje usted rápidamente a su casa.

—¿Es mi abuela?

—Sí, señorito, se está muriendo. Me ha ordenado su papá el coronel que viniera a buscarle en seguida.

Pero cuando llegué ya estaba muerta, con la expresión exánime, apoyada de perfil en los almohadones. Todavía estaba la taza del café con leche sobre la mesilla y mamá lloraba como si se hubiera terminado el mundo y me abrazó con una fuerza insospechada y me dijo ya sólo me quedas tú, Tasio, sólo me quedas tú.

—Vamos, cálmate, mamá, por favor —murmuré.

Era el día del Triunfo de la Santa Cruz, víspera del 18 de julio, y mi padre se malhumoró porque el entierro se había fijado justo a la misma hora que la recepción en el Gobierno Militar y el desfile conmemorativo del Alzamiento. Era un día de calor asfixiante y ya la noche anterior, a partir de las tres de la madrugada, la pobre abuela comenzó a descomponerse y hubo que introducirla en el ataúd y cerrar la puerta del salón comedor, que era donde estaba la capilla ardiente. Mamá y tía Hermiona, acompañadas por las vecinas y las amigas de la familia rezaban monótonas, mientras los señores estaban distribuidos por el pasillo y en el despacho de mi padre, fumando y ronroneando como abejorros, hablando no de la muerte espantosa, sino de negocios, del gobierno y de la sequía. Y yo me encerré en la buhardilla de la casa, arriba, con aquel ventanuco abierto y las telarañas y el colchón donde me eché sin sentir miedo a las sombras nocturnas ni a la fascinación macabra de la muerte. Porque me quedé como idiotizado e insensible cuando regresé del cuartel y vi a mi abuela sin vida y luego se puso rígida y don Custodio, el consiliario, que era su director espiritual, vino y me dijo Vicente, que dice tu madre que te diga que entres a darle un beso a la abuela de despedida, pues va a ser necesario cerrar el ataúd y dejarla sola, ya que huele un poco. Al principio sentí reparo al verla amortajada con el hábito del Carmen, pero luego me sugestioné diciéndome a mí mismo es la abuela, aunque no parezca ella es la abuela Mercedes, la que siempre te quiso más que nadie y sus manos, ahora entrelazadas como si fueran de piedra, son las mismas manos que me peinaban de niño diciéndome ante el lavabo no te muevas, Tasio, ¿no ves que si te mueves no puedo hacerte la raya como es debido? Y la besé en los pies como dijo mamá y en los labios finos, helados. Y sus manos eran las mismas que me hacían aquellas maravillosas tortillas francesas, que me ponía en un bocadillo debajo de la almohada. Y me senté junto al catafalco, mirándola fijamente, rodeado de los cuatro grandes candelabros, y recordé cuando jugábamos en el sótano de la funeraria La Fe, en la calle Mayor, y Marcos y Dani, los hijos del funerario nos encerraban en el almacén de los féretros, y una vez jugábamos a meternos en los ataúdes de lujo, acolchados y mullidos y con almohadón para apoyar la cabeza, como si los muertos precisaran estar confortables y el sueño de la muerte fuera un sueño como todos los sueños, por donde circulaban rostros y sonrisas, aventuras y horrores, alegrías y tristezas desfiguradas. Recuerdo que me horroricé cuando me vi dentro del ataúd y entonces Marcos y Dani cerraron la puerta del sótano y pensé que me moría de pánico. El pelo se me puso de punta y me escocía la piel del miedo que me entró cuando, como una exhalación, subí las escaleras y salí al pequeño jardín de la funeraria. El padre de Marcos y Dani nos dijo demonios de chicos, con aquella expresión fúnebre que se le había contagiado de los innumerables muertos que había visto a lo largo de su vida. Era un tipo silencioso, enjuto y apergaminado, muy parecido a papá. Tenía nombre de mujer y se llamaba don Pilar.

—¡Oh, Dios!, cuyo es propio el compadeceros siempre y perdonar. Os suplicamos humildemente por el alma de vuestra sierva Mercedes, a quien habéis mandado emigrar hoy de este mundo, para que no la entreguéis en manos del enemigo, ni la olvidéis para siempre, antes bien ordenéis que sea tomada por vuestros santos ángeles y conducida al Paraíso, y pues en Vos esperó y creyó, no sufra las penas del infierno, sino que posea los goces eternos.

La voz del padre Custodio, que había sido mi profesor de latín, se extinguía en ecos funerales durante la misa de difuntos que la misma tarde de la muerte de la abuela se celebró en San Nicolás. Al día siguiente, a las diez de la mañana, la comitiva fúnebre bajó por la cuesta del Reloj, con aquel rumor de roce de telas, toses, murmullos de conversaciones y el gori gori del cura y el sacristán. Los monaguillos llevaban la cruz alzada y el incensario y los negros caballos iban empenachados con floripondios y plumas teñidas de negro. Se bamboleaba el carruaje macabro, donde iba el féretro, sujeto con correas. Una corona llevaba una cinta con la frase, escrita con purpurina dorada, tu hija, hijo político, nietos y demás familia no te olvidan. Otra corona era de la Congregación Mariana y mi hermana Carla vino con Errol Flyn Casamitjana, guapísimo como un artista de cine y Carla se desmayó en el cementerio por el calor y porque ya estaba embarazada de su primer hijo y tuvieron que llevarla a la próxima vivienda del sepulturero y conserje del cementerio, el señor Tomás de la Divina, cuya esposa, extremeña de Logrosán, le preparó a mi hermana una tila cuando volvió en sí y le dijo señorita son estas calores y estas ceremonias tan terribles.

—Las mujeres no deberíamos ir nunca a los entierros —concluyó, moviéndole el azúcar con una cucharita.

Mi hermana miró aquel líquido verdoso amarillento con repugnancia y yo, que estaba a su lado junto con mi cuñado Carlos, dije voy a ver cómo entierran a la abuela. Un poco más allá estaba nuestra sepultura, que era de las primeras y durante mucho tiempo escuché en mis oídos aquel golpe seco de la tierra al caer sobre el ataúd y el sol quemaba la tierra y los cráneos, las cabezas sin sombrero, donde los que eran calvos mostraban venas que palpitaban y a don Salvador Jiménez, el boticario, que era muy calvo y muy sanguíneo, se le veía una vena muy gruesa en la sien y cuando pasaba la sangre la vena hacía como una contorsión de serpiente y yo decía somos una carroña, unas máquinas que mueren.

—Descanse en paz —sentenció don Víctor, el capellán del cementerio, que era ex combatiente de la guerra civil y tenía un brazo de madera y llevaba en la mano construida un guante negro.

—Amén —repetimos todos.

Aquella noche, cuando al fin todo el mundo se marchó de casa y la gente regresaba del campo de celebrar el *picnic* franquista del 18 de julio, mientras yo escuchaba la algarabía de los excursionistas y la canción *Asturias patria querida* bajo los balcones, sentí miedo interior, como si el espectáculo de ver a mi abuela muerta me hubiera quitado el valor del espíritu. Y experimenté en la garganta el rudo zarpazo del miedo y lloré abrazado al cuerpo desnudo de mi criada Toñi, cuando de madrugada me introduje en su alcoba de puntillas y, sin hablar, me eché con ella en la cama, sin taparnos siquiera con las sábanas, los dos desnudos y en silencio, con el cerrojo bien echado en la puerta. Reconozco que muchos pueden pensar que éramos dos anormales, dos sin alma, capaces de entregarnos a la concupiscencia de la carne todavía bajo la fúnebre impresión del velatorio. Pero hacía tanto calor y entonces yo era tan no sé cómo decirlo, que súbitamente me entraban los deseos sucios y ya no me importaba el olor a cocina de la piel de Toñi y ella me dijo hazlo como quieras, mi vida, no te preocupes por mí.

—¿Y si te quedas embarazada? —le pregunté bajo aquel calor asfixiante, con la sola ventilación que penetraba por el ventanuco.

· —Pues que me quede, me da igual —dijo ella en tono de trágica fatalidad, temblando su voz por el deseo y la pasión.

Recuerdo que los muelles de su cama estaban oxidados y chirriaban con el movimiento de los cuerpos y a veces sentía en la piel la humedad de la sábana de abajo, que Toñi mojaba antes de acostarse para defenderse de los chinches. Y me sumergí como un nauta astral perdido en el útero infinito del universo, olvidando la realidad y los rostros, las expresiones hieráticas durante la cena, con mi padre en la cabecera con su traje negro y mamá enfrente de él, preguntándole a Carla cosas banales sobre su vida en Barcelona y cómo había puesto la casa y cosas del viaje de novios por Francia.

—¿Te han gustado las litografías? —me preguntó mi hermana.

Se refería a las reproducciones de algunos cuadros de Degas, Matisse, Manet y Renoir que yo le había encargado que me comprase en París y que ella había aprovechado para traerme el día del entierro de la abuela. Mi padre masticaba enérgico, cogía el tenedor como el que coge una puntilla de matarife, clavándolo casi vertical en las patatas fritas y en las berenjenas rebozadas, mientras Toñi servía agua en los vasos con su delantalito blanco puesto y su cofia de rizo.

—¿Y cuándo te examinas para el ingreso en la Academia Militar? —me preguntó Carlos, mi cuñado.

—En junio del año próximo, cuando tenga la edad reglamentaria —respondí.

—¿Y sigues pintando? Me gustaría ver algunas cosas tuyas. Carla dice que eres un verdadero artista —continuó el joven Casamitjana.

Mi hermana le miró reprochándole que sacara aquel tema a colación delante de papá, el cual ensayó una serie de tics nuevos, que yo no le había visto nunca, y que consistían en estirar el cuello, al mismo tiempo que guiñaba el ojo derecho y tosía dos veces. Mi madre me miró también significativamente y, dirigiéndose a Carlos con la cara muy levantada, retando con su gesto a la sombra siniestra de papá que se reflejaba en la pared, proyectada por la luz de la lámpara de flecos de seda y chupones de cristal, le dijo a su reciente yerno desde luego, mi Tasio es un artista nato y tarde o temprano lo demostrará.

—Vicente no tiene talento para la pintura —dijo mi padre en tono cortante, sin importarle herir mi sensibilidad y mi orgullo, porque yo debía soportar impávido aquellas bofetadas que él me daba en el alma, aquel desdén superior con el que continuamente trataba de humillarme, para que me curtiera en las bajezas y en su miseria de fracasado.

Le miré fijamente, en medio del silencio general y expectante, con el tenedor en una mano y el cuchillo en la otra, esperando que él me mirase a su vez. Porque había momentos en los que hubiera querido ir a su encuentro para cogerle por las solapas de su chaqueta con insignia del arma de ingenieros y escupirle me tienes harto, momia, dudo mucho que seas mi padre verdadero. ¿Sabes una cosa? Mamá te ha estado traicionando todos estos años con el cura de Santiago Apóstol, todo el mundo lo sabe y toda la ciudad se alegra, ¿entiendes? Porque quiero que sepas, papá, que resultas odioso y ridículo y que yo no me siento dentro de mí como creo que debe sentirse un hijo ante su progenitor. Y es que, ¿me oyes bien?, sospecho que mamá se casó contigo por cobardía, para encontrar en el matrimonio una seguridad material, pero nunca estuvo enamorada de ti y quizá tú no fuiste el que me engendrase aquella maldita primavera del 40 y mamá ya tuviera un amante secreto, cuya presencia siento dentro de mí cuando te busco inútilmente en mis ojos, y en mi alma de niño ingenuo tampoco estabas, y no te encontré en la voz ni en la noche, cuando soñaba siempre con un padre que me cogía en brazos y me miraba sonriente. Te odio, ¿entiendes? Pero él jamás levantaba los ojos de tinieblas que tenía cuando me apuñalaba, permanecía imperturbable, como si no hubiera dicho nada y no se estuviera acabando el mundo dentro de mí.

—Bah, no hagas caso de tu padre —me decía siempre Elsa, cuando le contaba mis amarguras y decepciones—. Limítate a odiarle fríamente, como yo odio a la golfa de mi madrastra.

Elsa era ya mi tercer amor imposible y durante aquel año 56 nuestras relaciones fueron muy intensas, tanto que Chomin comenzó a tener celos de ella y cuando me llamaba por teléfono para que fuera a su casa a estudiar yo tenía que cerrar la puerta para que Toñi tampoco me oyera, pues ella también tenía celos de Elsa y siempre me decía lo mismo, cuando terminábamos de hacer eso en las noches impenetrables, y la humanidad entera se quitaba la máscara del día y el sopor llegaba a los párpados y al cerebro. Y los objetos y las personas se iban deformando y se estiraban como si fueran de goma y nuestro espíritu salía desnudo y sonámbulo por el mundo y las calles vacías se poblaban de duendes y oíamos nuestra propia voz diciéndole a la nada de los desiertos lo que realmente pensábamos y sentíamos y ella, la pobre Toñi, persuadida de su mísera condición de sierva y de objeto de placer para su depravado señorito, murmuraba a mí no me quieres, es en esa niña cursi en la que piensas cuando estás conmigo. Y lo decía como si ella fuera un pozo negro donde yo vertía mi basura y quisiera que Elsa se convirtiera también en estercolero y me desafiaba diciéndome ten valor y díselo, dile lo que hacemos tú y yo por las noches. Una situación ridícula y angustiosa me iba cercando. Elsa me atraía con su mirada gris y su piel blanca y la dulzura de su mirada y los hoyuelos que se le hacían en las mejillas. Pero era perversa y un día de otoño, después de las ferias, me dijo vámonos a mi casa, te enseñaré mis misterios.

—Pero, ¿y tu tía Olga? —le pregunté yo, asustado ante la posibilidad de estar con ella a solas en aquel palacete.

—Mi tía está hoy en Madrid. Regresará en el último tren. Mira, tengo la llave —dijo, enseñándome un llavero de calavera que sacó de su bolsito diminuto, que llevaba colgando con indolente gracia, como si fuera el Cartero Real de Liliput—. La criada, como es jueves, tiene el día libre. Estará en el baile del bar Las Columnas.

—¿Y qué les decimos a Merche y a Chomin? —dije yo, convertido desde hacía meses en su marioneta, pues ella me dominaba, se alejaba y se aproximaba como un espejismo.

—Diles que nos hemos muerto, que se olviden de nosotros —dijo, con expresión extraña.

Estaba amargada porque su madre había muerto no sabía cuándo ni en qué circunstancias y su padre Lawrence se había casado de nuevo con Margarita, a la que llamaba Margarita la Gran Ramera, la Asco. A veces sus ojos parecían perderse en un sombrío túnel donde todo se escindía y nada valía la pena de vivirse y se me antojaba no una jovencita de dieciséis años, sino una bruja poseída por los demonios. Dejamos a Chomin y a Merche sentados en un banco oscuro de la Concordia y llegamos al palacete del paseo de las Cruces, donde ladraban unos perros invisibles, que estaban atados al otro lado del edificio, en el patio de la casa de los guardeses. Estaba muy nervioso sobre la escalinata, bajo la luz del farol que pendía de la marquesina de cristal, allá al fondo del paseo solitario, donde ahora no hay sino edificios altos y modernos, porque aquel palacete lo derribaron ya con sus fantasmas y sus seres invisibles que lo poblaron tal y como me decía Elsa abriendo la puerta con su mano de nácar, de largos dedos con las uñas muy cortas y sin pintar y aquel comportamiento ambiguo que usaba conmigo, pues a veces me demostraba un amor apasionado y violento, y otras veces no consentía que la besara en los labios y cuando iba a abrazarla me apartaba y me decía que no fuera vulgar ni plebeyo, que el contacto físico solamente debía responder a una pasión romántica y que el amor tenía su lugar en el espacio y ese lugar no era jamás aquel parque de San Roque por donde paseaban entre las oscuras frondas, como delincuentes que se esconden de la secreta policía de las miradas ajenas, aquellas señoritas idiotas o las criadas endomingadas, acompañadas de militares sin graduación, soldadesca y plebe, como ella afirmaba.

—Nosotros somos estatuas descendidas de pedestales y debemos amarnos estáticos e inmóviles —me dijo abriendo la puerta pesada de madera y hierro forjado, con gruesas vidrieras en los rectángulos centrales—. Pasa, no te quedes ahí parado como un bobo.

Dio la luz en el amplio vestíbulo cuyas paredes estaban recubiertas de tapices antiguos y vi una armadura con lanza, de negras cuencas vacías, y una escalera ancha que conducía a la planta principal del edificio, reservada al paso por un grueso cordón que unía una argolla en la pared de zócalo de granito con una cadena que un negro de mármol llevaba en el pie, al final de la ancha baranda torneada. Sostenía el negro una pértiga que culminaba en tres focos redondos, de cristal tallado, con escudos nobiliarios. Olía a pared y a otoño y sentimos el frío que emanaba de los muros gruesos, y de las anchas baldosas blancas y negras. Elsa me cogió de la mano y me condujo al otro lado del vestíbulo, donde estaba la biblioteca y sus grandes sillones de cuero y sofás y mesas con una multitud de objetos de adorno y antigüedades y lámparas de luz verde, con tulipas que eran conchas marinas y fotografías y otro tapiz y un gran cuadro donde pude leer, escrita con letras góticas, la historia de un señor cuyo rostro estaba pintado al óleo y que se llamaba don Álvaro de Figueroa, conde de Romanones, político y escritor español, nacido y muerto en Madrid. «Hijo del marqués de Villamejor, fue uno de los potentados de su tiempo, doctorándose en Derecho en Bolonia, Italia», leí.

—Es el único retrato que hay en la casa de la familia de los Romanones. Papá compró el palacete completamente vacío. Todo lo que ves son antigüedades que ha venido trayendo a esta casa, como objetos inservibles. Algo parecido a mí. Sólo ocupamos esta primera planta.

Elsa me enseñó las distintas habitaciones, todas sobrecargadas de muebles y de objetos, y en seguida, cambiando repentinamente de actitud, me preguntó si quería jugar con ella a representar un drama.

—¿Un drama? —le pregunté extrañado.

—Sí —afirmó—. Podemos jugar a que tú no eres tú, sino mi padre Lawrence y yo puedo representar el papel de Margarita la Asco, mi madrastra. ¿De acuerdo?

Sonaba grave el pesado péndulo del gran reloj de pie de la biblioteca, cuya esfera representaba un sol de afilados rayos. Estábamos casi en tinieblas, pues la luz, según me dijo Elsa, era para ella a veces una tortura insoportable y los espejos también.

—En mi dormitorio no hay ningún espejo, porque me horroriza verme —me dijo.

—A mí, en cambio, me encanta verme. Ven, anda.

Me había recostado en el sofá y la cogí de la mano suave y marfileña y sentí por ella un amor inmenso, muy diferente a aquellas sensaciones carnales que Toñi me transmitía en la oscuridad de su dormitorio, cuando me rodeaba con sus brazos y sentía sus manos ásperas y aquel persistente aroma a coliflor cocida y a ajo y a sudor y a menstruo, pues a veces Toñi olía a sangre y poco a poco me fui desencantando de aquella pasión carnal y triste y anhelaba un amor puro como el de Elsa aquella noche a solas en el palacete de Romanones, cuando me dijo no sigas besándome, Tasio, vamos a jugar a que tú eres papá y yo soy Margarita. Yo le dije otra vez de acuerdo, pero dame el último beso y ella me lo dio y se puso en pie en el centro de la biblioteca y comenzó a imitar a su madrastra con unos andares provocativos y trajo una sombrilla y hablaba y hablaba en tono cursi y se sentó frente a mí con las piernas cruzadas mostrándome aquellos muslos esculturales y níveos, y recuerdo que llevaba unos calcetines blancos y unos zapatos bajos, pues le encantaba vestirse sencillamente, como una niña, y aquella voz y aquella sonrisa dulce fue cambiándose en dramáticos acentos cuando, fingiendo el argumento de que Margarita era una golfa y el padre de Elsa un aventurero sin escrúpulos, comenzó a decirme, ¿sabes, querido Lawrence?, tu hija Elsa debe ir a un internado, pues es un estorbo. Y su expresión fue tornándose verdaderamente dramática y su voz era de desprecio cuando dijo o si no que viva en Guadalajara, con tu hermana Olga, esa pobre solterona. Y añadió así podremos tú y yo amarnos como las bestias en el estercolero y comenzó a llorar y a decirme que cuando era muy pequeña, en su casa de la calle de Lagasca de Madrid, les había oído hacerse el odio a través de la pared y que ella entonces tenía siete u ocho años y lo soñaba muchas veces como si fuera verdad.

—¿Hacerse el odio? —le pregunté.

—Sí, el odio —dijo Elsa—. Porque ellos son malos y lo que se hacen no es el amor, sino el odio.

Qué maldito designio el mío. Conocer a Maricarmen, *la Loca de la buhardilla*, y saber que tenía dos padres, uno colombiano y otro, el auténtico, el florentino Alfieri. Y mi segundo amor fue Justa Chamorro desvaneciéndose en el aire frío de Sigüenza y entonces surgió el tercer amor imposible que se llamaba Elsa Lawrence, en cuyos ojos danzaban las llamas del infierno como en los de mamá Leontina. Su padre era un depravado, un débil de carácter y Margarita la Asco me odia, dijo Elsa con los ojos anegados en lágrimas. Habíamos representado la dramática comedia de que yo era papá odioso y ella era su madrastra y me besó desesperadamente en los labios apoyándonos en un árbol del paseo de las Cruces y también ella me juró amor eterno y fue mentira. Muchos años después supe que éramos como estrellas fugaces, como espejismos o fuegos fatuos o sombras de un deseo universal que no se materializa sino en ilusiones quiméricas. Constantemente una mujer está de parto y nacemos y, como las alimañas o los seres irracionales o las plantas, crecemos y nos fingimos amor y eternidad y al mismo tiempo el vendaval de este desierto nos erosiona como esfinges y nuestras facciones se van desdibujando y nos consumimos sin aquel ayer perdido que fue figuración y nada, nadie, ninguno. Que no me pusiera triste. Yo le decía perdóname, Elsa. Estábamos subidos en la noria de aquellas ferias y fiestas del 1956 y yo no podía saber que aquel iba a ser mi último año de adolescencia y juventud, porque al año siguiente *Lucifer* el terrible, negro como la noche, me llevaría al averno y todo mi ser se deshizo como cristal roto en la calle cuando un niño incorpóreo, desde un balcón invisible, dejó caer el caballito de mar que era un adorno en el aparador y mamá se encerró en su mutismo y ella y su amiga Paulina empezaron ya a marchitarse definitivamente y a engordar no lo crea, doña Leontina.

—Solamente ganó unos gramos.

Mamá hacía un mohín de desaliento y murmuraba no sé qué es lo que voy a hacer. Apenas como, dijo, y el boticario don Salvador agitó su dedo índice en el aire eso no debe hacerlo, doña Leontina, puede enfermar, pueden darle vómitos, piense en las anemias y en esa inmensa cantidad de personas que aparentemente tienen buen color y parecen sanísimas y luego los análisis arrojan tremendas verdades y paupérrimas dotaciones de hematíes y aunque no lo crea, están anémicas. Podría darle algunos nombres, pero es secreto profesional. Mire, doña Leontina, dada mi condición de analista que regenta un laboratorio de análisis clínicos poseo datos objetivos de personas de Guadalajara que, si le dijera quiénes son, se asombraría. Y usted dirá, ¿cómo es posible que doña tal o don cual, cuyo aspecto es, ya le digo, inmejorable, sean anémicos o tísicos potenciales y en cambio otras personas como su marido, por el contrario, flacos, pálidos, estén en lo tocante a glóbulos rojos como auténticos toros?

—Ya ve —dijo una señora que había entrado a la farmacia a comprar un sobre de Okal.

A través del escaparate veía mamá pasar sombras de transeúntes y, súbitamente, vio una sombra que se parecía a don Anselmo, el párroco de Santiago que había sido su amante y al que a veces soñaba como si en lugar de ser un hombre vestido con negra sotana fuera una rama de árbol y ella, mamá, fuera ese árbol y sintiera cómo le arrancaban la rama herida que hay que arrancarse, como le dijo el nuevo párroco en el confesionario un día, mire, doña Leontina, hágase la cuenta de que don Anselmo era fruta prohibida, rama seca o herida por el rayo, que hay que arrancarse aunque duela. Y ella le murmuraba lo comprendo don Celso, pero usted me dijo que también se enamoró en una aldea y bien que sufrí, dijo él, pero al fin Cristo triunfó dentro de mí y ahora me siento libre, doña Leontina, aunque a veces sueñe con esas sombras que pasan al otro lado de los escaparates de las farmacias y nos induzcan al error y al sobresalto de nuestro pobre corazón solitario. Como el de mi madre diciéndole a don Salvador, un momentito Jiménez, y salió apresurada a

la acera y vio la sombra alejarse y no era él, no era él, se estaba haciendo vieja con su medio siglo encima y este tedio, Paulina, que no puedo soportarlo. Podrías intentar reconciliarte con tu marido.

—Eso es prácticamente imposible —dijo mamá—. Él me detesta y, como es tan rencoroso, lo tiene todo presente. Y lo peor es que se ve limpio de toda culpa.

Mamá se sentía, culpable y no le importaba reconocerlo cuando, a solas con mi padre, en el salón comedor, cerca de la estufa de serrín, mientras ella hacía punto y él leía los periódicos atrasados que acumulaban en la mesa de centro ante el sofá, se quitaba a veces las gafas y le miraba con expresión reconcentrada y distraída, como si mi padre no fuera un hombre, sino un paisaje o un mapa donde se busca un camino perdido. Y se decía podría armarme de valor ahora y decirle querido, pérdoname, me siento absolutamente culpable y arrepentida y sé que te quiero, porque no en vano hemos vivido juntos todos estos años y hemos tenido dos hermosos hijos, una Carla, ya bien casada, y otro nuestro Vicente Anastasio, el cual me produce mucha ternura y estoy muy preocupada por él.

—¿Preocupada por él? —se extrañaría mi padre, si ella se hubiese decidido a dejar el punto en el costurero y le hubiera dicho Hugo, por favor, ¿puedes prestarme atención unos minutos?

Pero papá no comprendería y mamá suspiraba y volvía a colocarse las gafas en su sitio y a contar los puntos de la labor y aquella Navidad fue muy triste. Recuerdo que Elsa me presentó a su tía Olga, hermana de su padre Lawrence, un día en el que la ciudad entera escuchaba por la radio el sorteo de la Lotería de Navidad y los niños del colegio de San Ildefonso cantaban veintitrés mil quinientos sesenta y nueve, dos mil pesetas. Y el premio mayor había sido vendido aquí, según pusieron el cartel en el estanco de la calle Mayor y durante varios meses permaneció el rótulo vendido aquí, y nevó mucho aquel diciembre, del mismo modo que en octubre, para las ferias, llovió torrencialmente. Estábamos en la noria y llovía bastante. Nos pusimos por encima mi gabardina, y debajo de nosotros, en la otra barquilla, estaban Chomin y Merche, la hija del registrador, besándose y nosotros también nos besábamos incansables. Elsa, amor mío, contigo es diferente, le dije.

—¿Diferente a qué? —me preguntó ella.

—A todo —le respondí.

Caía la lluvia sobre nuestra gabardina empapada y al fin la noria de puso otra vez en movimiento y Elsa me preguntó si era verdad lo que le había dicho su amiga Marta Frutos.

—¿Y qué te ha dicho tu amiga Marta Frutos? —pregunté yo.

—Pues que has tenido montañas de novias —dijo Elsa.

Aquellos comentarios me halagaban y, sin embargo, yo era muy tímido a veces con las mujeres y otras, por el contrario, me sentía muy atrevido con ellas, pues era feminista. Prefería las mujeres mayores que yo, como la tía de Elsa, que tendría alrededor de los cuarenta años y entró en la biblioteca donde estábamos con Chomin y Merche jugando al *palé*, sentados a una mesa de camilla que había en un rincón junto al ventanal. Recuerdo que debajo de la mesa había un brasero de picón y de una cosa que entonces llamaban *erraz* y que era como polvo de carbón y, bajo las gruesas faldas de lana de la mesa, yo tenía mi rodilla pegada al muslo de Elsa y a veces bajábamos la mano y yo la acariciaba y Chomin hacía lo mismo. Estaba nevando en el paseo de las Cruces y la tía Olga llegó con una bata muy ajustada al cuerpo y dijimos encantados de conocerla. Ella nos dijo continuad sentados, hijos, ¿queréis que le diga a la criada que os traiga unos turrones? Porque entonces era costumbre obsequiar a la gente con turrones y almendras, del mismo modo que ahora a los muertos que habitamos las tumbas nadie viene a ofrecernos ni un vaso de agua y a veces se pasan meses, años, siglos infinitos, sin que nadie venga a ponernos una flor que se marchita sobre el mármol y, como en los grabados antiguos de las cajas de bombones, surgen en las tinieblas damiselas preciosas, casi niñas, adolescentes rizadas y sonrientes que muerden el tallo de una flor y te invitan sensuales y no puedes ni hablarles ni seguirlas a hurtadillas por los senderos de los parques porque estás muerto y ya no existes y tan sólo en el cerebro fosilizado del más allá permanecen aquellos recuerdos y aquellas dolorosas evocaciones del ayer, cuando nos reíamos por cualquier cosa y le decíamos a las tías Olga estupendo, sí, tía, dijo Elsa, que nos traigan una bandeja con turrón oyendo a los pobres que iban por las calles tocando las zambombas y los panderos y subían las escaleras de las casas a pedir el aguinaldo y mi padre le decía a mamá, no se te ocurra abrirles la puerta, Leontina. Pues desde que estaban separados sentimentalmente, ya no le decía Tina, sino su nombre completo, como si fuera una extraña para él.

—Son unos sacacuartos —decía—. Estoy hasta las narices de dar tantos aguinaldos. Que si el cartero, que si los basureros, que si pobres. ¿Y a mí quién me da el aguinaldo?

Y volvía a sus periódicos atrasados y a sus filatelias. Se pasaba las horas muertas apuntando en un libro de contabilidad viejo, al que había arrancado las páginas usadas, toda una serie de acontecimientos mundiales, pues me dijo un día que pensaba confeccionar un mapa del siglo XX y, por ejemplo, anotaba cosas como éstas:

1956: Encuentro en Brioni de Nasser y Nehru.
Tito inicia una política (¿sincera?) de coexistencia pacífica.
Toñi, nuestra criada, dice que se va.

—Mi madre me necesita en el pueblo —dijo, restregándose las manos enrojecidas—. Está muy enferma, señorita Leontina. Voy a tener que irme a cuidarla.

Mamá se puso muy nerviosa y encendió otro cigarrillo, ya sin cohibirse de mi padre, el cual lo único que hacía era salirse de la habitación murmurando que el tabaco era un veneno de un poder fatal y que, para más inri, estaba demostrado que el humo ambiental era mucho más pernicioso que el inhalado por el propio sujeto presa del vicio.

19

Y nos quedamos solos los tres. Mamá, mi padre y yo. Y una noche, en octubre del 1957, después de haber fracasado en los exámenes de septiembre para ingresar en la Academia General Militar, vimos pasar por el firmamento una estrella que no era una estrella, sino un satélite artificial ruso. A mí me impresionó mucho verlo avanzar lentamente por el cielo nocturno, como si fuera un misterioso mensajero, portador de una llamada de auxilio dirigida al Sumo Hacedor y escrita por la pobre humanidad doliente. Papá, sin embargo, quiso negar la evidencia. Primero dijo que no era un satélite artificial, sino un avión norteamericano en misión secreta. Más tarde, cuando la radio confirmó la noticia, dijo que pronto la fuerza aérea de los Estados Unidos preparaba el lanzamiento al espacio de una ciudad habitada. Yo llamé esa misma noche a Elsa por teléfono y le pregunté si lo había visto.

—¿El qué?
—El satélite.
—No, estaba leyendo *Ana Karenina* y me quedé dormida —me dijo.

Yo se lo había advertido:

—Esta noche mira al cielo.

Mucha gente de Guadalajara lo vio pasar y, como era ruso, el domingo siguiente el párroco de San Nicolás, don Servando, que había sustituido al asmático don Teodoro que había ardido vivo, dijo en el púlpito quiera Dios Nuestro Señor que ese ingenio del hombre no venga a convertirse en un aviso de mayores males. Mi padre opinaba igual, que de nuevo iba a estallar la guerra mundial y que no estaba muy seguro de que Franco, a pesar de ser un genial estratega y un prodigioso hombre de Estado, fuera capaz de mantenernos neutrales. Y yo creo que le pedía a Dios que la guerra mundial se retrasase unos años, justo hasta que yo fuera teniente y pudiera convertirme en héroe. Pero, sin embargo, mi destino estaba ya escrito en el cielo aquel domingo de noviembre frío y neblinoso, cuando papá y yo llegamos al cuartel de Globos con nuestros trajes de montar y nuestras fustas. Llevábamos bufandas alrededor del cuello y puestas las gorras de visera. De lana inglesa a cuadros la mía y verde oscura la de mi padre. Penetramos en las cuadras y los asistentes nos saludaron a sus órdenes. Yo miré la hora en mi reloj Longines, regalo de mi difunta abuela, y vi que eran las ocho de la mañana. Sentí un escalofrío, aunque todo discurría aparentemente igual que cualquier otro domingo, cuando mi padre me obligaba a realizar aquellos extenuantes ejercicios cronometrados de equitación y a saltar las vallas y a galopar frenético por los campos yermos, hacia el perfil del horizonte donde se recortaban impávidas las montañas. Resoplaba *Lucifer* y el soldado que lo sujetaba por las bridas me dijo tenga cuidado, señorito Vicente, ayer tiró al sargento Domínguez.

—No sé qué le pasa.

Algo dentro de mí me producía un extraño desasosiego y no sabía cual era la causa. Una brisa fría nos daba en el rostro y mi padre, que llevaba puesto un grueso chaquetón de lana, se subió el cuello de piel y se enfundó los guantes meticulosamente. Y, como si fuéramos un escuadrón de lanceros bengalíes, ante el portón abierto por los dos soldados alzó la mano derecha e indicando el campo abierto, dijo:

—¡Adelante!

Espoleé a *Lucifer* suavemente, para que iniciara su trote nervioso y corto. Movía la cabeza con energía, le refulgían los ojos redondos y negros, como espantados, mientras me alzaba rítmicamente sobre la silla inglesa, bien sujetas las bridas, las rodillas y los muslos pegados a aquel cuerpo caliente, que echaba vaho. Caracoleaba seguido por mi padre, que montaba a *Huracán* y yo también me subí el cuello de mi sahariana de gabardina forrada de piel de cordero. Hacía frío aquella mañana cuando, inesperadamente, sonó un estampido enorme y después otro y otro más y mi caballo dio un salto y se lanzó a un frenético galopar por el borde del barranco del Alamín, mientras yo me inclinaba sobre su cuello y le decía maldito seas, *Lucifer*, revienta ya clavándole las espuelas salvajemente en los ijares, como si en vez de ser un caballo traicionero y hosco fuera mi padre el señor coronel. Y le golpeaba con la fusta sin piedad y pronto vi que papá se quedaba detrás, detenido en la explanada que había al otro lado de las tapias del regimiento. Bufaba aquel demonio y golpeaban sus cascos sordos, huecos, sobre la tierra húmeda. A mi izquierda tenía el abismo del barranco y las terreras por donde yo realizaba los ejercicios de descenso y el aire era cada vez más frío y pensé han sido como explosiones de bombas. Luego se supo que habían estallado en la estación tres depósitos de gasolina de la Campsa y no hubo muertos ni heridos. Solamente yo me despeñé por el barranco y, por encima de la cabeza de *Lucifer*, me lancé a algo que parecía ser mi muerte segura, con el estribo enganchado en la bota de montar y aquel horrible, doloroso, interminable golpear de mi cuerpo en las piedras y en los troncos podridos que los vendavales abatieron antaño. Se me nubló la vista y sentí como si mi esqueleto se desintegrara y saltaran por el aire todos mis huesos. Y, tras el resplandor rojizo que me inundó la mirada de sangre, caí en el inmenso vacío de una voraz oscuridad.

III

20

Cuando el tren se detuvo en la estación de Atocha de Madrid, aquella mañana luminosa de mediados de octubre del año 1961, y descendí ágilmente del vagón de segunda clase portando mi enorme maleta de cuero con correas, pocos observadores podrían haber percibido que yo, no sólo era un cojo irrecuperable, sino que dos años antes, al entrar en el Gobierno Militar de Guadalajara para sentar plaza de recluta, tras el correspondiente reconocimiento médico, había sido declarado inútil total para el servicio castrense. En el mes de junio de aquel mismo año había obtenido el título de bachiller superior en la Universidad Central, después de los exámenes que realicé en el viejo caserón de la calle de San Bernardo, muy cerca del lugar a donde me dirigía aquella mañana auroral de mi última etapa en el mundo de los seres vivientes, cuando le dije al taxista que me llevase al número cincuenta y dos de la calle de San Bernardo, un poco antes de llegar al Ministerio de Justicia.

—Pensión La Universitaria —dije.

—La conozco —dijo el taxista.

Le ofrecí un cigarrillo y me dijo no lo gasto, pero se lo agradezco igualmente que si fumase. Cruzamos la glorieta y yo me sentía provinciano, como si todo el mundo estuviese pendiente de mi torpeza de neófito. Llevaba la maleta sobre el asiento, a mi lado, y tenía la gabardina en el regazo, pues mamá me la había hecho poner en la estación de Guadalajara, diciéndome abrígate, hijo mío. Tenía ya mamá Leontina cincuenta y cinco años y papá había cumplido los sesenta y estaba allí también, con su bastón y su cojera. Los dos éramos ya cojos para toda la vida, hasta que el día del Juicio Final se abrieran los sepulcros y los dos saliéramos bamboleando nuestros deshilachados despojos que un viento subreal, con perfumes de azufre, procedente de un horizonte amarillento, agitaba como a los personajes de Samuel Beckett en esas fatídicas orillas de lo absurdo. Hacía frío antes de partir y mis padres me dijeron que subiera ya al vagón. Recuerdo aquellos trenes de tablas y la tercera clase infame, donde iban los pobres campesinos y las gentes humildes con sus cestas y sus sacos y a veces los presos escoltados por la

185

Guardia Civil, esposados y oscuros, sin afeitar, como náufragos. Sin embargo, yo viajé en segunda clase, con un pase militar familiar que papá me había proporcionado, con el que había obtenido en la taquilla un sustancioso descuento y yo al principio me negué y le dije a mi padre no es necesario, papá.

—¿Cómo que no es necesario? —protestó él con acritud.

¿Es que pretendía yo no hacer uso de los pocos privilegios que la milicia le había proporcionado en la vida, tras largos años de cuartel y de guerra herido como estaba y condecorado? Y muchas veces, al mirarme en el espejo mi deformidad de la cadera y la pierna izquierda rígida, decía ya somos dos los lisiados, dos los malditos mutilados desde aquella fatídica mañana en la que *Lucifer* me arrojó por el barranco y luego llegó mi padre gritando idiota, te lo advertí, a ese caballo jamás han de soltársele enteramente las riendas y menos espolearle en frío. Yo no podía oír sus palabras, pues estaba inconsciente, ahí caído, con la bota de montar arrancada y el pie desnudo y más allá estaba *Lucifer* piafando como un volcán, sin la silla de montar, escarbando la tierra húmeda y después llegaron los soldados con una camilla y dijeron está muerto, mi coronel.

—¡Vive, idiotas! —gritó mi padre—. ¡Moveos!

Y entonces, si yo hubiera podido escuchar realmente sus palabras y hubiera podido ver su rostro enjuto y grave, afilado como daga, hubiera podido creer ingenuamente que él sentía algo por mí. Un sentimiento tierno, una angustiosa convulsión en el alma al verme allí tendido, inconsciente, con la mejilla manchada de barro y de sangre, que me manaba por las fosas nasales y se me escurría en un hilillo sucio por la comisura de los labios. Después de muchas horas, cuando abrí los ojos, estaba en una habitación blanca y fría, resplandeciente. Frente a mí un ventanal daba a un parque, pues vi que casi rozaban los cristales las ramas de unas acacias y la enfermera estaba inclinada sobre mi rostro y pensé tiene los ojos azules como mi hermana Carla y me dijo Tasio, ¿me oyes? No recordaba su rostro, pero la voz me era muy familiar y ella insistía, ¿me oyes bien? Alcé una mano y no sabía si era la derecha o la izquierda, pero le sonreí y moví la cabeza. Luego comenzó a nublárseme otra vez la vista y me amargaba la boca y el ventanal se alejaba y se aproximaba y con él las ramas de las acacias y recordé su nombre en latín. Escuché mi propia voz diciendo *acacia sempervirens* y dije tal vez no sea ese su nombre científico y recordé a don Custodio, el confesor de mi abuela y de mi madre, que había sido mi profesor en el instituto y que, al hablar, convertía las erres en eles y nos reíamos de él imitándole diciéndole don Claudiol. Pomposo, fofo, con los ojos saltones, siempre limpiándose el sudor del cuero cabelludo calvo con un pañuelo y la mano plana, aplastándose la calavera como si se pusiera una boina. Después entraron mis padres. Papá con las manos cruzadas ante su vientre enjuto, agabardinado, sosteniendo el sombrero de fieltro donde llevaba una pluma de ave que nunca comprendí, y las gafas ovales, mirándome a través de los cristales sus ojillos de rata con severa preocupación. Mamá, por el contrario, se sentó a mi lado y me rodeó la cabeza con sus brazos cubiertos con la piel del abrigo de leopardo sintético y estaba pálida y me acariciaba la frente ya verás qué pronto estás bien y puedes volver a hacer deporte.

—Ya lo verás, Tasio —decía mamá—. El doctor Vázquez nos ha dicho que la operación ha sido complicada, pero que quedará bien.

Y, sin embargo, no podía moverme, pues estaba escayolado hasta el pecho y el brazo izquierdo también estaba escayolado y colgaba de una polea como mis piernas y me veía reflejado en el espejo del armario y dije parezco una momia egipcia antes de ser introducida en el sarcófago que unos arqueólogos descubrirán más tarde, cuando hayan sucedido todos los acontecimientos y todo sean recuerdos brumosos y papá no estuviera allí, en la habitación de la clínica de pago Virgen del Remedio, porque mi madre se impuso a mi padre diciéndole no consentiré que mi hijo vaya al Hospital Provincial.

—Si hay que pagar se paga. ¿Para qué queremos el dinero entonces?

Estaba alteradísima el día de mi accidente, cuando provisionalmente me atendieron en la enfermería del cuartel de Globos y Aerostación y mamá bajó corriendo por la calle Mayor gritando mi hijo, mi hijo y el chófer del pequeño automóvil Fiat que papá había enviado a casa para avisarla iba detrás de ella, muy despacio, como en una procesión o en un entierro, y el chófer le decía doña Leontina, por favor, suba al auto, suba al auto. Pero mamá no le escuchaba, iba corriendo tal y como estaba en casa, con la bata larga ajustada a la cintura con un cordón de seda trenzada y las zapatillas rosas de borla y la melena suelta. Todavía era tan hermosa a los cincuenta y un años que la miraban los hombres al pasar y se le veía parte del muslo al correr y cuando se le salió una de las zapatillas fue cuando se dio cuenta de que detrás de ella iba el coche militar negro. Se detuvo con la mirada perdida y penetró en el automóvil apoyando la cabeza en el respaldo y sollozando Dios mío, no permitas que mi Vicente muera, no permitas que muera, pues el soldado había subido corriendo las escaleras de nuestra casa y le había dicho a una asistenta que teníamos en sustitución de Toñi: Dígale a la señora que su hijo ha tenido un accidente con el caballo, que la espero abajo con un coche. Y la asistenta, que se llamaba Consuelo, corrió hacia el dormitorio de mamá y la encontró cepillándose el pelo y pensando en sus mundos secretos. Se volvió sobresaltada y preguntó qué ha pasado y la asistenta le dijo con un sollozo ha sido el señorito Tasio.

—¿Mi hijo? ¿Qué le ha sucedido a mi hijo?

Porque en su corazón cabalgaban siniestros corceles negros en sueños y siempre que bajaba a vernos montar a caballo me lo advertía: Hijo, no quiero que montes a ese *Lucifer*, es un caballo que me da miedo. Y mi padre la recriminaba vas a conseguir hacer de tu hijo una damisela timorata. ¿No comprendes que un día tendrá que enfrentarse a la dura vida militar?

—Con tus mimos le ablandas, Tina —decía asqueado.

—No me llames Tina, por favor —protestaba mi madre.

Y es que ya, según ella misma le decía cuando discutían, se habían acabado los tiempos en los que los príncipes se casaban con humildes pastorcillas, y su amor era un cuchillo romo, la hoja mellada de un sable oxidado incapaz de cortar el viento, un acero que producía gangrena en los besos que se daban por cumplir en la mejilla cuando mamá regresaba de ver a su hermana Hermiona de Cuenca y mi padre iba al coche de la Continental a esperarla y, ayudándola a descender del ómnibus, le preguntaba qué tal ha ido todo y ella le respondía en un susurro apenas audible bien y entonces se besaban en la acera, mientras el mozo de los autobuses, que tenía una cabeza descomunal y que se llamaba Marcelo le traía la maleta y le decía: Tenga señorita Leontina, a mandar. Mi madre se buscaba en el bolso el monedero y papá le decía no le des nada, que tiene su buen sueldo y con las propinas ése gana más que yo con mi paga de general.

—No seas odioso —le decía mi madre.

Todo el mundo sabía en Guadalajara que su vida en común era un infierno y mamá, cuando salió de la habitación de la clínica acompañada de los médicos no pudo reprimir un gran sollozo y se sentó allí en el pasillo balanceando su cuerpo con la cabeza hundida entre las manos y las lágrimas incesantes y la voz quebrada diciendo ha sido un castigo de Dios, lo sé, Dios nos ha castigado por lo malos que somos.

—Te habrá castigado a ti —le dijo mi padre, paseando cojo, inclinándose al andar hacia el lado derecho por su herida en la cadera y sus clavos de hierro en la articulación. Y yo ¿cómo quedaría?

—Es prematuro afirmar nada —dijo el doctor Vázquez—. Todavía habrá que hacerle dos intervenciones quirúrgicas más en los próximos meses. Si no hay rechazo de las prótesis y la reconstrucción de los cartílagos responde, podremos abrigar esperanzas de que volverá a andar.

—¿Entonces —preguntó angustiada mi madre—, puede quedar inválido?

—Sí, doña Leontina, puede quedar inválido, aunque haremos lo imposible para que su hijo vuelva a andar.

Permanecí seis meses en la clínica, escayolado y rígido, cosido por las cicatrices y apuntalado por clavos y grapas, injertado y recompuesto. Y me llevaban flores y mamá se sentaba allí al sol, junto a los cristales y yo le decía léeme *Grito hacia Roma*, de Federico García Lorca, pues me había regalado en las navidades sus obras completas encuadernadas en piel a escondidas de mi padre, el cual odiaba a Lorca porque había escrito el romance de la Guardia Civil y decía que era un homosexual y un decadente, impropio de que yo, que había nacido para héroe, perdiera el tiempo leyendo sus versos demagógicos. Y mamá se ponía sus gafas y leía con su voz argentina manzanas levemente heridas por finos espadines de plata, nubes de coral, peces de arsénico como tiburones, tiburones como gotas de lluvia para cegar a una multitud, rosas que hieren y agujas instaladas en los caños de la sangre caerán sobre ti. Caerán sobre esa gran cúpula ahumada que untan de aceite las lenguas militares y alzaba la mirada por encima de los cristales de sus gafas y me sonreía cómplice y luego continuaba leyendo donde un hombre vestido de blanco se orina en una deslumbrante paloma rodeado de millones de campanillas y de teléfonos de diamantes. Y me decía: Es fuerte esto, Tasio, ¿tú crees que no te hará mal al espíritu esta clase de lecturas?

—A lo mejor tiene razón tu padre.

Yo sonreía y al hacerlo sentía que me dolía el cuello, rígido, sujeto por una férula que me impedía volverme a mirar la puerta y solamente veía a los que me visitaban cuando se ponían frente a mí y así un día apareció Elsa Lawrence, mi tercer amor imposible. Venía acompañada de Chomin y de Merche, la hija del registrador y les dije, ¿sois ya novios? Como si hubieran transcurrido años y es que yo tenía un sentido del tiempo equivocado y las noches se me hacían interminables con los calmantes que me adormecían y se llevaban mis sueños, pues caía en una especie de fosa común amorfa y sin sentido, donde no existían las luces ni las sombras, ni veía a Elsa inclinándose sobre mi rostro y besándome suavemente en los labios con sus lágrimas cayendo por las mejillas de nácar. Recuerdo que hacía mucho calor en la habitación y Elsa se quitaba la gabardina y la boina gris y se lo dije:

—Pablo Neruda tiene un poema como tú.

—¿Como yo?

—Sí. Un poema que dice eras la boina gris y el corazón en calma.

Pero su corazón no estaba en calma, sino habitado por el rencor y el odio a su madrastra Margarita la Asco. Aquellos celos me molestaban y, cuando se quedaba a solas conmigo, se lo decía mira Elsa, creo que estás enamorada de tu padre y se reía sarcástica, con un rictus de amargura en los labios y aquellos hoyuelos que se le hacían en las mejillas tenían un tic de crispación, una mueca de cinismo. Y me guardaba rencor por mis palabras y entonces estaba varios días sin venir a verme y yo le decía a la enfermera oye, Aurorita, hazme el favor de marcarme este número de teléfono y se ponía su tía siempre:

—¿Quién es?

—Soy yo, Tasio. ¿Está Elsa?

Tenía que apartarme el teléfono del oído, pues me atronaba su voz chillona y sus melifluas palabras almibaradas oye, cariño, voy a ir a verte. ¿Puedo? Claro que puedes, tía Olga, le decía yo. Porque me resultaba simpática y antes de mi accidente, cuando Elsa nos llevaba al palacete a jugar al *palé* o a la canasta jugábamos de pareja y era muy tramposa y en el *palé* vendía calles que no eran suyas y se anotaba palacios y buhardillas y cosas que yo no me acuerdo del juego. Era también muy coqueta y no estaba mal de cuerpo, aunque desproporcionada, pues tenía los pechos enormes y puntiagudos por el sujetador y las piernas flacas, como de alambre, y para disimular se ponía unas botas altas y era muy moderna. Recuerdo que en el verano la criticaban mucho por los escotes que llevaba y decían ésa es la Lawrence. Los dos hermanos tenían fama de libertinos y se comentaba que daban fiestas y orgías y una noche de fin de año vino el padre de Elsa y me lo presentó. Era un tipo elegante, pero blando blando, muy vestido a la inglesa, con trajes de solapa y de espiga y pañuelos de seda con la marca de París. En los dedos de las manos llevaba sortijas como si fuera una mujer y decía uy, chico, qué pelmada de concierto nos pusieron en el Casino, eso no es un cuarteto de música de cámara ni nada, es una pesadez y una lata. Era un cursi y un débil y Margarita la Asco tenía expresión de plebeya y me saludó ¿tú eres el novio de mi sobrina? Porque como era su madrastra llamaba a Elsa «mi sobrina», que era como entonces se estilaba y Elsa le decía Margarita, como si fuera una extraña. Y su madrastra se enfadaba dime tía, le ordenaba. Aquel fin de año fuimos después al baile del Casino y allí también discutieron y el padre de Elsa se puso histérico y gritaba mi abrigo, que me marcho, no volveré más a este corral. Sois las dos unas ordinarias, salió diciendo. Esas cosas a Elsa la llenaban de satisfacción, pues solamente quería el mal de Margarita a la que odiaba profundamente. Me decía: ¿Sabes que me gusta modelar en barro? Y me llevaba a un cuarto trastero que tenían en el palacete y allí tenía una exposición de figuras de arcilla y un horno para cocerlas. Muchas tenían un color precioso y como yo era pintor ella me preguntaba dime la verdad, Tasio, ¿te parecen bien? Porque Elsa fue, desde aquellos primeros tiempos de mi pintura, una de las pocas personas que creyó en mí y aquello me levantaba la moral, cuando pensaba jamás serás un pintor famoso. Elsa siempre me decía lo mismo, las cosas son como son y tú eres un artista. No podrá tu padre impedirlo, ni nadie. Y me enseñó un muñeco de barro que era una mujer y se parecía a su madrastra y me dijo mírala bien, ¿a quién se parece?

—A Margarita —le respondí.

—Naturalmente, se parece a esa cualquiera porque es Margarita. Mira lo que hago con ella.

- Rápidamente sacó un alfiletero de esos de papel que entonces se hacían las chicas y con un alfiler rojo le atravesó el corazón a la figura de barro y me dijo está embrujada por mí y nadie podrá librarla de sentir tristeza en el alma hasta su muerte.

—Morirá cuando yo quiera. Puedo matar a una persona con sólo desearlo —decía Elsa, cuando estaba como en trance.

Es curioso, nunca pensé en hacerle el amor total, a pesar de que nos queríamos mucho y estábamos enamorados y ella, de pronto, dejó de ir a verme a la clínica y yo le pregunté a Chomin, ¿sabes algo de Elsa? Él me dijo la primera vez: Se fue a Madrid, pero volverá la semana que viene. Y miraba a Merche significativamente y pensé me engañan.

—Quiero saber la verdad —les dije un día.

Estábamos jugando a los personajes en mi habitación de la clínica y el resplandor del crepúsculo se filtraba por los intersticios de la persiana de madera. ¿Era primavera? No podría asegurarlo. Porque allí los días eran siempre igual. Un blanco nítido, una temperatura constante, la enfermera de día y la de la noche. Durante días, semanas, meses, mi cuerpo, prisionero de aquellas corazas, era mordido por dientes de caballos desbocados, negros, absurdos. Y veía a *Lucifer* en mi habitación, observándome como un idiota, moviendo la cola, soplando, arañando la tierra húmeda con su casco, sin sentir piedad de mí, ajeno a la desgracia de aquel espectro yacente y encadenado a las escayolas y a los clavos que ignoraba si era primavera o invierno. Estábamos jugando a hacernos doce preguntas y a adivinar un personaje escrito en un papel doblado, que Merche ocultaba, pues hacía de árbitro entre Chomin y yo.

—¿Antiguo?

—No.

—¿Contemporáneo?

—Sí.

—¿Hombre?

—No.

Entonces era mujer y había sido artista. ¿Cantante? Chomin negó con el gesto y Merche se apoyó en su hombro. Creí que se querían de verdad y me equivoqué, pues se separaron más tarde, cuando él estaba a punto de terminar la carrera de Derecho y se enamoró de Begoña Urtube.

—¿Por qué no viene a verme Elsa?

—Sale con un chico —dijo Merche, sin mirarme, haciendo con la uña surcos en la colcha blanca, en cuyo ángulo habían bordado las iniciales C.V.

—¿Desde cuándo? —pregunté, sintiendo cómo se me aceleraba el ritmo del corazón.

—Desde hace un mes.

La novia de Chomin era pequeña, redondita, muy morena y sensual. Había conseguido que sus padres aceptaran a mi amigo, a pesar de ser hijo de una mujer soltera y de un republicano fusilado. No podía imaginar que Chomin, más tarde, la abandonaría. Estaba enamorada del *Indio Sioux* y era como su propia piel, siempre sumisa a su lado, táctil, tierna, besándole cualquier trozo de su cuerpo que Chomin pusiera cerca de ella. Era un amor tan ostensible que, al presenciarlo, sentías la sensación de que algo de él te correspondía, te iluminaba por dentro y te daba anhelos de vivir. Y Merche me dijo no debes sufrir por ella, Vicente, ya sabes lo caprichosa que es.

—Volverá contigo.

Yo apenas si la escuchaba ya, giré dificultosamente la cabeza hacia la pared y, sin volverme, les dije que quería estar solo, sepultado en mi tumba como lo estoy ahora, cuando ya todo no existe y a veces pienso si habré vivido realmente y el ayer perdido existió. No quise preguntarles cómo era aquel negro corcel con el que pasaba Elsa las tardes brumosas de febrero por el parque de la Concordia, cómo se llamaba aquel *Lucifer* que me había derribado de mi tercer amor imposible, de dónde había surgido aquella desdicha que relinchaba dentro de mí en las madrugadas, cuando en la clínica de la Virgen del Remedio se morían los ancianos o nacían los niños y sonaban los timbres estridentes y la soledad me cercaba y me veía cojo, con muletas o inválido en un sillón de ruedas, vestido con el uniforme del arma de Infantería, contemplando una batalla interminable que se desarrollaba ante mis ojos. Y mi mano derecha, que era la que no estaba escayolada, pulsaba el timbre que colgaba por encima de mi hombro y a él me aferraba como náufrago. Poco después sentía los pasos de la enfermera de noche, que se llamaba Tadea y que era horrible, enana, con granos en la cara y unas gafas de cristales de círculos concéntricos, preguntándome en tono conmiserativo:

—¿Qué quiere mi enfermito del setenta y siete?

Porque mi número era el siete siete y mis momentos miserables eran cuando tenía que orinar o lo otro. Entonces tenía que llamar a la enfermera y ponerme en sus manos sosteniéndome. Y aquel olor dentro de la habitación me deprimía, me sentía basura y lloraba luego, apretando los ojos y maldiciendo maldito seas caballo que paseas con mi tercer amor imposible, perdido entre las frondas del parque. Tal vez había llovido y la tierra tenía aquel olor a arcilla y sobre todo el cielo, cuando Elsa y yo lo mirábamos juntos, de la mano, ajenos al sentimentalismo de la carne que me había dominado cuando Toñi me enseñó a bailar los tangos de Gardel y los valses y el bolero muñequita linda, de cabellos de oro, de dientes de perlas, labios de rubí. Y me negaba a comer y la sor Eugenia, que era la jefa de la planta, me regañaba delante del doctor Vázquez y me decía vas a morirte, si sigues así vas a morirte. Veía aquellas personas de batas blancas y me parecían fantasmas y sombras y la enfermera Aurorita, que era dulce y tierna, cuando se habían marchado y se quedaba para perfumarme la habitación y peinarme con colonia las ondas del pelo tan bonito que tienes, me decía yo te comprendo, Vicente, sé lo que sientes pero mira, yo soy mucho mayor que tú y tengo experiencia.

—Eres todavía un niño y ese encaprichamiento tuyo pasará y luego, cuando lo recuerdes, te reirás.

Pobre enfermera Aurora, con sus ojos azules como los de Carla y su mano acariciándome la frente. Y también mamá pobre, sentándose a mi lado y desatando la caja de bizcochos borrachos me consolaba, ya verás qué ricos están y qué bien nos van a sentar a mamá y a ti. Vamos, hijo, alegra esa cara, que no se ha acabado el mundo.

—¿Sabes lo que me ha dicho el doctor?

—No —respondía yo con voz apenas audible.

—Que el injerto de la cadera ha sido perfectamente asimilado por tu organismo y que puede garantizar que andarás. ¿No es para sentirse feliz?

Sin embargo, ella también había llorado males de amor y todavía, cuando recordaba a don Anselmo, era como si una nube gris le velase sus ojos. Y pasaron seis meses y un día de abril del año 1958 salí con mis muletas y me despidieron las monjas, las enfermeras y los médicos y yo les decía adiós sentado en la ambulancia. Y mi padre, que nos esperaba en la puerta de mi casa, bajo los soportales, les dijo a los dos fornidos soldados que estaban en posición de descanso unos pasos más atrás:

—Súbanle con cuidado.

—A la orden, mi coronel —dijeron al unísono, como si fueran autómatas.

Me subieron entre los dos, cruzando sus manos bajo mis piernas, mientras yo me sujetaba con los brazos a sus hombros y mi padre iba detrás de nosotros llevando las muletas y mamá salió al descansillo de la escalera llorando qué alegría y la señora de Salazar, doña Cloti, también estaba en el descansillo del segundo y me dijo bienvenido a casa, Vicentín. Porque a mí cada persona me llamaba distinto y por esa razón estos muertos que me rodean en el cementerio, bajo las losas con inscripciones y olvido, ebrias de lluvia y enfurecidas por el fuego abrasador del sol terrible, me dicen oye, cadáver, no sabemos cómo nombrarte.

21

La Universitaria era una pensión que mamá había conocido a través de un folleto de propaganda, poco después de aprobar yo el examen de Estado en Madrid. Una mañana el cartero dejó un sobre grande y era mi título de bachiller que nos lo enviaba una gestoría y dentro venía el folleto déjame verlo, dijo mi padre, veremos si esto te conviene o no, pues Madrid es Sodoma y Gomorra. Por aquel entonces, julio de 1961, ya se había producido el primer crimen de ETA y papá casi sufrió un ataque al corazón cuando estábamos viendo la televisión los tres, mamá, papá y yo en el salón comedor y vimos el cadáver de un guardia civil muerto cerca de un poste telegráfico y el locutor dijo al proceder a quitar de un poste de telégrafos una bandera subversiva, encontró la muerte en acto de servicio el número de la Benemérita don. Y los tres nos quedamos en suspenso. No podía ser verdad. Un guardia civil muerto era una catástrofe, podía traer de nuevo la guerra a España y el caos a la nación entera y la desolación a millones de pacíficos hogares. Nos miramos sobrecogidos por el impacto de la noticia y papá desconectó rápidamente el televisor y dijo qué felonía, qué crimen tan espantoso, supongo que el Caudillo declarará *ipso facto* el estado de excepción en toda España. E inmediatamente penetró en su despacho, cuyos muebles tenían tallados águilas bicéfalas y guerreros y espadas y llamó por teléfono al coronel jefe del cuartel de Ingenieros Minadores, y le dijo San Servando soy Garrido de Tinajas:

—¿Ha visto usted la noticia?

—Sí, mi general —respondió el coronel San Servando—. Estábamos comiendo mi señora y yo cuando.

La conmoción duró varios días. Mi padre sostuvo reuniones en el cuartel de Globos con otros jefes y oficiales de la guarnición. Había que estar alerta y esperar acontecimientos. La Patria no podía ser testigo presencial de aquel crimen horrendo sin tomar una drástica determinación. Y mi padre, la misma noche de la noticia, solo en su despacho, limpió cuidadosamente su pistola Astra del nueve largo y revisó las cajas de munición y a la luz mortecina de un flexo que tenía encendido sobre la mesa estudió concienzudamente la disposición militar de España, las capitanías generales, los efectivos que podían ponerse en pie de guerra y, al reflexionar sobre aquella más que probable eventualidad de una intervención militar, recordó con amargura el último diagnóstico de los doctores, cuando en el mes de junio del año 1958, tras los interminables meses de mi convalecencia, se reunieron con nosotros para decirnos muy solemnemente que mis operaciones quirúrgicas habían constituido un éxito y los injertos también y los clavos de mi crucifixión lo mismo. Yo sería en adelante un crucificado afectado por una leve cojera. Mi pierna izquierda estaría para siempre condenada a no poderse doblar por completo y en otoño me dolerían las cicatrices y mis huesos presagiarían la lluvia y, en fin, señores, estamos de enhorabuena, su hijo de ustedes podrá hacer una vida absolutamente normal. Lógicamente no podrá hacer ciertos deportes ni correr ni jugar al fútbol, pero ¿para qué servían todas esas cosas? Y según desarrollaban sus consoladoras teorías mamá, que estaba sentada a mi lado, me apretaba más y más la mano, y a intervalos me miraba con su sonrisa dulce y yo la recordaba joven, cuando me daba el pecho y le ponía mi manecita tierna y pequeña sobre el gran seno cósmico de donde surgía una vía láctea que me penetraba cual miel celeste y mi padre, allí sentado también ante los doctores que se acababan de tomar el café que nos sirvió la asistenta Consuelo (que era una señora mayor, casada y con hijos ya trabajando en el garaje Taberné como mecánicos), mi padre, digo, fue arrugando el entrecejo por momentos y se levantó del sillón de oreja y, con las manos juntas a su espalda, los ojos fijos en los dibujos de la alfombra del comedor, oyendo el chirriar de las maderas debajo y las lentas, graves campanadas del reloj del Ayuntamiento dando las seis de la tarde, levantó la negra mirada del suelo y, deteniéndose en su crispado caminar de héroe lisiado, dijo:

—Por sus palabras colijo que Vicente no podrá ya aspirar a ser militar de carrera, ¿me equivoco?

Se miraron uno a otro los galenos y al fin fue el fornido y sanguíneo doctor Vázquez, que se sentaba en el borde del sofá a causa de los impedimentos que le producía su voluminoso abdomen, el que se aventuró a darle a mi padre tan funesta noticia:

—No se equivoca usted, don Hugo. Lamentablemente su hijo Vicente Anastasio no podrá abrazar la carrera de las armas, uno de cuyos requisitos básicos es la absoluta normalidad física. Lo sé por haber sido durante quince años consultor de la Armada, antes y después del Movimiento.

A pesar del deslumbrante sol que se filtraba a través de los intersticios de la persiana del balcón, aquellas palabras del médico parecieron sumir en las tinieblas el salón comedor. Yo, sin embargo, experimenté una doble sensación de fracaso y de triunfo. De fracaso porque, en las largas noches de insomnio en la clínica y después en mi casa, había imaginado una y mil veces que me recuperaba totalmente de mis lesiones y que aquel fantasmal caballo negro de nombre *Lucifer*, que me olfateaba estando yo caído en la húmeda tierra del barranco del Alamín, aquel corcel demoníaco que movía su larga cola y alzaba la cabeza mitológica de largas y rizadas crines, aquel verdugo mío que relinchaba en los crepúsculos donde yo vagaba solitario y sin Elsa Lawrence, desaparecía por fin de mis pesadillas y yo me miraba en un espejo y la enfermera Aurorita me decía mírate bien, Tasio, mírate la cadera y verás que en ella no hay ningún clavo, ni bisagras en las rodillas, ni cartílagos de cerdo injertados dentro de ti. Obsérvate, siete siete, pues ése era el número de mi habitación, y dime: ¿Ves alguna cicatriz en tu cuerpo? No, respondía una voz lejana, interminable, que se extendía como un eco. Y soñaba que mi accidente no había existido jamás y que aquel caballo infernal no me había tenido a mí como jinete nunca, porque yo no era hijo de mi padre Hugo, sino de otro hombre sin rostro, al que yo amaba, el cual, viéndome dibujar de niño aquellos premonitorios caballos, me decía en mi sueño tú serás un artista. Y soñaba que no sabía montar a caballo y por esa razón, viviendo en París como un pintor bohemio acompañado de mi fiel y bellísima Elsa Lawrence, me limitaba a pasear a pie por los senderos del bosque de Bolonia y si alguien me invitaba a montar sobre un corcel dibujado en los muros del sueño, yo me sonreía con ambigua expresión, y declinaba la invitación diciendo señores míos, jamás monté a caballo y mucho menos sufrí un accidente. Véanme ágil, observen cómo cual gacela corro por los bosques, sin clavos en la cadera, sin articulaciones artificiales en mis rótulas, libre de patíbulos, de escayolas y de férulas. Véanme a mis diecisiete años como un efebo desnudo y ágil, y mi cabeza dibujada por Leonardo y mis bucles y mis labios ardientes besando a Elsa bajo las frondas. Pero también sentí alegría al saberme lisiado como mi padre, porque aquella fatal y trágica coincidencia me liberaba de ser militar y mentalmente cerré los libros de historia de las batallas y en mi cabeza de joven cojo, tambaleante, que todavía precisaba de muletas para caminar por la casa, surgieron láminas blancas de papel y lienzos donde yo pintaba lo que jamás nadie pintó. Era bohemio, inválido casi, pero libre allá en Montmartre y me decía yo seré un nuevo Lautrec, cabaretero y ebrio de evanescentes musas desgarradas, máscaras de un mundo que busca en la irrealidad del Arte la suma verdad de la existencia, la única realidad. Y aquella noche, escribí una larga carta a Chomin, que por fin había conseguido ser aceptado por la familia de su padre en Lequeitio y estaba allí, viendo el mar por vez primera y le dije no seré militar. Le expliqué mi horario de recuperación en la clínica y mis gimnasias y mis movimientos y por la tarde vino a verme Merche, su novia, y le dije toma la carta y échala tú misma. Me trajo un libro envuelto como regalo y vi que era una novela extraña, editada en francés, que me había comprado en Madrid. Su título era *Melmoth el Errabundo* y estaba escrita por un clérigo que había entregado su alma al Diablo y cuyo nombre era Maturin.

—Gracias, Merche —le dije, besándola en la mejilla al despedirla en el descansillo de la escalera.

Fueron años de soledad y silencio. Recuperarme de las heridas y realizar las gimnasias, ver cómo todos mis amigos se marchaban a Madrid a estudiar a la universidad y la quimérica calle Mayor aquellos inviernos, cuando me acompañaba mi madre a la clínica del doctor Vázquez, que estaba a la entrada del paseo de las Cruces, y los dos subíamos despacio, ella a mi lado, escuchando el chirriar de mis muletas en los adoquines, lento avance saludando a las personas conocidas, parándose buenos días, parece que quiere abrir el cielo. Más tarde saldría el sol y me miraban estás magnífico, Tasio, te recuperas, surges de tus cenizas como Ave Fénix. Y yo sonreía muchas gracias y continuábamos mamá y yo, procesionarios y altivos, los dos abandonados a la deriva en un mar vacío, surcado por personas como mi padre o por cobardes como aquel don Anselmo incapaz de asesinar a papá y de ir a la cárcel por amor pasional, para que mamá, un día lejano, perdido en el tiempo, estuviera esperándole a la puerta de la prisión provincial, teñida del naranja resplandor del amanecer y que él saliera con su maleta de excarcelado y se dijeran amor mío, nada ni nadie logró separarnos. Como decía una canción de Antonio Machín: Tu vida y mi vida jamás en el mundo podrán separarse, tu alma y mi alma vinieron al mundo sólo para amarse. Y cada día avanzaba un paso más en mi recuperación, y me decía la enfermera Aurorita deja el bastón y ven hacia mí. Parecía que estaba borracho, caminaba ebrio por entre dos barandas de madera, sin las muletas, sin Elsa Lawrence, sin labios donde besar. Primaveras, veranos, otoños, inviernos. Y en la Noche Vieja iba al baile de fin de año con Chomin que me acompañaba y ellos dos, Merche y él, bailaban por mí los valses del Emperador, como yo, cuando unos años antes, había logrado aprenderlos en los brazos de mi criada Toñi y la hija del registrador de la propiedad venía a sacarme, vamos Tasio, baila conmigo el vals. Baila, maldito, corre, vuela, adelante. Yo había llamado con los nudillos a la puerta del despacho, un día cualquiera, pocos meses después de salir de la clínica, obediente a la orden de mi padre omnipotente y eterno:

—Adelante, pasa y siéntate. Ponte cómodo.

Significaba que dejara la muleta y el bastón apoyados en una silla con guerrero esculpido, tapizada de rojo terciopelo como la sangre, junto a la pared empapelada con arcabuces y ballestas y flores de lis. Era una tarde gris y fría y papá estaba frente a mí, sentado en el sillón bicéfalo, con su águila imperial decorando su calavera ya semicalva, sus ojos de rata tras los ovalados cristales de las gafas de montura de plata. Estaba de paisano y se frotaba las manos frías y huesudas. Hijo: Creo que debemos hablar seriamente sobre tu futuro. Has estado muy enfermo, pero gracias a Dios ya estás prácticamente curado. Sólo es preciso que tengamos un poco de paciencia y que tu corazón se haga de piedra y tu memoria olvide cuando corrías por el borde de las terreras del río Henares con el *Indio Sioux* Chomin y nos lanzábamos pendiente abajo como locos y aullando yo soy el indio Jerónimo y tú Buffalo Bill. Aquellas excursiones en bicicleta, por las carreteras adoquinadas en tiempos del general Primo de Rivera, en el verano, cuando los olmos de las cunetas estaban verdes y espesos y la sombra era deleitable y pedaleábamos sin pausa, rítmicamente, el pie apretando el pedal, bajando, subiendo por inercia, la pantorrilla abultada en el músculo, las rótulas realizando magistrales sus rodamientos de bolas formidables, el tórax volcado sobre el manillar y la mirada fija en la carretera solitaria, por la que a veces venía una camioneta o un carro tirado por mulas con mieses y un perro nos ladraba y, diferente a ahora, pasaba mucho tiempo para que un avión volara sobre nuestras cabezas. Nos parábamos en las fuentes a descansar y a refrescarnos. En una de ellas perdí mi primer reloj Longines y mi abuela, que estaba ya pudriéndose en su tumba, dijo le regalaré otro mejor, de la misma marca. Pero todo había pasado y yo tenía dieciocho años cuando mi padre, muy seriamente, me dijo:

—Tasio, tienes que terminar el bachiller y estudiar ingenierías.

Sentí cómo me golpeaba aquella palabra absurda: Ingenierías. Jamás había pensado en ello. Sabía que ya no iba a ser militar nunca y pasaba el tiempo leyendo a Dostoyevsky y a Zola, a Balzac y a Galdós, a Valle-Inclán y a Juan Ramón Jiménez, a Lorca y a Miguel Hernández. *Caratanque* estudiaba medicina en Madrid y me compraba autores proscritos por el Régimen, de contrabando, en ediciones hispanoamericanas, pues todavía estaban prohibidos muchos libros. Yo recitaba en alta voz como el toro he nacido para el luto y el dolor y un día me trajo el teléfono de Elsa Lawrence en Madrid y esperé a que mi padre hubiera salido a su tertulia del Casino y, golpeándome el corazón con fuerba, pedí a la telefonista una conferencia interurbana. Me dijo cuelgue, en seguida le llamaré. Pero no fue en seguida y pasaron dos horas y yo permanecía allí, ante el teléfono, esperando el estridente sonido y, absorto como estaba en mi espera, llegó papá y me sorprendió hipnotizado mirando el teléfono marrón oscuro, destapado, sin el pañito calado que mamá le hizo para que no le entrase el polvo a la maquinaria, como había ordenado nuestro amo y señor, y me miró qué haces a oscuras, porque era invierno y anochecía en seguida. Dieron las seis de la tarde en el reloj de pie del salón cuando le dije espero que me llame Chomin desde Lequeitio.

—¿Desde Lequeitio?

—Sí —mentí.

Porque no me atrevía a decirle que había puesto una conferencia a Madrid y le rogaba a la Providencia Divina que ahora no me dieran la llamada, pero súbitamente sonó el timbre y todo lo que tenía pensado fue diferente. Dije si se pone una voz de hombre pregunto por ella y si me dicen quién soy le digo que. Era tan inexperto en esas lides y había perdido tanta confianza en mí mismo, que me quedé paralizado, ¿qué le decía si se ponía un hombre y entonces era su padre o si era una voz de mujer que podía ser Margarita la Asco o una criada? Si era voz de mujer preguntaría por Elsa y si era ella en persona la que descolgaba el teléfono y decía aló ¿qué iba a decirle? Se me habían olvidado absolutamente aquellas palabras que había pensado y mi cabeza estaba vacía y mi corazón dolorido cuando me quedé hipnotizado mirando el teléfono seguro de que no podía dejar de preguntarle por qué, por qué dejaste de ir a verme a la clínica. ¿Quién era esa sombra con la que paseabas por la ciudad? Es su novio formal, me había dicho Chomin, tienes que olvidarla. ¿Se besan?, le pregunté a la noche infinita, cuando me quedaba solo en la habitación. Y un día le dije a Chomin te voy a pedir un favor muy grande.

—Dime, Tasio, sabes que puedes pedirme lo que quieras.

—Quiero que espíes a Elsa y al novio ese que tiene y me digas si se besan.

Estaba loco, había perdido el juicio y, como un barco a la deriva, deambulaba empujado por el azar de los vientos, sin brújula y sin guía, expuesto a hacerme pedazos en los arrecifes de las tinieblas.

—Pero, por favor, Tasio, olvida a Elsa.

—Quiero que les sigas y les espíes, necesito saber si se besan, si son novios de verdad o solamente salen de paseo como amigos.

Qué inocente era yo entonces. Merche le dijo a Chomin si supiera Tasio cómo bailan los domingos en los bailes «vermú» del Casino. Elsa Lawrence, que siempre había sido erótica y sensual, se abrazaba a aquella sombra que me obsesionaba y llevaban las caras juntas y un día el conserje que vigilaba en la puerta de la sala de baile se acercó a ellos y le tocó a él con un dedo en la espalda y les dijo por favor, repórtense, aquí no se puede bailar así. Y yo esperé a que Chomin regresara de su espionaje y mi padre, después, meses más tarde, estaba allí, guardándose el llavín de la casa en el bolsillo preguntándome qué haces a oscuras. Yo pensaba que no me pongan la conferencia ahora y, sin embargo, como todo en la vida es muy distinto a lo que planeamos sonó estridente el timbre del teléfono. Lo cogí veloz y, sin esperar a nada, dije hola Chomin, ¿cómo estás? Papá me miraba extrañado de mi nerviosismo y yo oí una voz al otro lado del hilo, que no era de hombre malo, ni de madrastra odiosa, ni de fámula anodina, sino de ella misma, argentina, juvenil, despreocupada. Dígame, dijo. Sentí como si se me parase el corazón y miré a papá bruscamente después de haber dicho hola, Chomin, y se me fue olvidando que estaba allí papá escuchándome y, como un desesperado al que ya nada le importa, le dije a Elsa soy Tasio y quiero saber por qué me dejaste.

—¿Cómo? —dijo ella, sorprendida—. ¿Quién es usted?

—Tasio, te digo que soy Tasio. ¿Es que ya no te acuerdas de mí? —le grité.

Fue espantoso estar allí, sintiendo cómo me dolía la pierna izquierda como si me la arrancaran, con la voz temblorosa, casi sollozando, preguntándole una y otra vez por qué me había abandonado por otro precisamente cuando más la necesitaba. Y me humillé tanto que mi padre puso su zarpa de buitre sobre el interruptor del teléfono y cortó la comunicación. Entonces yo me levanté hecho una furia y le grité por qué lo hiciste, por qué. Y él me gritó también porque no podía soportar el ver a un hijo mío arrastrarse de ese modo ante una golfa. Elsa no es una golfa, exclamé con todas mis fuerzas abalanzándome sobre él para pegarle, y me empujó colérico y me caí al suelo como un fardo inútil, mientras él vociferaba diciéndome siempre fuiste un cobarde y por esa razón *Lucifer* te arrojó por el barranco, porque los animales tienen instinto y aquel caballo me despreciaba como me despreciaba papá insultándome levántate, vamos, no estás tan inútil como para no poderte poner en pie. Me reprochó también usar el teléfono para conferencias inútiles, costosísimas, y cuando viniera la factura, ¿quién sino él la pagaría?

—¡Yo te daré el dinero, miserable! —le grité desde el suelo.

Sentí cómo se alejaban sus pasos y salía del despacho. Dio un golpe muy fuerte al marcharse de la casa y entonces entró Consuelo, la señora que era nuestra asistenta, con las manos mojadas secándoselas en el delantal y la cabellera un poco desgreñada porque estaba lavando la ropa en la cocina y se arrodilló señorito Vicente, ¿qué ha sucedido?

—Levántese del suelo, déjeme ayudarle.

La señora Consuelo tenía la expresión bondadosa de persona que ha sufrido ya muchas calamidades y todo lo comprende. No recuerdo ahora si era viuda o estaba casada con un albañil que nos arregló el tejado de la buhardilla un año. Lo cierto es que con su ayuda me incorporé y me dejé caer en el sillón que había bajo el gran tapiz con el escudo nacional del águila y la banda Una, Grande y Libre.

—Tenga —me dijo la señora Consuelo, encendiendo una cerilla que sacó de una caja de fósforos que llevaba en el bolsillo del delantal—, tranquilícese. Fumar le calmará los nervios.

Un odio sordo, espeso como hirviente lava, me comía el corazón como lobo devorador y sanguinario. Le mataría con mis propias manos, pensaba, mientras aspiraba nerviosamente el humo de aquel cigarrillo rubio, de los que guardaba en mi vieja pitillera de plata que tenía grabada una H que yo, cuando la cogí de una caja de objetos viejos y abandonados, interpreté que era de Hugo y mamá o mi abuela, no lo recuerdo con exactitud, me dijeron que no, que esa H no era de Hugo, sino de la tía Hermiona.

22

Pero todo pasa, y una semana más tarde mi padre había de nuevo recompuesto el gesto de severa y honesta autoridad y, a su modo, demostraba preocuparse por mi futuro. No querrás estar toda la vida encerrado en tu cuarto leyendo a Dostoyevsky.

—¿Verdad, eh?

—No —dije yo, con la mirada puesta en el brillante níquel de mi muleta, que tenía grabado el rótulo made in Germany.

Era una tarde gris y fría cuando él me dijo que estudiara ingenierías y pensé otra vez las malditas matemáticas. Pero no tuve fuerza para negarme y allí estaba aquella mañana de octubre de 1961 pagando el taxi ante la puerta del número cuarenta y cinco de la calle de San Bernardo, bajo los polvorientos balcones donde un gran cartel anunciaba La Universitaria, viajeros y estables, confort. Me eché la gabardina sobre el hombro, cogí el gran maletón de cuero que mamá Leontina me había comprado en Camarillo, el bazar de Guadalajara y penetré en el siniestro y oscuro portal, desconchado y pestilente, iluminado tan sólo por una lámpara de roto cristal que pendía del alto techo. Al fondo, el amarillento ventanuco de la portería, me atrajo como faro en derrota. Desanimado y casi sin fuerzas para sostener el maletón, descontento de mí mismo y disimulando cuanto pude mi cojera, llamé con los nudillos al portal y pregunté por cuál de las dos escaleras se subía a la pensión La Universitaria, que estaba en el primer piso. Por las dos, me dijo la portera, una vieja tan deprimente como el portal, barbuda y recelosa, coja como yo, pero todavía un poco más, pues no había logrado librarse del bastón de sucia empuñadura.

—Las dos escaleras se unen en el entresuelo —dijo—. Y añadió: ¿es usted huésped?

—Sí señora —respondí.

—Pues no le he visto antes —dijo la vieja.

—Es que es la primera vez que vengo —le aclaré.

—Ah —murmuró, al tiempo que me echaba una hostil e impertinente mirada por todo el cuerpo, asomando la cabeza para verme entero, incluyendo los zapatos marrones muy brillantes y el fino corte de mis pantalones bien planchados, de exacta raya e impecables dobleces.

Sin duda la inspección fue de su agrado e intuyó un joven «de posibles» y cambió su expresión de pirata por otra de complacencia. La escalera doble hasta el entresuelo era muy ancha y luego se estrechaba y en la pared leí el letrero que anunciaba la pensión iluminado por un tubo de neón, también mustio y amarillento. Jamás había visto yo una casa semejante y, más tarde, cuando leí la novela de Franz Kafka *El proceso*, relacioné aquel antro de la calle de San Bernardo con los sórdidos y subreales inmuebles que el gran escritor checo describe en aquellas inolvidables páginas. Mamá había sido engañada por la propaganda de aquel folleto que nos envió la gestoría y La Universitaria, como más tarde comprobé, no tenía más relación con la universidad que su proximidad al viejo caserón de la Universidad Central donde me examiné de la reválida para obtener el título de bachiller, un poco más allá del Ministerio de Justicia. Pero el falaz folleto mentía como un bellaco, afirmando rotundamente que si se deseaba un ambiente universitario cien por cien, un lugar céntrico, a dos pasos de la avenida de José Antonio (Gran Vía) y teniendo a la misma puerta la estación del metro de Noviciado, con librerías próximas, restaurantes, cines, y toda suerte de establecimientos, no habían de dudarlo los padres responsables ya que La Universitaria era el lugar ideal. Ambicnte familiar, comida casera, estudiantil convivencia y confort de lujo, con habitaciones individuales y agua caliente en espléndidos baños, duchas, sala de lectura y televisión y un amplio etcétera para viajeros y estables, on parlé fransé y englis spoken. Sentí lástima de la pobre mamá Leontina, que ya había cumplido los cincuenta y cinco años y que se había quedado en Guadalajara soportando sola a mi padre, añorándonos a Carla y a mí, haciendo punto de cruz y yendo

por las tardes a la parroquia de Santiago a rezar el rosario
con su amiga Paulina, que proseguía siendo funcionaria y
solterona, y las dos se iban a veces a merendar al Casino y
allí, junto al ventanal, veían pasar la interminable noria de
los provincianos que paseaban arriba y abajo, por la inevi-
table calle Mayor donde todos se conocían y todos se saludaban constantemente hola, adiós, hasta luego. Y se paraban
unos conversando con los otros, y se agregaba un tercero y
pasaba un Seat nuevo y todos preguntaban de quién es ese
Seat nuevo o el Dauphine tan bonito y tan supermoderno,
gris metalizado, o mismamente los vestidos de las señoras
mira qué corte tan original lleva doña Natalia, la de los
Morcillo. Las campanas llamaban a las misas vespertinas y
todo, todo, todo, le sienta mal, le decía mamá a su amiga
Paulina, refiriéndose a mi padre, ya canosa como estaba,
con la cara un poco acaballada y siempre tan empolvada,
flaca de piernas pero con un buen busto. No me digas, Leontina, qué paciencia te dio Dios para aguantar a tu marido.
Y mi madre, muchas veces, tenía la tentación de contarle
toda la verdad de sus relaciones con don Anselmo, el cura,
pero no se atrevía a decirle que durante más de un año se
vieron a escondidas en Alcalá de Henares, donde tenían alquilada una habitación a una tal Cristina y mamá se llamaba
entonces clandestinamente doña Pura y el sacerdote de Santiago tenía por nombre falso Antonio y ¿qué sería de él?

—¿Sabes algo, Leontina? Dime la verdad —le preguntó
un día su amiga—. Sabes que soy una tumba.

—No sé nada en absoluto, créeme —respondió mamá.

Rápidamente cambiaban de conversación y mi madre, estoy seguro, debía sentir algo especial dentro de ella misma.
Porque no en vano se quiere a una persona platónicamente,
como yo quise a Elsa y la soñaba y cuando me acordaba de
ella me golpeaba algo en el fondo del estómago y supongo
que mamá, si había sido la amante de don Anselmo, sentiría cosas terribles al recordar las largas horas del ayer, como
decía una canción que teníamos en un disco muy viejo, que
apenas se oía. Era una voz de mujer que decía:

> Recordar
> las largas horas del ayer.
> Recordar
> aquel amor de antaño.

Mamá se consolaba leyéndole a Paulina las cartas de mi
hermana, que vivía en Barcelona y tenía ya dos hijos y se
los enseñaba. Mira, Pau:

—Ésta es Montserrat y el niño es éste, Jordi para ellos,
que son catalanes, porque mi Carla le dice Jorgito. ¿Verdad
que son dos alhajas?

—Desde luego —decía Paulina—. Están para comérselos. Pero mi padre era horrible. Y mamá, después de haberse tomado el café con leche con dos bizcochos borrachos, sentía congoja y se le saltaban las lágrimas y se limpiaba a veces con una servilleta de papel de las del bar y allí se quedaba arrugada la servilleta húmeda, junto al cristal del vaso y la cucharilla, esperando la mano enrojecida del camarero que llegaba cuando las dos amigas se habían levantado en silencio y se habían puesto los abrigos ayudándose la una a la otra, para marcharse por el amplio corredor hacia los lavabos donde se miraban al espejo en silencio. Se peinaban un poco y se pintaban los labios mirándose de perfil o de frente, como si no se reconocieran la expresión o tuvieran que recordarse preguntándole al espejo, ¿quién es esa mujer que está ahí delante, ya envejecida, amargada y sola en este mundo gris y frío? Sobre todo esas tardes desapacibles de invierno, cuando se aventuraban a salir las dos, cansadas de estar siempre en casa de mamá o en casa de la doña Cloti Salazar, que se había quedado viuda hacía dos meses de don Práxedes, muerto a causa del cáncer, pero no lo diga usted, doña Leontina, hágame el favor, es una enfermedad tan cruel.

—Descuide, doña Clotilde, por mí no se sabrá. Tiene usted razón, a la gente no hay que decirle lo que no le importa. Y si no, recuerde cuando se murió la pobre mamá, que como usted sabe falleció de pura inanición por no comer nada debido a su estrechez del píloro y, sin embargo, las malas lenguas que yo me sé dijeron que mi madre había muerto de cáncer y era mentira. Además, ¿es que es deshonra morirse de cáncer?

—Desde luego que no —dijo doña Clotilde—, pero yo a todo el mundo le he dicho que mi Práxedes tenía cálculos en el riñón y al no drenar éste, que, además también le pasaba eso, pues le sobrevino una intoxicación de la sangre y se puso amarillo como esa pared.

Doña Clotilde señaló con la mano la pared de su sala de estar, pintada de amarillo chillón a causa de las modas y una de las dos exclamó ay, ay, ay, qué desgracia tan grande envejecer y morirnos. Y aquellas evocaciones, aquellas vidas, parecían tirar de mí aquella mañana de principios de octubre, cuando esperaba que me abrieran la puerta de la pensión La Universitaria en el descansillo de madera de la escalera siniestra, mirando a intervalos hacia el sucio patio interior lleno de cuerdas con ropa tendida. Al fin escuché unos pasos que se aproximaban y me abrió la puerta una criada muy joven, de mediana estatura, maciza y descotada, con unos grandes pechos bajo la suave tela de su bata de sirvienta, el delantal mojado y sucio, las manos húmedas, los ojos negros y brillantes y el pelo también negro azuloso, atado con una cinta roja hacia atrás, en cola de caballo y la boca acorazonada, sonriente al verme parado.

—¿Quiere habitación? —me preguntó.

—La tengo ya reservada, soy el nuevo huésped que escribió de Guadalajara —dije, enrojeciendo como un tomate.

Dentro de mí sentía una gran excitación al ver que en aquella casa horrible vivía una mujer tan joven y tan hermosa, a pesar de su «evidente y primigenia» elementalidad, como le escribí después a Chomin, que se había ido a vivir con su madre a Bilbao. Y me dijo pase usted, joven, en seguida viene don Luis.

Pasé al vestíbulo, dejé la maleta y la gabardina junto al mostrador y encendí un cigarrillo. Era mediodía y, del fondo del corredor, cubierto con un linóleo que chirriaba al ser pisado, llegaba la luz del sol de una habitación, cuya puerta estaba abierta y por la que, en seguida, salió el llamado don Luis, un hombrecillo de pequeña estatura, muy delgado y nervioso, cuyos pasos hacían aullar el linóleo, mientras yo observaba distraídamente las paredes pintadas de ocre y el calendario anunciador de Anís de la Asturiana, con los paisajes montañosos y los verdes prados y aquella mocita vestida con su traje regional que, sonriente, venía por un camino con la botella de anís, una copa y la frase «su presencia siempre agrada». Los compartimientos para la correspondencia con los números de las habitaciones y las largas, viejas llaves colgadas de unos ganchos dígame, dijo don Luis.

—Buenos días, soy Vicente Garrido, de Guadalajara, mis padres reservaron una habitación por correo.

Exclamó naturalmente, me lo imaginé al verle, pues recordaba que tenía anunciada su llegada precisamente para el día de hoy. Vamos a ver, vamos a ver. Penetró en el angosto mostrador buscando un libro y encendiendo al mismo tiempo un flexo, canturreando algo ininteligible y murmurando veamos donde he puesto el Bic que tenía por aquí. Yo le quise ofrecer mi bolígrafo Parker, regalo de mi tía Hermiona, pero don Luis encontró su bolígrafo y, ajustándose las gafas sobre la huesuda nariz hebrea, inició un silbido pianísimo, apenas perceptible, buscando en el libro de huéspedes el número de mi habitación y comentando al mismo tiempo que hacía un espléndido día. Junto al mostrador, en el ángulo del vestíbulo, había una mesa pequeña de cristal, redonda, con dos mugrientos sillones bajos, sucios y de rotas tapicerías, en uno de los cuales había un gato dormido, hecho un ovillo sobre sí mismo, de color pardo manchado que, en realidad, era una gata, como supe después y esperaba dar a luz gatitos para muy pronto y la llamaban *Dori*. Sobre la mesa de cristal había revistas y en la portada de una de ellas, en grandes titulares, leí: «Amplio reportaje sobre el suicidio del coleccionista Arthur Jeffers», mientras don Luis, por fin, había encontrado ya mi nombre escrito en el libro de huéspedes y murmuró aquí está usted.

—¿Lo ve?

Y, al mismo tiempo que me enseñaba el libro con mi nombre escrito junto al número de mi habitación, me mostró también abierta la carta de mi padre en la que decía «informado del buen servicio de ese hospedaje, ruégoles» y vi su firma enérgica, de varios trazos agudos, verticales unos, otros en diagonal como cuchillos. Volvió a chirriar el linóleo y, al fondo de los dos corredores que partían del *hall* en dos brazos, pues la pensión ocupaba realmente dos pisos de la misma planta, escuchaba una voz femenina que cantaba sa cortao el pelo, la novia de Reverte, ay sentrañitas mías, sa cortao el pelo. E imaginé que aquella voz pertenecía a la sirvienta que me había abierto la puerta y de nuevo mi mente se agitó con sensuales sugerencias, porque lógicamente yo tenía entonces veinte años y sentía ardiéndome la sangre, sobre todo desde mi forzada inactividad durante la larga convalecencia, estudiando a marchas forzadas para terminar el bachillerato y recuperar el tiempo que has perdido, tal y como me decía agriamente mi padre, en un rictus amarillo, de rabia sorda y de desprecio hacia este hijo inútil que no fue capaz de dominar a *Lucifer* aquella mañana fatídica cuando explotaron los depósitos de Campsa. En fin, de nada sirven ya las lamentaciones.

—Estudiarás ingenierías en una magnífica academia de la calle del Arenal, regentada por un ex colega mío de Armamento y Construcción. Se trata de don Manuel de Paula, un magnífico matemático que fue expulsado del Ejército por sus ideas republicanas y por haber hecho la guerra con los rojos. Sin embargo, confío en sus métodos pedagógicos, integridad moral y carácter. Ya está enterado de tu desgracia y se volcará contigo. De ti depende, exclusivamente, aprovechar esta oportunidad para ingresar en la Escuela de Industriales. Es cuestión de voluntad y de clavar los codos en la mesa y decir yo tengo que sacar esto y lo saco por encima de todo.

Don Luis me pidió el carnet de identidad para hacerme la ficha de la policía, diciéndome luego se lo devolveré, firme aquí y aquí. Eran dos cartulinas de la Dirección General de Seguridad y un papel para Estadística. Edad, natural de, enfermedades infecciosas, ¿vacío en el alma? Una nube debió cubrir parcialmente el sol porque se ensombreció el corredor kafkiano, en tanto yo iba detrás de otra criada que vino a la llamada del timbre que pulsó sobre el mostrador don Luis. Era una mujer de unos cuarenta años, muy distinta a la sirvienta que me había abierto la puerta, desgreñada y fea, con una cicatriz cerca de la comisura de los labios que le daba un aspecto un poco monstruoso, pues le tiraba de la piel y el ojo derecho aparecía desmesurado y glauco, como artificial. Hablaba gangosa, pero era muy amable: Ya verá qué bien está usted en esta pensión, es vieja, pero la comida es buena y el personal no puede ser mejor.

—Muchas gracias, señorito —dijo, cuando le di unas monedas y se retiró—. Si quiere algo deme una voz, pues este pasillo es mío y el otro es de la Carmen. Yo me llamo Casiana para servirle.

Cerré la puerta y arrojé la llave sobre la cama estrecha, adosada a la pared. Era una habitación estrecha y larga, que llamaban «el tranvía». Tenía una ventana que daba al patio interior de la casa y un armario de luna que deformaba el cuerpo, tapando una puerta al fondo, que comunicaba con otra habitación. Un lavabo de torneadas patas de hierro forjado, temblaba al lavarme en él, y una jabonera y una toalla. El espejo rectangular, desportillado y sin marco y la luz gris y mustia. El ajado felpudo para los pies y la colcha de flecos que rozaban las baldosas amarillas y rojas. Y del alto techo pendía una bombilla de cuarenta vatios, bajo una tulipa de plástico rojo. Detrás de la puerta había una percha adosada a la pared que estaba pintada de gris en dos tonos, claro del techo hacia el zócalo y a partir de éste oscuro, con manchas de humedad. Había un plástico tras el lavabo y la palangana y el cubo estaban desportillados y como no había grifo el agua estaba en un recipiente también de porcelana y sobre la mesilla de noche, que cojeaba, había una botella de cristal con agua y recuerdo que me senté en el borde del lecho desmoralizado, viendo aquellas pequeñas esferitas de oxígeno pegadas por dentro al cristal. Me decía a mí mismo ese agua llevará ahí días y días. Qué tristeza sentí y qué desolación y qué incapacidad para cambiar el rumbo de mi vida. Ahora, cuando ya ha pasado el tiempo y reino sobre mí mismo porque estoy muerto y la Muerte nos hace todopoderosos, no consigo comprender cómo mis padres ni siquiera vinieron a Madrid para intentar que yo fuera admitido en algún colegio mayor. Aquel mismo día, cuando a las dos salí de mi cuarto para comer, caminaba despacio por el corredor, disimulando como siempre mi cojera, a tientas casi, pues no había luz en el recodo donde estaba «el tranvía». Después averigüé dónde estaba el interruptor más próximo y recuerdo que tenía un hambre terrible y yo pensaba que no se habían dado cuenta de mi cojera cuando me detuve bruscamente antes de doblar la esquina del pasillo, donde se veía la luz y escuché hablando a las dos criadas que estaban haciendo la cama de una habitación que tenía la puerta entreabierta y oí: es muy guapo el nuevo.

—Lástima que sea cojo.

Fue desagradable oírlo, pero ya estaba habituado. Porque a veces no se me notaba nada la cojera, como cuando bajé bruscamente del tren en la estación de Atocha, pero otras veces sí, cuando estaba relajado y distraído mi cuerpo, atado con tornillos y cartílagos de cerdo, se vengaba de mí y se liberaba, como un encadenado al que un instante le quitan las cadenas y se estira malditos hierros que me oprimen. O las mujeres hermosas, vestidas con abrigos y enfajadas cuando, a solas en sus alcobas, se desnudan del todo y sienten el cuerpo libre. Y es que la desnudez nos ha sido vedada y, como decía Juan Jacobo Rousseau, el hombre nació libre y en todas partes vive entre cadenas y pensionistas fijos, que se miraron un instante pensando es nuevo. Yo dudé al elegir la mesa, pues las que estaban vacías tenían servilletas usadas, introducidas en aros de plástico y en algunas mesas había frascos de medicinas, símbolo de una presencia que podía materializarse de un momento a otro y me quedé inmóvil oliendo a repollo y a sopa de cocido y vino don Luis y me dijo venga conmigo, joven.

—Ése puede ser su sitio fijo, en la mesa del rincón, que está libre.

—Gracias —le dije.

Servía la mesa la esposa del dueño, una señora muy voluminosa y exuberante, asombrosamente ágil, que llegó con la sopera muy sonriente y las uñas muy pintadas y maquillada y oliendo a perfume me llamo Rufina, soy la señora de don Luis, pero a mí todo el mundo me llama Rufi, joven, así es que siéntase como en su propia casa, me dijo.

—Ayer hablé por teléfono con su señora madre, que me llamó la pobre desde Guadalajara muy preocupada y le dije que estuviera tranquila. La casa es vieja, pero aquí comerá bien y estará tranquilo. ¿Le gustó la habitación?

—Sí señora —respondí.

Recuerdo que el menú de aquel primer día en La Universitaria era cocido madrileño. Fue la primera vez que yo comía solo en un restaurante o fonda y me adapté en seguida, componiendo aquel gesto mísero del huésped solitario, en el rincón, circunspecto y como gallina en corral ajeno. Pero por la noche ya todo cambió, en seguida vinieron dos huéspedas, vestidas con albornoces rosa y celeste, muy jóvenes, con cara de rameras y pintarrajeadas, grandes ojeras de crápula y de sueño, apestando a colonia barata, pero muy simpáticas las dos: esta es la Déborah y yo soy Rosalía *la Lucerito*, trabajamos en el teatro de La Latina.

—Somos coristas, anda, vente a nuestra mesa y no estés ahí tan solo —dijo *la Lucerito*—. Nosotras cenamos de prisa y corriendo porque nos vamos a la segunda función, pero libramos los lunes por descanso del personal. Ése que ves allí al fondo es un músico célebre venido a menos, fue compañero del famoso Sorozábal, el de *Katiuska*, y se llama don Bonifacio.

Sentado con ellas a su mesa, mientras cenábamos la pescadilla rebozada y me preguntaban si quería gaseosa en el vino, me iban explicando quién. era quién en el comedor. Llegó un tipo alto, con gabardina y un periódico en la mano, y ellas le miraron hostiles y, bajando la voz, me dijeron ése es el capitán Álvarez, un tipo desagradable, desagradable al máximo.

—¿Y aquélla? —pregunté, indicándoles a una joven que, unos momentos antes, había penetrado en el comedor con callada solemnidad.

—Ésa es Obdulia, la mantenida —me informó Déborah.

—¿La mantenida? —inquirí extrañado.

—Sí —afirmó *la Lucerito*—, es la mantenida de un señor de Soria que viene todos los viernes por la noche y se marcha el domingo por la tarde. Está como retirada del mundo, pues el de Soria, que se llama don Saturio, le tiene puesto espionajes.

—Uno de ellos es el capitán Álvarez, ése que entró antes y que está sentado a la mesa del de Correos —dijo Déborah.

Comían remilgadas, haciéndose las finas, pues, según ellas mismas me dijeron después, se notaba que yo era un señorito de buena familia. Y yo me sonreí displicente, con mis ondas del pelo peinadas hacia atrás y la duda que tenía de dejarme bigote. Y el de Correos, don Telesforo, me miraba por encima de los lentes pelando una naranja con sumo arte, consiguiendo que la cáscara entera quedase enroscada en el plato, mientras el capitán Álvarez, que estaba destinado en el Servicio Topográfico del Ejército, se inclinaba hacia él diciéndole aquel jovencito nuevo es hijo de un general, don Telesforo.

—Entonces tal vez le convenga presentarse a él —le sugirió el de Correos.

—Eso es lo que estaba pensando hacer —dijo el capitán.

Y, en efecto, cuando ya las coristas se habían marchado diciéndome muy coquetas chao y sugiriéndome que cuando quisiera ir a La Latina no tenía más que decírselo, mientras guardaba mi servilleta en el aro de plástico amarillo, vino hasta mí el capitán Álvarez, con su gran cigarro habano que se fumaba todas las noches después de cenar, sentado en el salón de la televisión, haciendo comentarios en voz alta, para que todo el mundo viera lo informado que estaba, y alzaba el cuello y miraba a su alrededor y yo recuerdo que su cara y su complexión me traían a la memoria al capitán Centellas, un héroe de los tebeos de mi niñez, forzudo y peleón, y me acuerdo también de *Roberto Alcázar y Pedrín* y de *Jorge y Fernando y la Pantera Negra* y el capitán llegó cuando me disponía a levantarme de la mesa y me dijo, con permiso, joven.

—Me llamo Aniceto Álvarez y tengo el honor de conocer a su padre, el general Garrido de Tinajas —dijo—. ¿Permite?

Se sentó a mi mesa y me ofreció un puro habano como el suyo, pero yo lo rehusé y encendí otro cigarrillo Chesterfield que era la marca que fumaba entonces y él me dijo casualmente ayer me dijo don Luis, ¿conoce usted a este general? Y me enseñó el membrete de la carta de su papá y le respondí con toda lógica cómo no voy a conocer al general Garrido de Tinajas, ambos coincidimos en unos ejercicios tácticos en Colmenar de Oreja. Naturalmente él era ya coronel y yo un recién ascendido teniente. El capitán Alvarez tenía unos ojillos pequeños, y móviles, inquietos, con reflejos rojizos, como los cobayas de los laboratorios. De sus rasuradas mejillas, suaves y brillantes parecía irradiar frío. Tenía las manos gordezuelas y muy blancas, como de monja, y todo en él sugería a la persona solapada, intrigante y pletórica de un mundo extraño de conjuras domésticas y subterráneas intenciones. Me preguntó si era estudiante.

—Sí —le respondí lacónicamente, pues no me invitaba a ser más explícito.

—¿Algún curso militar, tal vez?

—No —dije—, me preparo para ingresar en la Escuela de Ingenieros Industriales.

Hizo una mueca de admiración, pues en aquel tiempo ser ingeniero en España era algo importante y las familias se enorgullecían de tener uno en su seno y las señoritas se ufanaban de sus novios ingenieros, especialmente los de Caminos, Canales y Puertos. Me despedí del capitán a duras penas, pues me acompañó por el pasillo repitiéndome una y otra vez que él vivía en el corredor de las habitaciones exteriores, las que daban a la calle de San Bernardo.

—Por cierto —dijo—, ¿cómo es que don Luis le puso en «el tranvía»?

—No lo sé, capitán —respondí.

—Es una pésima alcoba —dijo él—. Cuando pasen unos días le diré que le cambie. Es impropio del hijo de un general vivir en semejante cuchitril.

Se cuadró militarmente a pesar de ir vestido de paisano y yo regresé a mi oscura habitación fría y húmeda. No sin antes volver a ver en las blancas paredes de la memoria aquella colección de huéspedes que había conocido. Días más tarde me presentaron al estudiante de notarías, un joven grueso, calvo, con la cara surcada por un rictus de drama, que vivía prácticamente secuestrado en su habitación estudiando las oposiciones para notario. Días y noches interminables los pasaba encerrado en su antro, memorizando artículos de los códigos, auxiliándose de reglas nemotécnicas, paseando incansable. A veces, en el silencio relativo de las madrugadas, a través de los muros, escuchaba su voz opaca y su retahíla de disposiciones legales. Se llamaba Gómez Gómez y alguna vez se sentó a mi mesa. Una noche de sábado fuimos los dos al teatro de La Latina, cuando Déborah y *la Lucerito* se obstinaron en que nos acostásemos con ellas y, reunidos en contubernio en mi mesa, quedamos de acuerdo que iríamos a la función de la noche del sábado y después dormiríamos juntos tú, ¿con quién?, me preguntó Gómez Gómez.

—Yo prefiero a Déborah —respondí.

—De acuerdo —aceptó Gómez Gómez—, a mí me da igual la Rosalía, que también está potable.

Déborah era pelirroja teñida, tenía la boca muy grande y se maquillaba muy en azul fosforescente. Siempre que estaba en la pensión iba con su bata azul desabotonada, mostrando al caminar sus bien formados muslos y sus zapatillas de borla, gemela fantasmal de *la Lucerito*, teñida de un gris rosáceo, con su bata rosa chillón y la mirada de sueño y de crápula. Fumaban continuamente y eran ignorantes, como animalejos domésticos que obedecieran a la voz o al látigo, aunque tenían buen corazón y eran generosas, como me lo demostraron más tarde cuando, rotas mis relaciones con papá, acudí a ellas una noche al teatro y me dejaron dinero a fondo perdido. Me llevaron a cenar a un restaurante y me miraban Vicente, qué delgado estás, qué haces con esa barba y ese pelo de vagabundo. Pero aquel día de mi debut en La Universitaria todavía no habíamos ido Gómez Gómez y yo a ver la revista *Quiéreme, quiéreme* en La Latina. Me acosté después de cenar, pues estaba cansado de mí mismo, de verme deambulando por aquella extraña habitación donde ya tenía dispuestos mis libros en unos improvisados estantes que me hice con unas tablas que me dio don Luis y unos clavos usted mismo se los puede instalar. Matemáticas, física, dibujo técnico, química, detestables asignaturas que me miraban desde la pared, cuando apagué la luz y aplasté la punta del cigarrillo en el cenicero de cristal de propaganda que tenía un neumático y el rótulo Pirelli. Cerré los ojos y pensé que Madrid era una ciudad horrible, espantosa. Había estado paseando por la Gran Vía y por la plaza Mayor y la muchedumbre, en riada, parecía conducirme, cual detritu, a una fatal desembocadura de anonimatos. Añoré mi parque de la Concordia de Guadalajara, y San Roque, y aquellas lontananzas violeta de las montañas. Y, sin embargo, en mi ciudad natal me asfixiaba y aquella noche ignoraba yo el mundo subterráneo que latía en ebullición bajo la abisal negrura de La Universitaria. Huéspedes que no había conocido en el comedor, pero que existían, salían muy tarde de sus habitaciones como noctámbulos espectros. Eran la viuda Lupino, una mujer fatal, alta y delgada, recompuesta de maquillajes y baratijas, con su peinado piramidal que ella denominaba Nefertiti, fumando en boquilla cigarrillos de papel dorado, entaconada y demoníaca, de grandes manos de hombre, que

a las dos de la madrugada se incorporaba a la partida de
póker que se jugaba de viernes a lunes por la mañana en una
habitación extrema de la pensión, guarida de tahúres, entre
los que se contaba el propio don Luis, el capitán Álvarez,
un joven pálido vestido de gris, ojeroso y anémico, con expresión de vicio, de afilados dedos manchados por la nicotina al que todos llamaban *Charli*, y a veces Déborah la corista, y la esporádica presencia de algún huésped transeúnte,
amén del sereno y de una pareja de policías secretas de servicio en el distrito, que participaban en las partidas los finales de mes, cuando se les acababa la paga del Gobierno y
entonces decía don Luis, el dueño de la pensión, señores:

—Esta noche vendrán los polis, ya sabéis.

Quería decir que les dejáramos ganar, porque yo, un mes
más tarde de vivir en la pensión, era ya un asiduo a las partidas de naipes, que comenzaban a la una de la madrugada
del viernes y terminaban a las ocho o las nueve de la mañana del lunes, cuando salíamos de aquel antro camuflado
con biombos tambaleantes como desenterrados, amarillos y
azufrosos, demoníacos como la viuda Lupino, una mujer ar-
cano, que vivía en otras habitaciones que la pensión tenía en
el segundo piso, alquiladas con derecho a cocina, y en donde
ella vivía con un Heliodoro, al que ella llamaba siempre
Doro, agitanado y convulso, pues a intervalos tenía una especie de baile de San Vito que le duraba unos segundos y
entonces había que dejar de hablarle para que se le pasara
de inmediato, como si necesitara silencio para recuperar la
normalidad orgánica. Y se lo pregunté una noche cuando salíamos de la catacumba de las barajas, atrofiados por los cu-
baslibres rancios y por el humo del tabaco y le dio el baile
y después me dijo fue en guerra.

—Los rojos me llevaron a unas tapias de Tetuán de las
Victorias y dijeron apunten, disparen, fuego. Oí los estam-
pidos y lógicamente pensé me han matado. Entonces sufrí
un ataque que luego los médicos dijeron que era paraepi-
léptico y desde entonces, cuando menos lo espero, me da
esta especie de convulsión que es como si tuviera escalofríos.

Déborah, la corista, me acogió entre sus brazos de perfumes baratos aquella noche del *Quiéreme, quiéreme*, y muchas más, y Gómez Gómez y yo nos hicimos más amigos. Me
desarrolló la teoría del desgaste de fósforo al estudiar oposiciones como las de notarías, relacionando los sentimentalis-
mos carnales con los actos sexuales y también con la calvicie.

—Fíjate —me decía Gómez Gómez—, cómo los calvos suelen ser prepotentes en la cosa del sexo. La estadística nos
dice, además, que labio fino y sensualidad corren parejos.

En la Academia Newton de la calle del Arenal me presen-
té dos días más tarde de mi llegada a Madrid. Estaba situada
en el segundo piso de la casa número 26 y allí me recibió

don Manuel de Paula, el matemático republicano que no cesaba de masticar la punta del cigarrillo encendido, con la mirada fija en el encerado lleno de fórmulas, sentado de medio lado en una silla de las de bar, quemándose con la ceniza todavía encendida la tela de los pantalones y la chaqueta. Tenía la ancha frente despejada y la caspa se le acumulaba en el cuello de la americana. Veamos, me dijo:

—¿De modo que tú eres vástago del general Garrido?

—Sí señor —respondí, extrañándome de que me llamara vástago.

—No está mal —comentó enigmático.

Sin duda estaba pensando en cosas de la guerra civil para siempre, pues guardó unos instantes de silencio y, mirando a través de los sucios cristales del balcón, se distrajo observando aquellas rubias señoritas en flor que venían de Norteamérica, y que se hospedaban en el Hotel Internacional y desde los balcones de la Academia les hablábamos *jau ar yu* o *yu ar biutiful* y cosas así y se reían y eran guapísimas. Rubias, rubias, de ojos azules y bonitos cuerpos, como yo le decía a uno de mis compañeros de clase que se llamaba Pieri y era cantante del coro de la Orquesta Nacional, mira:

—En Norteamérica se cultiva el cuerpo y además la alimentación es sana, y beben mucha leche, por eso son tan blancas.

Pieri y yo a veces bajábamos a la calle porque habíamos quedado citados con dos que se reían mucho y constantemente decían, oh, *yes*. O *fain*, que significa agradable y eran de Ohio y nos dijeron que la ciudad de Cincinnati era preciosa. Pero no decían Cincinnati, sino *sinsinari* y había un bar al lado de la Academia Newton y en la misma casa una academia de ballet. Desde el aula escuchábamos la música del piano y entonces yo me acordaba de mi hermana Carla, cuando era tan jovencita y tan guapa, con sus rizos, como los de aquella Catherine o los de Pamela, las dos americanitas que nos ligamos Pieri y yo aquel mes de mayo del 62 y les dijimos vamos a tomar una cerveza al Sajonia, que era un bar que estaba en la esquina de la calle de las Fuentes y allí nos mirábamos a los ojos: *esquiusmi, ai don espikin inglis veri güel*, y ellas se reían, mientras Pieri, que ya les había dicho que era cantante, les preguntaba si sabían alemán o francés, y ellas, no, no, y yo creo que apenas si sabían dónde estaba España. Un día les enseñamos un mapa de Europa y exclamaron, *oh mai diar*. Creían, además, que nosotros éramos también toreros y que cantábamos flamenco y yo le dije a Pieri para mí Pamela, tú te quedas con Catherine a la que llamaba su amiga Cazerin y ésta le decía siemper Pam. Luego se fueron a El Escorial y a Segovia y Toledo y una tarde desaparecieron para siempre en un gran autocar. Pero vinieron otras y otras, porque en la Academia Newton estuve cuatro largos años estudiando matemáticas, matemáticas, matemáticas. El primer día me dijo don Manuel de Paula sal al encerado Anastasio, porque desde aquel día me llamó siempre por mi segundo nombre y es cierto, cada persona me llama de una manera y a mí me daba igual, es más, casi lo prefería, porque había otro Vicente en la clase que era idiota, y se sentaba en la primera fila de pupitres con su cara de Pitágoras y sus lentes de miope y le decían todos «el repelente niño Vicente», aunque ya no era tan niño, pues tenía veinticinco años y todavía no había conseguido ingresar en la Escuela de Industriales, porque entonces los ingresos eran tan difíciles que pasaban a veces seis o siete años hasta que se ingresaba en las escuelas de esas carreras que llamaban «especiales». Y pronto empecé a detestar aquellos estudios y aquel dibujo técnico, clavado horas y horas a la silla de la pensión La Universitaria, en el tobogán oscuro, y la mesa cojitranca que yo nivelaba con un cartón bajo la pata, dibujando un cigüeñal de buque o resolviendo una integral indefinida y estudiando resistencias de materiales e hidráulica o el inmenso misterio de la gravitación universal, cuando yo era simplemente un cuerpo que caía a la deriva por el espacio, sin rumbo fijo, abriendo aquellas cartas simpáticas de Chomin desde Bilbao, que ya estaba a punto de terminar su carrera de Derecho. Él no era como yo, sino *Indio Sioux* y, a veces, sobre todo en los inviernos, cuando regresaba de las vacaciones de Navidad con la tristeza más agudizada todavía por ver a mis padres destruyéndose solitarios en mi casa, amargado de la niebla y todavía herido porque Elsa Lawrence me había dejado de visitar en la clínica y se había enamorado de una sombra, regresaba a Madrid y me dolían tanto las articulaciones de la rodilla y la cadera derecha al caminar que un día fui a la calle de Carretas y me compré un bastón cuya empuñadura era la cabeza de un galgo precioso, de ojos de rubí, al que bauticé con el nombre de *Leal* y dije ya tengo un perro y le miraba apoyado en la pared, cuando me echaba aburrido sobre la cama de «el tranvía» sin poder resolver un problema de trigonometría esférica y me parecía que *Leal* me sonreía con su cara de perro de plata tallada y su expresión noble, que soñaba como si fuera un perro de carne y hueso. Me daba calor su presencia inanimada y recuerdo que don Luis quiso cambiarme de habitación, pero yo le dije, no se preocupe, estoy bien en la mía, me he acostumbrado ya a ella. Sobre todo porque estaba al fondo del corredor y no me molestaba nadie y Déborah, la corista, cuando estaba en Madrid o regresaba de sus giras por el Norte, con la compañía de revistas no tenía más que cruzar el pasillo para dormir conmigo y llegué a tomarle cariño a Déborah. Cuántas veces me prestó dinero y como tenía otros novios y chulos que abusaban de ella me decía, oye, Tasio, porque Déborah me llamaba Tasio, ¿tú crees que debo plantar a ese sinvergüenza de Rafael? Rafael era un medio gitano que la explotaba y que se dedicaba a especular con las localidades de la Plaza de Toros en la calle de la Victoria y un día le vi y le dije ese canalla de los anillos y de la pulserita de cobre para el reúma te busca la ruina, Déborah.

—Además —le dije— fumas demasiado y bebes tanto que te vas a morir de cirrosis hepática.

—Ya lo sé —decía ella, aplastando con impotencia el cigarrillo en el cenicero—. Pero es que no tengo fuerza de voluntad.

Prisioneros de algo o de alguien, Déborah tenía la piel muy suave, porque se daba masajes con crema Nivea por todo el cuerpo. Y unas vacaciones de verano, cuando fui a Guadalajara y coincidí con *Caratanque* y *Cabezabuque* y el mismo Herranz, que estudiaba Medicina, mi madre me dijo, no sabes cuánto cambia mi vida cuando te tengo aquí. Recuerdo que iba yo con ella por la calle Mayor en dirección a la plaza de la Diputación para ver a los Cendán, que se les había muerto el padre, cuando vi venir un grupo de coristas procedentes del Teatro Liceo, pintarrajeadas y estridentes, atrayendo las miradas de todos los hombres con cara de idiotas que decían, mira qué buenas están, mira qué putas, que es lo que solían decir de ellas y entonces sentí como si me arrancaran el estómago, porque en medio del grupo reconocí a la buena de Déborah, la cual, rápidamente, se soltó de una que iba cogida de su brazo diciéndole déjame que me apoye en ti, pues los tacones hacen que se me doble el pie por esta calle tan empinada, y me gritó, ¡Tasio, cariño!, y vino hacia mí sin importarle nada la presencia de aquella señora tan circunspecta que era mamá, con su traje estampado de seda y su bolso de cartera debajo del brazo siempre acostumbrada a llevar guantes y un sombrerito de velo, como si doña Leontina fuera viuda y le decían rara, pero ella siempre tuvo su personalidad y su alma escondida desde que la abandonó el sacerdote don Anselmo. Por entonces tendría ya cincuenta y siete o cincuenta y ocho años, porque recuerdo que ya habían asesinado al presidente Kennedy y era Johnson el que había visto retratado junto a Jacqueline en el *ABC*, en la primera página de aquel noviembre de 1963, con la frase «patético momento en que Lyndon B. Johnson, junto a Jacqueline, a bordo del avión que lleva el cadáver de Kennedy a Washington, jura su cargo de presidente de los Estados Unidos de América». Eso sucedió en noviembre y cuando me encontré a Déborah debió ser en julio de 1964, porque ya habían ocurrido otras cosas que no venían en los periódicos, pero que estaban grabadas en los corazones de las personas y se reflejaban en los rostros. Y así mamá ya era una mujer muy triste, aunque mi presencia en

Guadalajara la cambiaba por completo y había veces que me esperaba inclusive en la estación, mientras mi padre solamente se preocupaba por saber cuándo iba a ingresar en la Escuela de Industriales, ignorando que yo, en el fondo de mi corazón, había decidido no hacerlo nunca. Muchas veces abandonaba los problemas de matemáticas y dejaba la mesa limpia, que por cierto era otra más grande, pues le había dicho a don Luis que me cambiase la primera que tuve, y ponía allí la cartulina grande de papel Ingres y, tras encender un cigarrillo relajante, distinto a aquellos otros nerviosos de los problemas o cuando jugaba al póker, me ponía a pensar y a pensar, y siempre terminaba dibujando un boceto que era una expresión fantástica y una mirada inquietante, difuminada, apenas perceptible, que se recortaba en un cielo donde las nubes no eran nubes, sino vidrieras góticas de catedral.

23

—¡Jesús, Tasio, qué vergüenza he pasado! —exclamó mamá, cuando ya Déborah se había marchado con sus compañeras hacia la calle del Museo, que era donde se hospedaban.

Me dijo que venían del ensayo y se corrió la voz por Guadalajara de la clase de amigas que yo tenía y *Caraluna*, en el Casino, por la noche, durante el baile de verano en la terraza, me preguntó si era verdad lo que se decía. ¿Y qué es lo que se dice?, le pregunté de mal humor. Porque siempre que iba a los bailes me malhumoraba. Ya no podía bailar el vals y solamente haciendo grandes esfuerzos podía intentar los *blues* o el bolero muy suavecito, muy suavecito, como me decía Chon, una amiga de mi hermana que se había quedado soltera. Su familia eran los dueños del Bazar Sésamo y nunca le había prestado yo atención cuando éramos adolescentes, pero, ahora, a sus treinta años, me resultaba atractiva, con su pelo rubio y sus maneras de persona de carácter. Anda, Tasio, ven, me dijo, baila conmigo mujer, tú que sabes con Dios hablar, anda y dile si yo alguna vez, te he dejado de adorar. El cantante de la Nueva Orquesta Ritmos imitaba a Nat King Cole:

> El mar,
> testigo de mi adoración,
> las veces que me ha visto llorar
> la perfidia de tu amor.

—Te he buscado por donde quiera que voy... —susurraba en mi oído Chon, mientras bailábamos.

Todo había cambiado tanto en Guadalajara que cada vez se me antojaba más lejana y vacía de sentido mi ciudad. Otros rostros se cruzaban conmigo, ajenos, diferentes, extraños. Habían construido otros edificios y *Caraluna*, ofreciéndome otro *gin-tonic*, me dijo, pues qué se va a decir: Que una de las coristas del Liceo es algo tuyo. Bah, son chismes provincianos, repliqué. Y durante unas semanas me pusieron fama de hombre de mundo, vicioso y aventurero. Mi padre también lo supo porque se lo dijo el limpiabotas del Casino. Que conste, me dijo, que por mí puedes hacer lo que te venga en gana, yo ya no represento nada para ti, pero no me parece conveniente que me tengan que decir las dudosas amistades que tienes en Madrid.

—¿Es que frecuentas cabarets y mujeres de mala nota? —me preguntó con amargado acento.

Fue la primera vez en mi vida que vi a papá débil, sentado en el salón comedor, con las manos pálidas, de azuladas venas, apoyadas en los brazos del sillón, frotándolas rítmica, mecánicamente, como si realmente todo se hubiera ya deshecho como duna en la madrugada. Su resignada actitud me dolió: hubiera preferido oír su voz cortante diciéndome depravado. Sin embargo, aquel crepúsculo, después de la tormenta y del breve aguacero, cuando penetraba por el abierto balcón el olor a tierra mojada y a césped proveniente de los jardines del Ayuntamiento, le vi derrotado. Tenía sesenta y tres años y se había quedado casi calvo. Vestido con su bata de seda de color vino Burdeos, las zapatillas puestas, y el vaso de limonada que le había dejado en una mesita la señora Consuelo, la asistenta que prácticamente vivía en casa, tuve hacia él una sombra de afecto. Le miré y me dije a mí mismo un destino fatal me ha hecho como a ti, un lisiado. Y tuve la tentación de decirle que mi cuarto amor imposible no fue Déborah, sino la fría soledad de la pensión La Universitaria, intentando, a pesar de todo, satisfacer su deseo de que estudiase aquellas malditas ingenierías, en detrimento de mi anhelo de pintar la intuición de la nada, la evidencia de ser nadie, la sensación de convertirme en ninguno. Pero guardé silencio y pensé que por la noche volvería a ir al baile de verano del Casino y allí estaría Chon con una amiga suya, forastera, profesora en un grupo escolar, que se llamaba Fuencisla, de mirada inquietante, maliciosa y pudibunda a la vez. Y me dije a mí mismo que estaba perdido en Guadalajara sin mi amigo el *Indio Sioux*, sin mi niñez perdida, e incluso, sin aquel caballo *Lucifer* que me trajo la desdicha, y al que habían matado de un tiro hacía un año, por viejo. Y ni siquiera quise aprovechar las oportunidades que Chon me daba en los bailes de verano, bailando suavecito suavecito, como ella me susurraba al oído cuando yo le decía mejor es que nos sentemos. Percibía su aliento de mujer ya hecha, me acariciaba el pelo por la nuca mientras bailábamos y me preguntaba cosas de Madrid, de mis estudios y cuántos años tenía ya.

—Veintitrés —le dije.

—Cómo pasa el tiempo —dijo Chon—. ¿Sabes quién se murió hace un mes?

—No —respondí.

—El hermano mayor de Gilaberte, tu amigo del Instituto. Tenía leucemia.

—No sabía nada —murmuré.

Pero estaba tan frío como el hielo y aquella noticia no me afectó, porque algo dentro de mí se estaba rompiendo. Y mi padre, débilmente, me aconsejó guardar las apariencias y recordar los consejos que me dio hacía tres años, cuando me iba a ir a Madrid a estudiar: Piensa en las enfermedades venéreas, pueden acarrearte la más completa ruina moral y física, me dijo. Y ahora me lo recordaba en el salón, cogiendo el vaso de limonada con hielo y bebiendo un sorbo. Recuerdo que se limpiaba con un pañuelo los labios y me pareció ya un anciano.

—No te preocupes —le dije—. Esa chica es una huésped de la pensión, pero no tengo relación con ella. Por cierto, ¿sigues montando a caballo?

—Poco —me respondió—. ¿Cómo voy a montar a caballo con ese dolor que tengo permanentemente en las vértebras lumbares?

Y se puso la mano en la cintura, a la espalda, indicándome es un dolor sordo, que me nace en el costado y gira y gira hasta situárseme justo encima de la corcusilla, dijo. Sentí lástima de él y reflexioné a dónde iba también a desembocar el odio y le pregunté si podía fumarme un cigarrillo en su presencia.

—Pero, ¿fumas? —me dijo extrañado.

—Sí, papá, hace ya bastantes años que fumo —confesé.

Hubo una pausa entre nosotros. Escuchábamos el lento rumor del reloj de péndulo y las maderas de los muebles brillaban, un nuevo empapelado adornaba las paredes. Había en casa un gato distinto que cruzó por el pasillo hacia la cocina.

Papá, al fin, dijo:

—Puedes fumar, pero conste que es un veneno de un poder fatal.

En el mes de octubre de aquel mismo año 1964, cuando regresé a La Universitaria, acababa de suceder Leónidas Breznef en la Unión Soviética a Nikita Kruschef. En Santander, según decían los periódicos y vi en la televisión, un furioso temporal había roto los diques e inundado los paseos marítimos llevándose los espectros de muchos paseantes solitarios. El pesquero francés *Petite Georgette* estuvo a punto de hundirse. Vi la fotografía de tres de sus tripulantes, sonrientes y pletóricos de felicidad por haber conseguido alargar un poco más su agonía. Manuel Santana se había proclamado campeón de España de tenis por quinta vez, y aburrido de tantos éxitos cerré el periódico. Pensé: Me voy al cine a ver *El caso de Lucy Harbin*. Me fascinaba Joan Crawford y su amargo gesto. Pero, sin embargo, aquella noche no pude satisfacer mi deseo, pues cuando iba por el tenebroso pasillo en dirección a mi habitación para coger la gabardina, pues estaba lloviendo mucho y oía caer la lluvia en la claraboya del patio interior, surgió de las tinieblas Casiana, la criada del ojo glauco, que me servía de cómplice. Me dijo: señorito Vicente, que me ha dicho la señorita Obdulia que si es tan amable de ir a su habitación del segundo piso.

—Y que no se lo diga a nadie —concluyó.

Desde mi llegada a La Universitaria me había llamado la atención la hierática figura de aquella Obdulia que, como esfinge, penetraba en el comedor en silencio y salía de él del mismo modo, sin hablar jamás con nadie. Decían de ella que guardaba en su alma un secreto y que estaba como embrujada por su amante, aquel don Saturio de Soria, un viejo con peluca, insignificante, ceremonioso y atento, que la visitaba de viernes a domingo y que, según decían, le había puesto a la joven espías para vigilarla e informarle puntualmente de sus menores movimientos.

—De acuerdo —le dije a Casiana, buscándome una moneda de cinco pesetas en el bolsillo y poniéndosela sobre la mano abierta.

La otra criada, morena y exuberante, que me había abierto la puerta el día que llegué, había sido despedida dos meses más tarde, pues la «señora de don Luis», como llamaba el funcionario de Telégrafos jubilado a doña Rufi, la había sorprendido abrazándose con su marido en una habitación, semidesnuda y desmelenada, y a él en un paroxismo de incontenible pasión. Muchos lamentamos su marcha, pues era una continua sugerencia de otros mundos paradisíacos, una piel incitante, un cadencioso desplazarse en chanclas por los pasillos de linóneo, y la sorpresa de verla entrar en la habitación por la mañana, cuando estaba estudiando y me decía no se moleste, don Vicente.

—Siga sentado.

Y la sentía a mi espalda canturreando y moviéndose ágil, limpiando el polvo o colocándome las toallas en el lavabo. Y como yo entonces era todavía un neófito, la dejaba salir indemne de la alcoba, siempre a punto de levantarme de la silla y dispuesto a abrazarla cerrando la puerta. Eran tantas las vísceras que se agitaban dentro de nosotros, habitantes de un submundo cerrado y en tensión, que ahora, prisionero de mi muerte en esta tumba fría, quisiera romper las cadenas del polvo eres y en polvo te convertirás para volver a sentir aquella sensación de vida. Y aquellos besos furtivos dados en cualquier escondite y las miradas fugaces y las insinuaciones infecciosas y los fracasos y los triunfos, el miedo y la alegría. Y aquel teatral llanto de la viuda Lupino, cuando Doro, su sombra, la maltrataba y llegaba a las partidas de póker con arañazos en el rostro y don Luis le preguntaba ¿de nuevo le entró la locura a ese tarambana?

—Otra vez, don Luis, otra vez —respondía aquella mamarracho con amargura.

Y el señorito Charlie también tenía sus momentos de hundimiento y de altivez, su sol y su sombra, sus días y sus noches de tinieblas. Decían de él que tal vez fuera homosexual, pero yo siempre creí que era un auténtico poseído por la fiebre de los naipes, un endemoniado de los tríos y las escaleras, las figuras y las dobles parejas, que danzaban en sus pupilas febriles. Era un universo contaminado de servilletas dobladas, de tapetes quemados por los cigarrillos, de olor a jabón de lavar y a ropa secándose en los tendederos de la habitación grande que había junto a las cocinas. La gata *Dori* tuvo gatitos y doña Rufi los arrojó recién nacidos al retrete y, cuando lo supe, seguí durante varios días aquel ignoto itinerario de aquellas bestezuelas ciegas, transfigurado en ellas y en ellas encarnado, navegando por las cloacas de la ciudad ya sin vida. Y me persiguieron horripilantes ratas de agua, y fui devorado por fauces de un zoológico anónimo y, al fin, mis despojos salieron flotantes por un colector de la ribera del Manzanares, el río pestilente y sin agua, convertido en herida que rezuma la sangre de la noche triste de los habitantes de la ciudad innumerable, cuyos parques del Oeste y del Buen Retiro, enmarcados en varias litografías, tenía la señorita Obdulia en su habitación del segundo piso, aquella tarde de lluvia cuando, después de peinarme convenientemente las ondas y echarme unas gotas de Varón Dandy en las axilas, llamé con los nudillos a su puerta, que tenía clavada una imagen del Sagrado Corazón de Jesús, con la leyenda «Sagrado Corazón de Jesús, en Vos confío».

—Pase —oí.

Era la voz de Obdulia y, un poco nervioso, accioné el pestillo y entreabrí la puerta, asomando mi cabeza al interior de la estancia.

—Buenas tardes —dije.

La joven estaba de pie, vestida con una bata de tejido esponjoso, como las toallas gruesas. Realmente era un albornoz blanco, ceñido por un cinturón ancho, de la misma clase que el albornoz. Tenía puestos unos zapatos de tacón, de color gris perla, con una especie de brillantitos, y su cara aparecía limpia de afeites, sin maquillar y sin *rouge* en los labios. Su gran cabellera negra como la noche estaba recogida en un moño bajo, muy apretado con grandes horquillas. El amplio escote de la bata dejaba ver parcialmente sus senos de alabastro y, aquella piel blanca y suave, de la que emanaba un aroma a ese jabón de olor que llaman Maderas de Oriente. Y sus caderas eran de ánfora, y sus hombros mórbidos y su cuello esbelto. Era perfecto el óvalo de la cara y tenía la mirada profunda y negra, que surgía de unos ojos de azabache. La boca de labios gordezuelos y sensuales, húmedos, invitaba a un beso largo y dulce, inextinguible, que fuera el símbolo del amor entre todos los hombres y mujeres del mundo, esa fuente de vida y de ilusión que combate al infierno de la existencia, la decrepitud y la enfermedad, la odiosa muerte. Detrás de ella estaba la pared ornamentada con mantones de Manila sujetos al muro, espejos con estampas de santos y recordatorios en los bordes del marco, un aparador con dos vulgares figuras de cerámica que representaban un perro faldero y una adolescente de largas trenzas que portaba un cestillo de flores. Vi una fotografía muy parecida a Obdulia. La mesa de camilla, también cubierta con un mantón de Manila, estaba en el rincón, y tenía dos sillas de asiento de rafia adosadas, como esperando a un visitante. Un sofá con almohadones y una cortina que daba acceso a otra estancia, donde se veía una cama antigua de hierro y bolas de cobre, de alto y mullido colchón, era prácticamente todo el mobiliario, además del lavabo con espejo inclinable, de forma oval y armadura de madera policromada, esos antiguos espejos que surgen en los filmes nostálgicos, donde se reflejan rostros lánguidos de mujeres enamoradas, consumidas por la fiebre que produce la ausencia de la persona amada.

—Buenas tardes —me respondió Obdulia—. Cierre la puerta, por favor.

Me volví a cerrar la puerta y, cuando lo estaba haciendo, el corazón me palpitaba con fuerza y en mi mente se agitaba un mar de encontradas y absurdas ideas, románticas unas, deleznables otras. Iba vestido con un pantalón de pana marrón, una camisa de listas amarillas y blancas y un jersey ocre, de cuello en pico. Hacía tiempo que me estaba dejando crecer el pelo un poco y me miré la cabeza en el espejo de las estampas al volverme de nuevo hacia mi extraña y bella anfitriona. Pensé soy joven y hermoso, de delicadas facciones, y aunque la deformidad de mi cadera y la parcial rigidez de mi rodilla, me hacían cojear un poco, mi cuerpo era esbelto. No era él quien me desvelaba con su llanto en las madrugadas miserables de aquella estrecha habitación de la pensión, sino mi mente tal vez enferma, la que desde niño me hizo preferir Lautréamont y Rilke a Juan Ramón Jiménez; Proust y Dostoyevsky a Flaubert y Stendhal; Goya a Renoir; Beethoven a todos los otros; y Buonarotti al resto de los pintores del Renacimiento italiano. Me fascinaba lo oculto, el vestigio que queda tras la desaparición de la presencia, ese pálpito de vida que persiste en el aire después de la partida, la hondura del tiempo y la fugacidad de todas las cosas. Pero ella me miraba inexpresiva, serena y silenciosa, como la Muerte, con las manos juntas como en oración intimista, segura de que tenía que decirme algo que yo necesitaba saber.

—¿Y bien? —le pregunté, como si fuera un protagonista de una novela antigua.

Hubo todavía una pausa de silencio, mientras afuera llovía con fuerza. Su ventanal, cerrado con los postigos, daba a la calle de San Bernardo, y muy próxima a la fachada de la casa una farola encendida, más baja que el balcón, sugería resplandores amarillentos a través de los intersticios de las contraventanas de madera vieja y agrietada.

—Quería decirte que estoy enamorada de ti —murmuró Obdulia súbitamente, sin dejar de mirarme.

—¿Enamorada de mí? —le pregunté extrañado.

—Sí —dijo Obdulia.

—¿Y te vas de la pensión? —pregunté.

—Mañana —respondió—. Voy a casarme con Saturio.

Tras unos instantes de silencio le pregunté si ella quería a ese hombre que podía ser su padre o su abuelo, insignificante y ridículo, portador de una peluca sórdida. Aunque apenas había intercambiado unas cuantas palabras con Obdulia antes de aquella escena, sentía rabia dentro de mí al pensar que una belleza semejante fuera propiedad de aquel individuo, cuyo único encanto, al parecer, consistía en ser uno de los comerciantes más ricos de Soria.

—¿Pero le quieres? —insistí.

—No —respondió Obdulia—, pero él sí me quiere a mí. Se ha muerto su madre y por esa razón nos casamos. Me lo había prometido, cuando se muera mamá nos casamos.

Creía estar soñando cuando me dijo que no podía soportar la idea de marcharse de La Universitaria sin decirme adiós.

—Por esa razón te he mandado llamar. Siéntate un poco, te daré una copita de vino de Málaga que tengo.

Abrió un armarito que colgaba de la pared, junto a la puerta de entrada y sacó una botella de vino dulce y una copita muy limpia y muy alta, como un cáliz. Puso la copa sobre un redondo y pequeño tapete de ganchillo y la llenó de vino.

—Anda, bébetela —me dijo.

Había tapado la botella con su corcho y permanecía junto a mí, muy cerca, de pie, mientras yo estaba sentado de medio lado, con un codo apoyado en la mesa de camilla. Suavemente comenzó a acariciarme el pelo, al mismo tiempo que yo bebía unos sorbos del vino de Málaga.

—Qué pelo tan precioso tienes —dijo Obdulia en un susurro.

Sentía en mi estómago el calor del vino y volví a beber otro sorbo. El cuerpo de ella estaba ya rozándome el brazo y su vientre se dibujaba en mi tacto a través de la lana del jersey y su mano continuaba acariciándome la cabeza y, en un momento dado, cuando percibí más agitada su respiración, me atrajo hacia ella y me obligó a hundir mi cara en su regazo. Lentamente fue arrodillándose ante mí y, cogiéndome la cara con ambas manos, me dijo que yo era el hombre más guapo que había conocido jamás. Y me besó en los labios muy despacio, como saboreándome extasiada, con los ojos cerrados. Una vez y otra sus sensuales y dulces labios besaban los míos, delicadamente, con una sabiduría que yo no podía imaginar que existiera en el beso y el dulzor pegajoso del vino se mezcló con nuestra saliva y fue creciendo un devastador incendio sobre la pequeña alfombra, cuando abierto su albornoz de cálido y suave contacto, vi su cuerpo entero, desnudo como cuando vino al mundo. Ya en el lecho, a oscuras, oyendo el golpear de la lluvia en la claraboya del patio interior de la casa, me dijo que su verdadero nombre no era Obdulia, sino Zadara, que había nacido en Carboneras, un pueblo de pescadores de la costa de Almería.

—Mi madre —me explicó Obdulia— vivía allí cuando conoció a mi padre, un príncipe árabe de nombre Harúm Ben Zadar, que naufragó con su yate frente a un lugar que llaman Agua Amarga. Se enamoró de mi madre en el muelle de Carboneras, cuando ella estaba cosiendo las redes de pesca sentada en el suelo.

24

Sin embargo, aquella Obdulia hija de un príncipe de Arabia, no llegó a ser mi cuarto amor imposible. Es cierto que durante unas semanas sentí su ausencia en mi alcoba, a mi alrededor, como un aliento en la noche que me rozaba la piel. Y sus besos dulces permanecieron mucho tiempo en mi boca y cuando en el comedor el capitán Álvarez me miraba con sus ojillos de rata, creía ver en ellos la confidencia de que sabía mi secreto. Gómez Gómez aprobó, al fin, las oposiciones a notarías y nos invitó a cenar a Déborah, a *la Lucerito* y a mí, en un restaurante muy lujoso que llamaban Lhardy, y que estaba en la carrera de San Jerónimo. Y la pobre Déborah, mientras íbamos en el taxi camino del restaurante, nos preguntaba muy preocupada si la dejarían a ella entrar, porque tenía complejo de aparentar lo que no era, pues yo no soy una tirada, decía a punto de sollozar. Y es que su chulo constantemente le decía sin mí no eres nadie, ¿lo sabes?, nadie. Y tenía una manera de pegarla con la mano vuelta del revés que a ella la ofendía más, según muchas veces me había dicho: Mira Vicente, lo que más me denigra es que me desprecie y me diga que tengo cara de puta. ¿Dónde vas a ir tú con esa cara de mujer de la vida que se te ha puesto por no hacerme caso a mí?, me dice.

—Ya verás cómo no hay ningún problema en Lhardy —decía Gómez Gómez, que iba un poco alegre por haberse bebido ya varios *whiskies* y constantemente quería tocarle a *la Lucerito* los pechos por dentro del vestido.

—¿Pero no ves que nos mira el taxista? —protestaba *la Lucerito*.

—¡Y qué más da! —exclamaba Gómez Gómez, guiñándole un ojo al conductor—. ¿Verdad, amigo, que no estoy haciendo nada malo?

—Desde luego —respondió el chófer—, si yo estuviera en su lugar haría lo mismo. A mí esas cosas de acariciar a las mujeres me van lógicamente cantidad y me es completamente inverosímil que lo hagan en mi taxi, siempre que haya un respeto y no me lo manchen, como me pasó hace una semana con una señora que dio a luz ahí mismo donde van ustedes tres. Como se lo digo.

Porque yo iba sentado a su lado, con el cuello vuelto hacia mis amigos. Le llevaba cogida la mano a Déborah, vamos, cielo, límpiate esa lágrima furtiva, le dije de broma. Y la viuda Lupino también se había marchado de la pensión con su Heliodoro y constantemente venían huéspedes nuevos que duraban unas semanas y, además, estaban los transeúntes. Recuerdo que a finales de 1964 me dijo don Luis tú ya eres de casa, te voy a cambiar de habitación, y le dije que no, don Luis, de verdad que prefiero «el tranvía» y él entonces dijo, de acuerdo, pero pásate dos o tres días a una doble, mientras la pintan. Eso sí, acepté yo. Y durante una semana viví en una habitación de dos camas, destartalada y fría como Siberia, que daba a la calle de San Bernardo y al maldito tráfico, y por las noches sufría sobresaltos cuando, después de haber resuelto el último problema de matemáticas o de física, me dormía pensando, mañana le digo a don Manuel de Paula que quiero hablar con él. Y me imaginaba la escena. Mire, don Manuel, yo no tengo vocación para ser ingeniero, quiero dejar estos estudios. Éso es cosa tuya, me decía don Manuel en el sueño, porque era un tipo frío de corazón, obsesionado por los logaritmos neperianos, por la recta de Simpson y por esas míticas figuras esféricas que flotan en el Universo, a las que constantemente les quería averiguar el volumen, las superficies de proyección en una cuarta dimensión y las asíntotas, los perfiles, las catenarias, los mil y un arcanos del número máximo y del número mínimo, la composición del cero, la frontera del ansiado infinito. Y yo le dije sí, de acuerdo, don Manuel, es cosa mía, pero quisiera que usted me ayudara para convencer a mi padre. Escríbale una carta, por favor. Y, en efecto, un día se lo dije y don Manuel de Paula se negó y entonces comencé a dejar de asistir a clase. Me iba en la primavera del 65 al Parque del Retiro por las mañanas con mi caballete y mis pinturas al pastel a pintar paisajes que yo desfiguraba luego, transformándolos en visiones del Jardín del Edén. Imposible que yo anhelaba, porque una constante desazón me corroía el espíritu. Una noche, estando dormido en la habitación doble, escuché unos pasos fuertes, lentos, pesados, por el corredor de linóleo y me desperté con la idea de que no tenía veinticuatro años, sino diez, y aquellos pasos eran de Frankestein y Frankestein venía a por mí con sus brazos de robot extendidos hacia mi garganta. Y el corazón me golpeaba con fuerza en el pecho cuando se abrió la puerta en la semitiniebla del farol de la calle, cuya luz mortecina penetraba a través de las aberturas de las entreabiertas contraventanas, y vi penetrar en mi habitación doble una figura siniestra, enorme, negra, un hombre que olía a alcohol y a vaca, un ganadero que se inclinó sobre mí y, poniéndome la zarpa en el hombro, me dijo, eh, buen hombre, perdone si le molesto: A las cinco de la mañana, tengo que salir temprano para el Matadero Municipal.

—De acuerdo —susurré temblando de miedo.

No me atrevía a volverle la espalda por si sacaba un cuchillo y me mataba o por si me estrangulaba, así que permanecí de cara hacia él, mientras bufaba sacándose con dificultad aquellas botazas que olían a excremento de vaca. A intervalos eructaba y luego, ya convertido en una figura blanca y fantasmal, pues usaba pantalones largos como calzoncillos y camiseta de felpa de manga larga, tardó todavía más de un cuarto de hora en fumarse otro cigarro y le vi sacar una gran cartera del bolsillo de su pelliza de cuero con cuello de piel y esconderla debajo de la almohada, y hablaba solo mientras fumaba y se frotaba los pies desnudos y decía maldita sea toda la pesca, por mis muertos que ese hijo de su madre se va a enterar de quién es el Ufrasio, la madre que le parió. Y de pronto se callaba y me decía ¿le despierto? No señor, le decía yo, no tengo sueño. ¿Y usted, a qué se dedica? Soy estudiante, le dije. ¿Estudiante? Sí señor, respondí. ¿Estudiante de qué?, me preguntó. Ingenierías, dije. ¿Y eso qué es, hacer puentes? Algo así, respondí. Pues a mí me partió en dos la guerra, dijo, si no, hubiera sido veterinario o médico que es la única carrera que hay como es debido, así como la de maestro de escuela, lo que es mi chica. Ésa sí que sabe. No me di cuenta cuando se marchó y, por la mañana, al despertarme, comprobé que aquel compañero ocasional no era el monstruo que las tinieblas de la noche y sus eructos y su olor a alcohol me habían hecho creer. La habitación estaba perfectamente ordenada, incluso había dejado hecha su cama. Y no sé lo que sentí cuando me di cuenta de que encima de la mesa de trabajo, que tenía abarrotada de libros y de apuntes, bajo el cenicero de cristal, me había dejado un billete de cien pesetas, pues ese dinero no estaba allí antes de que él viniera a dormir conmigo. Una especie de remordimiento y de alegría me subió por el pecho y pensé que las apariencias siempre engañan y, como me ocurre cuando me equivoco con un persona, me afirmé en la creencia de que yo era malo. Y otra noche, en cambio, el sereno, que era el que daba las habitaciones después de la doce de la noche, llamó a mi puerta y me dijo, don Vicente, perdone usted que le traiga un transeúnte, pero es que está todo completo. De acuerdo, de acuerdo, dije volviéndome para regresar a mi cama. Pero el sereno, que también olía a anís, me cogió un instante del brazo y me dijo, perdone un momento, solamente quería advertirle que tenga cuidado, pues me parece que el huésped este que le traigo es un poco maricón.

—Se lo digo por si acaso —concluyó.

Y en febrero de 1965, cuando comenzaron los disturbios en la Ciudad Universitaria, Pieri y otros compañeros de la Academia Newton, me dijeron, tenemos que comprometernos y dar la cara y fuimos varios hasta la Facultad de Medicina, donde había una muchedumbre de estudiantes con un altavoz y uno que parecía extranjero arengaba a la masa contra el sindicato universitario y contra la dictadura fascista y nosotros, los que éramos de ingenierías, incluso los que ya estaban estudiando las carreras en las Escuelas Especiales estábamos menos politizados, pero desde luego la mayoría eran refractarios al SEU y de que siempre en el extranjero nos considerasen un país subdesarrollado políticamente. A mí me daba igual la política y pasé realmente el tiempo tomando apuntes de caras, para luego dibujarlas y ponerles debajo títulos que eran las pasiones humanas, los vicios, las virtudes, pues por entonces estaba obsesionado con la psicología. Recuerdo que compré un libro que se titulaba *Tu alma y la ajena* en el que su autor relacionaba a los hombres con los animales y yo supe entonces que el animal que yo llevaba dentro de mí era un dragón. Aquello me interesó tanto que me lo creí y me compré también un *Horóscopo chino* y averigüé que yo tenía gran vitalidad, pero era irritable y testarudo y muchas veces mi carácter era insufrible y me atormentaba sin razón aparente. También decía mi horóscopo que era perfeccionista en todo y por esa razón me irritaban las personas que no lo eran, lo cual me daba cierto aire de orgullo y altivez que, incluso, me di cuenta que se podía apreciar en las pocas fotografías mías que tenía, sobre todo en las de los carnets, pues siempre me molestaron los requisitos documentales, el que me cogieran las huellas o el que me dijeran con voz autoritaria, firme aquí. Y eso creo yo que era a causa del autoritarismo de mi padre, que odiaba y que había hecho de mí un lisiado y un fracasado, pues yo no hubiera montado jamás a caballo los domingos ni hubiera hecho gimnasia ni estudiado para ingresar en la Academia General Militar. Sin embargo, el horóscopo chino decía muy claramente que yo, al ser tan meticuloso, podría destacar en cualquier carrera u oficio, pero principalmente en la militar. Aquello no me hizo reír, sino que me dejó perplejo y entonces me eché sobre el respaldo de la silla, encendí un cigarrillo y reflexioné sobre aquella frase terrible. Vi a mi padre en la pared, con su gesto severo y lúgubre, señalándome con el dedo y acusándome no sólo de haber sido incapaz de darle gusto a él, sino de haber tergiversado el curso de las estrellas. Decía también mi horóscopo que yo era un vencedor nato y entonces sí que me eché a reír y recuerdo que estaba la criada nueva de la pensión, fregando el pasillo arrodillada, y canturreando ojos verdes, verdes como la albahaca. Se llamaba Valeriana, y como estaba justo enfrente de mi puerta abierta hasta la mitad para que no me marease con el olor de la estufa de gas butano que tenía encendida, se asomó y me dijo al oírme reír, de qué se ríe usted, señorito. De nada, le respondí. Pues de algo se reirá, dijo Valeriana. Era una chica bastante agraciada, muy jovencita, que según me dijo era de Aranda de Duero, un pueblo de Burgos que está en la carretera general y me había prometido darme unos dulces muy buenos que le mandaba su madre, que creo se llamaban empiñonados o algo parecido y que, según Valeriana, estaban buenísimos. Y me dijo, estrujando bien el trapo en el cubo, arrodillada y mirándome con la cara arrebolada por el esfuerzo y por el frío y el cabello castaño, lacio pero suelto y limpio, cayéndole en suaves crenchas sobre el rostro:

—Siempre que uno se ríe es de algo. A mí me pasa a veces, que me sonrío sola y otras veces cuando hay alguien delante. Mismamente el otro día, estando en la cocina con Casiana y doña Rufi limpiando la plata, se conoce que me puse a sonreírme sola y ellas me lo notaron y me dijeron, de qué te ríes. De nada, les dije. Pero yo sabía que me estaba riendo de mi novio, que está de soldado en el Campamento del Goloso y el otro día va y me dice sin en cambio a mí me gusta la mili y me dio la risa y él se enfadó porque siempre le pasa igual, en vez de decir sin embargo tiene la costumbre de decir sin en cambio, pues en su pueblo todo el mundo lo dice y eso que también es de Burgos y allí hablan bien, pero como si nada.

Me hizo gracia Valeriana con su retahíla de argumento y le dije, pues mira, tienes razón yo también me estaba riendo de algo concreto. Y ella, que era también muy terca y no debía tener prisa en acabar de fregar el pasillo, volvió a preguntarme que de qué me reía.

—Se lo digo porque a mí misma me hizo reír con su carcajada. Pensé incluso que estaba usted con alguien en la habitación.

—No —dije—, me reía porque estaba leyendo aquí, en un libro, que soy un triunfador.

Valeriana volvió a introducir el trapo de fregar en el cubo y se me quedó mirando asombrada.

—Pero, ¿es que usted viene en los libros? —me preguntó ingenuamente.

—No —le dije—, es un libro de horóscopos.

—¿Y eso qué es?

—Una cosa relacionada con las estrellas, mediante la cual se puede averiguar el carácter que uno tiene y su futuro.

—Ah —exclamó Valeriana—, pues entonces mire qué bien. Si dice que es usted un triunfador es mejor que no que diga otra cosa peor. A mí también me gustaría saber mi destino.

—Para eso es necesario que me digas cuándo has nacido —le dije.

—¿Quién, yo?

—Claro.

—En febrero de mil novecientos cuarenta y siete —me dijo.

—Qué día —le pregunté.

—El siete de abril —dijo Valeriana, levántandose del suelo muy interesada y apoyándose en el quicio de la puerta sin dejar de observarme.

Busqué en las tablas del *Horóscopo chino* y comprobé que Valeriana era Jabalí y ella se echó a reír y se puso muy colorada cuando se lo dije.

—¡Huy, jabalí yo! —exclamó.

Le dije que era ingenua y confiada, que tenía pocos pero buenos amigos y que era una muchacha inteligente, según decía el libro. Eres muy honrada y leal, añadí. Y ella cada vez que le decía algo de su carácter se ruborizaba hasta la raíz del pelo y estrujaba la punta del delantal entre sus manos.

—¿Y en el amor, cómo me va a ir? —me preguntó.

—En el amor muy bien —le dije, leyendo el apartado del amor—, aunque a veces te dejas engañar. Dice aquí que vas a ser muy buena madre y excelente ama de casa.

Durante unos segundos la criada quedó en suspenso, como reflexionando en aquel misterio que yo le había revelado de ella misma. Me dijo, hay que ver las cosas que saben los sabios, don Vicente. Y cuando le dije que el libro aseguraba que su unión básica era con el gato, quiso saber si *el Jose*, que así llamaba a su novio el soldado, era gato o no, y me dio la fecha de su nacimiento y casi le da un ataque de risa cuando, en efecto, su novio, que había nacido en el mes de marzo del año 1945, resultó corresponderle el gato como animal. Y entonces se puso muy seria y dijo que eso de las estrellas tenía que ser verdad, porque *el Jose* es gato y ya verá el domingo cuando se lo diga. Pero yo era dragón metal y el libro decía que a los dragones metales nos amaban las gentes y que yo, sin embargo, como nuestra alma es distante, causaba grandes penas e, incluso, dramas familiares. Vi de nuevo a mi padre enfurecido por mi obsesión de ser pintor y a mi tía Hermiona discutiendo con él y mi madre también muchas veces había llorado por defenderme. Supe que también habían sido dragones como yo, Jesucristo y Sigmund Freud, Rousseau, Juana de Arco y Salvador Dalí. Y pensé que Dalí era pintor y yo también. Y esas cosas no son ciertas, me dije, pero sentí que algo de verdad había en aquellas frases misteriosas que me relacionaban extrañamente con la carrera militar y con el mundo de la pintura. Y aquel febrero, durante la manifestación estudiantil en la Facultad de Medicina me detuvo la policía. En un furgón celular, junto con otros estudiantes que no conocía, me llevaron a la Dirección General de Seguridad de la calle del Correo y dije, todo esto es absurdo, detenerme a mí aquellos policías uniformados de gris, que corrían tras de una muchedumbre de estudiantes blandiendo sus porras y arrojándonos botes de humo, mientras sonaban estridentes los silbatos y las sirenas y luego una especie de comisario al que los otros policías y guardias decían señor Pacheco, penetró en el angosto y sucio despacho donde me llevaron y me dijo, veamos, ¿de modo que tú eres el subversivo de turno?

—Yo no soy subversivo —le dije.

—¿Ah, no?

—No señor.

—Entonces, ¿qué hacías en Medicina? —me preguntó encendiendo un cigarrillo Celtas largo con una cerilla, cuya caja arrojó sobre la mesa como con desprecio.

—Estaba dibujando caras —dije con absoluta frialdad.

—¿Dibujando caras?

—Sí, señor.

—¿Y por qué dibujabas caras? Enséñamelas —me ordenó.

Saqué mi bloc del bolsillo de la gabardina y se lo di. Sus manos fuertes y carnosas, pues Pacheco era realmente un hombre obeso (luego supe que en la Dirección General le llamaban *Fati*), cogieron el bloc y contempló durante unos instantes aquellos dibujos rápidos. Lentamente leyó los pies donde yo ponía «envidia», «vanidad», «odio» y cosas así y me miró con sorna.

—No está mal —dijo—, te voy a incautar el bloc como prueba y tal vez me sirva para descubrir sujetos, enlaces, estudiantes fichados. Mira por dónde estabas haciendo sin darte cuenta retratos robot de aquella chusma.

Sentí asco. Con su desmesurado abdomen el comisario me sugería un gorila de espesas cejas. Después de un largo interrogatorio que para mí carecía en absoluto de sentido, me tomaron las huellas dactilares y me encerraron con otros en una habitación de los sótanos, helada y húmeda, donde nos hacinábamos más de cuarenta estudiantes de ambos sexos, mirándonos estúpidamente en la semioscuridad. Y reconozco que me porté como un cobarde. Porque cuando me preguntaron profesión del padre, estuve a punto de declarar que yo no tenía padre, sino un tirano idiota al que no le interesaban los anhelos que yo llevaba en el alma. Y, sin embargo, asustado y temeroso de que me pegaran aquellos gorilas vestidos de gris, declaré con tembloroso aire de dignidad que mi padre era general retirado del Ejército Nacional. Y todavía me arrastré más, porque les dije que papá estaba condecorado por haber sido un héroe de la maldita guerra civil para siempre, la misma cuyos horrores todavía llevaban aquellos policías en sus negras miradas.

—Se comprobará —dijo Pacheco—, mientras tanto llévenselo con los demás.

25

Aquella detención policíaca fue el primer paso para que recuperase mi libertad primigenia, aquella que tenía en el útero de mamá Leontina antes de nacer, cuando ella leía el *Canto a Teresa*, de Espronceda, con su voz argentina, a intervalos, alzada la mirada absorta, observando a través de los cristales del balcón los mustios jardines invernales de la plaza del Ayuntamiento. Y mi abuela Mercedes, todavía hermosa a sus sesenta años, manoseaba las estampitas de su libro de oraciones, de los tres que tenía siempre a su lado, cuando se sentaba con mamá por las tardes a la mesa de camilla y le decía a Toñi cuando entraba con la bandeja del té, anda, bonita, mueve un poco el brasero con la paleta. Bajo las faldas, y en el borde de la tarima, sentado cerca del calor, en las tinieblas, refulgían los ojos del gato *Bernabé* y yo era absolutamente libre porque todavía mamá no me había dado a luz, que quiere decir oscuridad, mundo, demonio y carne. Y aquella madrugada en los sótanos de la Dirección General no la olvidaré nunca, con aquel olor a sudor y aquel frío y el hambre devorándonos los estómagos a todos. A la mañana siguiente tuve un acceso de diarrea y me acerqué a la puerta, que tenía un ventanuco abierto con una tela metálica y grité: ¡guardia, por favor! Que vinieran y me sacaran de allí. Otro estudiante alto y pecoso, que tenía la cara llena de espinillas y que hablaba como con voz hueca y gangosa me dijo, tienes mala cara, y yo le dije, es que se me ha descompuesto el vientre, y cuando vino el policía armado con su cara de cartón piedra y me miró insolente diciéndome en plan matón, ¿qué pasa contigo, melenas? Ya me había hecho mis necesidades y sentía un frío sucio y mojado entre mis piernas y pensé qué siniestros hados clandestinos deben poblar los sótanos de todas las comisarías y cárceles del mundo y cuán imbécil es la humanidad para que, durante siglos infinitos, se odie a sí misma con este furor que yo veía agazapado como tigre en las pupilas del policía armado que me custodiaba, llevándome cogido del brazo hacia un espantoso agujero que era el retrete y donde me vacié prácticamente mientras él me miraba desde el otro lado del pasillo. Y cuando le dije que si podían proporcionarme un papel higiénico, me dijo que me limpiara con la madre que me había parido y agregó:

—¡No te jode con el niñato!

Regresé a la habitación cuadrada donde ya todo el mundo estaba despierto y olía a sudor y a soberanía visceral y aquella masa de estudiantes estaba como alegre, quizá orgullosa de haber sido detenida por los sabuesos de la dictadura y una chica de unos diecinueve años se me acercó desgreñada y con aire bohemio llevando en la mano un cigarrillo a medio consumir y me dijo tú no tendrás por casualidad lumbre y le dije que me habían quitado todo al entrar y que tenía entendido que estaba prohibido fumar. Ya lo sé, dijo la estudiante, pero es que no puedo aguantarlo más. Tenía en los ojos una llamarada enfermiza y febril y el gangoso, que se había tirado al suelo y pretendía dormir con la cabeza apoyada en el brazo, me hizo una seña para que me acercara a él. Me incliné sobre su cabezota despeinada y el cuello de su abrigo subido y me dijo ésa es de mi facultad y lo que quiere fumarse es un truja de marihuana, es drogadicta. Otros estaban jugando a los dados con unas migas de pan que habían logrado convertir en hexaedros y la mayoría me mostraba una imagen de inconsciencia y estulticia que me deprimía, sintiéndome ajeno a ese mundo concreto y próximo de lo cotidiano, cuando yo deambulaba por otras generalidades y otras abstracciones de angustia, y mis pasos tenían ecos no audibles, sino táctiles, y recordé aquellos versos de Rilke que venían a decir que nuestras almas son todavía más aladas que las de los ángeles o quizá fuera al revés, es decir, que los ángeles eran esos seres más alados y fugaces que nosotros mismos y me dormí en el suelo, boca arriba, como una piedra o como uno de esos mendigos que se ven por los bulevares, ajenos al tráfico y libres de todo mal. Porque nada puede contra el que ya ha renunciado a todo y por esa razón pasaban por encima de mí y no me despertaron hasta que, a media mañana, me zarandearon fuertemente cogiéndome por el hombro y me levanté al escuchar mi nombre completo:

—¡Vicente Anastasio Garrido de Tinajas y Sandoval! —gritó la voz de un policía.

Me abuchearon muchos acusándome de recomendado, como yo mismo me escarnecí aquel día de mis exámenes de ingreso al instituto Brianda de Mendoza de Guadalajara, cuando el profesor Ortiz, aquel imbécil, me dijo, no te preocupes por haberte equivocado al hacer la división, pues vas muy recomendado a la señora directora, doña Enriqueta, que era monja teresiana de esas seglares. Y me condujeron al primer piso, a una habitación triste, que tenía una mesa de centro despintada y llena de grietas, y un par de sillones tapizados de plástico chillón con chinchetas, de color rojo. Allí estaba mi padre, de pie, con su abrigo negro y su bastón y tenía puesto un sombrero y me dijo, nada más entrar yo, eres un sinvergüenza y un mal nacido y, sin poderse contener, me dio con el bastón en la cara, tan fuerte, que inmediatamente sentí que se me había desprendido algo que era duro y me bailaba sobre la lengua. Era parte de un diente de la mandíbula inferior, un premolar, que me lo había partido y tenía un trozo en la lengua y lo escupí echando sangre y no sentí dolor. Sólo odio, odio. Un odio tan fuerte que me quedé frío, sin escuchar has pisoteado mi honor y mi dignidad mezclándote con esa canalla roja que conspira contra el Caudillo. Y el comisario Pacheco, que estaba detrás de mí, le decía, no se altere, mi general, el muchacho recapacitará. Yo no escuchaba nada, tan sólo miraba las baldosas negras y blancas del suelo, muy viejas, que luego leí en un libro que pertenecían a la época napoleónica y, mientras mi padre le explicaba al policía todo lo que había hecho por mí desde que mamá me dio a luz, y lo mal que yo le había pagado aquellos privilegios, yo estaba sencillamente sumergiéndome en un baño depurador, como si aquel tugurio policial fuera un río Ganges y yo estuviese entrando a purificarme, es decir, saliendo de mi padre, saliendo de él para siempre, frío como la hoja de un cuchillo, sin sentir nada. Ni siquiera cuando ya en la calle, me dijo, vamos al bar Flor a que te tomes algo caliente. Y nos sentamos en un rincón de aquel bar y me encogí de hombros cuando me preguntó ¿quieres un croasán? De acuerdo, dije, aceptando el croasán y, tranquilamente, me lo comí con un café con leche doble y me dijo papá levanta la cara, que te vea los ojos. Hice lo que me ordenaba y le miré distante, sereno, como si no fuera conmigo el asunto y aquel enorme cardenal que ya se me había hecho en la mandíbula y aquella hinchazón de la mejilla y el dolor aquel maldito al masticar. Todo era mentira como mi padre también lo era y el mundo en torno fuera falso, excepto unas cuantas cosas que guardaba yo en mi corazón, tales como mamá adúltera, o la abuela Mercedes o los ojos dulces de Elsa Lawrence y el dolor en el alma que todavía sentía al recordarla, cuando dejó de quererme y me dejó por una sombra y papá me dijo ahora si quieres vamos a una Casa de Socorro para que te vean la boca. Ni siquiera intentó disculparse, aunque estaba visiblemente preocupado cuando en la Casa de Socorro me preguntaron ¿cómo se ha hecho este hematoma tan fuerte? Y yo dije me caí y mi padre paseaba ante un ventanal viendo un jardín que había y luego quiso acompañarme a la pensión La Universitaria y le dije no es necesario papá, tengo que ir a la Escuela de Industriales a matricularme ya de las dos últimas asignaturas que me quedaban para ingresar y que eran el fin de todo, pues yo por dentro estaba ya vacío de matemáticas y del señor general don Hugo, el cual, en la estación de Atocha me dijo: Júrame que nunca más, ¿me oyes?, nunca más, vas a pisotear mi honor mezclándote con la canalla marxista.

—Te lo juro, papá —le dije.

—¿De veras? ¿Hablas como hablan los hombres o lo dices por quitarme de encima? —insistió él, recelando de mi sinceridad y arrepentimiento.

—Lo digo de verdad, puedes irte tranquilo a Guadalajara. Besos a mamá.

Y entonces le mentí. Le dije: Por favor, déjame dinero para las matrículas. ¿Cuánto necesitas?, me preguntó. Cinco mil pesetas, le dije sin alterarme. Mucho dinero es ése, dijo. No llevo tanto encima. Puedes firmarme un cheque, si llevas el talonario. Desde luego, dijo él con tono patriótico. Sacó las otras gafas que utilizaba para leer y escribir y lentamente rellenó el cheque con las cinco mil pesetas, mientras yo le decía que era un cifra tan alta porque había que pagar tasas de laboratorio y prácticas, así como un seguro escolar.

—Ah —murmuró, creyéndoselo.

Le mentía con absoluta desfachatez, pues había decidido sacar al día siguiente ese dinero del banco, hasta que pudiera ponerme en contacto con mi madre. Muérete, le dije por dentro, cuando el tren se puso en movimiento y él, desde el otro lado de la ventanilla del vagón de primera clase alzó el bastón con el que me había golpeado salvajemente en la cara a manera de despedida. Yo llevaba puesto en la mejilla un emplasto con esparadrapo, una pomada antiinflamatoria y cada vez que abría la boca o hablaba me entraba el aire en la cicatriz del diente roto y me dolía hasta el mismo cerebro y cuando llegué a la pensión me encerré en mi habitación con forma de tranvía y lloré amargamente, como si toda aquella falsa frialdad y serenidad se me hubiera deshecho como maquillaje de *clown* en la pista de un circo. Al día siguiente me despedí de la Academia Newton diciéndole a don Manuel que papá le pagaría la última mensualidad y el profesor vio algo extraño en mi expresión y me dijo, ¿pero estás bien? Sí, le respondí, esto de la mejilla no es nada, fue que me caí por la escalera de mi casa. De acuerdo, de acuerdo, dijo, pero yo creo que... Aquel tipo no se fiaba de mí, sentado a la mesa de su despacho, donde tenía los ficheros y te hacía las matrículas cuando llegabas de alumno nuevo o al comenzar el año y entonces, para que no sospechara, le dije a don Manuel puede usted llamar a papá ahora mismo por teléfono y ya verá cómo él le confirma que he decidido dejar de estudiar para ingeniero. ¿Y qué vas a hacer?, me preguntó. Mi madre ha puesto en Guadalajara una galería de Arte y quiere que yo la regente y que me dedique a pintar. Mentía con esa facilidad cínica del que ha roto amarras, como esos barcos que van a la deriva impulsados por el viento y sin tener que soportar la férula del capitán o del piloto o las groseras y estentóreas interjecciones de los patibularios tripulantes. Yo era como un buque fantasma perdido en el océano, desmantelado, pero libre cuando salí a la calle del Arenal y dije ahora me voy al cine y me hundo en las tinieblas. Recuerdo que vi una película larguísima, que se llamaba *Lo que el viento se llevó* y a mi lado se sentó una mujer de unos treinta años, corpulenta y ruidosa, que constantemente comía pipas de girasol escupiendo las cáscaras sin miramientos y quise irme de su lado, pero cuando estaba mirando a dónde había un asiento libre ella me miró y nuestros ojos se cruzaron en la penumbra de la sala y me sonrió y me dijo ¿quieres, guapo? Me ofrecía el paquete de semillas de girasol abierto y puse la mano. Me echó bastantes para que me las comiera y como la película era tan larga nos dio tiempo de hacernos amigos y me contó que ella también se había separado de su marido porque le pegaba y me dijo pobre criatura, déjame que te bese la cara esa de ángel que tienes, y yo la miraba hipnotizado y las facciones duras y los labios muy pintados y las grandes pestañas postizas y el enorme busto. Me extrañaba su voz un poco áspera y las manos también las tenía muy grandes y, súbitamente, me dijo qué prefieres que te lo haga yo o tú me lo haces a mí. Sentí un repentino horror al comprobar que era un hombre y me levanté y me dijo en un susurro no se te ocurra decírselo al acomodador o te rajo, cacho cabrón. Y entonces me di cuenta que el cine estaba todo lleno de gente así y ya en el vestíbulo me dijo el acomodador veo que se ha llevado usted un chasco, si quiere le abro una platea y termina usted de ver la película, que es muy larga y es una pena que se vaya sin verla.

—Muchas gracias —le dije, dándole una propina.

—Me lo supuse nada más verle entrar —continuó el acomodador—, pero como mi misión no es meterme donde no me llaman no le quise decir que a este cine a la sesión de tarde solamente vienen madres maternas y julandronas. Y se ve que usted es distinto, pero se me pasó advertírselo.

Terminé de ver la película en una platea, desde la que pude contemplar también el deprimente espectáculo de las concupiscentes aberraciones sexuales. Lesbianas, travestis, homosexuales de atormentados énfasis feminoides, todo un universo febril y angustioso, podrido y trágico, se me reveló allí abajo, mientras Carl Gable le hacía la corte a Escarlata O'Hara y los hermanos Tarletton se iban a la guerra y Nueva Orleans me ofrecía un punto de referencia para la evocación de las partidas de naipes de mi pensión universitaria donde nos dejábamos el dinero sobre el tapete verde de la insatisfacción y el absurdo frenesí. Me fascinó una vez más Olivia de Havilland, una artista a la que siempre me enamoraba un poco cuando la veía actuar. Y al día siguiente comencé mi nueva vida, sería pintor de sombras y espectros, vagaría por los óleos y los lienzos, las cartulinas y los caballetes. Anhelaba ser intérprete del poema de Pablo Neruda y deseaba emborracharme de trementina y largos besos, ser estival y no hielo como papá don Hugo, el cual, al saber que había dejado de asistir a las torturantes clases de la Academia Newton, me escribió una larga carta excomulgándome de su religión de fanático, me arrojaba a las tinieblas exteriores del Averno y me prohibía, taxativamente, que pisara mi ex hogar. Todavía conservo aquí, en mi sepultura, aquella carta de mi padre y, a veces, en las interminables noches del descanso eterno, la releo y en mi cara de muerto se dibuja una mueca, agridulce, como esas salsas sangrientas de los restaurantes chinos:

«... agotados todos los márgenes de error que te concedí, dilapidados los generosos votos de confianza y las reiteradas oportunidades de regeneración que te otorgué magnánimo, me veo en la necesidad de erradicarte de este seno familiar, prohibiéndote que pises por el momento éste que fue tu hogar. Y como quiera que ya eres mayor de edad desde hace cuatro años, estimo que debes ser tú mismo el que sufrague económicamente calaveradas y juegos de cartas, vicios menores y mayores, manutención, etcétera...»

Y una mañana vendí todos mis libros de texto en una librería de viejo de la calle de los Libreros y me quedé con mis novelas y libros de poesía, la *Historia del Arte* y poco más. Todo era veneno para mi alma, según papá me había dicho reiteradas veces, cuando entraba en Guadalajara en mi habitación y hurgaba con gesto de policíaco desprecio entre mis libros manoseados, pobres, los cuales, sin embargo, eran reflejo de mi mundo interior, útero al que regresaba para nutrirme y escapar. Poco tiempo después dejé de vivir en «el tranvía», pues don Luis, apiadándose de mi condición de mendigo vergonzante, me dijo:

—Puedes ocupar el desván de la buhardilla. Cuando seas famoso y ganes mucho dinero ya me lo pagarás si quieres.

Le di las gracias con emoción y una semana más tarde mi buhardilla ofrecía un aspecto soportable, libre de telarañas y de objetos inservibles, con su techo inclinado de vigas enfermas por el cáncer de la carcoma, las grandes manchas de las goteras, que yo decoré como si fueran galaxias y agujeros negros. Compré un viejo catre en El Rastro y un lavabo antiguo, pinté cortinas falsas en el roto cristal del ventanuco y por allí miré los tejados circundantes, la mole del edificio España y, al otro lado, la mítica Telefónica, la cual, no sé por qué, al contemplarla, me sugería el Chicago de Capone, gánsters, floristerías y crímenes. En una de las paredes particularmente agrietada puse una vieja litografía de *El pobre pescador* de Puvis de Chavannes, y doña Rufi, la dueña de la pensión, me regaló una mesa tosca, de madera de pino, dos sillas, un sillón roto y una especie de alacena con mostradorcito donde puedes poner tu hornillo de petróleo cuando quieras guisarte algo o esconder cosa en la parte de abajo, pues, como ves, tiene su cortinilla y todo. Era feliz. Con las cinco mil pesetas que obtuve de mi padre, diciéndole que eran para pagar mis matrículas *post mortem* compré aguarrás, algunos tubos de óleo y frascos de pintura sintética, cartones, tablas usadas y pinceles. Y a veces me vendí a la desesperanza, víctima de mí mismo, cayendo en esa tentación mía de compadecerme cuando, en los fríos atardeceres de aquel diciembre helado se me vino encima esa sensitiva obsesión que era la Navidad. Y no pude evitar la añoranza de otros tiempos, cuando en Guadalajara íbamos los amigos a pedir el aguinaldo a las casas tocando las zanbombas y las panderetas y nevaba y hacíamos muñecos de nieve y papás noeles y en la Casa de la Misericordia siempre íbamos los alumnos del Instituto a cantar villancicos a los incluseros, ante el Belén maravilloso que tenía luces y un río que eran espejitos y el castillo de Herodes y nieve, mucha nieve disimulada con harina y yo le decía a Chomin que todos los belenes tenían un error básico, pues allá en Judá, cuando nació Jesucristo, no nevó porque era otro clima distinto y, además, le decía bajando la voz:

—Jesús no nació en Belén, sino en Nazaret.

—¿Y tú cómo lo sabes? —me preguntaba Chomin con los ojos desmesuradamente abiertos.

—Porque lo he leído en un libro —le decía yo misterioso.

—¿En qué libro?

—En la *Vida de Jesús* de uno que se llama Renán, que está excomulgado.

Chomin me decía que se lo dejara y yo le dije es imposible, lo cogí a escondidas en la biblioteca del Instituto y luego lo puse en su sitio y cuando más tarde fui otro día a volverlo a coger para quedármelo definitivamente porque me gustó mucho, entonces fui y ya no estaba y al salir de detrás de los estantes la bibliotecaria esa que estuvo interina unos meses que tenía cara de lechuza y que se llamaba doña Berta, me miró como con ironía dándome a entender que me había adivinado las intenciones y es que yo creo que se lo quedó ella, pues no sé si sabes que es un libro completamente prohibido, como los de Lorca y Blasco Ibáñez que tenía mi padre en su despacho con una señal en el lomo para que a mí no se me ocurriera leerlos, pues eran nocivos y te podían deformar la mente. Qué tiempos aquellos y qué triste fue para mí la Nochebuena del 65, cuando doña Rufi y don Luis me invitaron a cenar con ellos en familia y les conté un poco mis vicisitudes con mi padre, y doña Rufi, al oírmelo contar, se emocionó y, suspirando, dijo, ay que ver lo equivocados que están algunos padres.

—Anda, bébete otra copa de sidra.

Me sentía solo en Madrid, pues ni siquiera se encontraban en la pensión mis amigas las coristas Déborah y *Lucerito*, que estaban en gira por Canarias con la compañía del teatro Martín. Casi todos los huéspedes fijos se habían ido a pasar la Navidad con sus familias y la pensión, habitualmente sórdida, tenía un aura triste de gélida soledad, con las puertas de las habitaciones abiertas y el agua pudriéndose en las botellas de las mesillas. Y aquel olor mixto a cuartel y asilo de ancianos que tenía el aire, se fue convirtiendo lentamente en aroma de estación abandonada, sin trenes y sin viajeros. Y don Luis, que estaba un poco borracho durante la cena de Nochebuena, me decía constantemente brindemos, coño, que más se perdió en Cuba. Mi madre me había llamado por teléfono aquella misma mañana y, angustiada, me dijo si quieres cojo ahora mismo el tren y me voy a pasar la noche contigo a tu pensión, hijo.

—No puedo soportar que estés solo en una noche como ésta, tan familiar.

—Por favor, mamá, ¿de qué familia hablas? —le dije yo.

—Tienes razón, hijo mío —suspiró ella al otro lado del teléfono—. Nuestra familia está rota ya hace tiempo y me temo que para siempre. Nosotros cenaremos con tía Hermiona y tío Armando, que vinieron ayer de Cuenca y que quieren ponerse al teléfono.

En seguida escuché la voz de mi tía saludándome hola, hermoso, tú no sufras por nada del mundo, procura pasártelo bien ahora que eres joven y no hagas caso de tu padre, que es un bruto y un terco. Porque mi padre se había juramentado contra mí y repetía una y otra vez que solamente me permitiría regresar al seno de la familia, cual nuevo hijo pródigo, si le pedía solemnemente perdón por las múltiples felonías que yo le había hecho y, desde luego, le lamía la mano como un perro. Mientras mamá y mis tíos hablaban conmigo por teléfono él permaneció en el salón comedor, yendo nerviosamente de un extremo a otro, apoyándose en el bastón, y mamá salía del despacho y le dijo no tienes entrañas, Hugo, eres frío como el hielo.

—Ponte al teléfono y dile a tu hijo que se venga en el primer tren. Vamos, díselo —le decía alterada, demudada la expresión, irreconocible aquella belleza suya de antaño, con el corazón herido ya de muerte.

Pero él se mantuvo inexpugnable, como un castillo inútilmente asediado por el evanescente fantasma que era ya mamá Leontina, obsesionada con su enfermedad cardíaca, siempre tomándose el pulso para comprobar si le latía el corazón con fuerza o estaba ya parándose y la Muerte espantosa venía de camino a por ella.

—¿Verdad que tengo un soplo en el corazón, doctor? —le preguntaba a su médico de cabecera, el anciano don Ricardo.

—Vamos, vamos, doña Leontina, no sea niña. Tiene usted el corazón un poquito delicado, como corresponde a su edad, pero no es nada grave. De todas formas aquí le dejo estas cápsulas

—Pero, doctor, es que a veces me quedo fría como un cadáver —le decía mamá con voz angustiada.

Que se tomara una cápsula de aquellas cuando sintiera que le venía ese frío. Y mamá tenía muchas medicinas encima de su mesilla de noche y en cada envase de cartón había escrito las dosis, los momentos cruciales en los que debía ingerir aquellos venenos inservibles. Porque un día la Muerte llamaría a la puerta de mi casa y ella misma saldría confiada, tal vez creyendo que era yo que regresaba, y no era nadie al parecer, porque el descansillo de la escalera estaba vacío y entonces acudió la señora Consuelo, que era nuestra asistenta, y le dijo a mamá qué le sucede doña Leontina que está tan pálida. Y mamá se apoyó en ella con la mirada perdida en el vacío y le dijo creí que había sonado la campanilla de la puerta. Una terrible angustia le ascendía por el pecho, un opresor anhelo indescifrable, como cuando estaba enamorada de don Anselmo el sacerdote y creía que él no la amaba y se sentía morir.

26

Fue el día 21 de abril de 1967 cuando mamá murió, precisamente el día del golpe militar de los coroneles en Grecia. Yo llevaba varios meses en París y, me enteré dos semanas más tarde, cuando llegué a la estafeta de la plaza del Tertre, en Montmartre, y encontré en mi apartado de correos una carta de Carla. Mi hermana, con su letra picuda y monjil, aprendida en las Adoratrices, me decía que mamá había muerto un día de primavera. El campo estaba lleno de flores y el aire pletórico de perfumes cuando una dama enlutada descendió del tren en la estación de Guadalajara y le preguntó a un mozo del exterior, ¿conoce usted a esta señora de la foto? La dama iba vestida con un traje de chaqueta negro, de diminutos rombos, y se cubría la cara con un velo calado, como de viuda de Bertold Brecht.

—Naturalmente que conozco a esta señora —dijo el mozo de la estación.

—¿Y podría decirme dónde vive? —preguntó la dama.

—Justo enfrente del Ayuntamiento, en los soportales, creo que en el tercer piso. Puede coger ese autobús gris que tiene el rótulo Autos Gilaberte. Sale dentro de unos minutos y le deja en Santa Clara, muy cerca de donde vive esa señora que usted busca.

Unos días después del entierro la señora Consuelo, nuestra asistenta, lo comentaba en el portal con la anciana portera. Le digo, Zósima, que a veces suceden cosas extrañas en el mundo. Desde que se murió mi señorita Leontina no me llega la camisa al cuerpo.

—Tengo como miedo, mire usted.

Recordaba la señora Consuelo a mi madre pálida, con la vista fija en el vacío descansillo de la escalera, diciéndole que alguien había llamado a la puerta. Y ayudó a mamá a echarse en la cama, sin desnudarse, sintiendo aquel frío mortal que ya no la abandonó jamás.

—Pobre señorita Leontina —dijo la portera—. Créame que yo también tengo para mí que aquel día de su muerte ocurrieron cosas extrañas. Poco antes de las doce, que fue la hora en que doña Leontina se sintió mal cuando fue a abrir la puerta y no había nadie, entró una señora de luto en el portal y me preguntó por la coronela. Me dijo, ¿vive aquí doña Leontina Sandoval? Sí, le dije, en el tercero. ¿En qué letra?, preguntó esa señora. Le dije no hay letra, pues solamente hay un cuarto en cada planta. Muchas gracias, me dijo. La vi subiendo lentamente por la escalera, con su velo por la cara y un bolso que traía muy pequeño, bajo el brazo de esos de tipo cartera. Recuerdo que llevaba guantes de tela, unos zapatos de tafilete preciosos y medias de color ceniza, de las que se ve a la legua que valen un dineral y que aquí en España no las venden sino de extranjis, pues son de América y las traen los de la base de Torrejón de Ardoz. En fin, como le iba diciendo, la señora esa subió al tercero pero, que yo sepa, no bajó después.

Se hicieron cruces las dos mujeres y lamentaron cómo se nos va la vida sin darnos cuenta y cómo, precisamente, las mejores personas son las que se van antes al otro mundo. Suspiraban a intervalos y la señora Zósima exclamó pobre don Hugo.

—Quite, quite, no diga pobre don Hugo, que tiene mucha culpa de lo que ha sucedido en esta casa tan buena. Pobre chico, ése sí que es digno de lástima, porque, lo que es Carla es la única que ha sabido entender la vida, casándose con un catalán millonario y ahí te quedas mundo amargo —dijo la asistenta.

La última vez que estuve en Guadalajara le di mucha pena a la señora Consuelo y no me lo dijo porque al fin y al cabo el señorito ya es un hombre y quién soy yo para decirle nada, ¿verdad señora Zósima?

—Desde luego —dijo la portera—. Eso es como yo, que imagínese la de cosas que habrán visto mis ojos con treinta años de estar en la portería. Pero una qué va a decir. La pobre doña Leontina, que Dios tenga ya en su santa gloria, se ha ido al otro mundo llevándose un gran secreto que ella sola y Nuestro Señor saben. Pero lo cierto y verdad es que tanto Carla, la casada, como Vicente, el menor, han sufrido las consecuencias. Imagínese un hogar donde el padre, me refiero a don Hugo, tenía que saber lo que estaba pasando y los hijos también, porque esas cosas se saben en una ciudad tan pequeña como Guadalajara donde todo el mundo se conoce y hoy una cosa y mañana otra, termina por desenredarse todo el ovillo o si no ya me contará usted. Y con esto no quiero decir nada en contra de la pobre señora la coronela, que era buenísima y bien que me lo demostró cuando se murió mi madre, pero es que es lo que yo me digo, si quieres a un hombre, quiérele, pero que no se enteren ni las piedras.

—¿Se refiere usted a don Anselmo, el cura de Santiago, verdad? —preguntó la señora Consuelo.

—Pues claro que me refiero a él. Mire, esta casa pertenece a la parroquia de San Nicolás, pues, ¿por qué cambiarse a las misas de Santiago cuando vino el cura nuevo? Lógicamente al principio nadie se dio cuenta de nada, porque quién va a sospechar de un sacerdote. Pero poco a poco fue un escándalo y a mí me dijo un día doña Clotilde, la del segundo, que en Acción Católica todo el mundo lo sabía y que se veían en no sé donde, en un piso que tenían puesto y todo, con lujo incluso. Esas cosas no están bien y don Hugo, de acuerdo que es muy suyo y muy especial, pero al fin y al cabo es un caballero y yo creo que entre unas cosas y otras pues ya lo ve, hecho una piltrafa sentado en un sillón y sin nadie que le cuide excepto usted. Por cierto, ¿se va usted a venir a vivir a la casa con el general?

—Yo no puedo, señora Zósima, bien lo sabe usted. Le he dicho a don Hugo que vendré todas las mañanas a las ocho y me iré después de darle la cena, no puedo hacer más.

—¿Y qué le ha dicho? —preguntó, curiosa, la portera.

—Qué ojalá le lleve pronto Dios —respondió la asistenta—, que para qué quiere él ya la vida. Y es que, aunque no lo diga, se acuerda de su hijo, al que cuando se refiere a él le dice siempre mi cruz. Por cierto, creo que está ahora en París y es un artista famoso, pues el otro día vi encima del aparador una carta de la señorita Carla y se lo decía a su padre, que el señorito Vicente estaba en París y que había hecho una exposición y había ido a verla nada menos que el presidente de la República.

—Pues será ahora —dijo Zósima—, porque el año pasado vino a verme un chico de nuestro pueblo que fue asistente de don Hugo cuando hizo el servicio militar y me dijo que había visto al señorito hecho un vagabundo en Madrid, con una barba de apóstol y la melena esa que llevan los jipis y dice que estaba en la plaza Mayor pintando retratos por unas pesetas a todo el que quería sentarse frente a él en una silla plegable. Así es que no crea. Da lástima pensar que la gente destroza así su vida, siendo como son ricos, pues don Hugo tiene tierras en la provincia de Cuenca para parar un tren y luego el retiro de general y como sólo son dos hermanos más, una casada no sé donde y un hermano misionero ya muy anciano, pues todo lo suyo pasa a Carla y a Vicentín, y sin embargo, mire, casi pidiendo limosna por las calles de Madrid, aunque si es verdad eso que me dice usted de que ahora es famoso, pues me callo y, desde luego que me alegro, pues siempre le quise mucho porque era muy buen chico y muy noble. Un poco dado a las mujeres desde niño, pues inclusive le tuve que decir a mi sobrina Iluminada que tuviera cuidado con él, ya que cuando eran muchachos y venía a pasar conmigo algunas temporadas el Vicentín se la llevaba a los bailes del Casino y ya sabe lo que sucede en estas ciudades pequeñas, que si te ven con uno te ponen ya el sambenito y luego, si por casualidad quieres ponerte novia, no te quiere nadie. Por lo menos eso pasaba en nuestra época, ¿no le parece a usted?

—Pues sí —dijo la señora Consuelo—. En fin, me voy a ver si compro algo en el mercado para este hombre. Como yo le digo, aliméntese, don Hugo, no cierre la boca, que eso es mortal de necesidad. De acuerdo que se le cae la casa a los pies y que un viudo ya mayor es muy triste. Pero él me ha dicho que saldrá de su casa con los pies por delante y que no piensa irse a un asilo militar como quería doña Hermiona, su cuñada, y mucho menos con su hija Carla. Ya sabe lo independiente que es.

Bajó por la cuesta del Reloj la asistenta señora Consuelo, con su bata a cuadros y la rebeca puesta, pues a pesar de estar en abril el aire viene frío de la sierra, esa línea azul de montañas que se perfila en el horizonte. Hay mucho tráfico hoy en la cuesta del Reloj porque un camión de la basura del Ayuntamiento está haciendo maniobras y el guardia municipal le estaba haciendo indicaciones al chófer y cada vez el tráfico se acumulaba en la entrada de la calle Mayor y los que estaban en Teléfonos esperando que les dieran las conferencias miraban por los grandes ventanales que un joven vestido con mono azul y un rótulo de Limpiezas Oro en la espalda, limpiaba con técnica de profesional subido en una escalera. Y en la carnicería del mercado pidió la señora Consuelo la vez pensando le compro a don Hugo unos riñones que tanto le gustan y de primero le hago una verdura.

—Qué le pongo —dijo el carnicero.

En medio de la algarabía del mercado, en la atmósfera fría y húmeda, aromatizada por una multitud de olores alimenticios, los perros vagabundos circulaban entre las sombras de las personas y las sombras de las personas a veces parecían perros y veíanse gatos y jaulas con aves de corral que se vendían y mujeres gruesas de pueblo, con enormes delantales, sentadas en las escaleras de la entrada vendían ajos y cebollas. A mí siempre me fascinaron los mercados y cuando llegué a París me gané la vida al principio trabajando como descargador de camiones de frutas en el Mercado Central, tan diferente a aquella lección de mi Método Perrier de francés, que de niño aprendí con mademoiselle Higuette que papá y mamá nos pusieron un verano de profesora y la lección decía: «Que représente la gravure de la page qui précède?»

—Elle représente un marché avec différents étalages —decía yo.

La mademoiselle entonces miraba a mi hermana Carla y, señalándola con el dedo, le indicaba que continuase ella con des poissonnières vendaient toutes sortes de poissons, des langoustes, des crevettes, des marchandes de volaille, du filet de boeuf, du foie. Y en el Louvre me perdí muchas mañanas buscando inútilmente el espíritu de aquellos que lo habían hecho posible, abrumado por la barahúnda de los turistas y los estudiantes, mientras recorría las enormes galerías y salas con mi bastón de empuñadura de galgo de plata, la cabellera ondulada cayéndome sobre los hombros y la barba de apóstol. Un chaquetón tres cuartas, un pantalón de pana, mi gran bufanda *à la mode* y mi gorra de visera Lenin me daban aire de artista auténtico, contemplando absorto la *Victoire de Somothrace* y la *Venus de Milo* y *El Esclavo* de Miguel Ángel que se parecía a mí en la cara. Varias mañanas me detuve ante el retrato de Juana de Aragón (Rafael), intentando hallar en la expresión enigmática de aquella joven rubia en qué consistía su secreto. La *Gioconda* también me paralizó varias mañanas. La dibujé desnuda y dándole el pecho a Leonardo da Vinci niño, portador de un compás con el que tatuaba círculos concéntricos al otro seno de su nodriza. Y el río me atraía tal y como lo pintó Gauguin, velado de premoniciones impresionistas, como yo desvalido de sí mismo todavía, porque aún no había hallado Gauguin en las verdes aguas del Sena su irrepetible visión del arte pictórico y yo no había encontrado a Ángela, mi cuarto y último amor imposible, en las neblinosas cumbres del Pirineo conventual y misterioso de mi fin del mundo. Vagabundo por el Trocadero, eludí a propósito los angustiados parterres del Campo de Marte y me negué a mí mismo visitar en Los Inválidos la cripta mayestática y helada donde yace Napoleón, el héroe mítico de mi padre don Hugo, su deseado *alter ego*, con el que soñaba atravesar los Alpes o vencer en Marengo y Austerlitz. No quise asomarme a aquel vacío sepulcral, ni ver el sarcófago de rojo granito finlandés, regalo del zar Nicolás I, en cuyo interior dicen que reposan para siempre los despojos mortales de mi padre Hugo Napoleón Garrido de Tinajes y Bonaparte, emperador de los franceses y maldición mía: «Quiero que mis cenizas descansen en las orillas del Sena, en medio de aquel pueblo francés por el que tanto amor sentí.» Papá también me maldijo en su testamento: «Es mi deseo que en el momento de mi muerte se niegue la oportunidad de verme en semejante trance a mi hijo Vicente Anastasio, al que en otro apartado de estas mis últimas voluntades desheredo ex profeso en beneficio de mi otra hija, Carla María...»

—De cualquier forma, puede revocar esta cláusula en cualquier momento en caso de arrepentirse —dijo el señor notario de Guadalajara, don Prudencio Méndez y Matút-Mengíbar, signando el documento con ampuloso ademán y enigmática grafía.

—No me arrepentiré —replicó mi padre.

Durante varios meses viví frente a la iglesia de San Pedro, en Montmartre, muy cerca de la plaza del Tertre. Allí, en un sótano húmedo, reflexioné largamente sobre el objeto de mi pintura, qué es lo que deseaba arrancarle a la noche, qué facciones ocultas del más allá pretendía plasmar en rasgos, líneas, colores, luces y sombras. No negaré que hice el amor con jóvenes francesas de nombres lógicamente maricler o estefaní, pero no estaba en aquellas bocas cariadas el beso último que intuían mis labios, ni en sus cuerpos delgados, lavados por múltiples aguaceros de amor libre, se hallaba el perfumado frenesí de lo intocado, esa ambición que siempre tuve de hallarme inaugurando mi propio templo. Vagué por la place du Châtelet en el crepúsculo de la tarde, llorando la muerte de mamá Leontina, buscando a Annette, la dependienta de mi panadería, para que quitara aquella noche mi fúnebre tristeza. Pero fue inútil, al final amanecí, no sé por qué artes de magia, dormido en un banco de la iglesia de Saint-Merri, despertándome el estruendo de una campana y el híbrido resplandor de unas vidrieras del siglo XVI, sobre el sepulcro de un fraile benedictino de nombre Mederic, que fue enterrado en aquel lugar en el año setecientos. Y la señora Consuelo, en el mercado de Abastos de Guadalajara, según rezaba el rótulo sobre la gran puerta de hierro de la entrada, salió contando los dineros en la palma de su mano, mientras reflexionaba no creo que se me olvide nada. Llevo el pimentón y la canela para las natillas que quiero hacerle de postre al señorito para la noche. Guardó el monedero en el bolsillo de la bata estampada a cuadros y abrió la bolsa de red palpando los paquetes. Éstos son los riñones y esto el queso de Burgos que no le da acidez de estómago y ¿esto qué son? Palpaba un paquete pequeño y exclamó ah, ya sé lo que se me olvida, el laurel y un ramito de perejil, porque cebollas tengo y tomates creo que hay dos de ayer. Regresaba la señora Consuelo al puesto de verduras de la Gene, al mismo tiempo que penetraba aquella mañana en el cementerio la señorita Paulina, la vieja amiga solterona de mamá. Renqueante por el reúma, llevaba un ramito de margaritas silvestres que había ido recogiendo por el camino que llaman del Camposanto y, como nuestra tumba está la primera nada más entrar en el cementerio, en seguida llegó a la sepultura de mármol blanco, que refulgía bajo el espléndido sol y con la mirada buscó cerca algún recipiente para ponerle las flores con agua a mi pobre amiga Leontina que en paz descanse. Suspiró una o dos veces y con un papel de periódico limpió un poco del polvo de la lápida, leyendo inconscientemente Leontina Sandoval Almendralejo, descansó en el Señor el día 21 de abril de 1967, a los 61 años de edad. Y al fin encontró la señorita Paulina un recipiente de plástico detrás

de la sepultura de la confitera Herranz y dijo éste me viene
bien. Lo lavó en la fuente que hay en la misma puerta del
cementerio y allí puso las margaritas con primor, mientras
se aproximaban las estanqueras de la calle Mayor, enlutadas
las dos por sus maridos ex combatientes hasta el final de los
tiempos, flacas y murmuradoras, observando los adornos
de las sepulturas de sus amistades y criticando esos del bar
de la Estación ni siquiera vienen a ponerle a su padre unas
flores o aquellas otras que llaman las Paulas, también dos
hermanas viudas, tienen la tumba de su familia como el
jaspe de limpia y al pasar la saludaron buenos días, señorita Paulina, vaya día hermoso que hace hoy.
—Pues sí —comentó la amiga de mamá.
—Da gusto tomar el sol —dijo la estanquera titular.
Miraban a mamá en las letras de molde incrustadas en
el mármol y dijeron pobre Tina, pues a mi madre algunas
personas la llamaban Tina en Guadalajara, además de mi
padre.

27

Había pasado el tiempo como ave migratoria sobrevolando
corazones y, como el viento, erosionaba rostros y miradas,
deshacía los perfiles movedizos del alma, mientras el omní-
modo Universo proseguía su plan de misterio y yo, en la
angustia vital de las mañanas, al despertar de nuevo, permanecía unos instantes sentado al borde del lecho, sintiéndome amarga la boca por haber fumado tantos cigarrillos
en las tinieblas del beso inútil, porque ya mi tercer amor
imposible era remota lejanía y tan sólo en raras ocasiones
se me aparecía Elsa Lawrence al fondo de la habitación,
vestida con gasas transparentes, su frente ornada por dia-
dema de flores y, como hada de cuentos infantiles, portaba
una mágica varita terminada en estrellas. Hacía de paje de
un príncipe que tenía mi rostro y cabalgaba a su lado en un
hermoso corcel negro de nombre *Lucifer*. Pero aquellas visiones fantasmagóricas se producían raramente cuando,
beodo y ahíto de las pieles quemadas de maricler o estefaní,
apoyado en el báculo canino y argénteo, deambulaba por
mi estudio de la rue Tertre Sud, perdido en el laberinto de
las constelaciones remotas, diseñando insinuadas facciones
de una mujer enigmática que aparecía en *collage* inserta
en las vidrieras góticas, multicolores y ancestrales, símbolo
de una íntima visión infantil, cuando papá, en nuestra
casa de Guadalajara, escuchaba los partes de noticias de la

BBC de Londres o mi hermana Carla, todavía flor en el tallo, quedaba hipnotizada por la luz amarilla del dial de la radio Philips gótica, oyendo la voz aguda de la locutora de Radio Andorra anunciándole aquella *Verdad amarga* que cantaba el cubano Antonio Machín mientras el aire se impregnaba de amores imposibles y juramentos con ritmo de bolero:

> *Yo sé que es imposible nuestro amor*
> *porque el destino manda*
> *y tú sabrás un día comprender*
> *esta verdad amarga.*
> *Te juro por los dos*
> *que me cuesta la vida,*
> *que sangrará la herida*
> *por una eternidad.*
> *Tal vez mañana sabrás comprender*
> *que siempre fui sincero,*
> *tal vez mañana llegues a saber*
> *que todavía te quiero.*

En los espejos me miraba barbudo y tenebroso, con la larga cabellera de apóstol sobre los hombros, tal y como me había retratado para una exposición en la sala Saint-Germain. Y me preguntaba quién eres tú, lisiado y hedonista, despoblado de mí mismo y de mi ayer absolutamente perdido, cuando decidí volver hastiado ya de aquella Francia hospitalaria y universal que, tras el mayo francés de 1968, se me antojaba tan hierática y tan momia como el Charles de Gaulle de los retratos oficiales, subliminal anclaje de las muchedumbres contradictorias, de las que deseaba huir. Sentía una fuerte nostalgia de mi patria, como el lírico interrogante del poema de Miguel Hernández, cuando se pregunta a- sí mismo si no cesará esta aguda estalactita de cultivar sus agudas cabelleras hacia su corazón que muge y grita. Había realizado un viaje por Italia para estar con Miguel Ángel a solas en la Capilla Sixtina y, cuando ya todos los boquiabiertos turistas se hubieron marchado a aquel infierno del Juicio Final que estaba en el inmenso muro, le dije, por favor, Buonarotti, ¿qué puedo hacer para sentir mis alas y volar como tú a los espacios insondables del arte? Pero el agrio ujier no aceptó el dinero que le ofrecía para que me permitiera pasar la noche entera en la Sixtina y tuve que salir del Vaticano disfrazado de idiota. Atravesé la gran plaza de San Pedro, sintiendo cómo se clavaban en mi espalda las sombras del majestuoso columnario de Bernini y los insaciables interrogantes de mi fe en Jesucristo el Nómada, ese rostro que también surgía en mis obsesivos vitrales cual velero de imposible amor entre los hombres, expresión del *Grito hacia Roma* de Federico García Lorca, cuando afirma que ya no hay quien reparta el pan y el vino ni quien sufra por las heridas de los elefantes.

—Arrivederchi, Tasio, amore —me había dicho Ursula Giorgione, una guía de turismo que había conocido en Padova, mientras visitaba la capilla de los Scrovegni, y el inefable Giotto recitaba en mi oído una mística poesía pictórica, como aquel vino de Falerno con el que brindamos para que nuestra despedida no fuera para siempre y otra vez volviéramos a encontrarnos en España, cuando Ursula viniera a buscarme a una dirección falsa que le di.

Porque a veces me sentía demoníaco y perverso y me gustaba mentir y negarme a mí mismo. Y en los hoteles me registraba como ingeniero militar del Estado y, cuando me despedía y cruzaba los vestíbulos, el jefe de conserjes decía pomposo a los mozos que bajaran de la habitación el equipaje del siñore ingeniero y se inclinaban reverentes ante aquel resentimiento que todavía me quemaba, cuando recordaba a mi padre omnipotente, y me preguntaba qué será de él, ¿se habrá muerto de una maldita vez? Pero realmente no le odiaba y tampoco deseaba su muerte física, su desaparición terrenal. Quería borrar del cielo infinito su estela torturadora, su gesto de permanente hostilidad hacia mí. Y le compadecía en ocasiones, cuando mi hermana me escribía a las listas de Correos aquellas cartas con fotos de Montserrat y de Jordi Casamitjana, sus hijitos bellos y blondos, sonrientes ante la cámara fotográfica de papá Carlos. Papá el pobre está muy solo, me decía mi hermana. He querido traérmelo con nosotros a Barcelona, pero él se niega rotundamente. Tampoco acepta irse a una residencia militar. Y allí estaba, en el tercer piso de nuestra casa de la plaza del Ayuntamiento, atendido por la señora Consuelo, la asistenta que se marchaba al anochecer diciéndole don Hugo:

—En la cocina le dejo el primer plato dentro de la cacerola. No tiene más que calentárselo un poco en la hornilla. En la nevera tiene jamón, queso y fruta. Prométame que se calentará la sopa de champiñón, tan rica que le he hecho, no se la tome fría. ¿Me lo promete?

—Te lo prometo, Consuelo —respondía mi padre, alzando la mirada vidriosa del álbum de sellos—. Puedes irte ya.

Permanecía sentado a la mesa de camilla de la salita de estar, donde mamá cosía con mi abuela, la misma en la que mi madre leía aquel 22 de enero del año 1941 el *Canto a Teresa* de Espronceda, cuando yo sentí aquel acceso de claustrofobia dentro de su útero y empecé a golpear con fuerza con mis puños cerrados sáquenme de aquí por error, porque en seguida me arrepentí de haber nacido y lloré lloré lloré inconsolable, mientras la comadrona me sostenía cogido por los pies, boca abajo, y le decía a mamá es un niño precioso y luego llegó mi padre y al saber que yo era un varón sintió en su alma el latigazo del orgullo. Al fin tenía un hijo que podría perpetuar su estirpe de falsos héroes, aquella sucesión de rostros graves y silentes, tétricos, que colgaban de los patíbulos en el corredor de su casa solariega de Cuenca, cuando me llevaba de niño y me decía, Vicente Anastasio, ven que te enseñe a tus ilustres antepasados. Este señor que ves aquí, tan borroso por el paso del tiempo, fue la mano derecha de don Cosme Damián Churruca, héroe español junto con Gravina y Alcalá Galiano en una batalla naval que cuando seas un poco mayor estudiarás y que se llamó de Trafalgar, perdida por España a causa de nuestra perniciosa vinculación al francés. Yo tenía nueve años cuando papá me explicaba quiénes eran aquellos antepasados míos y le pregunté quién era «el francés» y él me respondió que se refería a nuestra vecina Francia, la secular enemiga de nuestra patria. Banderas, litografías, un autógrafo del general Prim, y una moneda de cinco pesetas que guardaba en una caja de taracea de Granada, con la efigie de Amadeo I de Saboya y la fecha 1871.

—¿Y ése quién es? —pregunté yo.

—Ese señor que ves ahí pintado no es de nuestra familia, pero también fue un gran español —dijo papá—. Se llamaba Jaime Balmes, un sabio. Como este otro que ves ahí sentado con ese libro abierto en la mano y que se llamó Narciso Monturiol, inventor del submarino, por mucho que los rusos digan que fueron ellos los que lo inventaron.

Yo entonces todo me lo creía y miraba aquellos retratos y aquellas láminas de los enormes libros de la biblioteca con curiosidad y veneración, porque papá todavía no se había transformado en amenaza y miedo. A pesar de todo, mientras regresaba de Francia en aquel vertiginoso expreso que se deslizaba suave hacia nuestra frontera de polvo, de sudor y de hierro, sentía también compasión por mi progenitor y, al observar el monótono paisaje francés que se alejaba, no sé por qué pensé que podría ir a verle a Guadalajara, al fin y al cabo éramos padre e hijo. Incluso le había pintado un retrato al óleo, que llevaba siempre conmigo en mis equipajes, enrollado en un tubo de cartón que me sugería símbolos de sepulcro, arqueta donde llevara las cenizas suyas. Sin embargo, aquella idea de ir a verle a mi ciudad natal se esfumó pronto, cuando llegué a San Sebastián y, mientras contemplaba el plomizo mar Cantábrico sentado en un banco de la playa de La Concha, me vino a la memoria mi amigo Chomin y pensé iré a verle a Lequeitio, aunque él también se haya convertido en otra persona. Tomé un bamboleante autobús de línea y al fin me encontré ante una puerta barnizada, en el segundo piso de una casa del paseo del Mar, en la que una placa dorada anunciaba al *Indio Sioux*: Domingo María Erralde - Abogado. Pulsé el timbre y salió a abrirme su esposa, Begoña Úrtube, la cual, tomándome por un cliente, me hizo pasar a una salita con expresión de temeroso recelo.

—En seguida le recibe mi esposo —me dijo.

Era una joven bella, de afilado rostro euskaldún. Al fondo de la vivienda se escuchaba el llanto de un niño pequeño. La salita comunicaba con otra estancia por una puerta corredera de cristales traslúcidos de color caramelo, a través de los cuales adivinaba una mesa de despacho bajo el resplandor de una lámpara encendida. Mientras esperaba me entretuve en contemplar los pequeños cuadros que colgaban de las paredes. Iglesia de Santa María de la Asunción, 1287. Magnífico retablo con la imagen de la Virgen de la Antigua, patrona de Lequeitio. Al leer aquello pensé que la vida tenía curiosas coincidencias, porque también Guadalajara tenía por patrona a la Virgen de la Antigua y me sonreí enigmático como si hubiera comprobado que aquel paseo marítimo desde el que podía ver el plomizo océano, transitara un hombre que fuera yo mismo, con idéntico vestuario y el mismo bastón de empuñadura de plata representando a un galgo de ojos sangrientos. En seguida escuché unos pasos que se aproximaban, se abrió la puerta corredera y apareció Chomin, el cual, tras unos segundos de indecisión, me reconoció no jodas, pero si es el señorito Tasio. Me abrazó como Hércules abrazaba al viento y me miró inquisitivo afirmando que si se hubiera cruzado conmigo por la calle no me hubiera reconocido. Habíamos mantenido alguna relación epistolar en mi época de estudiante en Madrid y por esa razón yo estaba enterado de su ruptura con Merche, la hija del registrador de la propiedad. Había terminado la carrera de Derecho y trabajaba en una de las empresas de sus tíos los Erralde, que al fin le habían aceptado como sobrino auténtico. Chomin me dio el pésame por la muerte de mamá y me dijo que su madre, doña Candelaria, vivía en Segovia con una sobrina carnal suya. Chomin tenía un tic nervioso que le cruzaba a intervalos la mejilla izquierda y se había dejado bigote ancho y caído como el de Marlon Brando en una película que se titulaba *Viva Zapata* y de cuyo estreno he perdido la fecha, pues no recuerdo si fue antes de mi muerte o más tarde de que me depositaran en esta tumba familiar, justo encima de papá don Hugo. Porque primero está enterrada la abuela Mercedes, después mamá adorada y a continuación mi padre, que se murió cuando yo había cumplido ya los veintiocho años, en el mes de julio de 1969, unos días después de que Franco se dirigiera a las Cortes Orgánicas con su voz atiplada y temblorosa y leyera aquel discurso histórico en el que decía que, consciente de su responsabilidad ante Dios y ante la Historia, y valorando con toda objetividad las condiciones que concurrían en la persona del príncipe don Juan Carlos de Borbón, había decidido proponerle a la Nación como su sucesor, a título de rey.

—¿Recuerdas qué tiempos? —me preguntó Chomin, después de haberme presentado a su mujer, que estaba sentada frente a nosotros, ajena al deambular de aquellos fantasmales recuerdos del ayer que Chomin y yo veíamos entre las brumas del *whisky*.

Tenía Begoña hermosos muslos jóvenes, netos bajo la suave tela veraniega, el busto alto y la mirada incitante, con destellos burlones y sensuales surgiendo de la azul frialdad de sus pupilas nórdicas. Aparentaba estar ausente e inmersa en el mundo de su hijo Aitor, un gordezuelo infante de un año de edad que sostenía sentado en sus rodillas y me miraba atónito, mientras balbuceaba guturales sonidos ininteligibles y se chupaba constantemente un dedo. Sin embargo, algo en la sólida juventud de Begoña, en su cuerpo y en su carne, de porosa calidez, me resultaba brumosamente excitante y la llamada de sus ojos se iba perfilando a medida que avanzaba la tarde y nos inundaba aquella pleamar de húmedo calor, pegajoso y sensitivo, mientras el mar Cantábrico refulgía como el estaño, en sospechosa calma. Chomin se obstinó en invitarme a cenar y Begoña durmió a su niño y dijo no soporto más este calor. La oímos duchándose y cantar una canción que decía buscando hacer fortuna como emigrante me fui a otras tierras y de las mozas una quedó llorando por mi querer. Y, tendidos en el sofá, las camisas abiertas y los pechos al descubierto, mi amigo y yo continuábamos brindando por el alma imperecedera de nuestro profesor de latín, el inefable don Custodio, que le añadía eles a las oes finales de los nombres propios y a un compañero que teníamos le decía pomposo desde la tarima, envuelto en el enorme manteo:

—Salga usted al enceradol Claudiol Jiménez y analice bien clarol «Porsena rex etruscorum ad restituendos tarquineos Romam venit». Le escuchol, soy todol oídos.

Regresó Begoña y dijo estáis completamente borrachos y Chomin le dijo pon música vasca para mi fraternal amigo Vicente Anastasio, que es un artista genial. ¿Ah, sí?, preguntó ella sin dejar de mirarme a los ojos. Yo estaba ebrio de alcohol y de nostalgia y ella de no sé qué extraña maldad terrible, cuando ya el reloj había dado las tres campanadas fatídicas de la madrugada y Chomin dormía boca abajo en la cama de su dormitorio. Le quitamos los zapatos y el pantalón no, da igual, dijo Begoña, saliendo de puntillas de la alcoba de matrimonio, descalza delante de mí por el pasillo. Le pregunté por Aitor y se volvió para decirme sonriendo duerme en su cuna con su osito de peluche y los grandes, redondos, turgentes glúteos se le marcaban al andar, y tenía las piernas fornidas de campesina de las montañas cuando me dijo ésta es tu habitación. Quise entrar al mismo tiempo que ella salía y nuestros cuerpos se encontraron en aquella canallesca pasión repentina que nos atenazó en el pasillo abrazándonos jadeantes y culpables, entregándonos a un amor súbito e insaciable, originario de no sé qué lejanos confines de nosotros mismos, alevoso y nocturno, crepuscular amanecer manchado de besos prohibidos, cuando mi cabeza giraba y giraba en torno a sí misma y me dolía la memoria viendo el mar manchado de naranja y celajes de nubes deshilachadas sobre las gaviotas y los albatros que un Baudelaire maldito crucificaba en los mástiles de un buque que pasó haciendo sonar la sirena, mientras Begoña dormía semidesnuda y confiada en aquella cama que iba a ser del huésped que llegó de improviso. Pero, a pesar de todo, no me sentía tan culpable ni tan sucio ni tan traidor. Porque, cuando Chomin y yo habíamos terminado de recordar nuestras aventuras de la adolescencia, el *Indio Sioux* se me fue revelando como un ser lejano y diferente. Sus tíos Erralde le habían convertido a la religión del nacionalismo más radical y me entristeció verle preso de aquella obsesión cuando me dijo tras un acceso de hipo que el País Vasco no era exactamente España y que los continuos asesinatos terroristas no eran crímenes, sino la expresión armada de la lucha de un pueblo sojuzgado en pos de su libertad.

—No puedo estar de acuerdo —protesté, levantándome y dando un traspiés.

Respiré el aire de la noche y fue entonces tal vez cuando me penetró el demonio y dije Begoña Urtube me atrae mágica, sombras de violencia y de muerte se interponen entre mi amigo y yo, ondean banderas en sus pupilas y baluartes y patrias y emboscadas y fronteras. Nos separa el fanatismo que jamás podré sentir y en el centro del volcán de mi embriaguez volvieron a mi corazón los duendes de un utópico amor universal en el que siempre creí. Me reconocía absurdo e inservible, sin patria y sin bandera. Pero, cuando me miré las manos a la luz de la luna, y el mar había desaparecido de la ventana, vi que no tenía sangre en ellas sino olor de cuerpos de mujer y tactos de piel desvanecidos, hondos, que me llegaban al fondo del irrefenable deseo de poseer a Begoña, mientras Chomin soñaba que él también le estaba haciendo el amor a su hermosa mujer y le decía que yo había sido su mejor amigo, pero que, en el fondo, no había podido superar el trauma psíquico de ser el hijo de un opresor militar franquista. Al día siguiente, cuando me desperté en el sofá, ya estaba otra vez el bebé Aitor chupándose el dedo en algún lugar del Universo y alguien, al fondo de la casa, manejaba una aspiradora. Decidí entonces marcharme en secreto y cerré la puerta sigiloso. Bajé las escaleras como un ladrón y desaparecí de aquel Lequeitio vizcaíno con el fuerte presentimiento de que nunca más volvería a ver a Chomin ni a sentir junto a la mía una piel de terciopelo tan suave y acariciadora como aquella piel de rosa que tenía su mujer.

28

Alquilé un apartamento en la plaza de Oriente en una casa que hacía esquina a la calle de Carlos III. Desde mis ventanas no se veía el mar, mi nostalgia más salobre, esa canción cuyo autor no recuerdo y que escucho aquí en el frío, devastador abismo de la muerte:

Háblame del mar
marinero.
Háblame y dime
qué sabes de él.
Desde mi ventana
no puedo yo verlo.
Desde mi ventana
el mar no se ve.

Pero sí podía ver el edificio del palacio Real, los jardines de Sabatini, la plaza de la Armería, las cúpulas de la inconclusa catedral de la Almudena y, a la derecha, todo el horror urbano de los altos edificios de la Gran Vía. También veía el claustro de entrada del teatro Real y la estatua ecuestre de Felipe IV, abocetada por Velázquez y en cuya ejecución dice la tradición que intervino con sus cálculos el heterodoxo Galileo Galilei. Y me gustaba en las tardes de primavera ver jugando a los niños en la plaza desde mi estudio, mientras pintaba y las niñeras eran asediadas por soldaditos de infantería o por marineros de agua dulce con su gorra del Ministerio de Marina. Ted Kennedy se había precipitado con su automóvil por el puente de Chappaquiddick. Su secretaria, que le acompañaba cual Jariffa después de la orgía, había encontrado no los besos interminables del amor infinito, sino la Parca detestable, esa ramera infecta que viene cada noche con su guadaña inspeccionando nuestros sepulcros, comprobando que su botín de cadáveres permanece intacto, fuera del alcance del ángel bueno que quedó a las puertas del paraíso perdido con la mano extendida llamándonos tras las rejas, viendo cómo el exterminador ángel de las tinieblas nos llevaba al exilio. Un día la televisión nos dio la gran noticia de que el vehículo espacial Apollo VI había entrado en órbita lunar. Y el 21 de julio de 1969, el astronauta Armstrong ponía pie en esa pálida esfera que sugirió enigmática versos a los poetas. Recuerdo que permanecí hasta altas horas de la madrugada esperando que aquella portezuela de la nave posada en la Luna se abriera. Y al fin se abrió y vimos descender cauto, receloso, técnico, insoportable, made in USA, a aquel fantasmal Neil que tanteaba los peldaños como si abrasaran. De un momento a otro esperé un prodigio del Cosmos, la aparición de extraños seres tras la nave o que otra vida diferente a la nuestra se materializara para siempre como en un nuevo Apocalipsis Creador, no siniestro, sí argénteo, eterno, redentor del Mundo. Pero el prodigio no surgió y Armstrong solamente pudo dejar sus huellas en el polvo de la nada, y una rígida bandera, y laboratorios de locura y su miedo inútil. Al día siguiente Franco habló por televisión para decirnos que la monarquía que instauraba en la persona del príncipe de España era la del Movimiento Nacional. Sonó el timbre de la puerta y fui a abrir. Era el cartero que me traía un telegrama procedente de Guadajara y firmado por mi hermana Carla:

PAPÁ SE MUERE. VEN

Y siempre el maldito sol abrasador de España persiguiéndome por aquella carretera calcinada, cuando a las cinco de la tarde me dirigía en taxi a la ciudad que me vio nacer. Sentado en el asiento posterior fumaba un cigarrillo nerviosamente. Ese que acaba de llegar con el blusón tan de bohemio es el hijo de don Hugo, dijeron las dependientas de las máquinas Singer y los clientes de la peluquería La Higiénica también miraron con el jabón en las mejillas. Parece mentira que las personas cambien tanto, qué aspecto de extravagante tiene el hijo del general. Parece un Che Guevara o un jipi de ésos que se ven por ahí tirados en las cunetas.

—Viene al entierro de su padre —dijo una voz.

—Pues lo menos que podía haber hecho era venir de luto, con un traje como es debido —añadió otro.

Un tercero dijo que papá todavía no había muerto. Y, en efecto, cuando penetré en el húmedo portal no vi la macabra mesa fúnebre de los pésames, con su tapete descolorido y sus páginas en blanco, con las firmas y las tarjetas dobladas y el tintero antiguo con su pluma de la funeraria La Fe, donde yo jugaba con Marcos y Dani a que éramos muertos y nos acostábamos en los ataúdes de lujo, forrados de raso celeste o rosa, con almohada para que reposara la exánime cabeza. La señora Zósima no me reconoció al verme con la barba y la melena. Las gafas de sol también contribuían a enmascararme, pero el bastón y mi cojera le recordaron al señorito Tasio y se me echó a los brazos oliendo a anciana y a orines y me di cuenta de que seguía teniendo barba y se afeitaba como su madre la señora *Cómo Dice* cuando éramos niños. Pero ahora estaba viejísima como una pavesa, mientras su sobrina Iluminada, que tenía mi edad, es decir, veintiocho años, se había casado con un empleado de la Hidroeléctrica y estaba allí, recogiendo la costura en el costurero y dándome la mano hola Tasio, soy Ilu.

—Hola —murmuré.

Cuando llegué a la puerta de mi casa el corazón me latía con fuerza y permanecí unos instantes inmóvil, mirando por la ventana del patio. Pulsé el timbre y en seguida me abrió la señora Consuelo abrazándose también a mí y exclamando Dios ha escuchado mi súplica, señorito Tasio, no ha permitido que su papá se muriera sin verle.

—Tienen que reconciliarse —susurró.

Tenía la pobre mujer encendida una vela ante el Sagrado Corazón de Jesús Agonizante del vestíbulo, al lado de un retrato de papá joven, luciendo su uniforme de capitán y sus bigotes prusianos y el gesto rígido, la mirada al frente, dispuesta a la contemplación de las batallas. Mi hermana había engordado bastante y su marido también desde la última vez que les vi en Barcelona. Sentados frente a mí en el salón comedor, a contraluz del resplandor que penetraba por los intersticios de la persiana, me dijeron papá se va. Y Carla estalló en un sollozo inesperado, de desgarradora tristeza. Tenía los ojos enrojecidos de llorar, mientras su esposo Casamitjana le tenía cogida una mano cálmate, Carla, sabes que no se puede hacer nada más que rezar por él y tener resignación.

—¿Y qué ha dicho el médico? —pregunté.

—Nada —murmuró Clara—, que tiene los pulmones encharcados y un edema y dos o tres cosas más.

—¿Es cáncer? —le pregunté a mi cuñado.

—Sí —dijo él—, no podemos hacer nada. Se muere.

Un ronco estertor salía de su garganta. Estaba echado sobre dos almohadones. Diversos tubos de plástico le penetraban en el cuerpo. Recuerdo sus manos amarillas y escuálidas, amoratadas por los innumerables pinchazos que la enfermera, le producía para buscarle las flácidas venas, por donde ya no circulaba la vida sino la muerte. Riberas sombrías y sin flores, negras frondas y procelosas aguas verdes desplazaban despojos del ayer perdido, tristes imágenes del pasado, no la florida niñez o el amor imposible de mamá Leontina. Todo lo que llevaban esas aguas era oscuridad, incomprensión, traiciones, hondo rencor. Lo intuí cuando vi su rostro y su mirada fija en un punto inexistente de la estancia, respirando con ansia su agonía, mientras el pecho hundido y esquelético subía y bajaba con angustioso ritmo. La enfermera, una señora ya mayor, circunspecta y rubia teñida, con cofia, salió de la habitación y nos quedamos mi hermana y yo solos, junto a los pies de la cama, viéndole atenazado por aquel supremo trance de morir.

—Acércate y dile que eres su hijo. Pídele perdón, por favor —dijo mi hermana, cogiéndome de la mano.

Un ventilador eléctrico giraba desde la cómoda. Su corriente de aire agitaba los visillos del balcón y algunas hebras de pelo blanquecino de mi padre moribundo. Le dices cuánto le quieres y cuánto has lamentado estar lejos de él todos estos años. Pero, sobre todo, dile que él tenía razón. Mi hermana ensayaba una expresión de loca al aconsejarme aquello, pero, comprendiendo su estado de ánimo, le prometí hacer cuanto me decía.

—Vete —le dije—, déjame a solas con él.

Olía a medicamentos y a carroña. Sin duda papá se estaba ya descomponiendo por dentro y olía a muerte. Ahora que él moría yo debía mentirle que estaba arrepentido de haber querido ser un artista y que toda la vida arrastraría la pesadumbre de no haber sido un héroe como él, que había conquistado Egipto en la batalla de las Pirámides y había llegado a ser emperador. Papá había sufrido ya varios colapsos, según me dijo después mi tía Hermiona, que había venido sola de Cuenca, pues tío Armando estaba también muy enfermo y no estaba en condiciones de auxiliar con su agonía la agonía de papá. Era una basura la vida, me di cuenta una vez más, mientras mi padre, con la mirada vidriosa y perdida se afanaba en respirar el último aire que el mundo le otorgaba. Recuerdo su rostro extenuado, sus labios yertos y resecos, la lengua agrietada y ensangrentada, reseca también. Una sed devoradora le debía torturar, pero permanecía inmóvil y silente, soportando sin resistencia aquel tormento que no sabíamos de dónde procedía y por qué razón era siempre así, implacable, espantosamente monótono a través del tiempo. Encima de la consola alguien tenía encendida una lamparilla a las Ánimas del Purgatorio, pues al lado del vaso había una estampa que era idéntica a la imagen del cuadro de la Virgen del Carmen que pendía sobre la cama. Me acerqué a papá y, no sé por qué razón, como si presintiera mi presencia, el estertor se hizo más frecuente y angustioso.

—Papá, soy yo, Tasio —le dije, inclinándome sobre su rostro y hablándole quedamente al oído.

Una honda emoción me embargó súbitamente, como si del fondo de mí mismo regresara aquel amor filial que le tuve antaño, cuando yo era un niño inocente y él se erigía ante mí como mi faro y mi guía, mi dios doméstico y mi religión. Y aunque no me sentía culpable de nada respecto a él, estaba dispuesto a pedirle perdón, porque yo también le había perdonado cuando entré en la alcoba y le vi convertido en víctima propiciatoria, maniatado por el cáncer, símbolo de un holocausto generalizado de la Humanidad. Pero su mirada permaneció fija en la nada, vidriosa por un velo de nieblas, clavada en sus obsesiones como negra saeta. A pesar de todo repetí mis palabras:

—Soy yo, Tasio, ¿me oyes? He venido a verte, papá.

Durante unos instantes tuve la convicción de que mi padre ya no oía y tal vez estuviera también ciego, contemplando con los prismáticos de la agonía el inenarrable paisaje de la postrer batalla de morir. Aquella convicción me llenó de sincera tristeza y sentí que las lágrimas acudían a mis ojos como un torrente. Suavemente le cogí la mano que tenía libre de tubos y, sin poderme contener, se la besé varias veces. Y su mano pareció conmovida por mis besos y sentí que se movían sus dedos y volví a decirle soy yo, Tasio, papá, ¿me oyes?

—Quiero que me perdones por lo mal que me porté siempre contigo —susurré con la voz ya quebrada por los sollozos.

Olía a medicamentos y a carroña, el ventilador agitaba los visillos del balcón, un sol todavía alto en el cielo abrasaba los campos, los hombres, el mundo en torno. Cantaba un jilguero en el balcón del piso de abajo, tras las persianas de la señora viuda de Salazar, doña Clotilde. Súbitamente mi padre volvió la cara hacia mí, sus ojos parpadearon y sus labios exangües temblaron para dejar pasar aquel afilado cuchillo:

—Fuera de mi vista, déjame morir en paz —dijo.

Era como si un fantasma me apuñalara por la espalda y titánicos seísmos me abatieran sobre el lecho de papá moribundo, tenaz en su resentimiento y en su odio, al mismo tiempo que sentía su mano helada rozándome la mejilla mojada por las lágrimas.

29

Doblaban las campanas cuando llegué a la hospedería de Roncesvalles. Era un día gris y frío de principios de octubre del año 1973. Egipto había sorprendido a Israel en la guerra del Yom Kippur el Día del Perdón. Desde Pamplona a Burguete parecía que el sol podría abrirse paso en el cielo, pero cuando el taxista detuvo el auto ante la puerta de la hospedería, una densa niebla vino a unirse al plomizo color del cielo y, aun siendo poco más del mediodía, daba la impresión de .que la noche estaba ya próxima. Bajé del auto y, al hacerlo, pude darme cuenta de que aquella humedad de las montañas del Pirineo, la lluvia impregnada en los bosques de hayas, y el viento racheado que traía agua en su frío contacto, se me habían fijado ya en los clavos de la cadera y la rodilla, y sentí dolor. Sin embargo, parado ante la escalinata del viejo hospital de peregrinos, mientras escuchaba cómo el taxi realizaba la maniobra en la explanada y emprendía el camino de regreso a Pamplona, aspiré complacido aquel olor a montaña y a aire puro y me sentí lejos de la realidad. Me abroché la gabardina, empuñé el bastón, cogí la maleta, y tras subir los escasos peldaños, tiré de un llamador en forma de serpiente enroscada sobre sí misma y esperé a que me abrieran.

—Ave María Purísima —dijo el fraile que, tras unos segundos, había abierto el pesado portón de madera.

Vestía un hábito gris oscuro, con capucha caída sobre la espalda. En la parte izquierda del pecho lucía una cruz de terciopelo verde en forma de espada y una medalla con la misma cruz, distintivos que, como supe después, correspondían a la antigua Orden Militar de Roncesvalles, la cual, según atestiguan las crónicas, mantuvo ejércitos en siglos pasados, defendiendo con la espada ante propios y extraños los no escasos bienes de la Orden y el privilegio de ser herederos del mito de Roldán, cuya espada figuraba en un tosco crucero de los caminos, esculpida en la roca junto a las huellas de los cascos de su caballo, cuando el infortunado Carlomagno y sus Doce Pares, influidos sin duda por hados maléficos, emprendieron la aventura de atravesar el legendario Roncesvalles, después de llegar al temible Alto de la Ibañeta, allí donde se postraban los peregrinos que iban a Santiago de Compostela, atenazados por el rigor del clima y de las alturas y sintiendo en sus gargantas la pesadilla de ser devorados por los lobos.

—Buenos días —dije, respondiendo al saludo del fraile—. Mi nombre es Tasio, soy el pintor que contrató el abad.

—Habíalo supuesto nada más verle, tenga la caridad de pasar a nuestra humildísima casa —dijo el fraile, franqueándome la entrada y cogiendo mi maleta, a pesar de mis protestas para que no lo hiciera.

Me recibió un helado zaguán de piedra berroqueña, sombrío y poblado por los ecos de nuestros pasos. Rozaban las sandalias del fraile las grandes baldosas de granito al caminar delante de mí, la pesada maleta le golpeaba en la pierna, lo cual me producía una desagradable impresión. Intenté ayudarle, puesto que mi maleta tenía dos asas, pero mi acompañante se negó rotundamente.

—De ninguna manera, señor pintor —dijo el religioso.

Era un hombre enjuto, de curtidas facciones y larga barba gris amarillenta. Me di cuenta de que acababa de comer, pues en las comisuras de su boca pude percibir algún rastro de sopa. Subimos un ancho tramo de cómodas escaleras y pronto estuve en una habitación espaciosa, de sobrio mobiliario y angosto ventanal, a través de cuyos viejos y emplomados cristales podía contemplar la gris majestad de las alturas, las moles de las montañas que se perdían entre las nubes y, más abajo, los bosques de hayas y, como hilo de plata, el serpenteante cauce de un arroyo que venía de las cumbres.

—Dentro de una hora vendrá el señor abad a buscarle y almorzarán juntos —me dijo el fraile—. Mientras tanto, puede descansar a su completo acomodo y, si precisara alguna cosa, toque el timbre que pende de la cabecera de su cama pues aquí, como ve el señor pintor, somos antiguos y modernos al mismo tiempo y según se mire. Me llamo fray Teófanes de la Misericordia para lo que guste mandar, bienvenido a Roncesvalles, señor artista.

Cerró tras sí la puerta el fraile, no sin antes dejarme una enorme llave encima de la tosca y amplia mesa de madera. Pronto comprobé que aquella habitación era bastante cómoda y confortable. Una chimenea estaba encendida en un ángulo y el llameante fuego que crepitaba había caldeado ya la estancia de alto techo de vigas de madera. Una puerta conducía a un pequeño cuarto de baño con todo lo necesario. Allí me miré al espejo del lavabo y, como acostumbraba, realicé algunos gestos histriónicos. Abrí la boca, me miré los dientes y el metálico empaste del último molar de la mandíbula inferior. Todavía conservaba el bronceado color de la piel, adquirido en las playas de Marbella el último septiembre, cuando fui a la Costa del Sol a clausurar una exposición itinerante de óleos angélicos. Porque, poco después de morir mi padre, decidí pintar ángeles. Una mañana, mientras leía el periódico en mi ático de la plaza de Oriente, percibí a mi alrededor la llegada de un ángel ambiguo, que no se delató de inmediato, sino que, durante varias semanas, permaneció en las sombras de mi cerebro, mostrando un instante su perfil femenino, otras veces sugiriéndome una mirada obsesiva, como de amante inmóvil. ¿Sería la Muerte? Me lo pregunté a mí mismo y no hallé respuesta. Incluso se lo dije a Elsa Lawrence aquella tarde de enero de 1971 cuando, después de haber hecho un fugaz viaje a Guadalajara el día de mi treinta cumpleaños, y habiendo comprobado que aquella ciudad ya no era otra cosa que nuestro sepulcro, oí en Madrid su voz a mi espalda.

—Estaba segura de que eras tú —dijo.

Fue en la Sala Rocamador, donde acababa de inaugurar mi segunda muestra de ángeles en vidrieras, yo estaba sentado frente a los cuadros mudos, observando las reacciones de los visitantes ante aquellas pinturas extrañas, en las que ángeles insinuados se perfilaban tras vidrieras catedralicias como surgiendo de las profundidades de la tierra para, sin solución de continuidad, alzarse hasta el cielo en góticos anhelos de perpetuarse. Me volví y era ella, Elsa Lawrence, mi tercer amor, envuelta en un mullido chaquetón de piel de zorro. Su rostro, antaño hermosa miniatura de alabastro, con sus hoyuelos junto a las tentadoras comisuras de los labios, se me apareció aquella tarde como máscara emponzoñada por el maquillaje. Y sus ojos eran otros, más pequeños, de diferente color al que yo había conservado en mi recuerdo.

—Qué alegría verte de nuevo —le mentí.

Porque ya no sentía dolor por su abandono, cuando encadenado a las escayolas en la clínica del ayer perdido, Chomin y Merche me dijeron que Elsa me traicionaba con una sombra.

—He leído el anuncio de tu exposición en el periódico esta mañana y he dicho este Tasio es Vicente. No podías ser otro —me dijo Elsa.

Después de caminar a tientas en la oscuridad de aquellos largos quince años que habían transcurrido, intentamos vernos a través del inmenso bosque que había crecido salvaje en nuestro jardín secreto. Y comprobamos que éramos distintos, incluso teníamos otras dimensiones, y la sombra que la besaba en el parque de la Concordia mientras yo me pudría en la clínica encadenado a las escayolas tenía un nombre que ella me dijo, pero que yo olvidé de inmediato. Me enseñó su fotografía y me dijo éste es mi marido y éstas son mis tres hijitas, Paula, Andrea y Verónica. Las tres rubias y sonrientes en su jardín de la casa de El Plantío donde Elsa vivía con su cónyuge, el señor director general de Hurricane Minister Hispania, alto ejecutivo de una multinacional. Mi marchante, André Michel, un francés afincado en España, quedó encantado al conocer a Elsa y ambos, cursis y afectados, se mintieron en una banal conversación sobre las «claves póstumas del impresionismo surrealista». Fumábamos en la trastienda de Rocamador y Elsa me decía te lo prometo, Tasio, a pesar de estar cambiadísimo te hubiera reconocido en medio de una multitud y ¿sabes por qué?

—No —dije sin entusiasmo.

—Por la expresión de tus ojos. Tienes una mirada increíble —dijo mi tercer amor imposible con voz afectada. Era el vacío, la distancia, el olvido. Conservaba aquellas pupilas azulgris, pero a través de ellas se veían otros paisajes. Me di cuenta de que hubiera querido recuperarme, ahora que estaba hastiada de aquel espejismo con el que me traicionó en el parque de la Concordia, tal y como me confesó en Horcher, a donde la había invitado a cenar, previa llamada telefónica de ella a su esposo innombrable, cuando le dijo *darling*, se trata de un compañero de la adolescencia, que es pintor famoso y me ha invitado a cenar, volveré tarde.

—Chao, besos a las niñas —dijo.

Yo estaba sentado en un discreto rincón del comedor, viendo a través de los ventanales las desnudas copas de los árboles del Retiro, mientras ella penetraba en los lavabos a perfeccionarse el maquillaje, suspirando malditos hombres y se ajustaba los pechos dentro del sujetador y se miraba de perfil diciéndose a sí misma me gusta Tasio quizá más que antes. Aunque pobre chico, quedarse cojo para toda la vida. Mirándolo bien me porté cochinamente con él y parece que le soy un poco bastante indiferente. Se pintó los labios con un *rouge* carmesí y salió esplendente, ciertamente un si es no es macabra, pero tentadora y adulterina, quizá simplemente neurotizada por aquella vida monótona que llevaba al lado del Hurricane Minister Hispania y su afición al absurdo juego del golf. Brindemos, dijo un poco ebria.

—Chin, chin. Por cierto, ¿te casaste?

—No —respondí.

—Hiciste bien. No puedes imaginar qué pelmada es el dichoso matrimonio canónico —dijo Elsa. Y añadió—: ¿Te acuerdas cuando me recitabas por el paseo de las Cruces los versos de Pablo Neruda?

Como pañuelos blancos de adiós viajan las nubes,
el viento las sacude con sus viajeras manos.
Innumerable corazón del viento
latiendo sobre nuestro silencio enamorado.

Todo se marchó y todo se deshizo en polvo y lluvia aquella mañana, cuando vinieron a buscarme y su reverencia el señor abad me recibió en su sobrio despacho hermano mío, cuán agradecidos le estamos por haber aceptado el socorrernos con su consumado arte de maestro. Se llamaba fray Luján del Santo Freire y me recibió de pie, con los brazos abiertos, congratulándose de que mi viaje desde Pamplona hubiera sido tan afortunado, pues poco después de mi llegada comenzó a llover torrencialmente y aquí, don

Tasio, cuando llueve o nieva hay que encender todas las luces a nuestros santos ángeles custodios, por cierto:

—Qué maravillosos ángeles pinta usted, joven —me dijo, invitándome a sentarme en un sofá de tosca madera y asiento de enea, acondicionado con morados cojines atados con cintas.

Sobre una mesa alguien había dispuesto una botella de dorado licor y dos esbeltas copas de cristal antiguo, donde se reflejaban los destellos de la luz de la lámpara que pendía del alto techo, obra de barroca artesanía en bronce, con brazos que semejaban sarmientos de vid y racimos y cereales espigas simbolizando la Eucaristía, mientras el abad, que era de mediana estatura y muy delgado, de rostro ascético y huesudas manos que se frotaba constantemente, me observaba a través de los círculos concéntricos de sus gafas y me dijo permítame que le obsequie con una copa de este licor que hacemos en el monasterio y cuyo nombre es Sancti Spiritus, alusión a la capilla del mismo nombre aledaña a este ala del edificio. Acepté con gusto aquel licor espiritoso que caldeó mi estómago vacío y solicité del abad que me permitiese fumar.

—Hágalo, más no he de ocultarle mi prevención al tabaco. Dicen de ese vicio que produce los mayores males a la salud. Más he aquí que otros males mucho más perniciosos afligen a la Humanidad. No sé si tendré por aquí algún cenicero —dijo el abad, trayéndome de una vitrina una concha de peregrino.

Le había conocido en Madrid, el último día de la exposición de ángeles en vidriera, hacía dos años, en enero de 1971, cuando Elsa Lawrence, después de nuestra cena en Horcher me dijo quisiera conocer tu estudio.

—Me ilusiona ver tu escondite de genio —me dijo, cogiéndome del brazo en la puerta del restaurante y alzando su rostro perfumado hacia mí.

Me miraba fijamente a los ojos y poco después me llevó en su automóvil deportivo Alfa Romeo hasta la plaza de Oriente. Era más de la una de la madrugada cuando cerré las puertas belepoc del ascensor y ascendimos lentamente a mi estudio, cálido, poblado de crespones y plantas de interior, tapizado de óleos y estatuillas, vestigios de mis viajes por el mundo, ávido buscador de imposibles y de objetos que simbolizaran lo permanente frente a la fugacidad. Encendí la chimenea artificial de gas y a la luz indecisa de aquellas constantes exclamaciones de Elsa, más allá de sus aspavientos de este cuadro me fascina, aquella miniatura me chifla, oh, qué bibelot tan increíble, descubrí que me repugnaba su presencia.

—Lo compré en Ceilán —le dije.

Se había quitado los zapatos y caminaba descalza por

el espacioso salón, cuyos ventanales daban a la plaza de Oriente iluminada y a la constelación de luces de los edificios, a la derecha de la mole del palacio oscuro y silente.

—Dirás que soy una ignorante —dijo llenando nuestros pequeños vasos de vodka—, pero en este momento no sé dónde está Ceilán, te lo prometo.

Decía constantemente «te lo prometo» y su rostro maquillado continuamente aparecía poblado de extrañas huellas, reminiscencias de presencias, tics histéricos y anhelos sensuales, como si se consumiera en un fuego devastador aproximándose a mí, las piernas dobladas bajo su cuerpo, una mano con el vaso de vodka ruso y el extremo de la afilada uña pintada de coral acariciándome el lóbulo de la oreja, ¿sabes que no me has besado todavía?

—Ceilán es una isla del Índico —le informé—, su capital es Colombo. Tienen un arte sugeridor de recónditos mundos. Ese bibelot que tanto te gusta perteneció a un cónsul británico llamado Steiner. Se lo cambié por un ángel áptero, muy inglés y muy excitante para él, pues era homosexual y mi ángel estaba completamente desnudo. Le dije que se llamaba Andros y que se ganaba la vida en los suburbios del paraíso perdido perviertiendo a los impúberes que llegaban del Limbo.

Me besaba apasionadamente en los labios como pidiéndome perdón por no haberme sido fiel cuando éramos adolescentes. Recuerdo el desagradable sabor a tabaco de su boca, la desesperación que había en su abrazo, el reloj dando las tres de la madrugada cuando salió de mi casa llevando el chaquetón de piel de zorro sobre los hombros y la expresión de decepción cuando, después de abrir la puerta de la calle, la acompañé al Alfa Romeo y le dije lo siento, Elsa. No había podido hacerle el amor porque no era ella, había perdido aquel alma de nácar que tenía en el Casino Nuevo de Guadalajara, cuando el mago Kalanag me adivinó que yo llevaba dentro de mí un dragón. Elsa era Virgo y su esencia terráquea y femenina, versátil como el viento, pero también alada como el presagio que tuve al pintar mis ángeles en vidriera, antesala de un postrer amor imposible y una postrera traición. Fue precisamente durante la muestra de mis óleos en Rocamador cuando, un día, mi marchante me dijo que un fraile quería verme. Era fray Luján ofreciéndome restaurar un tríptico de la Santísima Virgen encontrado en un oratorio gótico primitivo de Roncesvalles, en el ábside posterior de la iglesia que edificó el rey Sancho el Fuerte de Navarra. Caminaba a mi lado el abad después de almorzar juntos en su refectorio privado, mientras fray Teófanes de la Misericordia nos precedía llevando las llaves de la Colegiata. Era ya prácticamente de noche y aquella paz y aquel olvido de mí mismo que se habían producido dentro de mí al llegar a la hospedería, se manifestaban ahora en una vaga y paradójica satisfacción de hacer algo en favor de la Gran Madre Católica, institución que, durante tantos años en Guadalajara, había torturado mi espíritu con sus tediosas ceremonias, las atronadoras amenazas de los misioneros, la superficial vanidad de los cofrades y, sobre todo, aquella cobardía de don Anselmo, el amante de mamá Leontina que no había sido capaz de hacerla feliz, sino desdichada, abandonándola a la mustia quietud de nuestra casa. Pobre mamá de labios rojos y sensuales, sentimental y romántica. Cuando regresé después a mi ciudad sólo encontré una tumba en el Camposanto donde la Parca realiza cada madrugada su ronda por las murallas del olvido y cuenta sus víctimas y nos atormenta pronunciando nuestros nombres para que acudamos al Tribunal del Justo Juez, empujándonos con su mano esquelética, ¡adelante!, como ordenaban aquellas voces siniestras de los guardias civiles a los presos que subían por la calle Mayor arriba, encadenados hacia la cárcel de mi infancia, desvelándome en la madrugada. Apartaba con mi pequeña mano los visillos del balcón y veía a los presos que caminaban tétricos, oscuros, descalzos, como ganado yendo al matadero de la Cárcel Provincial, en cuyos muros jugábamos a la pelota. Todo flotaba en el aire como espejismo de un tiempo que ahora, mientras esperábamos a que el fraile de la Misericordia nos abriera, se me antojaba ajeno a mí. Y la paz y la lluvia caían mansamente del cielo cuando el abad me dijo éste es el tríptico de autor anónimo que el paso del tiempo ha destruido casi por completo pero que deseamos conservar por su vinculación a Nuestra Santísima Virgen de Roncesvalles, cuya imagen ve usted ahí en el altar mayor, bajo su baldaquino de plata ricamente labrada por mágicos orfebres.

—Queremos que usted realice su restauración y, después, consignándolo en contrato aparte si ése es su deseo, nos haga los bocetos de esas tres vidrieras ciegas del oratorio, que deseamos inspiradas en los ángeles que tuve la satisfacción de admirar en Madrid en su exposición —concluyó el abad, guardando silencio para no turbar con sus palabras mi contemplación de aquella capilla a la que denominaban oratorio, en cuyo altar un tosco Cristo románico me miraba con ingenua expresión.

—Haré lo que pueda para satisfacer sus deseos, señor abad —dije.

Paseábamos por la heladora nave de la Colegiata, mientras fray Luján hacía de cicerone, explicándome cómo la iglesia había sufrido vicisitudes sin cuento, no siendo la menor la derivada de su indudable posición estratégica en la frontera del Pirineo. Se refería a los combates que tuvieron lugar en 1813, entre el general Bying y el mariscal Soult.

—Pero Nuestra Señora, siempre protectora de este templo, lo salvó de los bombardeos y he aquí el milagro.

El abad se extasiaba en la contemplación de la bella imagen gótica de Nuestra Señora de Roncesvalles, que sostenía a su Hijo en brazos y dirigía su mirada dulce hacia la fría atmósfera de la nave. Después fray Luján me mostró la urna de jaspe donde se guardaban los restos del rey Sancho el Fuerte de Navarra, junto con los de su esposa doña Clemencia. Estábamos en el presbiterio contemplando aquellos bustos regios bien trabajados en la piedra, muy cerca de las cadenas que el rey ganó en la batalla de las Navas de Tolosa, cuando al fondo, saliendo del oratorio en dirección a las tinieblas de la Colegiata, vi moverse la sombra de una monja, lo cual fue advertido por el abad.

—La comunidad la componemos dos canónigos, todos sacerdotes, regidos por mí, que llevo sobre mis humildes hombros la carga de ser el abad —dijo fray Luján, siguiendo con la mirada a la monja que desapareció silente, como una sombra a lo lejos—. Sin embargo, viven en el monasterio y en la hospedería sacristanes, tenores y sochantres del coro, y una pequeña comunidad de monjas Presentacionistas de Jesús Cautivo, que con sus abnegados y caritativos oficios atienden al cuidado de la Colegiata y la Hospedería, amén de alguna criada seglar, sobre todo en las épocas del año en que pasan los peregrinos a Santiago de Compostela.

Me cautivó el elegante estilo gótico de la Colegiata y del claustro, aquella simplicidad y carencia de adornos, en armonía con el estado de ánimo que, desde hacía meses, me embargaba. De la iglesia pasamos a la sacristía, siempre seguidos del fraile de la Misericordia. Era una estancia espaciosa y también gélida, aunque de moderna traza. El abad me mostró candeleros de plata y cálices antiguos de extrañas formas, como vasos de iniciáticos rituales.

—Varias de estas magníficas obras de arte fueron vendidas por la Colegiata para contribuir a sufragar los cuantiosísimos gastos de nuestra guerra de la Independencia. Pues, como usted no ignora, siempre Nuestra Santa Madre Iglesia portóse como patriota, a pesar de que muchos malintencionados se obstinen siempre en negarlo. Observe este precioso relicario, en forma de cruz, de plata sobredorada —continuó el abad, deteniéndose ante una vitrina—. Contiene dos espinas de la corona de Nuestro Señor. Y aquel otro, en forma de tablero de ajedrez, que guarda una treintena de diversas reliquias de santos.

Vi después un cuadro de la Virgen de innegable mérito y fray Luján del Santo Freire me mostró el Evangelio de

Roncesvalles, sobre cuyas cubiertas de plata prestaban juramento los reyes de Navarra. A continuación pasamos a la biblioteca, recogida y sobria, donde me dijo el abad que podía retirarme a dibujar los bocetos de las vidrieras sobre la gran mesa de madera de caoba que ocupaba un lateral, y que sostenía en su centro un gran candelabro dorado de siete brazos.

—Magnífica biblioteca —murmuré contemplando las estanterías.

—Guardamos aquí un ejemplar único de la Filosofía de Confucio, escrito en chino —dijo el abad.

Había cesado de llover y era la hora del crepúsculo de la tarde, aunque en aquella altura, entre las nieblas, fuera ya la oscuridad más que un presagio. Cruzamos de nuevo la nave de la Colegiata y pude ver en la Capilla del Santísimo, tras la verja cerrada, a un grupo de monjas de blanco hábito, toca sin alas y negro pectoral. Estaban arrodilladas a la pálida luz de unas velas, frente a la Custodia Solar y Resplandeciente. Correspondían sus oraciones argentinas y delicadas, como un profano cántico de amor, a la hora de vísperas, y me detuve un instante para oírlas, mientras los dos frailes me observaban con sus ojillos relampagueantes, respetuosos con esa emoción pagana que sin duda emanaba de mi expresión absorta.

> *Arranca, Señor, mi alma de la perdición,*
> *mis pies de la caída.*
> *Dios mío, ven en mi ayuda,*
> *apresúrate a socorrerme.*

En la madrugada soñé sus cándidas voces jóvenes y, por primera vez en mucho tiempo, no turbaron mis sueños terrores de muerte.

30

El tríptico que había de restaurar se hallaba en un lamentable estado, no de conservación, sino de destrucción. Pintado sobre tres grandes tablas unidas por bisagras, había sido concebido para ser instalado sobre un altar y era de más que medianas proporciones, pues medía en total tres metros de largo por uno de altura. El lienzo de la izquierda representaba el mágico instante en que el ángel Gabriel, llegado de los cielos valiéndose de un misterioso ingenio mucho más complicado que sus alas (que no aparecía en la pintura), se personó ante la Santísima Virgen para advertirle que, en su seno, engendrarían los espíritus santos de las estrellas un ser superior con apariencia humana, hijo de rey, libertador de la humanidad y dador de la paz, aun a pesar de instaurar en los espíritus una torturadora guerra interior. La Virgen, en este primer acto de aquel inefable teatro de la desvaída pintura, adoptaba una actitud consciente y atenta, como si durante mucho tiempo, a pesar de ser tan joven, hubiera esperado con ansia ese trascendental instante. La tabla del lado derecho representaba a la misma Virgen anterior ya cambiada, con expresión de trágica madurez, como persona que habiendo sufrido grandes dolores, regresa a su lugar de origen traspasada por un amor inconmensurable, con la satisfacción de haber culminado su obra. Me recordó a los campesinos cuando vuelven de las agotadoras faenas del campo, en esa «sagrada hora del regreso» cantada por los poetas. La tabla central, por último, era una Piedad. Jesucristo yacía exánime en el regazo de su Madre al pie del Patíbulo de la Cruz, en el Gólgota. Plomizas nubes rasgadas por luces demenciales decoraban un horizonte de hogueras y de llamaradas, como atrio de un infierno. Alrededor de la Virgen y de su Hijo muerto veíanse difuminados rostros de personas adictas, unos reflejando el odio más intenso hacia los asesinos, otros con una clara expresión de triunfo porque aquella sangre, que salía mansa del costado de Cristo, les redimía al fin de su vil existencia anterior en el mundo de las tinieblas. Era, ciertamente, una pintura compleja, de la que irradiaba un misterio hondo e inquietante. Cuando la hube observado atentamente durante varias horas tardé en conciliar el sueño, tendido en el mullido lecho, hipnotizado por el móvil resplandor de las llamas de la chimenea, en cuyas luces y sombras creía ver el tríptico. Y sentía también cómo dentro de mí, muy lejos, comenzaba a materializarse un vagaroso sentimiento de culpa, la evidencia de mi miserable condición de hombre, mis resentimientos y mis maldades y, sobre todo, la seguridad de haber dilapidado mi existencia en una vertiginosa y crispante afirmación de mí mismo. Y decidí negarme un poco cada día cuando, tras el abundante desayuno en mi habitación, que me traía cada mañana fray Teófanes de la Misericordia en un carrito de los de hotel, salía a caminar durante media hora por los alrededores y escuchaba el canto de los pájaros y aspiraba el aire de las alturas, tan puro y tan punzante como una daga en mis pulmones. Me escocía la nariz al respirar y, embutido en un chaquetón de lana, con forro de piel, que había comprado en Valcarlos, advertido por fray Luján del frío que se avecinaba, bien calzado con botas, abrigaba mi garganta con mi bufanda tricolor. Puestos los guantes de piel, caminaba por el bosque de hayas escuchando el cantarino son del arroyo, los esporádicos rumores que surgían de la húmeda espesura, el sereno pasar del viento que cantaba en las copas de los árboles y, arriba, como prisionero, el cielo azul unas veces, la mayoría gris, por el que surcaban nieblas y nubes densas, frías, aladas. Y al caminar solo, al sentirme solo, experimentaba la sensación de haberme sumergido en un nuevo Jordán, limpiándome el espíritu de la contaminación de las grandes ciudades en las que la muchedumbre crea esa desértica desolación en el alma. Mi marchante André Michel me enviaba las cartas y por ellas supe que Carla, mi hermana, había tenido un tercer hijo, al que había bautizado con los nombres de Jaime Anastasio Hugo. Me escribió Chomin una carta desde Lequeitio y me enviaba un recorte de un periódico de Bilbao donde se hablaba de mí y de mi obra en relación con la última Bienal de São Paulo, donde había sido premiado un cuadro mío. Me hablaba también de Begoña, su mujer, que esperaba otro hijo después de haber tenido dos abortos. Y aquella noticia me recordó mi crimen en su casa, cuando les visité al regresar de Francia y Chomin y yo nos emborrachamos y no sé qué pasó por mí cuando vi a Begoña quitándole los zapatos a su marido de bruces sobre la cama de matrimonio y ella acababa de ducharse y tenía el pelo húmedo, ensortijado y la piel porosa, sin maquillajes, como corteza de pan candeal y la besé en el pasillo mordiéndole los labios, enfebrecido por una repentina pasión que nos inundó como cuando se desbordan las aguas y todo lo arrasan. Me dolió la conciencia cuando leí su carta, escrita con su cuidada letra inglesa y su firme *Indio Sioux*, para significarme tal vez que yo estaba equivocado, que aunque pareciera que ya no teníamos nada en común, todavía conservábamos aquellas imágenes nuestras de la adolescencia, cuando jugábamos a que él era el indio Jerónimo y yo *Buffalo Bill* y cabalgábamos sobre las cañas que arrancábamos en las riberas del Henares, aquel río de rojas terreras desde donde se arrojaban los suicidas. André Michel me preguntaba cuánto tiempo pensaba estar en Roncesvalles y le contesté que por lo menos tardaría cuatro meses en regresar, pues el trabajo era muy laborioso y lento. Le pedí que me enviase materiales de los que carecía y le rogaba que, por favor, apartase de mi atención todo lo que no fuera realmente urgente. Necesitaba estar libre de espectros, que no me enviara las continuas comunicaciones de Elsa Lawrence y que no se le ocurriera decirle dónde me encontraba. Elsa me recordaba no sólo su traición de adolescencia, sino su máscara hundida en el barro de la impostura, la degradación a la que le había conducido su ambición y su deseo hedonista. Tan sólo se justificaba ante mí por haber sido, como yo, una malquerida de su padre, víctima de la frívola Margarita la Asco, su madrastra. Un aire frío la alejó de mí después de nuestra cena en Horcher cuando, dispuesto a hacerle el amor que sería violenta venganza, me agoté escéptico y lisiado de concupiscencia sobre su cuerpo desnudo, que ya no tenía la magia de aquel tiempo en el que, ambos, creíamos en horóscopos.

—Ave María Purísima —decía cada mañana una monja renqueante, sexagenaria, penetrando sin llamar a media mañana en la biblioteca donde me había instalado para trabajar, llevándome en una bandeja una taza de humeante té.

Se llamaba sor Antonina, y era viuda. Después de la guerra civil para siempre, en la que murió su joven esposo, decidió ser monja Presentacionista de Jesús Cautivo y aseguraba haber encontrado la paz del espíritu y el camino de su salvación. Curiosa y jovial, sor Antonina permanecía conmigo unos minutos, hablándome detrás de mí, observando muy interesada mi trabajo sobre las tablas, que había situado en un complicado artilugio cerca de la ventana. Atizaba el fuego de la chimenea y parloteaba diciéndome que me cortase el pelo tan largo que llevaba.

—Hágame caso, señor pintor, tiene un pelo muy bonito con sus pocas canas y todo y sus ondas, pero precisamente por tenerlo ondulado perdóneme que le diga que parece una mujer —me decía—. Si quiere se lo corto yo misma y se lo dejo larguito pero no tanto, y la barba también se la puedo arreglar. Porque aquí en Roncesvalles no tenemos barbero y como yo fui peluquera de seglar, pues hago de barbero y de barbera. Le corto lo mismo el pelo a las monjitas que afeito al señor abad.

Noviembre pasó en seguida y ya la nieve era dueña de los contornos y aquella inmaculada blancura lo llenaba todo de una luz diáfana y silente, que persistía en las plácidas noches inmóviles y en aquellas otras durante las cuales caía mansa la nieve, en grandes copos y yo permanecía sentado en el ancho alféizar de la ventana de mi habitación, fumando, absorto en la contemplación de aquel mundo fascinante y cósmico, escuchando al amanecer, a través de los muros, el cántico de las monjas en la próxima Capilla del Santísimo de la Colegiata. Sus voces llegaban como de un lugar remoto, en una tonalidad pálida, que yo escuchaba en la oscuridad tan sólo iluminada por aquella luz azulada que penetraba por el recuadro del ventanal, cuyos postigos dejaba siempre abiertos para ver el cielo desde mi cama, las enormes estrellas, tan diferentes a las que se veían en la gran ciudad, la blancura de las nubes, el resplandor nítido de las noches de luna y el aullido de los lobos que bajaban de las inhóspitas cumbres al valle de Valcarlos.

Cristo,
alegría del mundo,
resplandor de la Gloria.
Bendita sea la mañana
que anuncia tu esplendor al Universo.
Ábreme los labios
y mi boca proclamará tu alabanza.

En la Hora de Laudes y, después de escuchar aquellos cánticos remotos, de nuevo el sueño me hundía en la nada y al mediodía, desde la biblioteca, escuchaba el Ángelus y al anochecer otra vez aquellas voces me acompañaban cuando caminaba antes de cenar por las proximidades de la hospedería, a veces acompañado por fray Teófanes o por el propio abad, que cada día se interesaba por el desarrollo de mis trabajos en el Tríptico. Almorzaba solo en el refectorio privado de fray Luján, pues la pequeña comunidad tenía otro horario de comidas. Solamente comía acompañado del abad los domingos, que era cuando llegaban a Roncesvalles personas de los contornos si la carretera estaba practicable. Y a veces se celebraban bodas en la Colegiata y en una ocasión penetré con mi gabán y mi bastón en la iglesia y, desde los últimos bancos, presencié la ceremonia. Era un frío día de diciembre y la coral cantaba el *Mesías* de Haendel. La Navidad estaba próxima y ya las monjas habían instalado un Belén en el zaguán de la hospedería y en mi corazón sentía melancolías nupciales cuando, de pie al fondo de las filas de bancos, oculto en la penumbra, mis ojos contemplaron con sensual insistencia el grácil talle de la novia. Reflexionaba tienes ya treinta y dos años y en tu corazón no anidan sino besos perdidos de Maricarmen, *la Loca de la buhardilla;* de Justa Chamorro, con la que uní mi sangre inútilmente; de Elsa Lawrence, abandonándome; de la corista Déborah; y de Zadara, la hija de un príncipe árabe que selló su despedida de la pensión Universitaria con aquel acto litúrgico de entregárseme a costa del rico don Saturio, el soriano que la tenía secuestrada hasta que muriese su anciana madre. Otros besos perdidos eran de Maricler y Estefaní y de Ursula la italiana y de otras tantas mujeres que surgieron en los umbrales de las ciudades que visité y en los caminos y en las sombras. Otros besos eran imaginarios soñados por mí, pura invención. No habían existido nunca y de su calor humano sólo quedaban vagos designios en mis ángeles de góticas vidrieras. Y me habitaba también un beso en forma de traicionero cuchillo, surgido como alacrán en la boca de Begoña Urtube, furtivo y fugaz, clavándose en la espalda confiada de mi amigo Chomin, el separatista vasco en el que se había convertido con el paso del tiempo. Al día siguiente de aquella boda haendeliana Roncesvalles se conmocionó y la pequeña comunidad tuvo miedo y rezaron las monjas reunidas apresuradamente en la Capilla del Santísimo, donde fray Luján dijo una misa urgente de Córpore Insepulto. Habían asesinado al presidente del Gobierno en Madrid. Carrero Blanco volaba por los aires mientras yo, vencido por la maternal insistencia de sor Antonina, consentía que ésta me recortase la melena y la barba, sentado en un sillón obispal de la biblioteca, cerca de la chimenea encendida, con mi gran toalla blanca alrededor del cuello y aquellas manos sarmentosas y frías de la monja rozándome estese quietecito y verá qué favorecido le deja esta humilde sierva de Nuestro Señor.

—Parecerá mucho más joven —decía sor Antonina—. Ya verá cómo todo el mundo le dice que está el doble de guapo.

Sonaban las tijeras hábilmente manejadas, hincaba la monja el peine en la maraña de mis rizos. Era como si Montmartre se viniera abajo y toda una bohemia se me desmoronase. Caían los ondulados cabellos al suelo de la biblioteca, como símbolo del mundo periclitado que era yo mismo. Y, al mismo tiempo, el presidente Carrero sufría en Madrid el súbito desencanto de saberse asesinado irremediablemente, como lo habían sido antes que él el general Prim, Cánovas del Castillo, Canalejas y Dato, todos jefes de Gobierno de una nación proclive a la irracionalidad y a la sangre, heroica como mi padre fallecido en barricadas de intransigencia y rencor, ciega como aquel *Lucifer* que me derribó arrojándome al barranco del Alamín. Dos días después llegaron algunos periódicos a la abadía y fray Luján, en la sala de estar donde teníamos la televisión, leyó en alta voz la tranquilizadora noticia de que el orden era completo en todo el país. Según el Gobierno, sería mantenido con la máxima firmeza: la organización terrorista ETA se había atribuido el crimen y, no sé por qué, pensé en Chomin y en su mirada verde oscura, tan distinta a aquella candorosa que tenía cuando entró en el aula del instituto aquella mañana de 1952, después de que su madre consiguiera que figurase en el libro de escolaridad con el apellido Erralde de su padre fusilado. Aquellos acontecimientos me deprimieron bastante y me enfrasqué en la lectura de una novela de Faulkner que se titulaba *Soldier's pay* y aunque su inglés era difícil y el estilo intrincado, una vez más encontré el máximo consuelo a mi vacío interior enfrascándome en la hermosa literatura y en sus vastos confines, único lugar donde el hombre puede ser libre. El pintor Canogar exponía en Bonn; Faye Dunaway y Charlton Heston interpretaban *Los tres mosqueteros* en las pantallas del Cinerama Proyecciones de Madrid aquella mañana cuando, rompiendo el blando silencio de la nevada que caía del cielo blanco y próximo, escuché unos tímidos golpes en la puerta de la biblioteca.

—Pase —dije sin volverme, enfrascado en la delicada adición de amarillos cobardes a la lívida expresión del rostro exánime de Jesucristo, vagamente extrañado de que sor Antonina, con la que me unía ya una buena amistad y hacía conmigo oficios de madre, tuviera el «atrevimiento» de llamar a la puerta antes de entrar.

—Ave María Purísima —escuché a mis espaldas.

Era una voz cadenciosa y tímida, en la que luego percibí ese delicado temblor del éxtasis. Salía de una garganta encerrada en el hábito de Jesús Cautivo. Ahora que ya he muerto y todo lo sé desde esta omnisciente nada en la que habito, puedo asegurar que la había escuchado ya antes, cuando el primer día de mi llegada a Roncesvalles, me detuve en la nave de la Colegiata acompañado de fray Luján y fray Teófanes, embrujado por la contemplación de aquellas monjas arrodilladas que entonaban su Hora de Vísperas. Y ahora volvía aquella voz, segregada de las otras, y yo la percibía, como el sensitivo melómano es capaz de distinguir de entre los violines aquel que entona su cántico particular, su mensaje privado. Al igual que sus ojos negros, tan distintos a todos los que yo había visto antes, que me miraron un instante como avergonzándose de hacerlo. Me traía el té en una bandeja y me di cuenta de que estaba desconcertada, sin saber dónde colocarla.

—Póngala sobre la mesa —le dije, indicándole la que sostenía el gran candelabro de siete brazos, cubierta con un plástico y papeles de periódico, donde yo tenía las pinturas y los pinceles, el aguarrás, los aceites, y una multitud de sustancias que eran necesarias para recuperar aquel Tríptico misterioso que, poco a poco, iba saliendo a la luz mientras yo me hundía más y más en él como el viajero que se adentra en una enmarañada selva y a sus espaldas se va cerrando la devoradora vegetación.

Era morena y la suave piel de sus mejillas, cuyo tacto adiviné por el brillo polícromo de la ambigua palidez que alteraban los reflejos de la luz de la lámpara y el resplandor llameante de la chimenea, se me antojaba transparente, enmarcando aquella boca de labios finos y bien dibujados, tiernos y rojos, húmedos. Iba a marcharse cuando me levanté del taburete y limpiándome las manos con el extremo de mi manchado guardapolvo de pintor, me acerqué a ella para preguntarle por sor Antonina.

—Marchó unos días a nuestra Casa Provincial de Pamplona —me dijo con su voz melodiosa, transida de un remoto temblor.

Hizo una tímida y apresurada inclinación y salió de la biblioteca cual pájaro liberado de su jaula que, ávido de escapar del intuido riesgo, vuela ajeno al vacío que deja en su prisión. Pues así me dejó a mí aquella aparición grácil y menuda, de cortos pasos como de *gheisa* del Japón inextricable. Perduró en mis pupilas todavía unos instantes su talle de ánfora y, sintiendo un súbito calor, me desabroché el abultado lazo negro que ajustaba el cuello de mi blusón. Bebía a sorbos lentos el té, escuchando el crepitar de los leños que ardían en la chimenea y me miraba ya la Santísima Virgen del Tríptico con ojos que habían recuperado la visión tras la ceguera del tiempo, pero todavía no ardían nítidas las llamaradas de las catástrofes del fondo de la tabla central. Danzaba en la vacía atmósfera aquella aparición que ceñía su hábito blanco y el negro pectoral con un delantal gris claro, dándole un encantador aire de mujer útil y laboriosa, no de sierva de un dios contemplativo y estéril, sino de otro más humano que conociera la sed y el hambre, el esfuerzo de sobrevivir en este caos del mundo. Y durante todo el día estuve inquieto, ávido de su fugaz presencia. Pero no apareció en el refectorio ni en el claustro, y tampoco la encontré por los anchos corredores fríos, poblados de ecos. Ni en el aire de las montañas estaba, ni en aquellas voces blancas de las monjas que otra vez rezaban su Hora de Vísperas en la Capilla del Santísimo de la Real Colegiata a donde, al atardecer, acudí envuelto en mi capa, apoyándome en el bastón y con mi sombrero de caídas alas puesto, sabiéndome perdonado por los canónigos que a veces me veían de esa guisa en la iglesia. Los sochantres del coro, después de los ensayos, me saludaron y el organista, un viejo pintoresco con aire jacobino, me hizo una reverencia de paje cuando me tropecé con él. El frío era tan intenso que Dios nos perdonaba a todos. Además, yo era un ser especial que poseía la magia de regresarle a la Virgen su mirada de niña y, si me lo proponía, podía resucitar a Cristo en el regazo de su madre, tal y como le dije una mañana a fray Teófanes de la Misericordia, que había entrado a husmear más de la cuenta en la biblioteca. Quise espantarle diciéndole algo que a él, sin embargo, no le pareció blasfemia, sino sorprendente prodigio en el que jamás pensó.

—Es cierto —me dijo—, usted si quiere puede resucitar a Nuestro Señor Jesucristo con sus pinceles.

Pero no la reconocí entre las monjas que oraban en la Capilla del Santísimo. Todos los cuerpos parecían idénticos, la inclinación de las cabezas orantes la misma. La superiora, a la que llamaban madre Severiana, dirigía el rezo desde un atril y mi mirada ávida buscaba el talle de ánfora que fuera diferente, y todos me parecían idénticos, mientras sus voces repetían el salmo «Dios está en todas partes y todo lo ve»:

> *Tú, Señor, me abrazas,*
> *me cubres con tu palma.*
> *¿Adónde iré lejos de tu aliento,*
> *a dónde escaparé de tu mirada?*
> *Si escalo el cielo allí estás tú,*
> *si desciendo al abismo allí te encuentro.*

Terminado el rezo fueron saliendo todas con su libro de oraciones junto al pecho, la cabeza inclinada, el paso de novicias. El roce de las telas de los hábitos, alguna tos que no le pertenecía. Una de las monjas apagó las velas y vi que no era ella. La noche se me echó encima como ladrón al acecho y no pude dormir hasta muy tarde. Y al día siguiente esperé en la biblioteca a que el pesado péndulo del reloj de pie diera las once campanadas de la mañana, la hora en que sor Antonina llegaba siempre con su bandeja de plata. Apenas pude centrarme en mi trabajo aquel día y una duda atroz me tenía suspenso. ¿Habría yo soñado aquel rostro, sería imaginaria aquella presencia? Recordaba algunos momentos en mi vida, cuando del vacío mundo en torno surgieron intangibles seres y vi ángeles dibujados en vidrieras y a mi padre muerto le veía muchas veces metido en su ataúd y el féretro cubierto con la bandera de España el día de su entierro, unas horas después de maldecirme y echarme y echarme de su lado como peste y a mamá también la veía en sueños, como cuando era un niño y venía a darme el beso antes de dormirme. También se me apareció mi abuela Mercedes muchas veces y otros rostros sin identidad iban en mi mirada. Entonces, ¿por qué no podría ser ella una figuración, un espejismo? Sonó el reloj de la biblioteca y mis ojos se clavaron en aquel péndulo que con su lento vaivén podía animar las fuerzas ocultas de mi destino y escucharía el tímido golpear de su mano en la puerta y oí que llamaba y al decirle pase estaba seguro de que no sería una sombra, sino una realidad y su voz cadenciosa saludándome como saludaba el ángel de mi Tríptico a Nuestra Señora. Era ella idéntica a sí misma, repetida otra vez en la gestación del Mundo, de nuevo caminando alada sobre el alfombrado suelo de la biblioteca.

—Ave María Purísima —había dicho al entrar.

Pero ya se iba, ni siquiera alimentaría el fuego de la chimenea como hacía sor Antonina. Era una afirmación corporal de la fugacidad de las cosas. Caminaba ya hacia la puerta como ave que escapa, cuando le dije hermana, por favor, no se vaya. Se detuvo muy cerca de la puerta, sin volverse, como si en silencio rezase, Señor ven en mi ayuda, apresúrate a socorrerme.

—¿Cómo se llama usted? —le pregunté acercándome.

—Sor Ángela —me respondió en seguida, todavía de espaldas a mí.

¿Qué podía decirle? El corazón me latía con el mismo frenesí que antaño, cuando vivía fascinado por mis imposibles amores. Daría un paso más y, pues estaba detenida como estatua de sal, la cogería por los mórbidos hombros y haría que me mirara a los ojos. Y sus pupilas negras, trágicas, profundas como un pozo, me arrastrarían a su cálida oscuridad íntima, a ese regazo de virgen que yo pintaba en el Tríptico, donde reposaba un hombre que podía ser yo mismo en su regazo y aquel rostro de la pintura era el de ella y se lo dije como último recurso, para que no se fuera.

—Estoy pintando a una Virgen que se parece a usted.

Se volvió despacio y, tras una breve vacilación, avanzó en silencio hacia el Tríptico. Eran sus ojos negros como la noche sin luna y sin estrellas. Bocas de lobo y aullidos que eran una plegaria. Colocándome junto a ella le dije en un agitado susurro que no había podido dormir la noche anterior pensando en su rostro y en su mirada.

—Te he buscado por todas partes sin hallarte —murmuré.

Por los corredores vacíos, por el claustro y en la iglesia. Que no me dijera nada, que guardara silencio y en silencio se fuera. Recordé el *Cantar de los cantares* de Salomón y le susurré al oído ábreme la puerta, hermana mía, paloma mía, inmaculada mía, que está mi cabeza cubierta de rocío y mis cabellos de la escarcha de la noche. No pude evitarlo. Impulsado por un deseo invencible la tomé por los hombros y, abrazándola suavemente, como si pudiera romperse con mi grosero contacto, la besé en los labios.

31

En la inmensa profundidad helada donde yace el lejano ayer, escucho la argentina voz de mi madre. Está leyendo el *Canto a Teresa*, sus dolientes estrofas llenas de melancolía. ¿Por qué volvéis a la memoria mía, tristes recuerdos del placer perdido? Mi madre leía un libro de versos mientras yo estaba a punto de nacer y mi abuela Mercedes hojeaba las páginas de su misal romano buscando el santo del día. Estampas de comuniones, recordatorios de muertes. Papá don Hugo vino del Cuartel de Globos y la comadrona le dijo, enhorabuena, señor coronel, ha sido un niño, mírele qué pelo más negro y más rizado tiene. Yo lloraba amargamente cuando papá me cogió en sus brazos meciéndome, este hijo mío será emperador como yo. Ahora, sin embargo, todo es tan distinto.

Sor Ángela, mi último amor imposible, se deshizo de mi abrazo y salió huyendo de la biblioteca, tapándose la boca con la mano, como si llevara fuego en ella. No pude seguirla porque estaba clavado en el suelo de la biblioteca y durante una interminable semana no volví a verla y fray Teófanes de la Misericordia, al que pregunté por ella, me dijo, es que las monjas se turnan, señor pintor. ¿Entonces? Cada día, en efecto, me traía la bandeja de plata con el té una religiosa diferente desde la marcha de sor Antonina. Y la Espantosa Parca, cada noche, llega a nuestro camposanto y golpea las lápidas con el mástil de su cruel guadaña. Cuenta los cuerpos, investiga estados de ánimo, somete a sus víctimas a inútiles suplicios pues, si hay que asistir algún día a nuestro Juicio Final, iremos dignos y altivos, arrastrando con orgullo nuestras cenizas. Que me callara, gritan otros difuntos, no provoque usted iras contraproducentes a los desterrados hijos de Eva que aquí suspiramos gimiendo y llorando en este valle de lágrimas. Rezaban las monjas en su oratorio cuando la Horrible Muerte pronunció mi nombre completo:

—¡Vicente Anastasio Garrido de Tinajas y Sandoval!

—¡Soy yo! —respondí inmóvil, la mirada ciega en la grávida rigidez del sepulcro.

Escuché rumor de artilugios, corrían la lápida, abrieron mi tumba y me dijeron, vamos, muévase, que es para hoy. Yo, realmente, no tenía ninguna prisa. Recogí mis cosas, me limpié el polvo que me cubría casi por completo y me despedí de mamá Leontina, que estaba después del cuerpo de mi padre al que ni siquiera le dije adiós. Vuelve pronto, murmuró mamá, sin ti este lugar es insoportable, al menos podremos tú y yo jugar a los naipes o tocaré para ti *Para Elisa*, que tanto te gustaba de niño.

—Despídeme de la abuela —le dije—, no quiero despertarla del sueño profundo en el que reposa.

—No te preocupes —dijo mi madre—, sabes de sobra cuánto te quiso.

Veo la flaca figura de la Parca Maldita y su manto de nieve. Lleva la guadaña cruel apoyada en el hombro y en la mano izquierda sostiene un farol encendido. Caminamos el uno detrás del otro, en silencio. A última hora he cogido mis propias cenizas en una arqueta que me dio mamá al partir. Toma, me dijo, esta arqueta fue un joyero que perteneció a tu tía Hermiona que en gloria esté.

—Para llevar tus cenizas es muy apropiada, así no se te perderán dispersándose en el viento.

Las monjitas se turnaban para traerme el refrigerio del mediodía solar. Una era pálida, otra tenía un cierto estrabismo en la mirada. Gráciles novicias de talles idénticos, se confundían en mi sueño, pero ella estaba siempre perdida entre los muros de la hospedería, sumergida en sótanos, tal vez habitaba en los altares de un templo diferente al mío.

—¿Es que tiene usted interés en alguna monja en particular? —me preguntó fray Teófanes.

Me pareció observar en su mirada una maliciosa insinuación y encendí otro cigarrillo que calmara mis nervios.

—Si pudiera ser me gustaría volver a ver a sor Ángela. Vino una mañana y me tomé la libertad de copiar sus ojos para la Santísima Virgen —dije en el tono más fervoroso que pude fingir.

Fray Teófanes de la Misericordia miró con curiosidad a la figura central del Tríptico. Nuestra Señora estaba sentada en su trono y sostenía en su regazo el cuerpo exánime de su Hijo Bienamado. A propósito le había velado otra vez la mirada y sus pupilas eran ambiguas y sin luz.

—Comprendo —dijo el monje—, yo me ocuparé de que la madre Severiana la deje venir a posar para usted. Es una novicia muy dócil y servicial.

Sus pasos se aproximaban a la puerta de la biblioteca y salí al corredor a recibirla. Se detuvo desconcertada, me miraba fijamente como si yo fuera un precipicio y ella estuviera allí, al borde, luchando con la tentación de arrojarse al vacío.

—Ven, no tengas miedo —le dije en un susurro.

Me sentía demoníaco y perverso, pero estaba seguro de amarla y de que ella también me amaba. Atravesamos tortuosos senderos pero nuestras manos no se encontraban en la noche. Escuchaba su voz cadenciosa a través de los muros de la iglesia, cuando insomne dibujaba en el aire sus facciones y, enloquecido por un infernal deseo, imaginaba que estaba entre mis brazos y lentamente le quitaba la toca, déjame ver tu pelo.

—No, eso no —susurraba tímida.

Oh, dueño mío,
tuyo es el día y la noche es tuya,
no entregues a los buitres la vida de tu tórtola...

—Te quiero —le dije.

—Me han dicho que desea usted pintarme —dijo apenas sin voz.

—No es precisamente eso. Necesitaba verte —le dije.

La había soñado en las tinieblas. Y, refugiada en mi abrazo, había liberado su cabeza delicada de aquella toca cruel que la oprimía. Lentamente las horquillas fueron cayendo al vacío de la noche helada de las montañas. Y la besé apasionadamente como el perdido viajero en el desierto bebe con ansia el agua del oasis.

Señor, ven en mi ayuda,
Cristo, apresúrate a socorrerme.

Me dijo que crueles remordimientos la torturaban desde el primer día que me vio en la Colegiata.

—¿Cuándo? —le pregunté.

—El día que usted llegó a Roncesvalles —dijo—, yo era la monja que leía la *Liturgia de las Horas* desde el atril, le vi con fray Teófanes y el señor abad.

Sopla el viento y aúlla en las encrucijadas del estrecho sendero que conduce a la remota eternidad. Una puerta se abre y no hay luz, sino miserables penumbras, claroscuros y fugaces resplandores de teas encendidas, velas, fuegos fatuos.

—Vamos —dice la Parca—, entra ahí.

Poco a poco me fui acostumbrando a aquella semioscuridad y a aquel olor insoportable a miseria, a vejez y a asilo. Vi una multitud abigarrada y doliente de seres humanos y comprobé que eran las mismas personas que mamá tenía encima de la cabecera de su dormitorio en Guadalajara, dibujadas en aquel cuadro que representaba el Purgatorio. Eran seres heterogéneos, andrajosos, dispares, que se hacinaban empujándose unos a otros, disputándose el más pequeño espacio libre en aquel lugar que, sin embargo, parecía no tener límites.

—¿Qué es esto? —le pregunté a un anciano que estaba sentado en el suelo, apoyándose en un muro en ruinas.

—Ésta es la mentira de la vida, una cárcel —me respondió—. Por cierto, ¿trae usted algún periódico? Hace muchos días que estamos completamente *in albis* de noticias de actualidad. ¿Hubo al fin en Portugal esa tan cacareada Revolución de los Claveles que se rumoreaba por aquí como inminente?

—Sí —le dije.

—¿Es usted español como yo? —volvió a preguntarme el anciano.

—Sí señor —respondí.

—Entonces hábleme del generalísimo de los ejércitos de Tierra, Mar y Aire. ¿Vive todavía?

—No, murió ya —dije.

—¿Cuándo? —inquirió el viejo, masticando su propia saliva, escrutándome con sus ojillos de rata.

—No lo sé exactamente —respondí.

Y era verdad, el tiempo pasado se distorsionaba en mi cerebro y era como si llevara ya en Roncesvalles años interminables. Aquella cerrada orografía del Pirineo, la nieve perpetua deslumbrándome, aquellos cánticos y aquella paz, me habían situado en una nueva dimensión sin identidad.

—¿Por qué no viniste todos estos días? —le pregunté a sor Ángela con ansiedad—. Te esperé angustiado cada ma-

ñana y, por un momento, sentí el horror de no volver a verte más.

—No he venido porque es pecado mortal —dijo ella.

—¿Pecado amarnos?

—Yo no le amo a usted —dijo mirándome fijamente a los
ojos, como si obedeciera su voz a una consigna.

—¡No puede ser, mientes! —exclamé cogiéndola por los
brazos y atrayéndola hacia mí—. ¡Repítemelo!

—Yo no le quiero —volvió a decir apenas sin voz.

Pero era mentira. Pronto mis sueños se hicieron realidad
y, a riesgo de ser descubierto, echado el grueso cerrojo de la
biblioteca, materialicé mis obsesiones nocturnas y le quité
la toca monjil con nerviosa crispación.

—No me haga usted eso, por favor.

Y su voz se quebraba en un sollozo y quería escapar como
paloma herida por el cazador y no podía desligarse de mi
abrazo.

> Oh, dueño mío,
> en el lecho me acuerdo de ti,
> tú eres mi refugio,
> tú mi fortaleza...

Supe que su signo era Tauro, que llevaba dentro de ella
una serpiente y que le gustaba leer libros de Artes Ocultas.
Pronto sus ojos los supe de memoria y así se los pinté a la
Virgen de Roncesvalles. Se maravilló el abad una mañana
cuando penetró en la biblioteca para observar los progresos
de mi trabajo y, mirándome con sereno respeto, me dijo:

—Estoy persuadido de que usted es un verdadero artista.
Hay algo en todo lo que hace que trasciende, como si en su
inspiración hubiera algo místico.

—Gracias —le dije avergonzado de mi doblez.

Porque ya estaba traicionándoles a todos. Le había escrito a mi marchante André Michel una carta en la que le
decía que el día 13 de septiembre viniera a buscarme con
su automóvil. Llevaba en Roncesvalles casi un año y todavía
no me había decidido a resucitar al Cristo Exánime que sor
Ángela tenía en el regazo, transfigurada en el Tríptico como
Virgen Dolorosa. Había transcurrido todo un invierno y al
fin la primavera trajo el deshielo y los torrentes cantaban
por todas partes y miles de mariposas volaban sobre las flores silvestres. Y en la soledad de las noches, llegaba a mi
alcoba Ángela cual espectro o aparición febril y, del mismo
modo que mamá Leontina amó a don Anselmo yo, esclavo de
mi destino, amaba a una monja y, al hacerlo, era como si
ella me transmitiera la muerte, pues sólo quería hundirme
en la tiniebla del secreto y del incógnito y le decía huye conmigo, abandona este lugar.

—Pero, ¿cómo? —me preguntaba angustiada, sentada en

el lecho, con la mirada fija en sus hábitos de monja, que caían sobre el respaldo de una silla, acusándola.

—Confía en mí —le dije.

A mediados de julio de 1974 terminé el Tríptico y comencé a realizar los bocetos de las vidrieras del oratorio. Sor Antonina había regresado hacía mucho tiempo de Pamplona y estaba gravemente enferma. Unos días antes de morir dijo que quería verme. Una especie de sacristán que olía a coliflor cocida, medio jorobado y neurótico, alteradas sus mejillas por continuos tics nerviosos, me condujo a la clausura de las monjas y me hizo pasar a la habitación donde sor Antonina, aquejada de una extraña consunción física, me recibió apenas ya sin fuerzas.

—Pase —me dijo el sacristán.

Era una celda diminuta, pintada de cal. Iluminada por una pequeña ventana. La luz estival caía sobre el cuerpo consumido que se adivinaba bajo una sábana de tosca estameña. Otra monja también anciana, que atendía los últimos momentos de la moribunda, salió en silencio y me senté en un pequeño taburete de enea.

—Hijo... —murmuró sor Antonina con apagada voz.

—La escucho, sor, pero no le conviene esforzarse —dije yo, sinceramente conmovido.

Sin toca y sin hábitos, vestida ya con el sencillo camisón que le serviría de mortaja, la vieja religiosa me miraba con los ojos de fiebre de su próxima agonía y, titubeando como si caminara a ciegas, me cogió una mano. No sé por qué me recordaba a mi abuela Mercedes muerta, y mamá me dijo, hijo mío, no hay que tener miedo de la Muerte, entra y bésale las plantas de los pies. Era una costumbre de su familia y, al hacerlo, me crujieron todas las vértebras y el pelo se me erizó al sentir en mis labios aquel frío de mármol.

—Quiero que sepas que sé lo que sucede entre sor Ángela y tú —dijo la hermana Antonina, apretándome la mano intermitentemente, recalcando cada una de las palabras que había pronunciado—. ¿Vas a llevártela contigo?

Su pregunta me dejaba todavía más atónito, pero era tal la serenidad que había en su mirada, que confié en ella y le dije que sí. Sor Antonina asintió con un gesto que era una despedida y poco después doblaban lentamente las campanas y la comunidad entera de religiosos se reunió en la Capilla del Santísimo y el eco de su cántico me mantenía allí, perdido en la nave de la iglesia, como un proscrito:

Señor,
líbrame de las puertas del abismo.
Día y noche me estás acabando,
sollozo hasta que sólo queda en el cielo
la estrella de la mañana...

Y al fin la puerta aquella del Inmenso Vacío se abrió y la Odiosa Parca me dijo:

—Entra, ha llegado tu hora.

Pasé con la arqueta de mis propias cenizas y todo mi ayer perdido en la nada. Era una habitación de regulares proporciones, semejante por su tamaño y altura a la Capilla Sixtina del Vaticano. Incluso un mediocre pintor había pintado en la pared del fondo un Juicio Final chillón y sin arte, con un Jesucristo diferente al que yo había conocido esperándome a veces en las encrucijadas más inesperadas de los caminos, como cuando éramos adolescentes y bajábamos al río Henares y nos sorprendía la tormenta y la lluvia y corríamos a refugiarnos bajo el puente y allí me esperaba Chomin, haciendo una trenza con varios juncos y en su mirada yo quería siempre averiguar si nuestra amistad sería eterna, si ocupaba yo en su corazón un lugar más privilegiado que *Caratanque, Cabezabuque* o el mismo *Caraluna*. La estancia era húmeda y fría y había un trono y en las otras paredes vi pinturas murales representando diversos momentos de mi vida. Allí estaba mamá Leontina llorando a los pies del párroco de Santiago Apóstol, implorándole no me abandones y Carla tocaba el piano en el Casino Nuevo y Maricarmen, *la Loca de la buhardilla*, estaba acostada conmigo en la cama, diciéndome vamos a desnudarnos completamente y a besarnos como en las películas. Y allí estaba también pintado el caballo *Lucifer*, corriendo desbocado hacia el barranco del Alamín, arrastrándome ciego, enganchado en el estribo y yo sintiendo cómo se me rompían los huesos contra las piedras y papá me golpeó brutalmente con el bastón cuando me detuvieron por subversivo en la Facultad de Medicina. Y yo le odiaba.

32

—Culpable —dijo aquel individuo que estaba sentado en una silla desvencijada, sobre unos escalones que tal vez en épocas anteriores habían sido un trono.

Vestía una clámide rota y llena de manchas, sostenía en su mano derecha un cetro parecido a las mazas que llevaban los maceros del Ayuntamiento en las procesiones y bajo la túnica le asomaban unos pies embutidos en gruesos calcetines de lana, uno de ellos agujereado precisamente por donde le salía parte del dedo pulgar del pie derecho. Su voz era áspera, con una entonación que me recordaba quizá la voz de algún profesor del Instituto, cuando estudiábamos el bachillerato. Recuerdo que el profesor de filosofía, que era un poco imbécil, nos decía siempre lo mismo a los que llegábamos nuevos a su clase:

—Explíqueme cómo es posible que Dios, siendo omnipotente, construya una esfera tan enorme y tan pesada que Él mismo no la pueda mover. Porque si la construye y no puede etcétera, etcétera, resulta que no es omnipotente, y si no puede construirla, pues, bla, bla, bla.

Cuántas cosas que no servían para nada tuvimos que aprender. Y, sin embargo, a pesar de haber pasado el tiempo continuaba el amor siendo imposible y siempre en el corazón se nos clava como un dardo y nos ciega los ojos y no podemos cometer ningún error.

—Escúchame con atención —le dije a Ángela.

Yo había planeado meticulosamente su secuestro para sacarla de Roncesvalles, pues varias veces le rogó al obispo de Pamplona que la dispensara de los votos, que no tenía vocación. Pero él siempre la disuadía hermanita, cálmese, tómese unos meses más,

—Ya verá cómo la vocación le llega y será completamente feliz como esposa de Cristo —le decía, cuando la pobre infeliz acudía acompañada de la madre Severiana.

—Es lo que yo le digo constantemente —informaba la superiora.

Y sor Ángela se torturaba el alma cada noche repitiéndose que no me amaba, que era sacrílega, que no me amaba. El voto de castidad la obligaba a renunciar al matrimonio, a evitar todo acto externo o interno prohibido por el sexto mandamiento. Y quería borrarme de su vida leyendo incansablemente aquel *Catecismo de los Votos* donde alguien había dejado escrito que todo pensamiento malo es culpable y prepara la caída. Evitemos, incluso, los peligros remotos, por ejemplo: Si obligada estás a cuidar de un enfermo, no te detengas en prolongados tactos que entrañan placeres prohibidos. Y respecto a los ojos ¿qué podré decirte?

—Tus ojos me fascinan, me dan la vida, son como miel para mi espíritu —le decía yo a Ángela, acariciándole con la yema de los dedos las cejas perfectamente dibujadas y espesas.

Y, sin embargo, por los ojos entran en consideración las inmodestias, la curiosidad malsana. ¿Y qué decir de las lecturas peligrosas que enardecen la imaginación? Por los oídos penetraba aquel viento infernal de la Muerte y llegaban hasta mí los rumores de los condenados al Purgatorio que estaban pintados en el cuadro que mamá Leontina tenía colgado a la cabecera de su lecho. Y aquel sujeto que estaba sentado en el trono, que era una silla cojitranca, repitió, culpable, acérquese. Y la lengua, hermanas mías, hay que tenerla bien encerrada en la boca y cuando nos besábamos al principio Ángela no sabía qué hacer con ella y más tarde aprendió y de rodillas en el oratorio se golpeaba el pecho soy culpable de concupiscencia y sacrílega y réproba, arderé en el Infierno. ¡Oh, cómo el tacto de la carne nos condena! Hija amantísima: No persigas demasiado tu gusto, incluso, al sentarte, huye de adoptar una postura muelle o sensual. No tengas familiaridades con el prójimo, evita con firmeza las tentaciones de la carne y, si es preciso, flagélate implacable. Oía en sueños los lamentos de Ángela torturándose su piel de terciopelo, que luego yo besaba sobre la huella del cilicio.

—¿Estás dispuesta a venirte conmigo a Madrid? —le pregunté.

—Sí —respondió al fin.

Desde entonces dejamos de vernos con asiduidad. Nos comunicábamos a través de miradas significativas y con mensajes escritos que ella dejaba bajo mi almohada. Y nos dolía la ausencia. Un día bajé a Pamplona y le compré ropas de mujer y, al regreso, le dije al taxista que detuviera el auto en la explanada próxima a la ermita de San Ferreol, que estaba a unos dos kilómetros de la abadía de Roncesvalles. Cogí el envoltorio con las ropas y me interné en el bosque, hasta la pequeña iglesia románica cuya puerta tardó en ceder después que hube accionado la enorme llave que Ángela me había proporcionado.

—Toma la llave de la ermita —me había dicho—. Escondes la ropa detrás del altar.

Y una mañana de septiembre, tras el rezo de Laudes, sor Ángela de la Santísima Trinidad, con el permiso de su Reverencia, tomó la llave de la ermita y la caja con las hostias sin consagrar y partió. Una semana más tarde sería la romería de San Ferreol y fray Luján celebraría allí misa.

—Procure usted, hermana, que todo quede perfectamente limpio y en orden. Llévese un frasco de lejía para el suelo, pues a lo mejor llega usted al armario de la limpieza que hay en el cuarto trastero y no tenemos lejía —le dijo la superiora.

Ese mismo día, en la calle del Correo de Madrid, estallaba una bomba en un bar frecuentado habitualmente por los policías de la Dirección General de Seguridad. Once muertos y cerca de un centenar de heridos fue el resultado de aquella acción terrorista. La televisión estaba dando la noticia en el comedor de la hospedería destinado a los turistas y a los peregrinos, donde yo estaba almorzando con mi marchante André Michel, y vi entrar con el semblante claramente demudado al señor abad.

—Buenas tardes, don Tasio —me dijo, saludando con un gesto a André—. Perdonen que no les haya acompañado a comer, tal y como habíamos convenido por ser hoy su despedida. Imponderables me retuvieron hasta hace unos instantes.

Por un momento pensé que se refería al atentado terrorista. Pero, en seguida, fray Luján nos informó que una de las monjas que estaba a punto de tomar los votos perpetuos, sor Ángela de la Santísima Trinidad, había abandonado la comunidad sin previo aviso.

—¿Sor Ángela? —pregunté fingiendo extrañeza.

—La misma monja de la que usted copió los ojos para la Virgen —me explicó el abad—. Partió esta mañana para una ermita próxima, a preparar unos oficios que han de celebrarse en breve, y no regresó. Alarmados fuimos en su busca y allí no la encontramos. Simplemente había dejado, junto con sus hábitos, una breve carta en lugar visible diciéndonos que no tenía vocación y que se iba lejos de aquí. Imagínense el disgusto.

Michel, que ya conocía la realidad porque yo se la había explicado, me dirigió una mirada de complicidad. Por supuesto que sor Ángela era ya mayor de edad, pero el hecho significaba un escándalo en la abadía. Después, comentamos el alevoso crimen de la calle del Correo y fray Luján, algo más sosegado, nos despidió en su despacho, obsequiándonos con unas miniaturas de la Colegiata en plata labrada.

—Nunca olvidaremos su estancia aquí —me dijo abrazándome.

En la explanada dije adiós a la madre Severiana, a fray Teófanes, al sacristán y a varios miembros del coro. Incluso se despidieron de mí las criadas de la cocina y algunos huéspedes comentaron entre sí que yo era Tasio, el famoso pintor. Una vaga sensación de vanidad satisfecha me colmaba el espíritu cuando, diciéndoles por última vez adiós con la empuñadura de mi galgo de ojos de sangre, André puso en marcha el automóvil Volvo. En la capilla del oratorio estaba, iluminado, mi Tríptico de la Santísima Virgen, con la mirada inquietante de Ángela, mi cuarto amor imposible. En un secreter del despacho del abad habían quedado sin terminar las vidrieras de la capilla, todavía ciegas en sus ojivas gráciles. Caía el sol por las cumbres de Guirizu y Menlichuri.

—Eres terriblemente cínico —dijo André, al salir de la explanada.

Encendí un cigarrillo y aspiré el humo con delectación. Sin embargo, no era consciente de que, haberle arrebatado a aquella iglesia feudal una de las perlas de su corona, no era sacrilegio ni concupiscencia de la carne. Sin saberlo, mientras descendía el automóvil por la umbría carretera, estaban gozando los tenebrosos abismos de mi alma la secreta venganza de aquel amor imposible de mamá Leontina, cuando el reverendo padre don Anselmo la abandonó a su suerte, persuadida, no sólo de ser una mujer sin moral, sino también una sacrílega comulgando en la parroquia, rodeada de las amigas hipócritas que la espiaban mírala cómo se postra en pecado y recibe el Cuerpo de Cristo.

—Culpable —me dijo una vez más aquel espantajo que estaba sentado en el trono.

En la semitiniebla de la nave, a la escasa luz que penetraba por dos altos y sucios ventanales, sobre los frescos de las sibilas, refulgían unos diminutos ojos de aquel rostro hierático y su voz era aguda y cortante.

—¿Por qué soy culpable? —le pregunté avanzando hacia él.

Estaba a pocos metros de aquella escalinata de anchos peldaños y le veía ridículo, fantoche en su cómica majestad de pordiosero, mientras afuera gritaban y se afanaban otros miserables.

—Culpable —dijo a modo de respuesta.

Me sentía culpable cuando vi a Ángela salir a la carretera del inmediato bosque. Vestía las ropas que yo le había comprado en Pamplona y sufrí una enorme decepción al verla. Con la pequeña maleta en la mano, la gabardina ajustada a su talle de ánfora, los zapatos planos y la boina gris no parecía, sin embargo, la misma persona que con su hábito monjil. Ruborizada al presentarle a André, se acomodó en el asiento trasero y sobre los tres descendió un silencio espeso, opresor. En vano puso mi marchante una cinta con la *Sinfonía del Nuevo Mundo*. Tal vez hubiera sido preferible sentarme junto a ella, cogerle las manos y besárselas, demostrarle que era la amada de mi alma, la esposa mía, la inmaculada mía que me había abierto las puertas del Edén Imposible. Pero pensé que hubiera sido todavía más ridículo y permanecí en mi asiento, junto a André. Era ya de noche cuando llegamos a Pamplona.

—¿Eres feliz? —le pregunté a Ángela cuando descendimos del automóvil para pasar la noche en un hotel.

—Sí —respondió, esquivando mi mirada, avergonzada de verse en aquella ciudad vestida de mujer. Y añadió—: Tengo la sensación de estar desnuda.

Durante más de doce meses Ángela y yo vivimos juntos en el apartamento de la plaza de Oriente. Y en las noches de insomnio, mientras ella dormía a mi lado, yo creía escuchar aquellos cánticos que eran una oración dirigida al Altísimo:

> Demos gracias a Dios
> que nos ha sacado del dominio de las tinieblas,
> y nos ha trasladado al reino de su Hijo querido...

Otras veces era ella la insomne. Mientras yo dormía soñando con rostros en vidrieras, Ángela abandonaba el lecho y apartaba los visillos del balcón. Miraba la plaza vacía, el Palacio Real, las estatuas de los reyes godos, el rey Felipe IV en su monumento ecuestre, jinete para siempre y para siempre inmóvil. Su cuerpo desnudo, al contraluz del resplandor de la plaza, se percibía nítido, transido de dudas, poblado de extraños seres. Y miraba a lo lejos y no veía las cumbres nevadas, la mítica frontera de Francia, sino un paisaje urbano por donde no cantaba el viento, ni danzaba la nieve, ni aullaba el lobo hambriento. Y al despertar nos besábamos con sospecha de que todo había sido un sueño. Y ella me resultaba extraña y hermosa, ajena al mito de sus vestimentas de monja. Un día le dije voy a hacerte un retrato. Y cuando lo terminé en secreto para darle una sorpresa y se vio vestida con su hábito blanco y el negro pectoral y la mirada en éxtasis de la Virgen de Roncesvalles, dijo que me odiaba y con un cuchillo rasgó el lienzo mientras lloraba inconsolable.

—Culpable —dijo mi padre.

Porque ya no tuve ninguna duda. A medida que me iba aproximando a aquel trono de comedia, pude darme cuenta de que el fantoche sostenía en la mano izquierda un bastón como el de papá don Hugo Napoleón Garrido de Tinajas y Bonaparte. La momia tenía una pierna estirada a causa de la herida de la cadera y las manos huesudas de mi padre amortajado, el día que entré en su dormitorio para decirle que me perdonase por haber sido víctima suya y él me rechazó frío como la Muerte y me dijo que le dejara morir en paz.

Era él.

Pero no podía levantarse de aquel trono, su desmedrada figura de inválido estaba clavada en la silla, como una pieza de museo instalada en una vitrina desde hacía varios siglos. Aunque había sido un fracasado adoptaba pose de emperador de los franceses, conquistador de Egipto, vencedor en Austerlitz, héroe legendario de mil y una batallas.

—Culpable —repitió mecánicamente, como muñeco al que manos invisibles accionaran oxidados mecanismos.

Y una mañana, cuando regresé a mi apartamento para almorzar, no encontré a Ángela. Me había dejado un mensaje escrito encima de la mesa de la cocina: Se iba para siempre, no tenía vocación de mí. Abrí el refrigerador y busqué el recipiente del hielo. Con él en una mano y la carta de Ángela en la otra pasé al estudio. Sobre el caballete tenía un lienzo. Estaba volviendo a hacerle un retrato vestida de monja, con la mirada de la Virgen que ella apuñaló gritando que me odiaba con todas las fuerzas de su corazón. Llené el vaso de *whisky* y bebí durante horas. Sonaba el teléfono y no lo descolgaba. La portera llamó a la puerta y me gritó por la mañana, muy temprano, ¡señorito Tasio, Franco ha muerto! Vagamente lo había escuchado en la televisión, que estaba puesta no sé por quién. ¿Había estado conmigo André toda la noche?

—¿Sabe usted a dónde fue la señorita Ángela? —le pregunté a la portera con mi lengua de trapo, sintiendo que la cabeza me dolía y que una extraña opresión se me clavaba en el centro del pecho.

—Tiene usted muy mala cara —dijo la portera—. Debería llamar a un médico.

—¡Le he preguntado si sabe algo de mi esposa! —le grité.

—¿Su esposa? —exclamó ella—. Le digo que tiene mala cara, debería llamar al médico. Desde ayer por la mañana no he vuelto a verla. La vi salir con una maleta, acompañada de un sacerdote.

—¿Un sacerdote? —pregunté extrañado, pero al mismo tiempo, con la convicción de que era un hecho perfectamente lógico.

—Sí señor, era el capellán del convento de la Encarnación —dijo la señora Rosario, que así se llamaba la portera—. Todas las mañanas, cuando usted salía a sus cosas, o por la tarde, si era cuando se quedaba sola, la señorita Ángela se iba a la capilla del convento, que está ahí cerca. Yo la vi muchas tardes en la novena. Se ve que era muy católica.

Una feroz carcajada me trituró el cerebro, herido por el alcohol y la resaca. A pesar de todo reí a carcajadas y grité con todas mis fuerzas maldita ramera y arrojé el vaso al óleo que estaba pintando con su rostro de diosa del Edén imposible, hacia su mirada de éxtasis que, en los crepúsculos, adquiría matices de la serpiente que llevaba dentro.

—Culpable —insistía el imbécil de papá, disfrazado de un dios mendicante, en aquella Capilla Sixtina falsa, donde un pintor mediocre, que tal vez era yo mismo, había pintado un juicio final chillón y sin arte.

Cuando se marchó la portera me arrojé de bruces sobre el lecho y dormí hasta el anochecer. Me desperté con la boca amarga y deseos de vomitar. Fui al cuarto de baño y me miré el rostro en el espejo. Hice unas muecas, me insulté idiota, observé que tal vez fuera la Muerte aquella garra que parecía asomar por el hueco de mi garganta, cuando abrí la boca para ver el estado de mis caries. Desde los ventanales del estudio veía las largas, compactas filas de devotos del generalísimo de los ejércitos que iban al Palacio de Oriente a rendirle un último tributo, según estaba transmitiendo la televisión. Paralizado como un idiota ante el televisor creía ver en aquellos rostros el rostro de mi padre. Todos eran iguales que él. Tomé un lápiz de carbón y una lámina y dibujé el magnífico féretro y dentro de él, amortajados con sus trajes de gala y sus medallas, a papá y a su Caudillo, unidos para siempre en el ataúd.

—Culpable —dice la voz de papá desde el otro mundo.

33

Aquella noche, de madrugada, víctima de un infarto, mientras trataba inútilmente de coger el teléfono para llamar a André, completamente borracho, dejé de existir. Por la mañana la portera me encontró muerto boca arriba, con los ojos fijos en el techo de mi estudio, donde tenía dibujadas, completamente desnudas, las cuatro sibilas délficas de la Capilla Sixtina.

—Culpable —oí una vez más.

Avanzaba hacia aquel fantoche que era papá con mis ojos fijos en él, recordando el golpe brutal que me dio en el rostro, el día que fue a rescatarme de las garras de la policía gubernativa en la Puerta del Sol. Lleno de ira, incapaz de soportar por más tiempo su voz de cadáver mecánico, le arrojé al rostro la arqueta con mis cenizas, que se esparcieron sobre su túnica de pordiosero. Después le golpeé en la cabeza con todas mis fuerzas. Una y otra vez mi bastón se hundía en aquella cabeza de cartón, y rodó por los peldaños del falso trono y, al caer exánime al suelo, perdió la máscara con la que me había atemorizado desde niño y vi su auténtico rostro de cadáver, el mismo que tenía cuando, antes de morirse, mi hermana Carla me dijo pídele perdón.

Impreso en el mes de febrero de 1986
Talleres Gráficos DUPLEX, S. A.
Ciudad de la Asunción, 26
08030 Barcelona